仁微青

曹春耕　著

中国纺织出版社有限公司

内 容 提 要

信息是什么？生命又是什么？作者通过一个虚构的故事，讲述主人公为了寻求外星人的科技，通过超级射电望远镜向太空发射了主动联系外星人的脑信息。在探索脑信息的过程中，作者通俗地揭示了信息的资源性，并展示量子理论中的信息依赖。揭示了信息才是生命的本质，广义生命与狭义生命的定义，生物与生命的相对定义。生物依靠信息素（激素）来维持细胞秩序的细胞簇群，是未来与人工智能的最大区别。每一个细胞、微生物都是一个独立的生命，假设允许孤立系统存在的话……

图书在版编目（CIP）数据

仁微青 / 曹春耕著. -- 北京 ：中国纺织出版社有限公司, 2019.12

ISBN 978-7-5180-6988-0

Ⅰ. ①仁… Ⅱ. ①曹… Ⅲ. ①科学知识—普及读物 Ⅳ. ①Z228

中国版本图书馆 CIP 数据核字(2019)第 264940 号

责任编辑：闫　星　　责任校对：楼旭红　　责任印制：储志伟

中国纺织出版社有限公司出版发行

地址：北京市朝阳区百子湾东里 A407 号楼　邮政编码：100124

销售电话：010-67004422　传真：010-87155801

http://www.c-textilep.com

中国纺织出版社天猫旗舰店

官方微博：http://weibo.com/2119887771

北京虎彩文化传播有限公司印刷　各地新华书店经销

2019 年 12 月第 1 版第 1 次印刷

开本：170×240　1/16　印张：25

字数：443 千字　定价：100.00 元

前　言

四十余岁，下一站就是暮年。

工作碌碌，事不成业，改变世界的激情渐消。于崎岖的绝径中，寻迹人之本源。步速如龟，时间快马。瞬息，青春即逝！似乎错过了什么？韶华耗尽，莫名地心酸。所谓事业，只是一份工作，半生侍奉了它。偶参悟，获心得；暮霭之前难慰逝去的青春，总想再做点什么，遂起意撰文。

青春，它离开得比想象中快，前半生去意决绝，然未来并不像预期的样子。未来之来姗姗地磨蹭，磨蹭期待中的耐性；失去耐性的未来，出场时表情呆滞，举止粗鄙。俗以为：人总是要讨一份营生，这是为了对付活着；若欢喜一种营生，并倾注热情于其中，竟然可以偶然浅尝生活！

一直被误会为传感器匠，不得不总是忙于辩解传感“器”与传感“技术”的区别，用“技术”二字去掉匠气，辅以示人学识渊博。仍旧不能终结亲友的好奇，被追问到底干了些什么？一言之间，却难以千言尽述。捉字凑文之时，决定忍住文骚，拆除专业墙，以适合平凡的人阅读，一起窥视未来。私心底还渺茫地希望，女儿长大后也愿意阅读。在未来，愿我的纯粹的理想，有机会被困于现实的女儿了解，供她排遣俗愁。顺便观摩我的人生之挣扎，有丰满理想与骨感现实之间的王八拳斗殴。

挑剔并非毫无用处，不适合人，却适用物。这些年因为挑剔，顺着传感技术的脉络，“不安分”地发现了信息的“终极”秘密——效率。诸如：传感是一切智慧之源，生命的本质是信息，智慧目的是资源利用效率的最大化……于是，不得不牵扯到哲学，原来哲学是逻辑严谨的宇宙观！

发现了自然世界中的奇巧，就发现了各种机会，这个时代因此显得重要。这个时代里的机会一如既往地以普通而平常的姿态出现，并没有古怪的天象，也没有热闹又充满仪式感的排场。仪式感确实会来，但在机会逝去之后，在布道展开之前。当人们懊悔因平凡眼光而继续平凡生活之时，“后来”将永不“重来”。

用力所能及的办法偷窥自然，或会偶遇些力所不能及的真相，真相未必就一定被人们相信，轸念真相一路上注定要孤独，注定孤独中迷痴。痴疾耗命，一晃就耗去了二十年。追逐最原本的真理，会对生活中的情趣与苦难麻木，人味渐消，罪人无数，罪己日常！庸俗的人情世故并不低级，只是乏味。

我相信未来，亦如未来信任了我。

作者只是一个普通的人，从未尝试写作文，自认为写不出完美的作品。即便如此，却也不屑用晦涩难懂的手段，以示人修养；也不愿意用一堆数学公式，以牵强于学术正统。作为父亲，我的记忆力等不及孩子们长大，写一本让孩子能读懂的书。或许这本书会成为商品，但内容不是。

我们的身体都没有机会经历人类的未来，但我们都希望知道未来的样子。若不是为了生计，只想不做都是童心未泯，付诸于行动就算出格。本来要写一点关于未来科技的干货，不设故事与情节，尝试了八万余字，实在枯燥得不具有普遍的可阅读性，一本不能建立阅读兴趣的书，不是好书。于是，决心编成故事，以故事为主，顺便加入作者的科幻。毕竟科学至严谨，不容调侃。倒不如假故事戏说，即使错了，不过几句戏言。虽有遗憾，皆为成全。

请随意批评，没有批评的赞扬并无意义！不过作者对评论者的情绪没有兴趣，不愿浮于解决情绪之肤浅，几句戏言，何必惊动肝火？《西游记》只是一个故事，真不是神仙体系典籍。

其实，作者也是读者之一。只要是大家提出来的问题，在有能力回答的前提下，作者都会认真地对待。希望本书能成为读者进步的阶梯，而不是普通的纸张。

曹春耕

2018 年 11 月 8 日于上海

目　录

序　幕

永远不要嘲笑一个梦想，万一成真了呢！

公元2018年，夏。

一辆高铁列车正以350千米的时速穿行在城际铁路上，远看就像一条巨大的桑蚕。只不过这条“桑蚕”移动速度太快，从隧道口呼啸而出，又呼啸钻入另一个隧道。它一定会嘲笑移山的愚公，科技比神话巧妙得多。

每小时350千米的速度让城市之间显得更近了。

在这列高铁上，每节车厢里都坐满了乘客。二等座席的车厢里，一位北方口音的大妈对一旁的丈夫抱怨道：“老郭，把口罩戴上！”

“不戴，勒得慌！”

“公共场所讲点文明！”

“我咋就不文明啦？”

“你感冒，就不考虑下旁人？自己都一把年纪了！”

“一把年纪也招你惹你了？”

“一把年纪就要自重，若被年轻人反过来教育老人家怎么做人，就太不体面了！”

“秀儿！你咋知道他感冒了？”另外一位乘客大妈接口问道。

“今儿早餐后，我见他抽烟，一只鼻孔出烟，另一只不出。所以……”

“哈哈……”老郭两口子是旅途中的一对活宝，一群大妈又被集体逗乐了。

“瞎说！”丈夫反驳道。

“呃！没瞎说！老郭，这回秀儿是睁着眼说的，都不带眨眼的。”大妈们故意逗老郭两口子。

“秀儿！你给学生讲历史，也闭着眼睛说吗？”秀大妈是中学的历史老师。

“是啊！”

“为啥？”

“历史的事，谁知道真假？总不能睁着眼睛说瞎话吧！”

“哈哈！……”大妈们的嗓门很大，笑声也很大。

大妈们的笑声在车厢里引来了不少诧异的目光，老郭有些脸上挂不住。大妈们旅途中的兴奋情绪，只能感染生活节奏慢的退休人，在快节奏的都市民工耳里就是烦躁。显然，大部分人并不屑于这些低级幽默，年轻人尤其反感这种被动式隐私分享。

“嘘……”老郭赶忙妥协，戴好口罩，并做了个噤声的动作。保持公共场所安静！这是高铁时代的基本乘车素质。

意识到错误的大妈们一住口，车厢瞬间恢复了安静。坐着大几十号人的车厢里，只能听到车厢空调发出的声音。安静的大妈们才发现，偌大一个车厢里，就数自己这伙人最闹腾。

在秀大妈的后排靠窗位置，还有一位年轻男子在打电话。他是这节车厢里唯一仍在说话的人。准确说，他是唯一很小声说话的人。他不得不接这个电话，但尽量压低声音回应着电话那头。虽然声音很小，大妈们的突然安静仍旧使他的声音在车厢内有些噪吵。他自觉地离开座位，走到车厢连接处。每个人都自觉遵守这些法律之外的约定。

打电话的男子满脸倦容，稀松的胡碴占满了嘴巴的四周，头发油腻地粘在一起。他压低的嗓音显得十分沙哑，小声在电话中解释着什么。

“是是是……好的好的好的……是是……”看得出来，他想用很多个“是”和很多个“好的”来表达自己的低声下气。

“实在对不起！您听我解……”话还没有说完，电话那头已经发出挂断后的忙音。他自觉地闭了嘴，电话听筒里仍旧发出“嘟……嘟……嘟……”的声音。看得出来，最后那句道歉的话对方并没有耐心听完，“对不起”也并没有被接受。

他愣在那里，把身体和头靠在廊道墙边，不得不让疲倦的眼睑在疲倦的脸皮上休息一会儿。他手中握着手机，电话忙音还在响，仿佛就是从老板的那张胖嘴里发出来的，不管不顾地叫。年轻人抬起手，重重地戳一下屏幕，让手机闭嘴。回到座位上时，又狠狠地将摊在面前的笔记本电脑扣上，发泄心中的不满。

名义上他是一位销售总监，其实光杆司令一个，没有一个下属的“总”。总监只是为了销售商务谈判需要，小公司有个可以代表公司的身份，开展销售工作要方便一些。在公司里，老板常说客户是“爷爷”，咱们都是客户的“孙子”。

做销售的都知道，客户有各种离奇的情绪，情绪需求并不理性，不理性就是一种有修辞手法的任性。这些“爷爷”们的任性一旦登场，老板就放出些“孙子”们去化解任性。

头衔没有成本，却很具有欺骗性，那些真信自己是“总监”的员工，心甘情愿地伺候着“爷爷”们。“总监”大部分不傻，他们很少人真信，大多是装着相信，因为房贷逼着他们不得不信。

年轻男子叫仁微青。为了修改手中某个方案，已经两天没有合眼了。即使在火车上也要以蜷缩的姿势，在餐板上用笔记本电脑改图纸。销售，要么在客户那里，要么在见客户的路上；方案，要么正在修改，要么一边见客户一边修改。既是穿西服的销售人员，又是穿牛仔裤的技术人员。必要的着装配合仁微青长期以来的工作状态，另类的时尚。

除了伺候“爷爷”们，这些“孙子”们还要时不时伺候那个装“孙子”的老板。这不，今儿一上午仁微青净忙着伺候人，轮番伺候着自己世界的全部。客户和老板，就是他的全部。刚才那通电话是装“孙子”的老板打来的，电话里又一通熟悉的骂。骂人的词汇量不多，而且，寥寥可数的几个词汇总是多次重复使用，使听者对某些词汇含义敏感度降低，极大地增加了自己对挨骂的承受能力。

销售是个夹心板工作，夹在客户和老板之间。客户经常把抱怨直接摔给了老板，充分且任性地消费客户的买方权利。迫于房价的任性，仁微青只好靠弯腰赚钱。装“孙子”的老板似乎觉得弯腰就是屈服。腰和膝都是关节，既然能让销售弯腰，就可以让销售屈膝。只要薪水足够，甚至可以使唤他们去拼命！

连日的疲劳，让仁微青有些精神恍惚。他揉了揉布满血丝的眼睛，把目光伸向窗外。这时，列车刚好穿过一段长隧道，窗外的光线消失在车尾，窗外慢慢变暗。按理说，列车车厢的照明灯光是常亮的，窗户玻璃中因为窗外变暗出现了镜子的效果，将车厢内的影像反射成像。

随着窗外彻底黑了下来，仁微青看见了玻璃窗户映出的自己。他对着那张憔悴的脸，苦笑了一声。那张晃动在玻璃中的脸，也回敬了一个苦笑的表情。那张脸上有一双恍惚的眼睛。在与自己的影子对视中，仁微青微微闭上疲劳的眼睛，那张脸在恍惚下像融化的巧克力，扭曲在镜子里。

突然，列车内的灯光闪了一下子，接着整个车厢一下子全黑了。加上隧道外面的黑，似乎整个世界都黑了。仁微青从未见过这种黑，似乎黑掉的不只是光，还包括身边的一切物体，它比任何黑色都要深邃、虚无。

紧急事故？！这是仁微青的第一反应。高铁断电可不是小事！工科专业出身的仁微青知道这意味着什么。

“哎呀！”几乎出于本能，他惊呼了一声。

可是，仅仅是一瞬间，灯又亮了！似乎只是车厢内的灯“眨了下眼”。甚至其余的所有乘客都没有察觉到刚才的“眨眼”。邻座的乘客反而对仁微青的那声惊呼表示了诧异。

在周围乘客的诧异眼神中，仁微青感到了自己与众不同的失态。不管刚才发生了什么，首先要做的是保持和大家一致。这是为了不让自己显得另类，世界容不下行为怪异的人。

也许是太疲劳的原因，多半是因为疲劳而产生了幻觉，仁微青暗自用幻觉安慰自己。不过，仁微青并不太容易接受幻觉的解释。这不足以说服自己。因为，他刚才经历了一件十分古怪的事。他觉得到过另外一个世界，借另一具身体到过那个世界。

诡异、满足、顿悟、完美、遗憾、寡欲……各种滋味充斥了自己的身体。最记忆深刻的是，在那个世界里，竟然让这个世界的最大愿望得以实现。

哪个最大愿望？茉莉花的香味！茉莉香味太让人印象深刻了！

仁微青最大的愿望是可以闻到茉莉花的香味，他在那个世界里得到了满足。对于别人来说，茉莉香味触手即得，不值得占用最大愿望的位置。可是，对于一个没有嗅觉的人，对于从来就没有参与到嗅觉世界的人来说，这就是最大的宏愿。仁微青没有嗅觉。

那些有嗅觉的正常人，他们都夸茉莉花是香的，称它是世界上最好的香味。他们的鼻子会对着花深吸一口气，然后做出一副陶醉的样子。可是，直感体验是很难用语言描述的，竟然没有人能够说清楚一种气味的感觉。茉莉花香，那是一种怎样的香呢？这种来自嗅觉的美好是什么样的好呢？

这种渴望是别人根本不理解的。仁微青向往茉莉花的香味，悬悬在念，思之切切！

就在刚才，他从那个“瞬间”里带回一抹茉莉香痕，此刻仍旧在鼻息留下了残迹。看起来这是一件好事。一种“渴”程度的“望”得到解救，至少不太坏。虽说人性贪婪，每一次满足都是失望的开始，但毕竟获得过满足，获得过满足到失望的过程。一切都是过程！

不过刚才的经历，仁微青不觉得是件好事！这种感觉太诡异了！这是一次精神分裂边缘的游走。分明是亲身经历，瞬息间就消失得无影无踪；分明触手可及的一切，却在一刹那化为虚妄；分明那个世界也是真实的，至少……显得……那么的真实！但是，现在只余下一点残识了，在这个身份里留下另外一个身份的残识。

仁微青相信，在这个身体里，新的记忆正在发生，所有旧的记忆正在损失。因为损失，那些存在于记忆中的信息越来越残缺。因为任何信息归纳手段都不可能诠释一件事物，用测量的办法只能获得事物局部片面的信息；同时，也没有办法将信息无损地描述或传递。这是量子理论的基本概念之一。

遇上了奇怪的事情，没有人能忍住好奇。好奇是天性。那个世界留下的记忆如此真实，就像刚才经历过的，鼻息还有那个世界新鲜的余香。那段残识记忆不是一场影像、想象、文字记录，而是直感体验，是一段亲身的经历！自己可以完整地、全方位地体验那个世界，真实互动，可以分享任何想要的细节。有参与感的体验，一般是真实的。身体证明那世界是真实的。

太怪了！竟然是……漫长的200年！一瞬间，这个世界的一瞬间！以不可察觉的速度，在另一个世界过了200年。这件事没有人会相信！说不定还会“被”认定为精神病。200年的时间跨度，对于一个有寿命限制的身体而言很漫长。没人可以活够200年。200年，足够经历完整的从生到死。用完一生的时间，仍然不够，还要在死后加上若干年。混乱了！死后还有世界？这是一种怎样的状态？一瞬间与200年、这个世界与另外一个世界、未来的世界、另一具身体的生与死的记忆、死亡之后的记忆……

……暂且，把这堆问题先放一边，因为……还有更严重的问题要面对……是的，比时间长短更加严重的问题是两个时空的问题，即使有两个世界，这个世界和另外一个世界不可能产生交集。

这些事，绝对、全部不能说出去！连泄露这些想法都不行，一旦被传出去了，自己就离“精神卫生”医院的专科不远了。就可能……不！不能！绝对不能说出去！根本就没有机会，向那些用星座归纳命运的人们解释真相。况且，时间、逻辑、因果律……全部都崩溃了！迷信和科学都不会容忍自己。

真实的感觉与不合理的逻辑在大脑中缠斗！凭借三十年的生存经验，自己确定刚才的经历不是梦，也不是影像幻觉，更不是病！因为，即使做梦、幻觉、生病也是需要时间的，时间是最基本的逻辑，所以它不合时间逻辑。这一切，都在科学严谨的逻辑之外。

故事很荒诞，却又忒真实！好奇心并没有在仁微青心中熄灭。除非……仁微青不敢往下想，因为这个“除非”已经触碰到了科学世界的边际。科学世界是严谨的，一瞬间与200多年，怎么可能？！这……怎么可能？！仁微青开始怀疑这个世界的一切也不是真的，因为从感官上来说，这个世界与另外一个世界并无区别。到底哪个才是真的？

这个世界才是真实的！仁微青肯定地对自己说。为了验证这个想法，仁微青抬起自己的胳膊，掐痛了自己的大腿……嗯！这个世界是真实的！但……刚才的那一瞬间去哪里了？

难道是穿越剧看多了，产生了幻觉？估计这几日太疲劳了，难怪会产生幻觉。

穿越就是一个笑话，穿越在自己理性的世界里从未合理过，有很明显的漏洞。比如，穿越之后的这个世界呢？一具身体在这里消失，然后在另外一个时空出现？太扯！穿越为什么要带上一具身体！？为了让这一切合理，编剧费力地寻求合理的解释。

穿越剧是商品，把深奥的科学真相卖给看电视剧的人，如同把梳子卖给和尚。初生婴儿是味觉动物，成年人是视觉动物。不带上一具身体，又怎么能存在于另一个世界呢？你得让观众看见他。带上一具身体穿越，就是为了解决这个视觉逻辑的需要。为了在另外一个世界可以存在，是一定需要一具身体的。除非……那个世界刚好有一具身体，那样的话就只要能够将身体中的信息复制过去，也可以完成穿越。可是，那具身体是怎么得来的呢？抵达之前是怎样存在的呢？经历了些什么？这是个明显的视觉逻辑悖论。

即使解决这个问题，另外一个问题又来了。这具身体怎么办？这具身体里的信息和那具身体里的信息不能同时存在。否则，就会成为两个人。当两个人合二为一的时候，即使是“穿越”也代表其中之一的死亡，身体机能性死亡就是死亡。连《阿凡达》在协调信息和身体存在的时间矛盾中，只能做到睡一个醒一个。最后，导演实在编不下去了，用一种外星宗教仪式结束了电影。不得不将信仰置于理性之上，这是中世纪时期的黑暗之根本。还好，这只是一部商业电影，无须为其理性上纲上线。

编剧们只要填上一个坑，一个更大的坑就会接踵而至。

这不是文艺作品，所以没有穿越。仁微青相信，这只不过是大脑多了些额外的信息，就是一种幻觉，因为太疲劳的缘故。一次幻觉，占用这个世界的一瞬间，似乎合情合理。但是，幻觉中的世界，内容这么丰富，情景这么具体细腻，凭借自己的阅历根本无法编撰。无由而生，因果律下的合理在哪里呢？

一瞬间，算是时间吗？仁微青不太确定。算是，也不算是。如果在这期间，没有与这个宇宙生命产生交集，那么就不算时间；如果在这期间，扰动了这个宇宙之中的任何一个原子运动，那么就算时间。有人认为人脑信息是微信息，是量子层级的信息，脑信息区别于时空运动信息。可是，这样的脑信息，却在仁微青的生命形式中产生了记忆，还让他掐了一次大腿。

仁微青的思绪一团乱麻。剪不断，理还乱！

仅仅是一瞬间，一段记忆凭空地出现在记忆里，以无法察觉的速度出现，竟然连自己也不知道怎么回事。要怪就怪自己的学识太浅，独自想不出个所以然来。

自己倒是认识几个有学问的人，去问问他们？……还是算了，那些人以采集嘲笑为生。他们恨不得推翻爱因斯坦相对论，以成就自己。似乎自己做不出学问，都是因为爱因斯坦碍事。

正当仁微青思绪一片凌乱的时刻，裤兜里的手机发出“叮”的一声，一条短信显示在手机的屏幕上。他用眼睛瞄了一眼屏幕，就大概知道了是关于银行贷款的还款通知。钱，将仁微青带回现实，现实的一切都与钱有关。实在搞不懂，钱到底是什么东西？

“唉！……”

仁微青叹了口气，从嘶哑的嗓子发出叹息，像动物本能的哀号。付出了心血，付出了尊严，唯一得到的就是可以继续保持房奴、卡奴的身份。用奴才的工作态度，换一个奴才的生活状态，生活、工作很搭配。

仁微青心中暗骂道：“狗日的！爱谁谁！烂命一条，死且不怕，奈何以惑相诱！”他准备把自己所知道的神，不分教派，逐一对其母亲都进行了亲密的问候。不过那些尸位素餐的传说人物，实在数量太多，根本无法实施“逐一”操作。……算了，不骂了，连用嘴骂，都显得势单力薄，根本不具备与神斗的能力！

活着，从来都不轻松！只是……真要是死，即使对于一条烂命，面对死亡也不简单！不过烂命有一个好处，烂命的人可以随时苟且，膝盖可以随时屈服。就这么放弃吧！放弃抵抗身体与信息的矛盾。至少，要离“精神卫生”的门远点。和精神科的人说自己没病，基本没有主张权利的机会。

没错！精神也有卫生问题。用“卫生”来衡量精神的健康状态，听起来就很酸爽。

既然精神也有卫生的问题，就没有绝对的卫生和不卫生，中间还有过渡带。那么任何人的精神都多少有些不卫生。这是肯定的！这精神洁癖是极致卫生，可精神洁癖本身就是病！精神卫生不像身体卫生那样可以用显微镜看见细菌、病毒，而是以大众正常为逻辑。这么看的话，只要大家一样就是卫生，即使是有“精神细菌”“精神病毒”的不健康问题也没事。否则，没病的反而被认为有病。精神卫生所谓正常，就是大家都一样。养不成的精神卫生，就治成那些一样的卫生标准。不能物化的精神卫生标准，很可怕！

仁微青决定自行治疗，消灭“精神细菌”“精神病毒”，不指望那些医生。

放弃了抵抗，反而显得轻松，很快就摆脱了那个世界。现在身体的一切，只和现在这个世界真实地联系起来。而那个世界的一切，在那一瞬间之后，全部与现实失联，不再有新增的记忆信息形成。

最难欺骗的是自己。很难假装忘记一段记忆。那个世界所发生的事，还在记忆之中。真与自己有关吗？那段记忆根本就不是可以编撰出来的。凭空加载到大脑中的过程，也完全不符合常理。似乎来自于另外一个时空？仁微青既很确定，又不确定。

大脑中出现两个时空的记忆，很麻烦！这两段记忆一旦纠缠在一起，就破坏了基本的认知逻辑。两段记忆相处并不和谐，让此刻的仁微青脑思维凌乱不堪。冲突让逻辑走到了理性崩溃的边缘。三维世界的生物神经智慧是一个单元，根本就容不下多维的信息背景。

为什么电磁波的速度是固定的？电磁波是一种能量，却不是牛顿力学体系的

“熵”能量？为什么固定的光速度，却是时间和空间的复合单位？为什么时间和空间用于定义物理的基本信息，却不被当作一种资源？……

这些问题在那个世界都有答案！仁微青决定凭着这份记忆去寻找那个世界。

凭着记忆去寻找那个世界并不容易。仁微青打算把自己脑子里所有的记忆都写下来，先不管是在哪个世界形成的记忆。

记忆都是经历形成的，把经历过的事记录下来，就是记忆。这么做有个好处，以至于无论是在哪个世界，都不会忘记自己是谁。即使被学术霸权笼罩，反正人微言轻，言轻就该无所顾忌！

梦呓就无所顾忌！

……

火车到站还不待停稳，他特意提前走到车厢门口，第一次用挺直的腰杆给老板打了一个电话。他要在站台上改变今后的人生轨迹。

大爷要辞职！

大爷不干了！

什么？道德？道你大爷！爷和你谈道德的时候，你和我谈法律！现在你要和我谈道德？去你的道德！似乎道德由你们来定义似的。爷有紧要的事要干！

道德，是个工具，用于被人玩弄或玩弄人的工具。……

秋晨戏竹露，稚儿耍蚂蚁；浅溪困金龙，士隐云山里。

山泉宜煮茶，经文善疗饥；野雀噪访客，抢食嗟来米。

1. 此世界和彼世界

真正的死亡，是被一切忘记。

果真有两个世界？仁微青尽力把脑中的两个身份和两个世界分别开来，分为此世界和彼世界。此世界同时有 70 多亿人，地球表面的总面积为 55000 万平方千米，其中，陆地面积 14900 万平方千米，占地球表面积的 29.2%。作为一个生物，人一共只有 30000 天的正常寿命。没有人可以用脚步丈量完地球的所有陆地；没有人可以遇见所有的人。仁微青连此世界都觉得太大。现在，又多了一个彼世界。

仁微青从来没有像现在这样感觉到渺小和卑微，却也从没有在这个角度俯视过人类。在产生极度渺小感之后，感觉世界与自己极度不相关。面对一个不相关的世界，反而获得了俯视世界的视角。

宇宙真大，人类显得如此的渺小。这种渺小的生物确实能够主宰地球的生态，驾驭能量，预见未来。他们因为远见而伟大，他们之间相互分享卑微之中的希望之情，分享让生命显得格外珍贵。

我是谁？最显然的明确，也是最高深莫测的疑惑！

我可以是一个人，我也可以是整个地球人类，甚至，我可以是整个宇宙。我可以至大，也可以至小。通常在人类个体之间，我是渺小的。我是一位包括身份、背景、经历的自然人，一个动物生命，一段生物效率的局部周期。

我就是一段情绪。极目之所远，凡所远之及，无人不是围绕着情绪而存在的。情绪是一切活动的意义。几千年前就是，未来也还会是。

对于仁微青而言，我就是经历所积淀的背景，可用来面对未来的主观背景。我就是我，有生物生命特征的自己。

生命如此渺小和卑微，经历是我的全部。渺小不是放弃存在的理由。所以，我如果经历过什么，最好记录下来，让渺小成为伟大之中不可忽略的渺小。

幻象可以消逝，那么真实也是可以消逝的。幻象和真实之间都可以合理，所差的不过是证据。证据是让真相看起来合理的道具，道具与合理是一伙的，真相只在需要的时候出现。

既然可以失去刚才那真实的一瞬间，又怎知这些有把握的现实不会消逝呢？就因为现实触手可及？就因为有证据撑腰？只有被保存的信息才不会消逝得那么快，存在过就不要被忘记，被记录或被转述就是最好的保存。自己存不存在对别人不重要，对仁微青却十分重要。保存自己的经历，事不宜迟！

记录需要用到语言。一般认为，世界上有三种语言：数学、文字、艺术。最具象的是数学，最抽象的是艺术。只要作者能表，读者能达，记录信息并不强求使用怎样一种语言。好吧，上述关于语言的表述，是很矫揉造作的说法，粗俗地说，就是专业且一般人看不懂的一本正经；添油加醋地供述庸俗琐碎的发生过程；以猜测为依据，残缺不全地情景再现事件印象。

仁微青在学习使用文字的过程中，顺便学会了自谦。方块字和谦虚之间沾亲带故。凡文字在腹中提供的是智谋，而不是莽撞的人，必然自谦地认为，自己与文字之间的交情只在“略懂”这个层面。只有深入，方知浅薄。仁微青略懂文字。

文字既不失具象，也不失抽象。用文字来写最好。记忆只要被记录，哪怕被记录在一个从未存在过的世界中，合理已经不太重要了。即使这些事连自己都无法相信，记录了就不会消失。

仁微青辞掉了工作之后，几乎可以想象出老板那张合不拢的嘴。这个表情足够让仁微青高兴好几个星期。往后的日子，他决定不再靠讨好老板和客户生活。决定用勇气赎回自我，为自己做点什么，用余生讨好一下卑微的“我”。

记录此世界就是为了讨好自己，或许记录彼世界还可以改善此世界的将来。或许，从彼世界带来的知识果真也适用于此世界，那就发达了。至少……有七种办法可以实现“屌丝逆袭”。绝对让那位曾经对自己指手画脚的老板谦卑，让那张胖脸对自己表演一个恬不知耻的媚态。老板其实也很可怜，只不过绝大部分可怜的老板并不值得可怜。“屌丝逆袭”的故事看起来励志，实则诛心！“屌丝”是行动的矮子，矮子才需要励志，“屌丝”更可怜！

仁微青准备从这个世界写起，目前最需要的，还是讨好一下自己。仁微青也想知道，自己到底是个怎样的自己。他要以自传的方式，写写自己，写写自己与这个世界的关系。

仁微青是个“屌丝”。“屌丝”除了内心世界很丰富、很活跃之外，其余什么都缺。“其余什么”是什么？就是需要什么的时候，恰好就缺什么。写自传需要勇气，仁微青就恰好缺勇气。一直以来，勇气对于仁微青来说就是稀罕物。很尴尬，自传就是尴尬地面对自己的尴尬。

临时起意往往成就不凡，人生最精彩的部分总是即兴之举。这个临时最不凡之处就是让“屌丝”有了勇气，虽然临时成就的勇气只能是临时的。要知道临时来的勇气，待不了太久，须乘着剩勇还在，潦草塞责，马虎点也不太要紧。先用这个世界的 30 年经历，作一个属于自己的“茧”。

在这个世界里，仁微青自知尴尬的经历只能定义出一个“屌丝”形象，又总不能对自己撒谎。不过一番寻思，只要是真实存在过的，哪怕不堪回忆，也值得传记。不为了成为传奇，只为了曾经存在过，最市侩的存在就是最真实的。

凌乱的记忆无法按照时间顺叙，这一点仁微青原谅了自己，相信大部分人都做不到这一点。况且，面对尴尬，仁微青只想挑重点的、不猥琐的事情讲讲。关于自己的历史，都是有温度的故事，有的热血沸腾，有的面红耳赤。不免要择挑一番，以高尚情怀为主、市侩内容为辅。目的在于粉饰粉饰不光辉轰烈、不够凄惨催泪、不奢华浪漫、无奇遇超能、胆小而善观眉睫的过去。

“屌丝”还有一个毛病，纠结！提笔自传总要有个名字，为了这篇自传名字，内心活动又积极地丰富了一番。今年是 2018 年，刚好三十岁。

他先想，坦白过去，一开头总需要取个有交代的名字。本来想以一个有如《石头记》这样的文艺的名字开始，顿时心中涌出类似“张飞绣花”般的违和感，自己的肠胃受到剧烈刺激，一股热浪直冲嗓子眼！“屌丝”既然才庸，就不该有骚弄酸客之词，在生活之中“俗于生活”即可。几句回忆，算不得文学作品，实在羞于侮辱书名符号。

他又想，而立之年，人生经验略积跬步，事业初发，显然用“宣言”更好些。鉴于“屌丝”通常飘飘然于自以为是的才华，胸怀天下却不能献谋于治国大策，屈才于市井陋巷。究其原因在于：肩负生活辎重。妄图把生活看轻些，学成轻飘之能，借此以“转折”人生。“折”倒是有了，曲折的人生翻腾出一把把心酸，“转”却迟迟未至！倒不如通过宣言划个界限，向过去的虚度忏悔，向未来的招摇谄媚。

一番丰富的内心活动之后，总算给下述一段文字取了个还不如没有的名字。

《仁微青的而立宣言》：

自记事以来，生活的主题要么是钱，要么就是“钱相关”，自始至终生活就被“钱先生”绑架着。芸芸众生，无人不被先生虐待，在长期的虐待下，绝大部分人会罹患“人质综合征”。先生把整个世界驯服得唯唯诺诺。

大多数时候，钱先生是赤裸地对生活发淫威，少数时候和颜悦色，也不过是为了诱捕生活。唯一永恒不变的战况是，先生总是站在生活的对立面。

成年之后多了一个主题——女人。这个比较厉害，与钱先生以充分必要条件产生关联。弗洛伊德认为，男人经常被某器官以不思考的方式代替大脑，控制身体行为活动。以至于误会为，因为人的直立行走，该器官比大脑所在人体位置低，从而容易供血所致其决策优先，是人类为直立行走付出的代价。该器官对理性智商破坏力比较大，破坏机理比较难以归纳或描述。后来，好事的科学依据认为，都是激素的作用，源于人的自然属性（这个属性的意思是和低等动物相同的非人类文明的部分）。鉴于此，现对遗留在过去的一切荒诞的、不光彩的故事，都推责给人类的动物属性，严肃地以天授属性之名义，正式原谅自己。

对女人产生兴趣应当是初中的事，无休止的身体发育，致使大脑对女人身体产生无限的想象。第一次用自己的嘴接触了一个女同学的嘴，有亲嘴的意图，却没有亲嘴的成果。因为在整个操作的过程中，毫无经验，两个口腔部位以碳酸钙质的牙先接触，莫氏硬度达到 7 以上的牙齿毫无弹性，被碰得生疼生疼的。至于柔软的唇部，根本没心思在剧痛中寻求到体验或记忆。事实证明，现实中的女人和小说里面的不一样，女人的口腔里并没有吐气如兰的香气。不能算恋爱，本意是一次实践，以印证女人身体与文学描述相符的程度，如果科学的殿堂允许，我愿意以科学的名义，可惜科学容不下凡人的俗念。

“人生的意义可以由自己定义！”

在成年以前，这句话只能用“如果”开头。没有“如果”参与假设，要么是人生的意义破碎，要么是人身的屁股破碎。孩子在成年人的面前天生具有卑微感，而成人顺势再施以“并非天生”的威严，孩子普遍呈驯服状。总以为，每个成年人都必然经历少年，理应理解少年阶段；不奢求人生方向导航，至少同味可觉。这个时代的成年人大多受虐于礼教，普遍精神残疾；他们更加顾及脸面，而不会顾及现实。

高中时有喜欢的女同学，并有幻想中的对象。事主胆怯，未告白，一生中颇为遗憾。不遗憾错过浪漫，只遗憾彼时之胆怯。高中性幻想的对象，却是另一位性感女生。15 年后再次见女同学，既对当时的胆怯心怀感激，又对当时的审美一阵鄙夷。顿时想起了书中的告诫，永远不要再见当年的女神，那样会破坏你已拥有的童话。高中时谈恋爱的很少数，只能是地下；而大多数男生，是独自完成的，你懂的！高中除了写过情书，还写过朦胧的情诗。在书中找到了王语嫣，却没有找到颜如玉，甚至没有碰过女同学的手。

大学时期，学校可以谈恋爱。工科院校男女比例差别大，狼多肉少。对于急需解决生理问题的男生，底线直接作为防线：女的就行！在那个饥荒的年代，即使是“恐龙”也有矜持和选择的权利。有些男生，连底线也可以超越。

当别人的爱情都已经飞走了，还没有尝试过表白，顿悟：脸皮厚并不会产生隔热保温的低碳效果，却是泡妞利器。女神是最好的激素解决方案，虽复希求而不得，依靠脸皮厚，成功祸害了无知的少女。激素作用下的世界观与激素退却后的世界观会截然不同，女神其实也是凡人。

步入社会，女人的外貌和智商没有直接关系，但社会不再有单纯到可以用“女生”来定义的女人，男人可以体验到半推半就、欲拒还迎的圈套美。成年人的社会中，男人永远不再能看清化妆品之下的皮肤，不再能分辨皮肤之下的整容假体，不再能感受假体之下的女人心。

由衷羡慕《甄嬛传》歌词：“小山重叠金明灭，鬓云欲度香腮雪。懒起画娥眉，弄妆梳洗迟。照花前后镜，花面交相映。新帖绣罗襦，双双金鹧鸪。”相信写这个词的作者是个有钱人。有钱人在晨起前，靠在床沿上赏看昨夜与自己缠绵的女子，一边打着饱嗝剔牙，一边作新词。女子一边弄妆，一边回应床沿边露骨的挑逗，骚词的字里行间透着风光旖旎，画面感十足。

虽几易女友，在与女友对待双方长相问题上，一直是从严律己。很认真负责地回忆了一下，一直没有玩世，全部都有真心，所有真心都枯竭于现实生活中的与钱相关。

根据未考证资料显示，《菜根谭》为禅宗和尚所著。其中就有“饱后思味，则浓淡之境都消；色后思淫，则男女之见尽绝”。充分相信，该和尚的实践经验显示，其尘世轮回的经历丰富而彻底。这让打小就出家的和尚，情何以堪！现代科学显示：如果要做到无欲，恐怕要切除某些腺体。姑且把腺体当作欲望之源，与其带着《检讨书》见佛祖不如带份《试验报告》。于是，释然地以掠夺性开采方式，发掘欲望之源，直至腐朽或枯竭。我不入地狱，谁入？！

都不要和我争，把最魔鬼的身材都给我！全部！

30年来，有过不少庸俗的梦。比如，用钱羞辱曾经让自己五斗米屈辱的人，涌泉以报滴水之恩时的得意春风。这如同买上一张彩票，在开奖前计划如何花掉超级大奖。现实却是，屈辱仍然踩在脸上，恩仍旧是避免不见的恩。只是这些逆袭的幻想，随时间淡了许多。如今，即使中了500万元，也只够买房的首付，做梦都没空间了！

理想比能力大，“屌丝”一定是穷的，没有为什么。自己一直不会理财，至今没有积蓄，自然穷的日子居多。惭愧地记得至今还欠初中一个女同学的饭票，倒不是因为自己吃得多，而是饭票可以到商店换零食。零食证明自己当时确实还是个孩子。已经不希望有机会可以还上，只希望对方不再记得这件事，而且也没有将此事告诉其他认识自己的人。要找个机会忘记它，以防万一不幸再见到该同学，内心莫要挣扎——没有人会为忘记了的尴尬事，而内心起挣扎。

要生活就离不开钱。钱的事很严肃，人们对待钱很严谨，有时候严谨到斤斤计较的程度。出于对未来充分自信，也就忽略抠抠搜搜的积蓄；现实直接教训这种无知的生活态度，毫不宽容胆敢不尊重钱的人。

彩票不能当中奖，理想不能当现实。没错！年轻人是年轻，有足够多的未来，可是也很幼稚不是？富足的那天被一再推迟，意外的支出却接踵而至，只好徘徊在急于应付和疲于应付之间。不是因为看不到复杂，而是喜欢世界的简单。年轻人简单的世界里，却不能用简单的方式生存，如果生存尚需要尊严。

总是害怕寂寞，吃力地挤在人群中，获得存在感的同时也获得了渺小感。当注意到了熙熙攘攘的世界时，不由得操心起来，神该有多忙啊！当渴望仁慈的时候，仁慈的神绝不会将仁慈给予你！于是，转身便忽略了自己与神的关系。

这30年被学习了太多的仁善，同时荒废了对于险恶的认知，还没学会人海沉浮之术，就被推入险风恶浪的海洋，便在挣扎求生的过程中，消耗了一部分的青春。

30岁的人，必须要想想为什么活着。要有个目标，有个财富后的目标。不能在赚钱的途中迷了路，不能在人生中途忘记了人之初心。初心，就是尊严！

有的人没有尊严地活着，有的人为了争取更多的尊严。在人们的心目中尊严的总和不为零。一直就没有搞懂，多余的尊严到哪里去了？如果能够不消耗尊严就可以得到财富就好了，可惜事实证明不行。

尊严终究屈服于现实的狰狞，到成人的世界来，别带太多的尊严。生活所迫的不只是现实琐碎，也逼迫年轻人放弃理想，即使理想是由少年来到成人世界一路上的动力，即使理想是之前生命的激情动力源。放弃理想的日子越晚，代价越大。虽然，以后没有理想的日子是没有希望的，没有希望的日子是悲凉的，但至少生活还可以继续。

三十而立，如果“立”有含义，就“立”在成年人的世界里。竟然开始无限怀念之前的校园，怀念少年的洒脱与无畏。少年已经不在了，轻快的步伐也开始沉重了；沉重的步伐是稳，毕竟失去了无畏。

偶尔会想起很多人，哥们儿和恋人们，倒不是放不下那段感情，而是那些实实在在的青春，有人参与过的青春，及参与自己青春的人。世界因为我的存在，改变了一点点，渺小却不可缺少，仍然坚信，自己一直并总是在朗月的星空中坚持自己微弱的光芒。

码字是个辛苦的活，仁微青一口气写到此处，窗外已经是深夜了。

……

窗外的夜灯还在闪烁，而在心中的文思已经熄灭。没有情绪很难写出文章，而带着情绪却又不能洒脱自如地控制自己。仁微青有些自怨自艾，自己成了情绪的傀儡，竟然仍旧被情绪所操控。仁微青就在自怨自艾之中，再次嫌弃起自己的浅薄来。仁微青经常嫌弃自己。

好吧，再酝酿一下情绪，借助以往在意的人物。仁微青突然想念起大学班级的女神——杜疏影。……不，乱了！！！杜疏影是那个世界的人。

仁微青感到有些头痛，他担心的最坏的事情还是发生了，两个世界的信息交织，直接损坏依靠神经逻辑保持健康的大脑。即使在这个世界，杜疏影也成了他最不愿触及的地方，虽然杜疏影是那个世界中的人物。

头痛！在这个世界的生活仍旧在捉弄自己，以作弄的花样向大脑证明了这个世界存在的真实。仁微青甚至认为，这次或许也是一次捉弄，比较有创意的花样罢了。

因为头痛的关系，那个一瞬间离自己渐渐地远了，就在记录这个世界的刚才，那个世界已经开始模糊，并逐渐失去真实感。仁微青相信自己总有一天会忘记那个世界的一切，就像从来就没有发生过一样。那个世界的事如果被自己遗忘了，或许就彻底不存在了。记忆相对于真假来说，有无更重要一些，一个被遗忘的世界，又何来真假？只不过越与自己相关的事，越难以客观描述。对于胸无墨水的“屌丝”，即使搜刮所能驾驭的词汇全部，逐字筛一遍，也难以恰当地将记忆折算成文。

那个世界中的仁微青，于自己有切肤之感，身份与处境却迥异，俨然似另外一个人物。甚至可以站在旁观者的角度，观看他的流年故事。仁微青或许潜意识希望成为那样的人，想象是实现愿望成本最低的办法。

最好不要把那个世界遗忘了。那个只有自己去过的世界，若忘记，它便彻底消逝。只有记录可以让它存在，或存在过。那个世界与现实弱不禁风地发生关联，必须为它做点什么。那就记录点什么吧！只有自己记录点什么，才能拯救它与这个世界的弱关联。

弱关联在那个世界是量子理论中的重要基础，因果律并不能完全适用弱关联关系。也或者是两个世界最大的理论冲突，虽然这个冲突只存在于仁微青一个人的脑海之中。

关于这个世界的描述，一则不敢写，二则写不下去了，三则……对于这个世界的记录需要很谨慎，祸从口出！言多必失！反正不敢面对太过于真实的世界，倒不如就在这个世界记录下那个世界中的事，趁那个世界还未远离太久。

临时的勇气刚好用完。即使是“屌丝”，写彼世界的事也用不上勇气了……

……

在此世界“列车隧道事件”的那一瞬间，在这个时间狭缝之中，仁微青经历了两个世界之间的往返，从彼世界带回来一抹茉莉香，和整个彼世界的200年记忆。这些记忆中最珍贵的，还是那抹茉莉香气。这个气味不是通过鼻子闻到的，鼻子是生物嗅觉，而香味只是一则信息。

仁微青的彼此两个世界，并非一开始就有，两个世界分叉于少年的某一刻。分叉发生前，童年那段共同的世界，是两个世界的时空纽带。可以简单理解为：彼世界和此世界的仁微青有共同的童年，在童年阶段，此世界和彼世界还是一个共同的世界。童年所落下的残疾也就成为了两个世界各自的残疾。在彼世界，仁微青最大的愿望仍旧是亲自闻一闻茉莉花的香味。在彼世界，仁微青的身体最终也没有拥有生物意义上的嗅觉。他的嗅觉是很多年后通过一种信息设备实现的。所以，生理上，他的鼻子始终也没有嗅觉。仁微青仍然是一个残疾人。

仁微青的这个无嗅觉缺陷，从外表上看不出来。这是一个属于极少数人才知道的秘密。他并不愿意别人知道自己的身体缺陷，并尽可能掩饰。

仁微青不能理解为什么可以去一趟彼世界，也不能理解为什么又从彼世界回到此世界。彼、此是相对的。对于彼世界最后的记忆末端是一段虚无，并没有传说中死亡前可以看到光影交错的奇观，也没有任何死亡过程的记忆。没有记忆的记忆，就是一种死亡的感觉。确切地说，就是彼世界的一次真实的死亡。彼世界最后的记忆末端，什么也没有带到此世界的话，几乎可以确定那就是一次死亡。

在彼世界经历死亡之前，前一段经历是普通的生物人，后一段是存在于机器之内的信息簇。什么是信息簇？很难介绍。

……

2112 年，彼世界。

彼此两世界，本来并不应该产生交集。仁微青觉得，自己似乎是带着一个重要的任务过来的。他还清晰地记得，在生命终结之前，自己被带到新西兰的一个孤岛上，孤岛是他的一个秘密地点。在这里，仁微青做的最后一件事是自杀，呃……也或者可以说是杀人，杀死了一位白人男子。

北半球已经进入冬天，而南半球却刚好处于夏季。凌晨，夜色尚未褪尽。一位白人男子乘着游艇，借助早潮冲上沙滩，他并未在码头靠船上岸，急匆匆地进入到一个隐蔽的房间内，掀开了盖在所有计算服务器上的罩子，从罩子上扑簌簌掉下灰尘，在窗户漏进来的光柱中扬起。一屋子的设备。他知道用不了多久，抓捕他的人就会跟踪到达。匆匆打开备用的总电源，启动系统。

设备大部分是计算机，这些计算计算不上先进。在当时，这些机器几乎是淘汰了 10 年以上的古董了。从屏幕显示启动进度条上看，开机就需要 15 分钟。不过，对于白人男子来说，并不是所有的事都需要先进的设备，够用就行。

他熟练地操作着各种计算机外设。在完成一段复杂的操作之后，他的大脑与这些计算机器建立了连接。他躺上了一张像手术台一样的床上，把自己绑在了上面。最后看了一眼光柱中的灰尘，静静地合上了双眼。他已经准备好了。

他快死了！生命的最后几分钟，白人男子被绑在手术台上抽搐，看上去十分的痛苦。他知道，这是一种生物痛觉神经在尽最后的职责，痛并不能折磨他的意志力。几分钟后，他在抽搐中停止了呼吸，随后停止了心跳，再随后停止了脑电波活动。

这些都显示在身旁的仪器上。自这一刻起，白人男子在生物生命的意义上，确实死亡了。白人男子姓名：安德鲁。终年 43 岁。

然而，大约过了十几分钟，计算机内部出现了一组信息簇，这组信息簇竟然可以自主地活动。只是，在计算机屏幕上，一切很平静，信息簇将自己隐藏了起来。

如果以脑信息为身份依据，白人男子就是仁微青。不是什么江湖易容术，而是白人男子体内的脑信息是仁微青，身体还是这位名字叫安德鲁的白人男子本人。这已经是仁微青的第 23 个“借”来的身体了，在此之前，仁微青已经用别人的身体重生了 22 次。这最后一次，他选择在一组计算服务器阵列之前完成了自杀。他并没有再一次选择借助另外一个人的身体重生，而是将仁微青的脑信息蜕变成为一簇信息，在这一组计算机之中完成了信息羽化。

就在这组信息簇形成之后不久，这个房间的门被撞开，急匆匆地拥入了一群人。等他们发现了屋子里的一切时，感觉已经来晚了。目标人物已经死亡，脑死亡。他们着手检查尸体、检查计算机、检查房间的任何一个角落，甚至包括那些悬浮在光柱中的灰尘。一位西服着装的官员，站在尸体的面前，用电话向总部汇报情况。这次，他们晚了不过是几分钟。比以前快，但还是晚了。目标人物永远先手一步，恰到好处的快，就像对现在和将来的一切都了如指掌。

“我要的，得到了吗？”电话那头问。

“还没有！”

“别盯着看，抢救脑信息！派你们去，不是为找一具尸体，给我要的东西！”

“好的，先生！”

……一切都已经太迟了，尸体给不了他们想要的。西服着装的官员眼睛盯着尸体，面部肌肉牵扯到脸部表情。那种眼神似乎在说：为了得到想要的，一切都在所不惜。哪怕毁了三观，毁了对尸体起码应有的尊重。

房子外，直升机、登陆艇、掩体和火力……小岛密密麻麻地被一群武装人员包围。这样如临大敌般的阵仗，就像要拆除一枚流落在孤岛上的核子弹。

尸体本来就不是目标，目标是脑信息。脑信息暂借了这具身体，那脑信息就是最传奇的人物——仁微青。仁微青隐瞒了世界 22 次，这个秘密终究还是被发现了。

一分钟之前，信息簇就像拥有了一个虚拟的生命，借助这个网络的世界，在有网络的地方自由地徜徉。虚拟生命可以到达网络世界的任何一个空间。寄居在身体里的不过是一簇信息，这簇信息徜徉在网络之中并没有难度。此刻，主人幻化成一簇信息，带着主人的身份，早已匿迹在纯粹的信息世界之中。

此世界的仁微青，以生物的身份存在。他虽在那份额外记忆中保有这段虚拟生命的体验，已然失去了彼世界彼时的临场感觉。

彼世界，虚拟生命没有了欲望，没有欲望也就没有了行为的目的性。虚拟生命没有形状和大小。没有了生物蛋白激素的作用，在生物的身份看来，这种存在索然无味。世界的一切对于这个虚拟生命都是没有价值的，他过了很久才适应了这种虚拟存在的身份。不过，虚拟世界的仁微青却获得了一种新的发展动力，也是自己继续存在的动力。

在那23次重生的经历中，仁微青几乎出于一种惯性，他留心仁微青遗留的社会单元，那些与自己有关的人。仁微青从未暴露自己，对于亲人们，自己离开那个世界已经很久，至少那些亲人已经习惯了没有仁微青的世界。

每一次重生，无论借助什么身份，他都会悄悄地去偷窥这些亲人，并确认他们过得很好，恰当施以帮助。自己是他们平静生活的灾难，如果没有自己的话，他们会继续过得很好。那时，仁微青虽然“借”用了别人的身体活着，但任何时刻都还是一个生物，有激素和欲望的生物。自己可以理解生物生命的一切。

在那些亲人中，有一位美丽的妻子，仁微青用了23生牵挂的人。好几次仁微青以新身份探望过她。他还常去探望一位性格内向的少年，少年失语已久，因为一场家庭变故。少年有些叛逆，总是一个人的时候发脾气。仁微青无法再参与他们的生活，唯有暗中记录亲人们的许多个瞬间。直到妇人变得很老，连少年也变老。

与妻子共同经历过家中的患难，夫妻感情很深。少年是自己的孩子，不幸的孩子。第23次重生之后，已然是80年之后。当岁月把少年都熬成了老人，妻子已经120余岁，儿子将近90岁。彼世界的那个时代，人类的寿命得以延长，70岁到150岁都算老人，在整个寿命周期内占一多半。老龄化并不是社会死局。

自从仁微青蜕变成为纯粹的计算机信息内容，他已经没有了肉身。生命就像“信息幽灵”存在于网络世界。他可以通过网络世界的各式传感终端来感知，比如，通过摄像头来看世界。可以看见已经百余岁的妻子和壮年的孙子。不过，以“信息幽灵”的身份活着，价值观均已改变。在仁微青此刻的眼里，摄像头中的妻子和孩子不过是一个生物，似乎他们和自己只有一种愚蠢的情绪关系，而自己对这种愚蠢关系没有了维持的欲望。

感情是机器生命无法理解的内容，情绪是属于碳基生物效率的协调机制。

结束第23次重生当晚，“信息幽灵”回到那一组计算服务器阵列的房间里，通过摄像头看到一批惊慌失措的人，手忙脚乱地尝试抢救那具尸体。那具尸体似乎和自己原来的样子差异很大，仁微青还是满意最初的自己。虽然自己原来没有1.8米的个子，却最能配得上妻子的美。尸体的头发是卷的，有胸毛和络腮胡，这些都是“白种人”的特征。只是，最早的仁微青的模样已经很模糊了，似乎就在印象之中，可惜就是想不起来。究竟长什么样呢？

那具尸体正被一群人残忍地抢救，像屠宰一只动物那样。抢救不是慈悲，也不是普世的人文关怀，与善有关的都不是。被抢救的也不是生命，而是价值。因为，仁微青曾经寄生于其大脑，当然，这是在尸体还是一个活人的时候。死了，就没有价值了。对于生物人来说，脑死亡是一种严格意义上的死亡。所以，与那些所谓的价值将再一次失之交臂。

而这个“信息幽灵”虚拟生命的形态，要比生物高级很多。仁微青早就为自己设计的这种从死亡到重生的方式，这一次算是一种生命形态的升华。

未来，真正的生命并不一定是生物，也可以是另外一种形式存在的事物，比如，一组存在于网络世界的信息簇，像他现在这样的“信息幽灵”。这种生命形态更高级，具有更高的效率。到目前为止，地球人还没有人能够在生物生命终结之后，以另外一种形式完整地存在于网络的世界。

有得就有失，这种生命的形式失去了一切生物形式的感觉，也失去了荷尔蒙。是的，只有经历过，才能体验到这种感觉有多么的不适应。从效率的角度来看，欲望和荷尔蒙是效率的障碍。

美食街的餐馆里，生意热火朝天。一群人正在餐桌上大快朵颐。仁微青通过网络摄像机，随意地到处看看。他知道美味与自己已经没有了关系，有过生物体验经历，他十分理解这样的行为。如今，仁微青已经没有了美食的欲望。美味只是生物人的欲望之一，从营养的角度来看，是一种动物进化残留。

活在网络的世界里，没有了时间的概念，只有顺序和逻辑。对于生物人来说的几十年，在“信息幽灵”的生命中却只是一小会儿。“信息幽灵”的目的性并不是形成于激素欲望，只有一些目的性与激素有关，那就是一些记忆遗存。如同软件程序得到了一组额外的指令，指令来自生物人。

这座新西兰的孤岛很隐蔽，是私人财产。本来，岛屿属于一个叫詹姆斯的人，由詹姆斯“赠予”了仁微青。一起被赠予的还包括这里的所有设备和日常开支。这个叫詹姆斯的富人，这时正处于半死的状态。他的故事发生在10年以前，即彼世界，公元2102年。

电池大亨詹姆斯很有钱，就如同150年前的石油大亨那么有钱。公元2100年，詹姆斯被查出罹患肺癌，在这个时代，癌症并不是绝症。詹姆斯是肺癌晚期，错过了治疗的时间窗口，等待他的只有死亡。他有强烈的求生欲望，通过他的钱，让整个世界为他想办法。最终，他成为了一个被冷冻休眠的人，通过向体内注射一种细胞冷冻保护剂，实现在低温中冷冻保存。在低温冷冻的环境下，让生命的时间停止，等待时机复活。冷冻人体及保存、复活都是一项花费巨大的手术，电池大亨能够承担这个费用。

人体冷冻与复苏手术，长期以来受到各种非议。

医生宣布他的病没有生存的希望。他为自己准备了两条路：1. 要么冷冻人体，直到肺癌晚期治疗被攻克；2. 要么做一个“信息幽灵”，让脑信息在信息世界里得到永生。

二者相比较而言，虽然都是活下去的希望，但是只有前者才是生物。激素生命对于生物是真正意义上的活着，拥有一具身体才可以继续拥有人的身份。对于活在网络世界的“生命”，是没有具体存在的“信息幽灵”。就像幽灵一样，可以永生，却没有了时间的概念。

詹姆斯选择了前者。他是一个成功的商人，商人最了解价格和价值的关系。这些了解让他获得了巨大的财富。因为，财富从来不会轻而易举地获得，更不会轻而易举地被一个人保有几十年。詹姆斯做到了，让他做到这一点的不是才华，而是他发现了价值的源泉秘密——人性！

只有置于人性之中，才能懂得人性。这个选择题对詹姆斯来说，不难抉择。如果要活着，就必须要保有人性。有人性的人才能继续驾驭人性。他只想让生命以原有的方式继续，保有生物的各种人性色彩的欲望。

两条路都没有十分的把握，互为另一条路的退路。詹姆斯是一位十分谨慎的人，他为自己认真地准备了两套方案。第二套方案就是仁微青为他构建的“新西兰孤岛”方案。

世界很大，也很小。让仁微青与詹姆斯相识的介绍人是钱，毕竟钱的魅力总是被才华低估。虽然，第二套方案没有被启用，却也没有被销毁掉。在网络发达的时代中，秘密是为詹姆斯这类有钱人准备的。这处没有被销毁的秘密场所，得以秘密地保留至今。作为秘密的一部分，“新西兰孤岛”被仁微青无条件继承。

詹姆斯在冷库中还没有被唤醒，看来不再会使用这些面临淘汰的陈旧设备。10 年过去了，在精心维护下，设备的所有功能正常。电子设备更新速度很快，经过了 10 年的发展，这些计算机器不再先进。可对于仁微青来说，足够用了。

足够用是实用主义，一味追求先进是完美主义。追求实用的人，永远不会考虑“关公战秦琼”的假设。假设是为了寻找优化空间，不以优化为目的的假设毫无意义。

他是那么的熟练，不慌也不忙。似乎，早就知道这套设备迟早会被利用上。似乎早就知道，最终使用它的不是詹姆斯，而是自己。

看起来，这一切没那么简单，他似乎早就对这一切先知先觉。

……

公元 2018 年，彼世界。

离“新新西兰孤岛方案”实施100多年前，发生了很多事情。21世纪初期的彼世界，同样面临一个信息爆炸的时代。计算机技术、数据传输技术、传感技术作为信息技术的三部曲，逐步构建了信息技术总成——人工智慧。

智慧，就是掌握规律，预知未来。

在数传技术鼎盛的发展阶段，“地球村”信息网络逐步形成，信息不再受制于空间距离。网络离人无限的近！人们开始探索万物互联，他们笃定地认为，在将来物联网形成之后，网络与人的距离还能更近！生物神经终将成为网络的一部分，迟早被网络统一。

21世纪初期，在产业资本的眼里，信息还没有被资源化。因为智慧的主体仍旧是人，仍然以一种生物碳基智慧维持在一种低效阶段。

彼世界的终极的信息技术会改变什么？这几乎是所有人都愿意关心的问题。答案可能很丰富，难以尽述。但可以简单归纳为一个观点，机器智慧会终结以生物为智慧主体的生物效率。相对未来的机器智慧而言，生物效率就是一种低智的效率。

这在未来到来之前，会很难以接受，并产生各种担心与绝望的情绪。傲慢的人类主宰了地球这么多年，并不会这么轻易放弃这种生物地位。未来终将会来，即使人们不愿意承认这种可预见的未来。

用人脑信息研究信息，思路必须十分清晰。要知道，和未来置气、找别扭，情感会受到伤害。掌握真相不代表掌握说出真相的方法，让别人相信真相比找到真相还难。

低智并非贬义，生物效率也并非一无是处，在机器智慧出现之前，人类的精神充满野性的自由，个性得到十足的彰显，人类的精神世界丰富且生机盎然。虽然，效率是低的。

自从计算机技术出现以来，人类的精神世界逐渐荒芜。人们追求最快的工业效率，把机器和人都统一当作发展工业的工具。世界越来越多的商品和高楼，地面越来越多的道路和耕地，地球的每一个角落都有人工的痕迹。地球，已经不能靠自然的力量来决定土地的用途，人类征服了每一寸荒野。人们对于被征服的地球失去了敬畏，地球环境持续恶化。

由于地球的每个角落都被占用了，地球的表面积已经装不下人类的欲望。人的欲望却仍旧在持续膨胀。人类不得不考虑地球持续使用的问题，开始环境保护。同时，人们开始把目光伸向太空。

城市越来越大，地球越来越小。帝都几十年间，就发展成为一座超级城市。在能源科技的繁荣之下，信息技术飞速发展，占领了一切信息终端。人们依赖着这些信息终端，新的信仰构建在虚拟网络之中。从解决生活到解决情绪都严重依赖互联网，生存得到便利，情绪得到迎合。信息却被渠道圈了起来。

2. 繁　华

古人轻生死，重离别；今唯利益堪重，离别至轻。

21世纪初期的彼世界，看起来要比此世界繁华，年轻人喜欢繁华。在那段苍老的记忆中，仁微青也年轻过，有谁没有年轻过呢？

若是在古代，30岁的他算是一个穷酸的秀才。穷秀才是没有钱却有地位的读书人。可这是在现代，仁微青是一个穷博士，并且是从事冷门天文工作的呆博士。与穷秀才一样，穷博士是没有钱的读书人；与穷秀才不一样，穷博士连地位也没有。在博士文凭满大街的时代，别把文凭当棵菜！很多穷秀才却不这么想，比如仁微青。

和所有的读书人一样，博士学位是一个体面的身份，付出些智力和体力即可。抱着一张博士证书，生活不会太差，却也未必富足。仁微青那点微薄的工资根本凑不齐老婆本，稍有克扣就影响生活质量。

2018年，仁微青还只有30岁，脸上还没有令自己厌恶的世故神情。他胸口吊着一块牌子“参会代表证”，代表单位出席这个正儿八经的高级别会议。“参会代表证”贴有仁微青的照片，照片正下方印有几行字“单位：国家天文台副科探员；姓名：仁微青”。在彼世界，30岁的仁微青就已经有了副教授职称，在国家天文台担任副科探员。副教授职称，至少要有一张博士证书。

天文台的工作不一定在有望远镜的山上，也可能在地下。仁微青的日常工作就在地下。地下可以实现洁净的低辐射研究实验平台，用于暗物质探测研究，也可用于研究来自于宇宙深空的辐射。仁微青研究来自宇宙的辐射。

不过，今天的这个会议室在地上，在一栋62层的高楼顶层。这些人恨不得离地面越高越好。很高的楼里，会议室装潢得也很高级。

仁微青无聊地拨弄胸口的吊牌，会议内容十分的无聊。出差是好差事，开会却并不是好差事中最好的部分。出差有好处，不必无休止地被指挥着忙碌，不必处理同事关系。高级别的会议，匹配高级的美食与宾馆。这些临时的富贵，着实让一向穷酸的仁微青很享受。

开会虽无聊，如果擅长打发无聊的时间，开会也不算坏差事。走神、发呆、出窍，都是打发无聊的办法。无聊的话题和无聊的争论，对于仁微青十分具有催眠效果。服务员已经是第三次收拾会议室门口的茶点，除了茶歇、中餐和晚餐，会议从早晨一直开到了深夜。

总有些人具有神奇的能力，将无聊的内容发挥成长篇大论。仁微青的思维要降到很慢，才能和发言人保持在一个节奏。仁微青已经记不清上了几次厕所和吃了几次茶点了。每次尿点离开后回来，话题还在原处。他空闲下来的大脑干脆有些发麻，连发呆的症状都出现了好几次。开会是个不错的发呆场合，反正那些在会议上争吵的人，根本不会注意到走神的自己。在这次会议上，仁微青是一个小角色。一个小角色，神游几分钟根本不会有人注意。

仁微青的座位靠近窗户，只需要侧脸就可以看到窗外。他侧脸从62层的窗户向外看，帝都的夜景尽收眼底。帝都的霓虹在繁华夜景中闪烁，低压的雾霾在空气中反射彩色的光，光晕蔓延至地平线的尽头；路面上的人们像蚂蚁那么小，车流和人流在路上繁忙地交错；快速道路上总是有无穷无尽的车灯，不知道从哪里冒出来的，也不知道每辆车的目的地在何处。

这个城市有3000万人口，每个人都沉浮在流光溢彩的人海之中，以远高于三分之一的参与感混迹在这座城市。去到这座城市之外，每个人都愿意显示这个繁华与自己的亲热关系，视城市边界为自家院墙。即使自己还不如外来游客到过的景点多；即使自己从未从高处俯视过这个城市的夜景；即使自己卑微地活在城市的角落，需要仰视45度角才能越过楼房见到天空。

彼世界大部分历史和此世界保持一致。

彼世界的人类，在经历电气化工业革命之后，也同样经历了以计算机、通信技术发起的信息革命。至21世纪初，各种表象显示，最终极的信息技术风暴就要来临。随着传感技术将隆重登场，伪装成人工智能，或被称作“信息总成技术”。极少数商业嗅觉灵敏的人已经感觉到商机，在蓝海中制造血光。

远处的广告牌，提醒人们这个时代与能源的各种关系。如果，蒸汽机、电气化工业技术革命统称为能源技术革命的话，那么，计算机技术、通信技术、人工智能技术革命可以统称为信息技术革命。是的！信息技术和一切能源技术都不一样。信息技术要改变的是智慧的主体，要建立一种高于生物效率的智慧。因为，一切智慧都是建立在信息资源之上的，包括生物的智慧和人工智慧。

仁微青的手机里下载了各种人工智能的内容，这些关于机器智慧的设想还没有真正实现，互联网却对机器智慧展开了丰富的想象。

回顾彼世界的历史，公元前384年出生的亚里士多德，那时连皮鞋都还没有被发明出来。这些光着脚丫子的哲学家，他们所考虑的哲学问题，竟然事关宇宙星空。这比绝大部分现在生活在互联网上的“文明”人要深邃得多，“文明”人在互联网上只讨论一些情绪。

自从霓虹灯亮起，城市再也没有呈现过有星空的样子。在这个没有星空的城市里，人们很少会将目光越过楼顶，面向天空，思考最原始的哲学。

霓虹灯下的楼房，就像鸽子的笼；雾霾笼罩的夜空之下，连笼子都在酣睡。没有人关心哲学，知道太多了，会影响他们用互联网向古代人炫耀的优越感。装睡已久，好不容易真睡着。

你无法叫醒一个装睡的人，你也不敢叫醒一个装到真睡境界的人。地球上所有的动物都仍然在继续进化，除了人，优越感麻醉了整个人类，让人类丧失了进化的动力。生物智慧在发展中碰到了天花板，没了往上的空间。

基于一种偶然，少年善于产生理想，至成年时大多理想会被放弃。成年人谈理想，大半是疯子。人类在信息技术中失去了野性，这让仁微青的理想显得大了些，拯救人类！理想和某种拯救有关，疯子！但疯子认为，利用信息技术干预信息技术的发展，这是唯一阻止这个世界精神荒芜的办法。仁微青早已不是少年，仍然让理想产生是不合年龄的轻浮，但他的这个理想比少年人要稳重得多。

彼世界。在互联网时代，碎片化的信息在互联网络上汇聚、流散。这些信息碎片利用互联网，被别有用心的商业编织成信息的茧房，用于禁锢自由的思想，人们习惯而又安逸地困在其中。看起来这些信息陷阱温柔而又妩媚，难以抗拒；表面上看，信息供人们随意挑选至如意，并总是顺从人们的兴趣，网络乖巧而遂人情绪。

人们的兴趣总是习惯性地被引导，这些引导信息带着目的，直到人们被牢牢地困住；聪敏的人或许可以灵巧地躲开网络上的信息陷阱，但如果陷阱太多，没有人可以在布满陷阱的信息网络中，找出一条完整的逃离路线来，以供你巧妙地度过人生。即使是聪明人也一定会掉进陷阱去。只是，聪明人不会忘记从陷阱中爬出来。在陷阱里，只有孤魂野鬼，没有自由灵魂的人类。

大多数人不再关心抬头便见的宇宙星空，也不再对宇宙的目的保持兴趣。巨量知识碎片总是蜂拥而至。碎片为欲望所导致的生活困境提供了临时安慰和乐趣，碎片为陷阱里无所依靠的孤魂提供了临时的抚慰。在抚慰这些憔悴灵魂的同时，也隔绝对真实的接触。当然，这些信息也覆盖了 62 层的窗户之内，并没有放过仁微青的电脑。

……

神游天外的仁微青被一阵大声的争吵惊醒了过来。看来会议室的争吵已经升级，从解决问题升级到解决情绪。争吵并没有停歇的意思，那些意见表达者为了说服对方，逐渐放弃了原有的斯文，开始用嗓门来征服对手。因为，他们各自都意识到，语言所表达的内容，根本说服不了对方。

本能，总是会在疯狂的时候，再度光临身体。

争论的内容索然无味，问题的焦点毫无创新。仁微青的注意力只在这些嘈杂的声音中停留了片刻，继续神游。

不知什么时候，会议已经结束了。早上，仁微青是混着人群进的会议室，现在，终于可以混着人群离开。不过，仁微青并没有混好，被人点名叫住留下。叫他的人似乎很了解他，被对方客气地询问了一番，仁微青客气地应对。问了好些关于他们科室的问题，才放他离开。

仁微青来帝都只是为了开会，好差事干久了也会腻味。繁华的帝都的确很繁华，不过仁微青并不太喜欢，实在找不出喜欢的理由。这个城市虽然和自己有缘，不过帝都属于别人，属于喜欢它的人们。自己只是出差路过了一下而已，自己属于黔州大山。早就在星光和霓虹之间做了选择，这种霓虹式繁华和自己无关。

会议的争论并没有分出胜负，没有胜负就是没有结果的意思。这种事情经常发生。即使没有产生结论，会议也已经结束，没有结论就是会议的结果，这是领导艺术之一。

……

哪有少年不怀春？少年多情，仁微青是多情的种子。在他心中有一位女神。仁微青为女神赋诗无数，不能不说道说道。

《月光》

天空为思念备好月光，只等有人仰望；

冷芒下，空怀旧情的余温，如何挨过冬天？

前世的旧伤，今世未愈；

写一封信，话热，心冷；情长，纸短。

每个晴朗的夜晚，都躲不过这一轮思念。

……

浪漫是年少的荒唐。年事渐长，已经难耐青涩的酸。于是，将身有节，痴除之后，再无往事，任凭生活捆绑。

女神一直在一个仰视的角度，在脑海中圣洁地发着光芒。把她请上女神的圣坛是源于一次学校的秋游……仁微青从来都是用一双躲在角落后面的眼睛偷窥女神，他只是远远地和她保持距离。而杜疏影的心中的仁微青普通到可以忽略，命运并没有给二位安排任何一次巧合，他们俩任何一次见面或接触，都是同学间一般的熟络和一般的热情。

直到这一幕画面出现在仁微青的眼前：一群同学不紧不慢地嬉戏，踩着轻盈的脚步通过长满法国梧桐的林荫道，路面洒满了秋天的落叶。阳光透过金色的枝叶洒向地面，像一张光的网扑在了年轻人的皮肤上。凉风轻撩过女孩们的发梢和夏尾的衣裙，身后的少年逆着秋阳看见了前方少女光晕中金色的轮廓。少女耳垂下的脖子白皙中透着红。额角的汗毛里浸出了汗珠，在阳光中描出一道模糊的光弧。微风把少女的发丝轻轻地扬起，像手指穿过柔顺的长发，发丝间也透着金色的光。这些晃动的光斑眩晕了少女的身影，眩晕了角落的少年。

仁微青渴望有嗅觉，想必此刻少女会留下一缕永生难忘的茉莉香味……过程不重要，可以确定是激素作祟的结果。

从此，仁微青对美女的标准，定格在了高中梧桐林荫道上的光晕中。

性情木讷的仁微青，不善与人交往，更没有在女生面前表白的勇气。他只能在心中一直默默地藏着这个画面，晚上幻想各种奇遇和巧合，然后幸福地入睡。在行动上，仁微青并不缺乏疯狂之举。不知是真巧合还是故意，仁微青追随女神到同一所大学、同一家单位。

仁微青喜欢什么样的工作？肯定不是天文学。可偏偏杜疏影上了这个专业，并参加了这份工作。仁微青的个人意愿是传感技术，他很想知道茉莉是什么味道。况且传感技术很热门，既能参与到最流行、时尚的消费品的设计，也可能有机会在应用技术领域出些科研成果；科研并不是为了高尚的理想，而是科研成果就等于现金，择业关键就在于捞金有术。纵观历史，在每个时代中顺势而为都很重要，改变世界的事离卑微的自己太遥远，拯救人类？那是别人的事，理想屈服于现实，自己要忙着拯救自己先！

满足一下探索欲望还可以，却没有年轻人愿意为天文工作，因为天文一干就是一辈子。不出所料，杜疏影的兴趣也不是天文学，这个专业太冷门了。杜疏影要读生物医学工程，这个职业知性而且资深。

杜疏影的父亲杜氏惪是留美博士，回国的著名天文物理科学家之一，也是黔州FAST系统建设的主要倡导专家之一。杜疏影是杜氏惪唯一的孩子，选择天文物理学多少有父亲的意思。杜疏影和普通女孩子一样，并不喜欢在男人堆里搞枯燥的研究工作。然而，每个父亲都希望孩子能够继承自己的心血，这个父亲也不例外。几乎所有的天文工作都是用时间熬出来的，特别是天文物理，过程枯燥而漫长。而经历过这种枯燥和漫长的人，对手中的这点积累更加珍视。

性格温顺的杜疏影从未忤逆父亲，标准的学霸类，文化成绩很好。按照父亲的意思顺利考入科技大学天文物理专业。后来，毫无悬念地成了天文物理博士。

有势利的择业想法，不能怪年轻人，环境使然。如今炒房比实干还要赚钱，投机比实业更没有风险。

现在，和年轻人谈理想太难了。物欲可以使父子反目，心里容不下亲情的人们，又怎么在心里能装下一个高贵的理想？现代年轻人更现实些，仁微青和杜疏影都认为理想是遥远的，挣扎之下还是选择了这个工作。他们各自有各自的原因，绝不是因为理想。

这个时代，过度膨胀的泡沫经济让人心也起了泡沫。特别是年轻人。在生活辎重之下，没有人对未来有参与感。丈母娘的评价标准不谈荣誉，只谈资产。

追求的真理可以让人们获得自由，却也只能自由而已。可人的自由要区别于动物那种自由不是？先要有个贵族的身份，贵族需要三代人的积累。

如果要和杜疏影在一起，必不可少需要钱。仁微青设想了一千种方案，每种方案都局限在这个条件上。和杜疏影在一起工作，就无法摆脱这个局限，但离开这份工作，连这种工作中的陪伴也可能永远失去了。

犹豫是时间的恩客，却是机会的杀手。仁微青在犹豫中默默无闻，就这样默默地过了很多年。

年轻的仁微青从来不被人关注，除了杜疏影，他也不关注芸芸众生。从来没有参与世界的想法，也一直被世界忽略，打算这样苟且地活着。天空、星星离自己太遥远，这个世界倒是很近，然而毫无参与感，没有参与感的世界和星星一样遥不可及。

仁微青勉强自己的兴趣，勉强自己的收入，勉强地进入天文台工作。他和天文台的面试官谈的都是理想和宏图伟业；在睡前预习梦境时，和梦谈的都是杜疏影。杜疏影常住在梦里。

杜疏影的求学轨迹是仁微青的求学导航系统，杜疏影的择业轨迹是仁微青的择业导航系统，她到哪里仁微青就会巧合地到那里。

杜疏影在天文台博士站做博士后期间，俩人之间的态度很平淡，不说破的事还是当成巧合的好。一如往常，他们俩任何一次见面或接触，仍旧是一般的熟络和一般的热情。

三年后，终于在一次父女之间的琐事之中爆发了女儿对父亲的叛逆，杜疏影离开了父亲安排的单位，一气之下出了国。仁微青认为父女没有隔夜仇，负气的事情总会平息，杜疏影过一段时间就会回来。

谁料三个月之后，杜疏影在国外不幸地遭遇了车祸，并在车祸中丧生。

杜爸爸犹记得那个摔门而出的鲜活生命，再次踏过那扇门时却已经是盒子里的骨灰。他知道，后悔并不能改变事实，而事实却让他无尽的后悔。

杜疏影之死对仁微青打击很大，几近崩溃。

理性一点，仁微青与杜疏影之间差距太大，本来就是一段十分狗血的“屌丝”

暗恋女神的故事，每天都在地球的各个角落发生。可是，理性不适用于男女之间的情爱。每个人都感性地向往一段童话般的恋爱。童话是对生活的想象，高于生活；生活是对童话的摧残，生活中的童话必死！

仁微青是工科男，在理性的心中，早就按照一般剧情预演了故事的结局。只是，在理性和感性的长期博弈中，除了再试试又能做些什么？万一呢？万一是个小概率的巧合，被称为巧合的事，就不会大概率发生。必然的结果需要必要的条件作为发生前提，没有合理的条件，时间解决不了这个“万一”。

如今，这个“万一”不复存在了。最大的哀伤，莫过于失去最后的希望。在女神发生车祸之后，仁微青独自一人在酒吧里选择了一场大醉，没有人安慰自己，也没有人知道自己需要安慰。

仁微青的一生中不如意的时候居多，他已经习惯了幸运从不眷顾自己，习惯了各种形式的失落。习惯了从希望变成失望，习惯了从失望变成绝望。虽然习惯了这些不幸的发生，但仍旧没有习惯适时阉割情绪，内心仍旧会哀、伤、痛。他需要这一场大醉。他哀伤的不是自己被整个世界忽略，而是明天还会一如既往地到来。

仁微青沉溺在酒精中，却发现记忆中甚至没有可以拿出来悼念这段爱慕之情的情节与画面。那些梦前幻想，并没有合理的情节，仅仅是单方面的主张。终究这种单方面的幻想也在这一天终结，随着杜疏影的车祸终结。

酒精中的幻觉，并不真实。爱离别是佛家“七苦”之一，七样苦，似乎都没有错过折磨自己。这是天欲降大任于斯人吗？降给别人行不行？

在这一场醉里，仁微青希望自己糊涂起来。乘着在醉里的活，在梦里死去。追随女生的死，成为仁微青的一个选项。在酒精中活着，这是绝望时给自己的最后一点体面。本以为喝酒是为了把痛苦淹死，可是该死的痛苦学会了游泳。

酒醒之后，只余宿醉的头痛，没解决任何问题。仁微青从此戒了酒。

仁微青想到过出家，不过，他知道出家并不会改变什么，并没有什么神会庇佑自己。人生本来就是一场修行，出家只是多了一个仪式。修行无处不在，只要对人或宇宙的目的保持兴趣就是修行。

出家，还是不去的好。源于对未知的哲学思考，借助一种仪式，用最通俗的神仙来安慰凡人。这种仪式是为了构建信息“磁场”，“磁化”信徒的信念。本质上看，神仙并不只是庙宇中的泥菩萨，也并非是在骗人。当你无法把真理传授给没有接受能力的信徒的时候，最简单的办法就是给信徒一个神仙。宗教还是有大智慧的存在，庇护少数真修行的弟子。

能拯救自己的是大智慧，而不是一种形式。有机会，一定拜访修行人。

仁微青失去了方向，惯性地留在研究所，并惯性地成为杜氏惪的助手。或许潜意识中他有意亲近杜氏惪。凭借扎实的专业知识和出类拔萃的智商，仁微青就成为了杜氏惪倚重的人。是杜氏惪心目中值得传承手艺的人。

……

正经的会议，不正经的吵吵闹闹，时常打扰正经的走神。

这次会议是代表杜教授来的。既然会议已经结束，仁微青打算明天就走。

帝都，曾经是仁微青成长、学习、生活过的地方，算半个故乡。但是，这次来并没有找到回家的感觉，再次离开也没有离家的感觉。看破了繁华的背后，也看清了精神的荒芜。这片精神世界的荒原一点都不值得留恋，自己还是去大山里看星星吧。

为了什么？连自己都不知道。或许，就是因为明天会一如既往地到来。

……

在回程的飞机上，仁微青竟然有些期盼回到那片大山。天气晴朗的话，那里有干净的夜空，可以看到密密麻麻的星星。

在飞机的杂志上，出现了一个熟悉的面孔，布热津斯——美国战略问题专家。这个人最著名的战略不是有硝烟的战争，而是“××乐战略”。

全球化势必会造成一个重大问题——贫富悬殊。在社会的稳定期，这种贫富差距会继续加大，直至社会出现动荡期之后重新分配财富。未来这个世界上，少数的人会支配绝大部分的资源，而大多数人会被“边缘化”。“边缘化”是社会走向冲突的不稳定因素。在“边缘人”眼里，这是一个丛林法则的世界。

布热津斯想到了一个办法：卸除“边缘化”人口的不满，像安抚婴儿一般，给他们嘴里塞一个“安慰奶嘴”。比如，发泄性娱乐。这就是著名的“××乐战略”。

无论是否接受这个世界的现状，这个世界一直被信息主宰。“安慰奶嘴”也是利用信息稳定社会结构的典范。它证明：手铐不只有铁质的，还有看不见的信息制成的。

当人们心中出现了与人比较之后的优越感，也就出现了对现实满足的麻醉。拥有价值千万的普通房产，却是家庭赖以生活的必需品；培养一种习惯或施以舆情压力，大部分人会自动放弃重获财务自由。付出些信息，就可以培养一种思考方式，代价很小。

举目四望，满目疮痍。社会精英随心所欲地支配社会资源。想到这些，仁微青有些心痛。

他转念一想，这些原本属于大多数人的分散资源，果真分配给智商低的人，也是资源的不幸。精英们利用房子作为手段，展开的一场秋季收割。收割了边缘人的储蓄，并让他们透支了未来的 20 年。割完的韭菜需要休养生息，养肥之后再来。

在帝都生活的人，奶嘴味道下的精神世界看起来富足繁荣，充斥着感官满足。

网络游戏和虚拟社交，连孩子都不放过。商家用游戏杀死孩子的时间，显然也猎杀了人类将来，只会留给未来一片狼藉。

游戏只是一个产品，企业只是逐利，企业为了利润，卖一切可卖的，未来也在出售之列。富足的梦想，在未来不应该是一地鸡毛。

精神世界的自由之光已经熄灭，又如何让理想得以生息？

记得某著名的权治家说过：“有的人碗里吃着肉，嘴里还骂娘。”这太写实，不能被人们接受。

“屌丝”就是“屌丝”，“屌丝”不是英雄！

电影里的英雄从不计较百姓的愚昧，每次都以自我牺牲的方式拯救百姓，顺便拯救百姓的灵魂。百姓总是以不充分的信息做出愚昧判断，这是试出来的人性之恶。恶并不值得拯救，但未来值得。英雄就是百姓想成为的人，用来劝人行善的虚构。

仁微青不想做英雄，连做英雄的情怀都没有。在人性的道德洼地，躺下来垫底，挺好！生活质量才是最需要拯救的。

仁微青仍然买不起房，生活质量不算好，却比房奴要好许多。大多数人认为现状与自己期望的生活方式有差距，所以对改变才有动力。改变，是经济行为的动力，这些经济行为包括房地产在内。仁微青更愿意认真对待今天，珍惜现在，房子留给韭菜们自己玩。

在彼世界，仁微青是一位有学识的前沿基础性科技科探员，可以接触到世界上最先进的仪器设备，也可以参加最前沿的科技交流与探讨。这里有一片理想净土，与投机经济无关。

……

工作之余，仁微青研究信息的传播网络途径，也以信息受体的身份研究自己的行为，研究信息受体——网民。

和许多年轻人一样，仁微青离不开手机。所以，研究自己最方便不过。也许是失去嗅觉的原因，仁微青对传感技术如痴如醉。不过，生活没有遂了兴趣的愿，只好在业余时间满足。

专业并没有阻碍他的好奇心。他发现，相对于人脑接受信息的能力，这些来自互联网上的信息量十分的庞大。人脑被暴露在信息雨中，被信息淋漓灌洗，只需要找个舒适的躺姿。人们看似随意的选择，实际上根本就不随意。个人的喜好会自然地对信息进行过滤。喜好总是自己的吧，太高估自己了！网民的躺姿除了自己不知道，连手机软件都知道，这些在商家的眼里是大数据。

如果有启动资金，仁微青想搞一家互联网公司。互联网公司可以轻易地统计个人数据。如果用户数据是一座矿坑，人就是一种矿石。这些公司赤裸裸地说“将用户束缚在由兴趣和先入之见所引导的狭隘信息领域”。没有任何一个美猴王可以超越六小龄童，这是先入之见产生的效果。看似随意的选择并不是随意的。

能让人成为“矿”的公司，一定是最赚钱的。

用兴趣引诱个人，被引导的观点自然会先入为主，成为受众的先入之见。以选择性理解和选择性记忆强化这些观点，加深认同，由此实现极化。这些被极化的受众会形成一个群体，通过群体的观点对不同意见者形成“群体压力”。这些人不仅成了受害者，还成了施暴者的帮凶。

这个世界的人有一半属于现实，另一半属于网络。如果网络折算成信息渠道，现实中的人恐怕连剩下的一半也保不住了。仁微青并不知道自己属于哪一半。

仁微青本以为在自媒体繁荣发展的现在，可能产生一个通向自由的窗口，在这个窗口每个人都可以发出自己的声音。事实上，他发现迫于“群体压力”的存在，受众对媒介内容选择性接受或排斥。形成群体内的意见领袖，以群体的方式打压个人异见者，并获得商业利益。意见领袖有另外一个名称：网络饲养员。

网络巴尔干使社会分化而失去黏性。人类需要共同构建联盟，极化却破坏了这种共同的联盟，引发普世价值体系分裂，妨碍现实社会基本共识的达成。如果精神世界果真繁荣，网络巴尔干现象就不该出现，是精神世界的荒芜，为群体极化提供了发展的温床。精神荒芜不是互联网导致的结果，互联网只是信息的途径，而不是精神荒芜的根本，也不是内容的本身。

3. 两个世界的分叉

只有时空能够看透时空。

彼世界是从什么时候开始的？这是个严重的问题，但很难描述。那是一个平行的世界吗？那么，是什么使两个世界平行？既然平行，又怎样产生交叉？

这些问题很尖锐！不小心就会把自己问死。

不过，这些问题都有一个十分明显的逻辑错误。既然“时空”维度是一切信息的基本坐标系，那么，用一个时空的信息逻辑去揣度多个时空关系，本身就是一个逻辑错误。所以，在探索这些时空关系的时候，若提出多时空之间的逻辑关系，根本就是吃饱撑的。

因为发生了一开始的“列车隧道事件”，彼世界的记忆跑到了此世界的身体中。彼此两世界都不会相互知悉，如同两个平行的时空，永不会相交。此世界，在经历“列车隧道事件”之后，一刹那间塞入了彼世界的记忆。如果用一种办法，让此世界的这段记忆持续保留下去的话，此世界的这个身体将长期拥有两个身份。

既然平行就不该有任何联系，包括信息。“列车隧道事件”被视为两个世界的信息“奇点”，本来不应该出现的相交。这会导致时空关系紊乱，对于逻辑因果律治下的信息世界十分的危险。本不该发生的事情发生，会导致一连串不该发生的事。

另一种情况则完全不同。比如，一个世界产生了分叉，成为两个再无交集的世界，这就像一个事件有两种可能，各自发生并继续发展。多一种可能，没有什么不妥，时空关系也很安全。当然，即使是多出一种额外的可能，也和或然率有关。

仁微青的两个世界，就有一段共同的童年，这段共同的时间延续到高中的那场病。若不是因为有一段共同的童年，彼此两世界就互为别人的世界。与自己没有历史交集的客体，彼此两世界更无关联，毫无参与感。仁微青的彼此两个世界，有一段共同的童年，他不得不把另外一个世界的仁微青当成自己。自两个世界产生分叉之后，各自代表一种发展的可能，本该再无交集。

说起自己的童年，只能用“不幸”来形容。那是一段不堪回首的遭遇，时常让自己在梦境中产生恐惧。最惨的遭遇不是磨难，而是“幽灵”一般的存在感。在他的童年中，整个世界就当他不存在的样子。这都是因为仁微青童年的病，在一个不幸的家庭生病，十分糟糕。

在童年，仁微青一直被忽视。这种感觉很难表述。简单说，就是觉得自己在别人眼里是个影子般的存在，若有若无。没有人关注到自己，也没有人关心自己，而自己又能够感觉到自己的存在。

从小体弱多病的他患过肝炎、肺炎、肾炎、扁桃体炎……动不动，几种疾病同时在他幼小的身体上“聚会”。以当时的农村乡镇卫生所的水平，基本都当感冒在治。只有神棍和法师是认真的，他们手舞足蹈地做了一大通的法事，直到额头冒汗了才用香火化了一碗水，给仁微青喝下驱病。这还是多亏了有着菩萨心肠的奶奶，只有奶奶是仁微青至今心中唯一的温暖。

那个时代死个孩子很正常，何况是一出生就病恹恹的孩子。万一死了，就草草埋了，都不需要任何鉴定。仁微青至今还记得一幅画面，一个农村的土坯房子大门口，孩子奄奄一息地趴在门槛上，苍蝇早早地准备占领这副快要属于它们的身体，在脏污的皮肤上飞舞、停留。

仁微青若要活，要么靠意志力活下去，要么靠免疫力活下去，大人帮不上太多的忙。或许是几种疾病都想给仁微青身体最后一击，但一个身体只能死于一种疾病，几种疾病之间的各自权利主张没有谈妥，相互怼！这反而失去了弄死宿主的最佳机会，身体竟然熬过来了。

严格地说，他的病也不算完全好，最后留下了终身的残疾；从此，仁微青因病失去了嗅觉。对于嗅觉健全的人来说，并不觉得失去嗅觉有多么重要，这如同吃饱的人觉得米饭的味道寡淡无味一样。仁微青一生中最重要的愿望是有一天可以闻到茉莉花的香味，世界上最香的气味。

那些以“聚会”形式折磨自己的病，依依不舍地离开之后，留下一副瘦小的身体。因营养的关系，他 11 岁前的个子一直又瘦又矮，发育得像一个长不大的木偶娃娃。瘦小的个子并不容易让人相信病真的好了，大家还是认为他活不过那年的冬天。

蜀渝农村的父母之间并不和睦，天天吵架，偶尔动手，经常摔碗。也许个子小也挨不起大人的一巴掌，所以即使大人吵架中会打孩子，也会忽视仁微青的存在，但两个姐姐就没有那么幸运了。孩子们只想尽快地长大，早一天不再吃那份摔过来的碗，父母也直言不讳地这样向孩子坦白，给孩子一口饭吃，只是尽义务！义务！义务！

义务中又怎会有亲情？这种家庭根本就不生产温暖。一场盲目的床上娱乐活动，却留下了一场义务，造物主真龌龊！

命运给了仁微青大部分的不幸，没少折磨这具弱不禁风的肉体，却也同时给了些好处。仁微青过目不忘的记忆力，被当作一种聪明。于是，他有了各种上学的机会。后来他才知道，有一个什么机构在资助他读书，这个机构至今神秘。

只要不成为农村父母的义务负担，仁微青的父母当然同意。再后来，母亲终于在一次吵架中喝了农药，死的时候一嘴的泡沫。父亲一年之后也无疾而终。两个姐姐很早就嫁了。这些事情发生的时候，仁微青还在念初中，站起来比课桌高不了多少。若不是奶奶还在，他恐怕要住进孤儿院。

仁微青的彼世界开始于高中，从此两个世界的两个人产生了分叉路。不解释，这是谜题之中的谜题。

分叉之后有两个世界，两个身份各自进入了那个属于自己的世界。时空逻辑毫无交集。

要不是那次“列车隧道事件”，这个分叉将无人知晓，成为一个连谜面也没有的谜。似乎，这次事件也只给出了一个谜面，并没有顺便揭示谜底。逆着时间坐标，向童年方向延伸，可以找到两个世界的交汇点。这个交汇点仁微青称为“时间岔道口”，这个岔道口的时间坐标位于高中的一场奇怪的病。

每个身份似乎是为各自的世界定制的，每个世界似乎也是为每种身份定制的。一切恰到好处的真实。

高中时期，他得了一场莫名其妙的病，这场病成为了时间坐标的岔道口。具体讲，这次生病是一次突然的昏厥。当时的医生没能够解释病因。医生只是一份工作，当然也没有医生对找不出病因的病好奇。在医生的眼里，大部分的病并不清楚致病机理。那些不是医生的人，几乎一致认为，这次怪病是小时候留下的后遗症。

两个人生的分叉从此产生，此世界的仁微青仍旧在农村读高中。考上了一个很一般的大学，找了一份很一般的工作。经历了“列车隧道事件”，现在又辞了职……在彼世界，仁微青的经历却要幸运很多。仁微青的高中被神秘地转到了帝都就读高中，仍旧有一个神秘的人在资助他的一切。这些神秘人从未出现过，但总是能及时存在，只是留给仁微青一句话：“保持神秘，刺破谜团就会破坏幸运。”仁微青一直就知道神秘人的存在，一直知道敬畏神秘。感觉到神秘人的存在，根本不需要通过神奇的第六感。他们具体到真人真容，在需要帮助的时候，他们会及时地出现。这种出现只有一直不间断的关注，才能做到，否则就不能那么巧合、那么及时。

奶奶在仁微青大学毕业之前，不幸去世了。这成为了仁微青一生最大的伤心事，奶奶没有享到孙子的福。虽然，这个“福”在奶奶还活着的时候被祖孙俩多次提及。仁微青刚拿到第一份工资的时候，想了很多伤心事。这第一份工资本来是给奶奶准备的。

有了收入之后，他想到过攒钱，也想过攒些知识。他最终选择了后者。同时，他不愿意为了存折上的几个数字，以降低自己当前生活质量为代价。他宁愿把工资用来满足必要的生活，顺便满足自己的兴趣。最享受的事还是兴趣，他把所有多余的钱变成一类求知欲望的满足——信息科学知识。

如果从血脉上讲，仁微青还有两位亲人，他的两位姐姐。她们都生活在成都。两位姐姐用一生在相互攀比，用尽世界最恶毒的语言相互诋毁；她们俩的唯一人生成就都在于：相比之下对方是如何凄惨。

两位姐姐之间的关系成为了仁微青对亲情的参照系统。亲情似乎并不高级，在未来或并不会进化，也不会成为进化的需要。站在未来的角度，也不太理解这种亲情的实际意义。

他知道两位姐姐的关系。因为长期以来，两位姐姐并不和睦，甚至相互仇视，仇源于何时无从得知。两位姐姐之间经常有无端的恨。哪来的恨？因为是亲人。客观上讲，成为亲人只是巧合，亲人之间并不意味着有相互的义务。但是，能被恨所伤害的也都是亲人，恨就是向亲情撒娇。看似不合逻辑，实则逻辑很严谨。“恨”的产生无非由于期望与现实产生差距，或者遭遇超出承受能力。所以，两位姐姐相互恨，就因为相互是亲人。

有恨的人常常会希望自己的恨被对方知道，通过言不由衷的各种方式散播至对方耳朵里。卡在嗓子里的恨，恨意的承受者只有自己，只会让自己不快活。不能伤害对象的恨，不是恨的本意。自残是伤害亲人的有效手段，使用次数十分有限。很显然，自残不影响陌生人，的确是让亲人成为陌生人的快捷方式。自残是残给亲人看的，在双方还是亲人的时候有效。比如，死给你看，最重要的字是“看”。

不幸的童年能扭曲价值观，很多人总是将自己的扭曲推责给遭遇，忘记了每个人都有脊梁。比如这两位姐姐。仁微青与任何亲人都少有联系，没有亲情，也没有亲人。对于仁微青来说，上一辈留下的血缘关系只是生活中的渣渣。

在穷的时候，人情会更穷。小时候，两位姐姐并没有能力接济这位更穷的弟弟。大家生活都不容易，这是最好的理由。只要能安慰自己，用一个理由安抚不安的良心，什么事情都可以理所当然、心安理得。

或许，这是彼世界的仁微青重要的经历，发生在自己身上的，感受才最真切。他对亲情有更加深刻的理解。当然，还有一个好处，他没有在这些虚情假意上浪费时间和经历，让他的世界变得更加的浓缩。

后来，在仁微青 30 岁的时候，一个偶然的机会得到了一笔大钱，500 万元！这在仁微青看来是一笔巨款。不过得到这笔钱是有代价的，代价是要在自己的身体做一个类似“小白鼠”的实验。这些都是后来的事。

当然，他并不放心将500万元托付给由文艺作品吹捧出来的亲情，他不看肥皂剧。现实社会中的亲情早就失去了该有的黏性，所以用肥皂剧粘一粘。在财富面前亲情并不牢靠。这500万元还沾着新鲜的生命汁液。如果没有钱，万一自己“小白鼠”试验中留下点后遗症，余下的日子将会是失去尊严地活着。没有信任基础的信任只会是一场灾难。

当仁微青的手里捏着500万元的时候，当然考虑过怎么花。是的，他也动过买房的念头。不过，仁微青对房产有些偏激的看法。这些看法不能说，说出来是愚蠢的。就如同劝阻正在赢钱的赌徒，只会遭骂。

仁微青眼中的巨款，若以最大面额的现金摆在桌子上，会有一大堆。他从未见过那么多现金。但是，用这些现金在帝都买房，仍然只够首付。自己的一条性命的价格甚至不能等价于一套房子，悲摧的已经不是生命的廉价，而是房子已经不是用来给一条性命居住。仁微青不打算为它贡献一个子儿。

仁微青嘲笑自己的命贱，也嘲笑这个世界的愚蠢。

房产，就是关于使用功能毫无改变的产权，价格一意孤行地哄抬，一场人为投机心理下的哄抢事件。整个经济已经被房产绑架，若能翻身，主人能真心对绑匪好吗？话又说回来，永恒的利益关系对谁也不曾好过！利益就服恶，哪怕是绑匪的恶！和利益谈善恶，很蠢！

仁微青实在想不起父母的样子来，最多是模糊的黑影。父母模糊的样子又一次出现在仁微青的脑海中，漠视那个躺在土坯房门槛上的弱小男孩，脏污的小男孩气若游丝。就是这些画面在他心中遗落了不可触摸的刺痛，几乎让他对未来的一切绝望，甚至失去了活下去的意义。

成年的仁微青经历了很多事，他心中不断弱化与这个世界的相关性，把自己渺小到于这个世界可有可无。这不是一种看轻，而是一种置身于局外的方法。有时候他想，从事天文也挺好，或者也只有寂静的太空更适合容下这颗飘荡无根的灵魂。

后来的财富对于仁微青本来就是一个意外。面对童年，就当这个意外从来没有发生过，回忆童年的时候最好忘记这件事，让童年与金钱无关。

……

此世界，仁微青刚刚辞了职，拒绝了老板的一切嘴脸。

他身世简单，童年无趣。记忆总是有些虚无感，关于自己的过去总有几段是不完整的，涉及一些亲情的边界，就会出现一些空白。

难道有人动过自己的记忆！？

每个人的记忆都不可能超越自己的寿命，即使在有限寿命之内，如果不得到持续加强，记忆也很难长期存续。一张最熟悉的人脸，在时间中也会慢慢模糊，很难保存几十年。记忆是大脑信息最重要的部分，是自我身份最根本的部分。

如果有人较真儿这个问题：我们的记忆有人动过吗？这么看来，不仅有人动过，还是天天被人动。否则，我们的记忆又去了哪里呢？现在，我们站到事情的对立面。既然，记忆可以消除，获得一份额外的记忆，也就没那么稀奇古怪了。比如，仁微青在“列车隧道事件”中，就获得了一份额外的记忆。

那份额外的记忆，是如何从彼世界来到此世界？而此世界的一个身体又如何容纳两份记忆？仁微青不知道答案，想必暂时也没有人知道这些答案。

自然界的任何一件事物，只要深究，就不会有最后的答案。用生物大脑全息任何一个局部，都必然止步于某次无知。无知的疑惑，往往是深究到底的终点。人不过是相对的智能，智能并不是万能，虽然有一种类似万能的错觉在人类之中传染。这种自信几乎像是一种图腾一样，安抚着这样渺小的一类存在。

自从辞职后，他开始整理这份额外的记忆。

“这是幻觉吗？”仁微青自问。

不过，仁微青又想：如果一切果真都是幻觉，自己就有了精神问题。幻觉就是精神问题。这个世界上不缺少精神分裂的人。精神卫生医院的大门，就像一张怪兽的血盆大嘴，随时要把自己吃进去。

仁微青很害怕，害怕成为精神病患者。因此，他小心谨慎地对待每个问题，对问题的每个细节都很严谨。小心谨慎地靠近这份外来的记忆。

“可能，这不是幻觉！”仁微青在心中自语。

仁微青再一想：如果这份外来的记忆是真的，那么一定有办法确认其真实性。用一种办法证明那不是幻觉，并不难。比如，如果那份记忆不是幻觉，那么那些记忆中的科学知识，也一定是真的。关于 200 年后的未来科技，自己根本无从涉猎。知识的有效性、真实性，可以成为外来记忆真实的铁证。

只要证明那些科学知识是真的，那就一定不是幻觉。知识对于没有掌握的人，就是一种神奇的力量。借助这种神奇的力量，可以美好地生存在这个时代。

“叮铃……”手机铃声打断了仁微青的思绪。

仁微青和老杨都是蜀渝人，老杨是仁微青的客户。老杨精明有头脑，待人真诚仗义；仁微青忠厚单纯，做事认真钻研。因业务往来相识，几番交道两人成为了好友。老杨走到生命的尽头，他决定回到老家，回到自己的出生地落叶归根。老杨计划在生前和一些朋友一一告别。来日不多，此生话永别！

刚才仁微青接到的这通电话，就是来告别的。

老杨是 53 岁的癌症患者，还有严重的“三高”。老杨做生意精明能干，多年下来攒了点钱，有一家不大的医药公司。自他在医院被查出癌症晚期之后，想了很多。前半生自己拿命换钱。现在，恐怕拿钱并不能换回残命。

老杨有一双儿女，儿子 10 岁，女儿 17 岁，都还在读书。老杨清楚自己的病，继续治疗只是心理上的安慰，伤身体，更伤钱。不如把那些用命换来的钱，留给儿女，别在医院病床上烧完了。于是，老杨决定出院，洒脱地再过一段正常人的生活。

仁微青特地来到蜀渝，两人一见面，不由得一阵唏嘘。小仁看起来真年轻，老杨看起来真老。生死离别，把酒言欢，无话不谈。老杨谈了不少此生的遗憾，仁微青告诉老杨自己离职的事。

“辞职后有什么打算？”

“为自己活着，为自己做点事。”

老杨拍拍仁微青的肩膀，说：“还是年轻好啊！”

言及于此，两人又是一阵唏嘘。

酒到酣处，嘴就把不住关，仁微青对老杨说起了自己那段神奇的经历。这段有板有眼的经历，直让老杨瞪大了双眼，像两只灯笼。

“老弟，你到过的那个世界，有没有治好老哥的法子？”

“唔……我想想……还真有！”仁微青略加思索，答道。

一丝求生的欲望又在老杨的眼中燃起，他一把抓住了仁微青的胳臂，急切地说：“你好好地想想，一定要救救老哥！”

仁微青被这句话一激灵，酒醒了大半。他本以为，这是自己和一位将死之人之间的坦诚。可是救人！？别说治病自己不会，况且这是人命关天的事，可不是玩笑。

仁微青连连摇手，说：“老哥，我哪会这个啊！况且，莫名其妙而来的记忆，岂能当真。”

“老弟，你且放宽心，权且死马当活马医。”

“老哥，不可拿命开玩笑！”

“哈哈！老弟，没命的人哪里拿得出命来开玩笑？”

“老哥，绝处也会有希望的。”

“你就是绝处的希望，唯一的希望，你要我放弃？！”老杨笑得很豪迈。

看着老杨眼中的求生欲望，仁微青还真找不到拒绝的理由。拒绝一个人向自己求生的愿望，与杀人何异？

“好！既然老哥不怕，我还怕什么？！”借着酒精的作用，两个人都变得豪迈了许多。

这一晚，两人都醉得厉害。

第二天上午，仁微青在宿醉中醒来，口渴并头痛。宾馆窗外的阳光，透过窗帘的缝隙，刺痛了惺忪的眼睛。

仁微青腾地被床边的一双眼睛吓个半死，蹭地从床上跳了下来。定睛一看这张脸，是老杨！看样子他在这床边不是一时半会儿了。

“你这是干什么？！老杨！”

“不干吗！求生！”

“啊……你是说昨天的酒话……那是咱哥俩喝多了！”

“老弟，老哥我可当真了。你两个侄儿还小，我是家里的顶梁柱啊！……看在两个小孩的份上……”

“我……”

“你放心，有什么后果，我承担，你尽管一试。绝不给你惹麻烦！”

仁微青没有行医执照，也没有从医的经验。心里一阵忧虑。

老杨看出他的心思，说：“你放心，医院和医生我都已经安排好了。”

“呃……那好吧！我试试……唉！”仁微青很为难，但又实在拗不过老杨。

老杨大喜，一把将仁微青从床上抱了起来，摔在床上。

“老杨，你放心吧。我既然答应了，肯定会尽力！”仁微青走过去，拍了拍老杨的肩膀。其实，仁微青心里一点底也没有，甚至有些荒唐。绝境之中的人，谁又能将理性进行到底。不过，仁微青脑中闪过另外一个念头，万一那份额外记忆确实是真实的呢？是不是可以通过老杨所求之事，顺便予以核实？

朋友，一条命；信任，一个家庭……这个闪念有些龌龊。

老杨在当地有些能量，为了自己的命，他一刻没敢耽误。当下就开车载着仁微青就去了一家县城医院。老杨用自己的三寸不烂之舌，把仁微青夸成了医学界的巨擘。

老杨除了口才，确实动用了些关系，在医院的院长接待下，会议室早满满地候着十来位医生。仁微青的平凡相貌和 30 岁的年纪，让会议室一下子就少了一半。

毕竟，老杨得的可是癌症，而且现在已经是晚期了，医生们都断定他活不了多久了。就这么个小年轻，竟然说老杨的癌症他能治？开什么玩笑？这要是治好了，估计能得诺贝尔奖了吧。

“麻烦你们各位了。”老杨对大家点了点头，看得出来，他真的相信仁微青。

老杨的妻子叶子洁是另外一个医院的妇产科医生，亲自过来打点关系。叶子洁对仁微青并不陌生，她走到仁微青身边，低声道：“小仁……”话才说了两个字，她的声音已经哽咽了。看得出来，她很担心丈夫，也担心仁微青的手艺。对于这个即将破碎的家庭，仁微青是绝望之中的希望。但是，对于这个希望很渺茫的微光，谁都心里没有底。

“嫂子，放心吧，不会有事的。”仁微青朝她点了点头，坚毅的目光，让叶子洁心里稍微安稳了一些。

“先把杨哥送进病房吧。”叶子洁转头招呼后面几个医护人员，为了保证安全，他们专门从自己医院调了一批医护人员。

其中几个医生的脸上，分明还带着一种戏谑的表情。这几人都是县医院的主任医师，他们清楚老杨的病情，也清楚癌症意味着什么。所以，当听说老杨的病能治的时候，这几人心里都已经在暗笑了。癌症，你也能治？你吹牛之前难道就不打草稿吗？

仁微青没有行医资格，也没有经验。按照规定，医院既不能非法行医，也不能为非法行医者提供便利。但老杨是个聪明人，这些他都能解决。越是这样，仁微青必须要表现出有信心，否则，这件事就算不砸在技术上，也要砸在人为心理干扰之下。

医生们看着仁微青自信满满，看起来就像实力不简单的老手。自信虽然不能说服别人，但确实可以安慰别人。所以，大部分人即使不愿意参与，也不再反对和嘲笑。他们静观其变，倒想看看这个人到底有什么办法治疗癌症。假设失败了，都想看着这位年轻人治不好这癌症的时候，是怎样的脸色。

凭着那份额外记忆，仁微青在会议室介绍癌症的认识。大概内容归纳如下：

关于分子癌变阶段：

人体中 2100 个基因中有成百个不同的基因对癌症发生发展起着作用，这些基因一旦被激活、突变，就会形成强有力的癌基因。细胞在癌基因的驱动下，开始不眠不休地生长，最终成长为肿瘤。原癌基因突变也不一定产生癌症细胞，人体还有一个刹车系统，抑癌基因。以 P53 基因为例，P53 掌握着细胞的生死大权，一旦 DNA 产生了突变，P53 就会对 DNA 进行修复，如果修复失败，细胞被癌基因控制，并开始无节制地生长，P53 就会诱导癌细胞死亡。如果抑癌基因一直监控着我们的癌基因，那么我们人类也许永远不会产生癌症，但是 P53 同样也会产生突变，发生丢失，这个细胞就处在了失控的边缘，这个丢失了 P53 基因的细胞开始分裂繁殖，它的子细胞全部没有了 P53 基因，如果此时，一次化学诱导又激活了这批细胞中的某个原癌基因，终于一个癌细胞开始出现了。这就是说，为什么说抑癌基因相当于刹车，原癌基因相当于发动机。这个细胞不断地分裂和繁殖，形成了细胞簇。

关于细胞癌变阶段：

这个阶段的肿瘤没有自己内部的血管系统，当细胞簇长到直径 1 毫米大小的时候，分子扩散就不能再给细胞群提供充足的养分和氧气，也不能迅速清除废物了，细胞簇中充斥着排泄物，细胞们饥肠辘辘，内外交困，窒息和细胞中毒会引发癌症的大量死亡。所以肿瘤细胞簇的体积保持不变，这时候肿瘤细胞 3~5 年内也不发展壮大。

关于早癌阶段：

要超越 1 毫米的界限，癌细胞必须想出办法，增加内部的毛细血管。癌细胞簇中的一些成员开始模仿周围的正常细胞，分泌生长因子，从附近组织中吸引内皮细胞，将毛细血管深入到癌细胞群的内部，使癌细胞获得更多的富含养分和氧气的血液。现在，细胞开始迅速繁殖了，癌细胞的数量开始突破性地增长。分子医学揭示了癌症发生和发展的过程。所有的肿瘤都是基因病，是细胞生长失控，也就是基因失控。基因就是信息，关于细胞生长的信息。当癌细胞群增长到 1cm 的时候，它所含有细胞的数量可以达 10 亿之多，但是即使癌细胞的数量如此之大，也并非一定诱发死亡，在癌症的死者之中，只有不到 10%的人死于原位肿瘤，而多达 90%的人死于癌症的转移。

关于中晚期癌症转移阶段：

有些癌细胞以血管作为移民路径，另一些则选择淋巴管，它随着管道漂流，在人体的其他部位上岸。也许是肝脏，也许是肺，也许是食道。当然，这些漂流的癌细胞同样也面临严峻的情况：1. 它们必须活着度过循环系统的惊涛骇浪。2. 还必须设法在受到各方排异的环境中，努力生长。

但是，肿瘤的母体已经得到了极大的发展，它前仆后继地派遣大量的癌细胞执行任务，日复一日，很快，它们就在某个地方建立起了殖民地。迟早这些转移的病灶又会成长为致命的肿瘤。它们开始大量地吸收新转移部位组织的营养，造成生理功能紊乱，人体免疫力降低，组织功能衰竭，此时死亡的阴影就会笼罩在癌症患者的头上。

这就是为什么患者接到“癌症诊断书”的时候就意味着拿到了“死亡通知单”。因为大多数的癌症发现较晚，治愈率低。60%~80%的患者到医院就诊时已然进入了中晚期。究其原因：1. 对癌症不了解，没有及时发现，很多癌种没有任何症状，极易被忽视。2. 常规的检测手段只能发现中晚期的肿瘤病变。早期病人的发现也要依赖仪器的分辨率和医生的经验。

“仁先生，您讲了这么多，有没有治疗杨先生病症的方法？”

“有！”仁微青硬着头皮说。

“什么方法？”

“基因治疗！”

“什么……基因……治疗？怎么操作？”

“癌症本质是基因问题，就用基因的办法操作。”

大部分在场的医生并不相信仁微青的话，有些人不是用道理可以说服的，要说服他们必须依靠事实。仁微青不需要在场的所有人相信自己的话，有一位就可以了。他需要解决的是行医资格，即处方权。

仁微青索性卖起关子来，故作神秘，直言不愿意将治疗办法公开。他对那些怀疑自己的人并没有好感，这个机会，他只留给愿意冒险的人。

……

三个月后，老杨最后一次切除了恶化的肿瘤。在老杨的这次肿瘤切除前的三个月，癌细胞的数量明显减少。在这次切除手术之后的六个月，癌细胞逐步消减到正常人水平。

癌症治好了，用一种基因疗法。这个消息在医学界炸开了锅，各种荣誉接踵而至。

在仁微青的强烈要求之下，医院将这一切技术成果，归功于一位叫黄辉的医生。仁微青记得，当时的会议室，只有他愿意冒险，只有他愿意拿自己的职业生涯冒险。所以，这是他应得的荣誉。而自己，非法行医见不得光。

黄辉，被载入了人类医学史册之中。

仁微青并没有失落感，反而异常兴奋。对于仁微青，收获的远比这个要多。因为通过这次手术，确认了那份额外的记忆是真的。那些知识，来自另外一个高级文明的知识都是真的。在这个世界，他只不过简单利用了一点点那个世界的知识，利用那个世界对癌症的认知，就治愈了老杨的癌症。

他很兴奋。在这个世界，仁微青为那份额外记忆找到了证明，证明了其真实性。

那个彼世界，是真实的！

4. 老杨惹来的麻烦

对于九成的把握，剩余的一成才是关键。

此世界。

老杨的癌症治好了。具体是怎么治好的，他也只能懂个皮毛。每个人都有一具属于自己的身体，却根本不了解它。出于感激，和仁微青的交情又深了一步。钱财上的感激自不必说。老杨一家老小都承了这个恩情。老杨的妻子叶子洁，比老杨小14岁，知道仁微青没有对象，就一个劲给他介绍姑娘。女人的一大爱好就是喜欢撮合别人的婚姻，另一个爱好恰好相反。

那个叫黄辉的医生在单位被捧上了天，因为在外界看来，都以为他破解了癌症治疗的世界性难题。虽然，有几个医院的同事举报他，指责他剽窃了一位年轻人的成果云云，但是，没人相信。如果真有那位年轻人，为什么自己不站出来。对于成功的人来说，成功的故事怎么离奇都是对的，而不成功的人有些怪异的言论，大多是因为眼红嫉妒。

老杨的这个医疗案例，被同行们仔细研究。如果只是个案，恐怕只能成为研究对象，但是，随着慕名而来的求医者增加，进一步证明了这种治疗方案有效。特别是对中晚期的癌症病人来说，治愈率非常高。黄辉成了大忙人，一方面手术不断，另一方面各大医院的讲学交流邀约不断。一年之内，论文无数，获奖无数。没多久，黄辉直接被最著名的省医院挖走，担任肿瘤科主任。

那些曾经错过机会的医生，懊悔不已。吹捧之下，黄辉也有些飘飘然，渐渐地就不知道自己几斤几两。直到有一天，他接诊了一位特殊的病人，他才再一次知道自己的肤浅。如醍醐灌顶般清醒地认识到，如果往后真要有所建树，必须拉上一个人——仁微青。黄辉心里盘算着，只有通过老杨才可以拉上仁微青。自己和他并没有什么交情，况且还怀疑过人家。当时，自己愿意押上职业生涯，陪老杨赌上一把，也是因为在单位一直被排挤，未来的职业本来就没有了生涯。何况，老杨也没少给钱。

黄辉把自己有心笼络仁微青的想法告诉了老杨。老杨并没有直接答应，只答应为二人攒个局。他并不知道仁微青自己的想法，不好强加于人自己那套混江湖的方法，他知道仁微青骨子里很傲，并不适合混江湖。没本事的人傲，一定会灰头土脸。可是，现在的仁微青有本事，傲没变，本事变了。成功的人，做什么都是对的，在没有成功的那些人眼里，这种粗暴简单的归纳法十分普遍。

无论如何，对于老杨而言，黄辉算是自己的救命恩人之一，没有他的职业生涯做赌注，自己可能只能等死。老杨有些江湖义气的成分，他以感谢为由，攒了一个酒局，自然而然，黄辉和仁微青又聚到了一起。

黄辉三十七八岁，不算太年轻。他并不知道仁微青那份额外记忆的事情，只是觉得这位年轻人不简单。仁微青一再交代过老杨，一定要替自己保守那份秘密，这个秘密至关重要。往严重点说，那可能招致杀身之祸。老杨阅历丰富，知道凶险，对于又是兄弟，又是恩人的这点要求，他坚决保证会保守秘密。这个秘密，暂时还只有老杨一个人知道。

客人来齐之后，各自相互寒暄，酒过三巡，话匣子就打开了。

“仁老弟，你现在在哪里高就？”黄辉说话很自然带了官腔，看来在自己的新位子上适应得很快。人是环境的产物。

这种官腔在老杨听来并不稀奇，人在商场上混久了，也就麻木了。可是在仁微青听来，心里一阵反胃恶心。

“哈哈……黄医生，噢！不不……黄主任，仁老弟现在在我们公司担任总经理，和我搭了个班子，做点小生意。”还没等仁微青回答，老杨就抢先替他回答了。

“老杨，那你是屈了任老弟的大才了！”黄辉半开玩笑地说。

老杨连忙附和说：“对对对！屈才了！”

老杨知道，傍上一个省医院的主任，意味着很多的生意。这道理老杨明白，黄辉也明白。交易不只是价值品之间的交换，还需要桥梁和润滑剂。

“老弟我哪敢称才，混口饭吃。”仁微青谦虚地应道。

“唉！愚兄感同身受啊！老杨你是知道的，那些年在县医院，我也是夹着尾巴做人呐！”黄辉感慨地说。

“往事都过去了，是金子总会发光的。这不是熬出了头吗？”老杨说。

黄辉长叹一声，说道：“唉……省医院也不好干啊！这个主任的位子，也不好坐啊！”

“大家都是自己人，有什么难处，合适的话就和自己人说说！”老杨说。

“恐怕，只有仁老弟能帮衬得上啊！”黄辉看了一眼仁微青，说道。

黄辉语气之中的官腔，让仁微青很不爽。连忙说：“黄医生哪里的话，我这点微末伎俩，难登大雅！”

“仁兄弟谦虚了，愚兄确实碰到一桩难事，非得请兄弟援手才行。”黄辉的官腔不是摆出来的，而是染上的。这句话内容很诚恳，语气中却自居为兄。不由自主的明显意思，你没有身份地位，我称你为兄弟，算是抬举你了。

老杨了解仁微青，是说翻脸就会翻脸的人。用手捅了捅旁边的妻子叶子洁。

叶子洁见状，连忙对座位旁边的王婷使了个眼色示意。王婷二十七八的样子，长得十分妩媚，身材丰满。王婷连忙站起身，端起酒杯走到仁微青身旁，有意无意地用臀部碰了碰座位上仁微青的胳膊。娇滴滴地嗲声说："仁哥哥，小妹久仰你的大才，敬你！"

"这美女敬酒，必须喝！"马上有人附和。

"妹子怕是看上了我老弟的长相，才不才的怕是个幌子！"老杨揶揄王婷说。

"哈哈！自古美女爱英雄！"

"讨厌！"王婷笑眯眯地嗲声回应。

只瞧见王婷一低头，一仰脖子，把酒干了。仁微青哪见过这种阵仗，顿时一脸通红，也一仰脖子干了一杯。黄辉见状，连忙吩咐说："婷婷啊！你就换个座位，坐到我仁兄弟边上。他的酒你一定要陪好了。"

一旁的服务员机灵，一早搬过王婷的座位和餐具，王婷就势落座，把椅子往仁微青的旁边拉了拉，靠得更近了，丰满的胸部有意无意地碰到仁微青。这一切黄辉看在眼里。

王婷是药厂的医药代表，黄辉是她的财神爷。仁微青并不知道王婷的来路，自以为又是叶子洁为自己安排的相亲对象。他没好意思拒绝，怕姑娘家脸上挂不住。只好闷声不说话，几杯酒下肚，本来只醉了五分，加上身边的妩媚劲，竟然有八九分醉意了。

虽有醉意，方寸没有乱。

黄辉不紧不慢地说："你们知道这个世界上什么最宝贵吗？"

王婷接口说："珠宝、钻石、古董呗！"

老杨却不以为然，说："不，是命最值钱！"

大家哈哈一笑，都知道他刚从鬼门关回来。黄辉却立刻认可了老杨的答案，点点头说："对，就是命！所以，做与生命相关的产业，最赚钱。"

"怎么赚钱？前辈们教教我呀！"王婷问。

"你还用教吗？在座的各位中，就数你最赚钱吧！"

"哪有？挣点小钱还是托了黄主任的福！"王婷用眼睛斜瞄了黄辉一眼。

仁微青一下子明白了王婷和黄辉的关系，对王婷有意无意蹭过来的丰乳肥臀尽量躲闪，怕沾上不洁的东西。

"珠宝都有价格，只有命没有价。买东西看价格，买命看家当。"老杨说得很实在，深有感慨。

“这样太没有道德了吧！”仁微青嘀咕着。声音不大，可是他一说话，大家都仔细听，每个人一字不落都听见了。

“老弟，你还年轻。恰好是越没有道德约束的人，越会赚钱。钱和道德就是势不两立的存在。”老杨说。

黄辉不以为然，摇摇手说：“这个倒未必，救人一命，总算是一件功德。至于买命钱的问题，一个愿打，一个愿挨。能负担和不能负担，是市场决定的。市场也是一个相对公平的生态，总得尊重这种基本法则。这个世界很大，没人管得过来。”

仁微青觉得“救人”这句话还是很中听，救人总是件好事，有钱也是人家自己的事。老杨太世故，把世界看得太透，话不中听，却在他的角度是有道理的。对于这些观点，在座的人各有各的心里算计。

这时，老杨站起来，端起酒杯说：“各位，都是我的救命恩人，恩情我铭记在心，来日只要用得着兄弟的地方，请对兄弟言语一声，绝不推辞。”说罢，把杯中酒一饮而尽。

黄辉连忙起身，说：“这都是仁兄弟的功劳，顺便我也受了恩泽，才有了今天的造化。这杯酒该敬仁兄弟一人。”

仁微青连忙站起来，推脱说：“老杨、黄医生，这真不敢当，我倒是觉得嫂子的功劳最大，她承受的不只是手术和治疗，还有一个家庭的担当。”仁微青双手举杯，把酒杯指向叶子洁。

仁微青的话引起了全桌的共鸣，大家都纷纷举杯，感谢老杨的老婆。叶子洁对仁微青的好感再一次升级，这小伙子真懂事。暗自心里把介绍对象的事又提高了一个档次。

一众人站了起来，一起一饮而尽。待各位落杯座定，黄辉重拾起旧话题。说：“仁兄弟，有没有兴趣过来帮我一把？顺便一起赚点钱。”

“这个……具体是什么事？你说说，我考虑一下。”仁微青不好推脱。眼睛看向老杨，老杨一副无辜的样子，意思是说，你自己看着办。

仁微青在心里暗骂：这个老狐狸，是不是又给老子惹麻烦！

老杨大概明白仁微青表情的意思，连忙说：“今天主要是为了感谢大家，不聊工作。黄主任，你和我仁兄弟专门约个时间，好好亲近亲近。”

仁微青看了一眼官威十足的黄辉，心里很不是滋味。他已经通过努力成为了一个自己讨厌的人，自己竟然是仕途推手。一个医院的主任，不是真正的官，却胜过真正的官员，就如同某些著名重点中学的校长，权力比官大。因为黄辉姓黄，红绿灯的黄。

黄辉不好多说，只好在酒桌上和仁微青邀约一个时间。仁微青没有应承。散席后，黄辉拉着王婷一个劲往仁微青怀里塞，差点惹仁微青急了眼。还好有叶子洁打圆场，随便给仁微青虚拟了个心有所属的可人儿。

果然没几日，黄辉主动找上门来。人没见，礼物先到。仁微青一再拒绝，可是越拒绝，黄辉的礼物就越重一分。后来，仁微青糊里糊涂地就多了一套房子，一辆高级跑车。仁微青有些害怕了，任凭黄辉大方，也不至于有这种大手笔。心里一阵狐疑。

终于，仁微青答应先了解一下情况，再谈帮忙的事情，毕竟帮不帮的上，还要看自己有没有这个本事。

在黄辉任职的省医院，有一栋楼是专门为高级干部准备的。在这栋楼的ICU加护病房内，仁微青见到了那个给自己送房子和车子的人。仁微青和病人隔着玻璃相互交换了一个眼神，算是打了招呼。实在不认识这个病人是谁？黄辉在仁微青耳边轻轻说了一句话，仁微青一听之下大惊失色，仔细再一看，果然是他。

这一次，仁微青没有把所有的治疗秘密都交给黄辉，主要基于三点考虑：

1.未来的技术不能被提前；

2.黄辉不是什么好鸟；

3.一定会招来不测。

这次要治疗的是一位大人物，黄辉专程为此事秘密去过一趟帝都，在那些国家级专家面前，黄辉的“滥竽”终于不能再“充数”了。黄辉无奈，这才想起仁微青。一开始，黄辉想借饭局上的酒色打头阵，蒙一把仁微青。顺便拖上老杨恩威并施一番。想必这个年轻人没有城府，许一点恩惠或就搞定了。仁微青根本不是黄辉想的那么菜弱，饭局上毫无收获。老杨多精，贴上毛就算个猴子，几番下来也不上当。最后黄辉给老杨摊了牌，让仁微青再给自己仕途添把火，利益都可以谈。老杨毕竟与仁微青相识已久，知道仁微青的为人秉性，在这方面仁微青一根筋，油盐不进。况且，这么个宝贝人物，老杨也根本就不愿意与人分享。

后来，黄辉自己涎着脸一而再、再而三登门相求，除了礼物之外，许了仁微青不少帮忙的好处。仁微青实在不喜欢黄辉的嘴脸，但凡不傻，就不会答应了这位小人得志的黄主任。

一心想往上爬的黄辉，自己决计不会主动交代仁微青出来的。大人物之所以能够成为大人物，必然有过人之处。略施小计就让黄辉吐了口，了解了仁微青假借黄辉之手，用一种基因技术救治老杨癌症的事情经过。大人物又对仁微青进行了一番秘密调查，并没有任何的收获。奇怪的是，他不该有这么玄乎的医术，更不应该有这么高精尖的学识。

即使了解到仁微青和黄辉的事，大人物并没有直接出面约见仁微青。仍旧让黄辉去约，仍旧按照黄辉的逻辑处理这种人际关系。直到大人物与仁微青二人见面，大人物特地单独与仁微青进行了一次谈话。

“我先自我介绍一下？”大人物问。

“如雷贯耳，大家都认识您。”

“哈哈……那我们就不寒暄了，小友觉得我的病还有得治吗？”

“我还需要了解一下诊断报告，才好向您汇报。”仁微青谨慎地回答说。因为他确实还未来得及看诊断报告。诊断，就是了解致病的机理。在治疗之前，必须尽可能了解生的是什么病。一种病，治疗的术法大同小异，小差别在于病人之间的个体诧异。

“你可知我这病是癌症？这个脏器的癌症至今为止，还从未有人成功治愈过。你怕失败吗？”

“怕！”

“怕也是可以理解的，不怪你。”

“但是，我愿意试试。”

“哈哈……好！可惜，那些著名的专家，他们没有一个敢‘试试’，我果然没看错人。”

“也许他们眼里有权贵，而我眼里只有病人。”

“好啊！我这一生遇到过许多次凶险，本该死了好几次了。从来没怕过死，只是没想到对手没有弄死我，死在一场病的手里。你若懂得治我的病，这条命就交给你了！”大人物的话豪情万丈，十分感染人。仁微青很容易就被这种豪情感染了。

“您的病，我一定尽力！你我一起努力。”仁微青说得斩钉截铁。

“小伙子，失败了一定不让你有责任，这我会交代好的。放心动手，别怕！”

“您都不怕生病，我怕什么？您不怕所托非人，我又怕什么！你我初识，就以命相托，这种豪情，天下几人能有？”

“好啊！果然后生可畏。若我活下来了，我们再好好聊聊！现在，先谈谈你对癌症的看法。”

“治病，依据致病机理施治。癌细胞，是癌细胞的基因出了问题，那么用基因的办法就是最直接的治疗办法。”

可是怎样实施基因手术呢？在治疗老杨的手术中，仁微青只展示了一部分。而面对这位大人物的病，不同脏器的癌变，手段也不尽相同。

器官移植、脐带血干细胞、抗癌基因、抗排异药物……这些手段在当前已经很成熟。

……

没过多久，大人物就逐渐恢复了健康。他没有忘记仁微青，而是把他给惦记上了。

大人物既然能让黄辉开口把秘密吐出来，当然也有手段让仁微青说出秘密。这方面，他是专业的。大人物对仁微青的秘密并没有十分的吃惊，而是特地安排了一次见面，当面问仁微青：“这事你还和谁说过？”

“老杨，就是我治疗的第一个案例的那个老杨。”

“必须让他保守这个秘密，否则，你将面临的后果很严重啊！”

大人物给了身边工作人员一个眼神，工作人员会意，其中一个一点头就退了出去了。很显然，他要处理这件保密的事，让老杨对秘密闭嘴。

“您不会要伤害他吧！”仁微青担心老杨的安全。

“哈哈……”大人物笑了，他身边的工作人员也笑了。

“你怕是谍战片看多了吧！”身边一位年轻的工作人员忍不住插嘴说。

“对于保守秘密的工作，我们很专业，老杨没有违法，为何要杀他？再说那也是司法部门的事。”大人物说，条理很清晰。

“那我就放心了。”

大人物不禁莞尔，沉吟了一会儿，又问：“你有没有想过，很多人会因为你手上的知识，寿命得到极大的延长？”

“关于这件事的认识，也是我那份额外记忆中的一部分。”

“你会用你掌握的知识去普及给世界，用于救人吗？”

“不会！”

“为什么？”

“1.未来的技术不应该被提前；2.人口骤然膨胀，社会保障体制来不及跟上，会造成不稳定局面；3.老年人的权益是社会负担，却又是稳定的压舱石，如果平均延寿120岁寿命，一生有一半时间是需要当老人供养的。”

大人物听了之后，沉默了好长一段时间，不禁赞赏年轻人考虑事情之深邃。特别是第三点，这位年轻人说得十分直接，超脱于人伦常理之外。仁微青面有得意色，认为大人物一定会脸红。可是，他低估了大人物的心理素质。大人物甚至没有任何不愉快的神色，避重就轻地问：“你所掌握的知识，对于其他学科应是帮助极大。那么，你认为也不该被提前？”大人物更关心仁微青脑袋里的东西。

“这要从两方面来看。”仁微青谈信息很自信，有主场优势。

“哪两方面？”

“其一，信息阻力。新知识总归是信息，在传播新知识的过程中，必然会遇到历史信息背景的对抗。反观历史，有哪一个不是这样？况且，人微言轻。”

“那么，其二呢？”

“其二，信息污染。自然的进化发展，本来就是在信息作用之下的有序改变，如果将不应该出现的新知识提前，会破坏原本的有序。”

“你认为，这种破坏不可控？”

“不该出现的出现了，哪怕任何一点改变，都可能是灾难。”

“你有没有想过一件事，你的这份额外的记忆，凭空出现在这里，只是一个意外吗？这不也是有序的一部分吗？”

“存在即是合理？”

“存在难道不合理？”大人物反问。

“也许……确实如您所说，它是有序的一部分，可……万一不是呢？”

“我相信你已经仔细想过这个问题。”

“的确，我有想过。不过还没有想到。”

“或许，你该仔细想想，是不是为了让你完成一个什么任务？你有没有什么印象，需要你在这个世界去帮助那个世界？你是不是该积极些，主动地做点什么？”

仁微青有些打心底佩服这个人心思的周全，考虑到事情的正反全局。大人物果然是大人物，除了分析事情的表面，还考虑到事情各方面的各种可能。

“任务？”仁微青猛地想起些什么，却又不具体。

突然间，仁微青惊出一身冷汗。那个高智高科的彼世界，决定任何事情一定有其明确的目的。那份额外的记忆来到此世界，也一定有彼世界的目的。差点因为自己的疏忽，误了彼世界的大事。因“忘记”误事，是最不应该被原谅的。还有什么比“忘记”更愚蠢的事吗？

该死！这么久以来，自己竟然在浪费机会，浪费机会留给自己的时间窗口。

大人物说的是对的，似乎自己必须要干点什么。可是，究竟要干什么？怎么干？到哪里去干？这些都没有头绪。一定还有些线索被自己忽视，可是……又该到哪里去获得线索呢？一定还有什么被自己忽视了。要么记忆里忽视了什么，要么此世界忽视了什么。

仁微青一阵焦急，他用双手捂住双颊，用力搓了两下，之后把手指插进头发，向后脑方向做了个大背头。这是仁微青焦虑时习惯做的动作。

大人物用眼睛能看透人心里的东西，看到了仁微青的脸色有些异样。

大人物知道，不让他焦虑的最好办法就是分散话题。他说：“不急，你慢慢想。如果你想起什么来，或需要帮助的时候，随时联系谷秘书。”

谷秘书连忙掏出一张名片，递到仁微青的手里。仁微青机械地接过名片来，收到衣服口袋中，他还是沉浸在焦虑的情绪之中。

大人物说："年轻人愤世嫉俗能理解，我也曾经是愤青。"

仁微青似乎没有专心听，谷秘书悄悄用胳膊碰了碰他。仁微青惊地一抬头，才注意到大人物的话，慌忙地说："啊 ……我没有……好吧，我确实对社会现状不太满意。"

"呵呵！这说明你希望这个社会变得更好，这是好事，是积极的态度。"

"公平是法之基本追求。可是……这些我想您也能看到。"仁微青抱怨道。

"如果肮脏的是人性呢？我们搞权治的能发现并面对更肮脏的一面。要想让社会更干净一些，不得不靠近赃物。就像一块抹布，确实是脏的，但是这种脏未尝不是一种承受。"

如果社会有一半是老人，那也是可怕的事情。

5. 地球洼坑

孩子把玩具当朋友，大人把朋友当玩具。

公元2018年，彼世界。

黔州省黔南地区，布依族苗族自治州的高塘县洼度镇，是一个黔南大山里不显眼的小村镇。这里地下没有矿产资源，地上也没有什么特色农产品，也就不被外面贪婪的世界惦记了。

即使要被贪婪所惦记，你得配得上这种惦记。

修路需要花钱，山民们没有钱，外人不愿意花这种钱。熙熙攘攘，利来利往。在外人看来，花钱是为了谋求利益，这里没有可谋之利，自然没有可修之路。交通不便的缘故，很少有外人进来，山里人也很少出去。外人没有进来，奇怪的都市欲望也没有进来。没有都市欲望的大山中，一切宁静，似乎成了整个世界多余的一部分；外面的世界忽略了这里，而这里也从来不招惹外面那种不善的惦记。

大多数村民没有到过大山的外面，即使到过山外，也不觉得这种祖辈传下来的生活方式有什么不好。但总有例外，王二狗就是个例外。

王二狗学着城里人染了一头红头发，不知道王二狗在城里经历过什么，他认为城里人看不起他。于是，他学着城里人的样子看不起村里人。

王二狗是村里最有想法的人。他希望外面的世界想起这个贫穷的村落，期待从村里找出点什么被外面惦记。有一天，王二狗向菩萨许了愿，结果真就如愿了。

这种不善的惦记，竟然还有人去许愿？真是让城里那些得了“雅过敏”的人想不通。实在想不通这种城市密集蜗居型生活有什么可羡慕的。

许愿归许愿，但事情的发生和许愿没有一毛钱关系。这是个大事情，大到地球上的菩萨也管不着。对于村里是大事情，对于媒体是大事情，对于全世界都是大事情。

自从这件大事情来了之后，山里的一切都发生了改变。那个在城里人面前羞于启齿的地名，一下子就成了城里人雅聊的时尚，各种土里土气的称呼竟然是雅聊中的妙音，似乎至俗方为雅。

大山之中吸引了整个世界的目光，有人甚至认为，被吸引的不只是整个地球世界，而是整个银河系。王二狗不知道什么是银河系，他最远到过县城。

既没有地下所藏的矿，地上也种不出有特色的农产品，难道这些关注是奔着这里的自然风光而来吗？不可能！即使这里的景有些姿色，但并不足惊艳到那些挑剔的游客。况且，从祖上四十代开始刨，也刨不出半个人文故事来，山里也没有一个带“A”的景点。

这个山沟里女人倒是有，却找不出有姿色的，最美的女人就是王二狗的老婆。可是，这里没有走婚的习俗，村民们对男女之事很保守，靠这种噱头来吸引游客似乎不是恰当的方法。到过城里的王二狗心里明镜似的，他早就知道，城里的女人比自己老婆还要水灵，城里姑娘有说不出来的水灵劲。王二狗哪里知道，论水灵劲，再天生的丽质也斗不过化妆品和亚洲神术。

话又说回来，这件大事确实与这里的山形地貌有关。不是山川的秀色，而是有一种适合天文设备所需要的大山坳——洼坑。王二狗的家就住在这个洼坑里。

大直径的球面射电望远镜，最好建设在一个天然与之契合的地形中，这就需要寻找洼坑。洼度镇地处喀斯特地质带，洼度镇的大窝凼就是一个天然的喀斯特洼坑。不过，这个叫大窝凼的洼坑很特别，地处深山，电磁环境很好。即使在整个地球，也难得找出第二个这么合适的地方。要安置一个500米口径的球面射电望远镜，世界上最大的望远镜，只有这个大窝凼放得下。

前几年，王二狗听说在自家住的地方要装一个看星星的望远镜，还要给村里补偿一些钱。王二狗很高兴，于是卖了500斤的稻谷，换回了一个羡慕已久的手机。500斤稻谷可是一个人一年的口粮，这是一个农村家庭里的大事。在王二狗的眼里，这个穷地方早就容不下自己的灵魂。他盘算着，一旦有钱就要如何如何，包括头也不回地离开这里。

在勘探队的眼里，大窝凼洼坑就是专门为天文探测特别准备的礼物，一直悄悄地放置在这个被地球遗忘的角落，静静地等候了至少1000年，既没有毁于人祸，也没有毁于天灾，直到礼物被开启。

终于在2016年，这里建成了一个500米口径的球面射电望远镜（FAST），并被誉为“天眼”。基于FAST的强大功能，如果银河系（直径约为15万光年）内存在外星人，他们的信息就很可能被发现。国际科研项目“搜寻外星人计划”（SETI）的首席科学家沃西默曾提出，希望在FAST加装设备，合作搜索外星人信号。

宁静了千年的小镇开始了凡世间的喧嚣，这个“凡世间”可能还包含外星人。有人相信，当地球将视线照向外星人，外星人也会将视线照向地球，外星人以地球人并不了解的方式存在，或隐匿在太空星际黑暗之中，或已经混迹在地球的人群里。

王二狗并没有从村长手里拿到他们家的拆迁补偿款，补偿款每户有50万元，村长告诉他每家只能分到 5 万元，是宅基地的钱，村里的土地是村里的，土地补偿款归村里所有。王二狗对村长一共有两种“不”：其一，看不起；其二，斗不过。

洼度镇虽属高塘县，但是距离罗成县城的距离更近。于是，前来的人大多中转于罗成县城，以至于自 2016 年以来，罗成县外来游客突然暴增。看到了游客，从县长到村长，心里都乐开了花。他们不知道宇宙的奥妙，但是他们知道钱的奥妙。

星星对村民来说都是关于神仙的故事，钱是关于生活的故事。游客多了，不能只是让他们留下脚印和照片，一定还要让他们留下钱。强抢是不行的，强卖就管不着了。刚富起来的村民，他们是带着优越感出来的，相对过去感到优越，相对临近的村庄感到优越，相对不了解的城里人惯性地感到优越。

为了满足外来旅游人口的需要，几年间，镇上新开的宾馆、饭店、商店越来越多，竟然让这个偏僻山野村成了商业繁华之地。王二狗的老婆在镇上开了一家饭店，自己买了个三轮摩托车在镇上拉客人。这多亏了村长大发善心，从村里的土地款中拨给了他家 20 万元，用于他和老婆孩子在镇上安个家。

可惜，好景不长。在村民的议论声中，王二狗自己也发现儿子长得越来越像村长，他忽然明白了很多事。他对村长仍旧一共有两种“不”，硬不起和惹不起。王二狗是村里最有想法的人，就是对村长没有想法。他决定到县城去开三轮摩托车拉客，那里有更水灵的女人，赚钱也多。

王二狗离开了。客人却来了，而且越来越多。偶尔，王二狗的三轮摩托车也会拉回来几个。

这小镇每天都聚集了来自世界各地的天文爱好者，小到学生的科技夏令营，大到各种国际会议。借助这个疯狂的仪器的存在，时不时就可以让全世界难得聚首的顶尖科学家同框出镜；时不时它的一个微弱信号就可以让世界沸腾；时不时就让人类最聪明的一群科学家，怀疑整个宇宙的过去与未来。

一侧它将巨大的口径对准了外太空，扫描银河系的边界；另一侧它将谜团般的探测信息对准人类，诱惑天文界的各式英才。

王二狗见过望远镜，也在电视上见过一种光学的天文望远镜，那种天文望远镜比挂在脖子上的那种望远镜个头大一些。但是，长得像这种“大锅”一样的望远镜，却从未听说过，施工队里的文化人说，这是一个什么“射电”望远镜。天眼就是一个大口径射电望远镜。

什么是“射电”，反正是文化人的东西，要是自己真能听懂，自己也是文化人了。听不懂的，就是好东西。据说能看见人眼看不见的东西……鬼神人眼就看不见，难怪叫天眼。

不过，这些城里人也挺傻的，这东西不能吃也不能穿，也不知道图个啥？倒不如把这笔巨款变成能吃穿的东西，全村人几辈子都吃不完。有钱人的世界，自己这些穷人真是搞不懂。

村民们一聊天，各种老套的世俗想象。

让穷人变富和让富人变穷一样，一开始都会不太适应。刚富起来的村民万一真要是有了闲钱，更愿意捐些钱建庙，把泥菩萨建得越来越大个。要不是菩萨显灵，哪有这等好事砸在自己的头上。

就是不知，是哪方菩萨显的灵？

……

九月的天气还是很热，夏天似乎没有退出的迹象，街道上像是庆祝一个重要的节日一般，越来越热闹起来。很显然，这一次热闹的原因，就是为了三天之后的一个国际会议。

越来越多的外地人从远方赶来，操着各种味道的普通话。旅客拥挤在苗寨的街道上。在这些人中，还有不少各种肤色的外国人。他们的语言和他们的行李一样，都来自世界各地。苗寨的空气中弥漫着泥土新翻开才有的腥味，这对于城里人是一种芬芳。为了猎奇苗寨的民俗，肤色和语言差异并没有成为逛街热情的障碍。

在街道的两旁布满彩旗与风帆。彩色的风帆随风招展着，展示着各式的商品广告。会议名称被简写成几个字母“IEAA”。广告牌用一种巧妙的方式把这几个字母变幻成卡通人物，笑盈盈地站在广告的一角。广告无时不提醒路过的行人，不买点什么实在不安。

国际探索外星人联盟大会（IEAA）。IEAA 定期举办科技探讨与成果交流大会，每 5 年举行一次。三天后的这次会议，已经是 IEAA 的第七届大会了。经过形式上的申办与争取，这次会议定在“天眼”基地举行。这里有天眼，地球上离宇宙深空最近的地方。

IEAA 组织为寻找外星人而存在。许久以来，人类一直希望找寻外星文明，一些外星人探索者坚信外星文明的存在，他们致力于证明地球人并不孤单。

与外星人取得联系是一件令人兴奋的事，也让部分敏感的人觉得紧张。这一举动曾经遭到了以英国著名物理学家霍金为首的专家们的警告，他们认为这样做十分危险。他们认为，一旦有高于地球文明的外星人到访，将是地球的灾难。这如同美洲大陆被欧洲发现之后，原住民印第安人遭受了种族灭顶的灾难。他们甚至嘲讽说：“倘若地球文明访问到一个住着恐龙的星球，想必同样不会放过这颗星球上的有用资源。”被到访的星球科技文明，相对来访者所掌握的科技，大概率是落后的。有个最基本的逻辑，永恒不变。来访者为利而来，无论怎么包装这个“利”。人类永远有一个矛盾，资源的缺乏与发展的矛盾。这决定了科技发展的重要方向之一，就是寻找资源。到访者不会给这颗星球反抗的机会，至少捞一把返回地球的油钱。

……

会期临近，参会的人陆续地往“天眼”周围聚集。

在罗成县的长途汽车站，又一辆风尘仆仆的大巴汽车驶进了站台。就在这辆车的乘客中，有一位外表普通的年轻人，三十多岁的脸上略显疲惫，大约一米七的样子，属于中等个头偏瘦，单瘦的背上背着双肩包；皮肤白皙干净，但不算英俊帅气，显得书卷味十足。他顺着下车的人流从长途汽车下来，和所有的年轻人一样，一直低头把弄着手机的屏幕，他的世界一半在手机里。他并没有看另一半世界的路，也没有抬头看指示牌，这一切显示他是这里的常客。

他手指间夹着一张登机牌，登机牌上印着他的名字和行程。

姓名：仁微青

行程：帝都首都机场——黔阳龙洞堡机场

仁微青径直朝一个垃圾桶走去，把登机牌塞到了垃圾桶里。这个垃圾桶比垃圾还要脏，可以肯定垃圾桶从来就没有被清洗过，当地人会认为清洗垃圾桶是很蠢的事。

县城的长途汽车站水沟中飘着吃剩的方便面和各式的烟头、纸片、塑料袋，发出极有画面感的味道。

“灰尘与蚊蝇斗舞，残烟与腐臭共味。”

仁微青灵巧地跨过水沟旁的台阶，显得并不介意这里熟悉的一切，好的和坏的都不介意。只有十分熟悉这里的人，才会如此淡定地露出这种意料之中的表情。仁微青刚刚从帝都开会回来，他在这里已经工作了5年，相比之下，这里更像自己的家。

罗成县城是一个典型的农业乡镇县城，也没有称得上工业的厂，所以对于刚洗脚上岸的农民，有垃圾桶就已经是一个进步，而总有一天他们也会认识到垃圾桶也是需要清洗的。卫生是一个城市文明程度的直接评价之一，对于从无到有的城市，小城被隔离在这座大山里，仁微青保持着宽容和耐心。

仁微青快步出了车站，四处寻望了一圈之后，想寻辆出租三轮摩托车，发现王二狗正好在待客，就招手叫了过来，直奔312国道旁边的董架乡。FAST自启用之后，由于电磁环境的需要，附近5千米范围都不能使用任何无线电，包括手机在内都不能使用，仁微青索性就关掉了手机。这个时代，关机就等于失联。

电视机消灭了街坊之间的夏夜乘凉，手机消灭了面对面的聊闲话。失联之下的仁微青，又回到了没有手机的时代。闲来无事，那么就闲聊家常，和司机王二狗聊。王二狗说话的声音特别大，没有手机的山民们，住的并不近。十里八乡的村民之间，平时的通信基本靠吼，练就了大嗓门的基本功。

闲聊之下，仁微青得知王二狗就是大洼坑的原住民，不由得问起他家的情况来。

王二狗要面子，不愿意讲自己老婆和村长的事。因为经常被城里人看不起的关系，更不愿意主动向陌生人展示丢脸的家丑。在农村，人们开玩笑的话题都和那件事有关，似乎只有与那件事有关的才能愉悦村民。这些人果然很动物。离动物越近，需要进化的路越长。王二狗的家事早就成为了愉悦村民的谈资，他的家事让村民们饭后很愉快。这些愉快的人，曾经都是被王二狗看不起的人。

王二狗是村里最有想法的人，只有他敢用一年的口粮换一个手机。后来他才知道，这个手机在村里连信号都没有。他用 500 斤稻谷换来的手机没用多久，手机就被禁止使用了，又是因为天眼。

当他想通过手机了解外面的世界的时候，外面的人却在他祖辈居住的地方了解宇宙。这阻碍了他了解外面，他为别人了解宇宙而付出了了解城市的代价。他感觉总是赶不上外面世界的脚步，疲惫又吃力。或许他离开小镇到县城有另一个原因，县城里可以用手机，离电视里的世界更近一点。

仁微青一边同情王二狗，一边想：当人类对自己都不甚了解的时候，去了解外星人，是不是有点太早？

从长途汽车站到董架乡需要 1 个多小时，仁微青已经记不得第几次走这条路了，路上再好的风景，对于常客总是会产生审美疲劳。天色渐晚，一排排树影往身后飞逝，随着天色暗淡，窗外的绿色渐渐变灰，极具催眠的作用。靠在三轮摩托后面小铁皮厢的座位上微微闭目养神，竟然睡了过去。梦中却又出现了一张熟悉而纯美的脸，是盘踞在自己心中的女神——杜疏影。随即仁微青就从梦中惊醒，这个梦并没有持续多久，他已经习惯了。但凡是有杜疏影出现的梦，最终都是这种结果。

……

三轮摩托车终于在一阵颠簸之后，在 FAST 景区的入口处安检关口停下来了。

山里人有写在脸上的朴实，仁微青喜欢这种朴实。虽然自己并不富裕，仁微青仍旧愿意给王二狗一些力所能及的好处，把应该找的零钱当作小费，一并给了王二狗。

这个很随便的善意，让王二狗觉得城里人并非所有人都瞧不起他，特别是这些读书人身上散发出一种高贵。王二狗对仁微青有莫名的好感，希望拉到的客人都是这样的。他希望和这样的人多说几句话，攀上这种高贵。

王二狗拿好仁微青付给他的车钱之后，转身把摩托车开到了候客区，今晚他还要回到县城，幸运的话还能拉一个返程的客人，再赚一笔生活费。仁微青看着王二狗消逝在夜幕中的背影，对背影消失的方向叹了一口气。

游客进入景区之前，需要将随身携带的所有具有无线功能的电子设备寄存，不得带入景区，以免造成电磁波干扰。天色已晚，这个时刻入景区的游人并不多，而离开的游人却不少。

仁微青卸下双肩包，随机打开一个寄存柜，将随身的电子设备整理出来，放进柜子寄存并锁好。正当仁微青检点东西的时候，竟然发现自己寄存柜子里有一个信封。或许是废纸片，或许是什么人落在了柜子里的。他信手拿起这个信封，信封上赫然写着几个字“收件人：你”。

“你”只是一个第二人称，可以代表任何人。但是，一般情况下，“你”代表正在对话的对方。如果按照这个逻辑，这封信的“你”是指看到这封信的人。仁微青刚好正看到了这封信。难道这是写给自己的信？也许这是一个玩笑？或者一个类似漂流瓶的游戏？

虽然，仁微青没有偷窥他人隐私的爱好，但基于好奇心作祟，还是打开了信封。他心想：如果实在无聊就仍旧放回到柜子里，如果是个毫无敌意的友好信件，看看也无妨。这些年诈骗手段实在太多，难免要用心提防。

信封里面只有一张纸，写着一句话：“相信你能找到天文馆会场外走廊上的‘半人马座’，那么，会议当天下午 3 点 15 分，一起看星星。”没有称呼，也没有落款。

仁微青心中一动：一起看星星……难道，有姑娘想泡我？反过来又一想，就凭自己存折里 4 位数的存款，有点想多了吧？！至今，姑娘的手都没摸过，体内的激素早就按捺不住了。可是，大白天的哪有什么星星啊？白日看星星遇见白日做梦，负负得正，或许这就是艳遇的前兆吧。

一个油腻大叔绝不会邀请自己一起看星星。这个年纪的男人，有点胡思乱想很正常；但凡有机会，都会联想到上天会赐给自己一个女人。

仁微青是个正常的男人。

想归想，脚步没有停。凭借工作证，仁微青顺利通过安检口进入景区，在景区入口右侧有个车站，停放着接送客人的摆渡车。仁微青的目的地是位于半山的休息厅，而到达那里只有通过摆渡车才行，于是登上了最前面那辆待发车的中巴。

待客的中巴上很干净，人少的关系，大约 15 分钟发一趟车。陆续有人通过安检口登上了中巴车，几乎都是工作人员，偶尔有几个相熟的相互打着招呼。

忽然，仁微青觉得眼前一亮，上车的人流中有两位漂亮的姑娘，都在长发上戴着一顶棒球帽，显得美貌而干练。与两位姑娘同行的是一位五十来岁的男性，神情举止与姑娘们保持长辈的态度。

一上车，这位年长的男性就被车上的乘客认出他来。

“苏教授，你好啊，好久不见！”

“嘿！……戴老师，你也刚到啊！”

苏格教授转头发现坐在第二排的戴纵纬教授，转头向他打了声招呼，找了个空座位自己坐了下来，又招呼身后的女孩坐到仁微青的旁边找个空位子坐下。

“小楚、小武，你们就坐那里吧。”

两位美女同时和自己坐一排，这让仁微青的心都快吊到嗓子眼了！

仁微青把放在座位上的包拿开，并放到自己的腿上，把身旁的座位腾了出来。

如果仁微青此刻有嗅觉，应该会有两股香味钻入鼻孔。仁微青一边这么想，一边礼貌性地与对方微笑点头。

那位叫楚可可的美女看见仁微青的脸，先一愣，随即恢复了正常。也礼貌性地点头一笑。

“谢谢！”

“不客气！”

仁微青自建设期开始就介入这里的工作，除了对“天眼”很熟悉，对建设的各专业人员也大致见过。不过相貌平平的他，在这个人才济济的地方，知道他岗位的人比知道他名字的人要多，平凡的相貌可以让仁微青在人群之中轻易地消失。

人群对于相貌平凡的人来说，是最好的掩体。

没有哪个年轻人希望平凡，这又被称为朝气。待朝气过了，也就只能平凡了。至少，平凡的人有一个好处——清静，被人忽略就是最好的清静。

仁微青显然觉得两位美女并不认识自己，自己却大致认出她们两位。仁微青有一位消息灵通的室友，也是自己的死党。其中一位就是被自己死党兼同事张硕称为“书卷女神”的楚可可。还有一位，就是被张硕戏称为“子孙杀手”的武茜，据说张硕为她阵亡了大量的子孙兵。

张硕的家族惨案，武茜均以画面感的形式参与了，所以张硕将惨案的原因归结到武茜的头上。不！“胸器”上！张硕经常为几亿伤亡的惨案举行一种仪式，用卫生纸冲进马桶。张硕痛苦地认为，即使在脑海里，他的子孙兵只能坚持到“胸器”的进攻，根本坚持不到敌大本营。

身材匀称健硕的张硕，身高一米八几。靠一张精致的脸，捕获不少无知少女的芳心，但对武茜束手无策。张硕原本也纯情专一，纯情易伤，大概经历了狗血的背叛，从此就沉迷于“万花丛中过，片叶不沾身”的游戏，变得薄情寡义。

张硕经常怀疑，是不是科学界为了给“女博士”正名，所以特招了她做颜值担当；否则，太不符合常理了。没理由在这么精致的皮层营养负担之下，还容得下严谨的科学智慧。

苏格教授是从事测量与控制系统的知名教授，而这两位美女都是菁华大学的传道师，也是闺蜜。匹夫无罪，其罪怀璧。对于老实本分的苏格教授而言，门下漂亮的女生，就是其罪。要么被青年男老师当作眼中钉，要么被当作掌管女生宿舍大门的老阿姨。都是遭恨的角色。楚可可是菁华大学自动控制系的传道师，在苏格的手下工作。楚可可不仅人美，小提琴也是专业级的，是菁华大学许多青年男教师中的躁动因子。武茜是脑神经专业，与楚可可是闺蜜，这次闺蜜同行，合情合理。

“天眼”工程由主动反射面系统、馈源支撑系统、测量与控制系统、接收机与终端及观测基地等几大部分构成。技术支持与直接参与者几乎涵盖了国内所有相关的顶级技术或研究单位，也包括部分国外的著名科研单位与科学专家的支持。这个工程就当前世界而言，恐怕也只有号称“基建狂人”的华国人有能力实现。

“我是楚可可，她是武茜，我是测控专室的，老师您是？”女孩问。还是女孩大方些，至少比仁微青大方许多。

“小哥哥，叫我茜茜就可以了！”武茜绕过楚可可，对仁微青伸出了小手，媚眼如丝。

楚可可把武茜伸出的手一拍，嗔怪道：“武茜，别闹！”

仁微青被武茜的媚眼勾得心怦怦跳，脸一下就红得像猴屁股。

“哦！我……我是……国家天文台的……从事地外理性生命探索的仁微青，呃……微笑的微，青春的青。”被身旁美女一调戏，仁微青就紧张结巴了。

“噢！你和杜教授一起的？”

“哟！小哥哥看起来挺秀气的，原来还是个大科学家嘛！”看来，武茜改不了轻浮的本色了，恨不得把所有的少男都勾引遍。

和这个闺蜜在一起，楚可可随时有准备好钻地缝。

“嗯……是的……我是杜老师的助手。”

“久仰！幸会……”

武茜一听是杜氏惪的弟子，也不敢再出言轻浮了，她可不敢招惹杜氏惪。

楚可可虽不在天眼的基地常驻，但是也熟悉这里的基本情况。“天眼”系统将是一个多学科基础研究平台，不仅有能力将中性氢观测延伸至宇宙边缘，也有能力观测宇宙中的暗物质和暗能量，甚至可以用于寻找第一代天体。

从科研方向分类，“天眼”系统除了在观测中性氢线及其他厘米波段谱线，开展从宇宙起源到星际物质结构的探讨、对暗弱脉冲星及其他暗弱射电源的搜索等几个方面实现科学和技术的重大突破外之外，还将开展对地外理性生命的搜索，“地外理性生命”就是指通俗的“外星人”。天眼具有500米的口径，这是迄今为止最大的射电望远镜，借助这个疯狂的设备，这个工作应该会更加的高效。

譬如，仁微青所在的“地外理性生命研究室”就十分神秘。

杜氏惪他们的工作是关于外星人探索的实际工作，要么一无所获，要么震惊全球。也许，这其中应该还夹杂许多机密的使命。这一切使这个部门和这个部门的人更加的神秘莫测。

武茜得知他是杜氏惪的门生，心头一亮，似乎想起了什么："你们做外星人研究的，怎么看待外星人存在的问题？"

谈到专业问题，仁微青马上说话就利索了起来："有种观点认为外星人是不存在的，至少迄今为止，人类并未发现任何有关外星人存在的蛛丝马迹。关于有无外星人，著名的'费米悖论'无论是对于天文学界，还是对于科幻圈来说，都是一个开放式问题。每个人都可以提出自己的答案，在真正接触到外星人之前，没有人知道这个问题的正确答案。不过从数学概率上分析，在浩瀚的宇宙里，应该有着众多的类似地球的适合于生命存在的星球。"

楚可可接着问："距地球最近的恒星——人马座，离地球也有 4.2 光年；那么，外星人有这么近吗？"

仁微青没想到楚可可对天文还挺了解，也没多想，就回答说："可能，但这是一个极小概率的可能。美国天文学家雷克于 1960 年提出了一条用来推测'银河系内可能与我们接触的文明数量'的方程，这就是著名的'德雷克方程'。美国天文学家、科普作家卡尔萨根估计，依据德雷克方程，存在地外智慧生命的星球数量应该为 100 万颗；美国科幻作家阿西莫夫则认为，这样的星球应有 67 万颗；而法兰克•德雷克本人较为保守地估计为 10 万颗。"

武茜却又问："可是，根据你们科幻小说的'资源最优配置法则'，地球是躲在宇宙中的蓝色星球吗？又是怎样在其他高智文明的搜寻中躲过来的呢？"

谈到自己的专业，仁微青和生活中判若两人，显得无比自信："即使有外星人，离地球也不会太近。英国天体生物学家沃森曾参照地球智慧生命的演化过程，建立过一个数学模型，分析结果显示，在其他行星上找到智慧生命的可能性非常低。沃森认为，任何一颗行星都不会为生命的演化提供无限长的时间；像地球这样的行星，其适合生命生存的时期受太阳亮度的影响，超过一定的时间后，适合生命生存的时期将随之结束。其结论是：如果假定生命演化的时间为 40 亿年，那么，在一颗类地行星上出现智慧生命的可能性不超过 0.01%。也就是说，人马座存在人类的概率只有十万分之一。虽然，我们还没有掌握外星人存在的直接证据，但现代天文学确证：地球人的出现是宇宙演变的结果；由于自然法则在宇宙中具有普遍性，导致地球人诞生的因素也会出现在苍茫宇宙的某处。因此不少科学家坚信：宇宙中存在外星人。"

说话间，摆渡车就到了半山腰的工作休息处，休息处是一个螺旋形状的大型建筑，几乎等同于城市里的一个小型的生活社区广场，餐厅、商店、宾馆一应俱全。一行人都下了车各自散开。

一男两女三位年轻人虽然初次见面，但算正式认识了，至少认识了自己的脸。可惜不能把手机带入景区，无法相互加微信，仁微青也没有好意思向姑娘们要电话。他不是张硕。

仁微青和张硕住一个宿舍，当他回到宿舍房间的时候，张硕并不在宿舍里。按照平时的习惯，这会儿的张硕应该在电脑前打游戏。仁微青发现张硕不在，在冰箱上有张纸条留言给自己，要他抵达基地后马上到老板杜氏惠的工作室。这里没有手机，只能靠纸条留言。

杜氏惠是个性格古怪的人，对工作十分的认真严肃。脾气比较急躁，什么事情说干就干，谁要是耽误他破口就骂。这样的人不好相处，却也容易相处。他待人很真诚，把人际关系简单化，没什么弯弯绕，是非观念很强。以他这样的性格，朋友一定不多，但这些朋友都是真朋友。

杜氏惠认为朋友是无用的，如果交朋友是为了有所企图，分明就是一种在利益基础上建立的人际关系，这些关系和“朋友”二字无关。朋友应该是相互欣赏，或者是共同经历了一种磨难而建立了信任关系。这一点，仁微青很认同。

杜氏惠的工作室在一个地下 200 米的山洞里，离休息室不远，需要坐电梯才能到达。地下山洞十分宽敞，几乎是休息处广场的 3 倍。此时已经晚上 8 点，但地下试验场灯火通明，到处可见到忙碌的人们。

在一个挂着“地外理性生命探索”牌子的工作室内，仁微青见到了张硕。张硕见到进来的仁微青，对他一努嘴，仁微青顺着他嘴部肌肉运动的方向，看见正在忙碌的杜氏惠教授。

杜氏惠戴着一副宽边的眼镜，总是身着衬衫、领带、西装、皮鞋，即使在实验室，外穿蓝色的工作大褂，里面也能看到领带和衬衫的领子。他正在和几个同事对着白板，时而擦，时而画，在白板上留下一串密密麻麻的数学公式。杜氏惠脸上的胡子估计有几天没有刮过了，从面色倦容看得出来，恐怕已经连续工作有一段时间了。这对于杜氏惠教授来说是家常便饭。

仁微青的到来，终于让杜氏惠放下手中的白板擦，简单总结之后，今天的工作告一段落。杜氏惠把仁微青领到自己的办公室，在办公室内有一张简单的工作台，椅子旁边放着一张行军床，想必是临时休息的地方。

这个地下区域连太阳都晒不到，也是劳动法管不着的地方。这些科学精英们可比血汗工厂的工人，还要血汗。工作又岂止是为了生活？当然，首先还是要解决生活，为生活而血汗与为理想而血汗是不一样的。

这份工作给不了丰厚的工资，也给不了政治前途和权力。然而，这里的人却勤奋得像蚂蚁，甘心地埋头在不见天日的地下 200 米。不是为了别的，只是为了探索人类的未来。这里有天眼，用钱买不到的天眼，还有无限的学术资源。探索人类的未来，没有什么欲望比这个更具有诱惑力了。

见到仁微青，一脸疲惫的杜氏悳又显得精力充沛了起来。正是杜氏悳委派他到帝都参加座谈会议，讨论关于人类向外太空主动发送信息的意见，按理，杜氏悳应该亲自参加，他却有意回避。与会的都是各相关专业的负责人，以及学术界领军人物。仁微青刚从帝都回来，他急于要了解仁微青从帝都带来的消息。

“微青，帝都什么情况？”杜氏悳的话简单扼要。

“IEAA 联盟坚持应该主动和地外理性生命联系，而由于反对派以英国米亚特教授为首，继续与 IEAA 联盟针锋相对。”

杜氏悳不说话，出现这个情况，他并不觉得意外。

“基本还是没有新意的争论，在两派意见代表之间发生。”

杜氏悳还是希望得到点新意，于是问：“就完全没有发生点什么？”

“让您失望了。除了争论时候的语速，连语气和词汇都没有变。”

仁微青两手一摊。见杜氏悳桌上有两个苹果，拿起一个就啃了起来。在杜氏悳面前，他就像家人一样随便。

“太累了，我还没吃晚饭。”仁微青抱怨。

杜氏悳不理仁微青的抱怨，说：“吵了 1 年了，真有意思！？”

“可不，说是这次 IEAA 联盟大会要定出个结果来，估计在会议上再接着吵呗！”仁微青忽然想起了什么，对杜氏悳说：“对了！老师，我想起一件事。会后军方的人找到我，单独向我了解了一些关于我们室研究的情况……”

“等等！”杜氏悳惊呼一声，问：“你说军方单独找你了解情况？”

“是的，有位便装的领导，他自己主动对我说明了身份，军人！似乎级别不低。”

“姓什么？”

“他没说！”

杜氏悳一阵沉思，这并不平常。嗅觉灵敏的杜氏悳似乎闻到了异样的味道，不由得感到一阵兴奋。

突然，杜氏悳兴奋地一拍大腿。

“太好了！”

杜氏悳的兴奋让仁微青一头雾水。难道是咱们科室的经费全部都批下来了？还是在外星人观测上有了什么重大发现。

“老板，什么太好了？”

“军方……”杜氏悳欲言又止。

军方？军方似乎和探索外星人的工作风马牛不相及，就凭一次并不专业的咨询，就凭军方向自己问几个问题，甚至连问题是什么都还没有汇报。至于这么兴奋？

仁微青哪里知道，杜氏惪前天接到通知，几个相关技术室由军方派驻了军代表，一般只有从事军事保密的单位才会涉及军代表。往外星人探索单位派驻军代表，除非涉密，这简直匪夷所思。

巧合的是，昨天接到通知，有一位脑神经科学的专家要加入外星人探索。军方办事一向雷厉风行，今天下午各军代表已经分别到岗位了，这几天各部门正在配合他们进驻调查工作。

几天以来，杜氏惪觉得有事要发生，大约还会与自己的科室有关。对于只有投入没有实质性学术成果产出的“外星人探索”，在科研经费上一直不受待见。没有资金的支持，任何科研设想都寸步难行。何况，探索外星人的费用实在太高，任何一点小实验，支出都让人望而却步。

眼下涉及军方，杜氏惪知道自己有保密责任，工作上的事既不能随便说，也不能随便问。但是自己把几件事串起来，自己几乎断定军方对主动探索外星人有兴趣。

有军方做靠山，经费可就宽裕多了。而且，军方能给的岂止是经费。他内心的兴奋难以抑制。

“老师，呃……什么太好了？”仁微青有些糊涂。

沉浸在自己的思绪中杜氏惪被仁微青这么一问，从思绪中回到现实，就像忽然被叫醒了过来。

“哦……什么好了？没什么。”杜氏惪意识到，在情况并未最终明朗之前，猜测军方的意图不太好。

仁微青问道：“老师，探索地外理性生命，可是你一生在追求的目标，你不会犹豫了吧？”

“当然，我大半辈子都埋在这里，任何理由都决不会放弃！”杜氏惪斩钉截铁的。他本来没必要在晚辈面前表示决心，但是，杜氏惪即使用完这辈子，恐怕也无法完成夙愿。杜氏惪要向晚辈表决心，他需要将自己的情绪感染到接班人；如果自己没有完成，有人让自己的愿望继续下去。虽不能至，心向往之！

也许绝大部分徒弟有求于师父，但是在研究“地外理性生命”的专业上，师父有求于徒弟，师父希望香火的延续。毕竟，这是一个在嘲讽、质疑的声音中存在的一个学科。

“老师，对我们坚持的外星人探索，您当真毫不质疑吗？”仁微青这么问不算冒昧，他算是杜氏惪最亲的人了，女儿的同学兼嫡传的弟子。

杜教授没有回答这个问题，而是有些出神地盯着墙上的星图，看了至少有半分钟。在家庭生活上，杜氏惪是孤独的，他把一切都支付给了科技探索的成本所需，执着地寻找外星人的踪迹。

“人的思想都是希望智慧的努力留给世界某种永不消逝的渴慕；我之有所坚持，是自己生命的意义。”

第二天，仁微青正常的工作被打断。仁微青被授予一项重要的任务，而杜氏惪负责做他的思想工作。

杜氏惪把他单独地叫到了房间里。杜教授这次不像平日那么随和，也没有招呼仁微青在办公桌对面坐下，他的眼中有一丝犹豫，任凭沉默压抑着整个房间。

仁微青平日话不多，站在一旁并不发声，安静地等待。杜教授沉默中缓缓抬起头，盯着仁微青的眼睛问：“微青，如果有一项重要的工作交给你，你愿意承担吗？”杜氏惪谨慎地补充道：“当然，这个工作完全取决于你自愿。”

仁微青见到杜教授的神情谨慎，知道事关重大，不由得有些紧张。

“有多重要？”仁微青随口问道。

“唔……怎么说呢？也许……也许事关整个人类的未来！”

“任务很危险？”仁微青狐疑，自己瘦弱的肩膀担当不起孤胆英雄的任务。

“不能用危险来定义，但也确有一定的危险性。”杜氏惪解释说。

“人生重大决策？”

“嗯！算是重大决策！”

“能详细点吗？”

“很机密，我知道的也不多。”

仁微青是个十分聪明的人，思索片刻后，反问：“如果我是疏影，你也愿意让我去做这件事吗？”

杜教授听到这个问题有些诧异，先是一愣，接着一阵黯然神伤的表情。仁微青不由得在心中一阵懊悔，自己不应该在杜氏惪面前提起这个名字。

仁微青的话让杜氏惪一阵寻思：是啊，如果是女儿疏影还在身边，会让她接受这个任务吗？

想起自己的女儿，心里不由得一阵心酸。女儿很小就没有了妈妈，女儿一直以来像婴儿一样信任自己，信任她唯一的依靠。现在，发现自己真的不了解女儿，对女儿每一步善意的安排，或者只是自己的角度，父亲俯视婴儿的角度；也或许本质上是自己自私的求真欲望，而这个求真欲望并不能和女儿的欲望产生交集；自己对女儿的所欲一无所知，女儿向往的自由区域、方向一无所知。在普世价值观中，每个生命都应该得到自由，真理能使自己自由，自己何尝给过至亲的女儿自由？自己和女儿的关系落到这个地步，自己真的错了！

隔阂是亲情中最大的遗憾，也是自己和女儿长久以来的鸿沟。想到此处，杜氏惪觉得鼻子一酸，眼睛竟然有些红润。

仁微青看到老师的情形越来越后悔，感觉自己问得太鲁莽了，连忙道歉说：“老师，对不起，我不是这个意思！……”

杜教授摆了摆手，打断他说：“不！这是一个好问题，对于我来说是个很好的问题。”

杜教授让自己的情绪稍微平静了一下，继续说：“我心里也在想，如果是疏影，我会尊重她的意见吗？会和征求你的自我意愿一样对她吗？或许，也正是因为我的许多不尊重，以爱的名义包装疏影前程的门票，强赠予她，实际上却是我的自私。我总以人类大爱做借口，蔑视了女儿真正的自由。而我站在俯视人生的角度，竟然习惯了施予，女儿习惯了承受，每一次承受都为最终的反弹提供了能量。”

“我想，疏影如果为人父母，她该会理解您的。”

杜氏惪收回了出窍的思绪，整理了一下情绪，又恢复到了平常仁微青眼中干练而睿智的样子。

杜氏惪说：“微青，这个任务很重要，但也是个机会。如果出现最坏的情况，可能有点危险性，但是并不至于危及生命。你是我信任的人，我希望你把握机会。只不过，我现在无法替你决策，我对细节并不了解。我无法教授你自己也不知道的东西，我不能帮助你判断无法判断的未来。”

“您知道，我是信任您的，您知道的比我多。”

“如果，我对宇宙星空了解的比你多；那么，我对宇宙星空的疑惑也会比你成倍的多。所以，并不是所有的判断都建立在有把握的前提下。”

“总要有些决策依据吧！”

“人生的意义，如果你觉得这是你要的，就可以去做！”

仁微青想说，我的人生没有意义。这话只能心里说说，不能总是去惹人生气。他选择信任杜老师，就像杜疏影一样信任他。但是他什么也没有说，怕杜爸爸伤心。

仁微青没有杜氏惪阅历丰富，也没有那么好的情绪控制能力。念及杜疏影，仁微青更是一阵灰心，可能在对方的心中，自己甚至算不上知心的朋友，见面点头的次数比说过的话还要多。自己对杜疏影的爱慕就像配角的爱，来自角落里的灼热目光，只能照射到主角的背影。

父母早逝，仁微青对已故的父母印象模糊。若不是神秘的资助，自己根本就没有机会接受高等教育。助学贷款、打工、节约和简朴，是自己赖以生存的基本要素。这些都不是愉快的记忆，谁也不愿意主动去经历这些。可能对于别人来说很励志，只有真正经历过这些苦难的人，才知道无助有多么煎熬，励志有多扯淡！

出于安慰老师和不对未来灰心，仁微青说道：“我同意接受任务，即便有危险。”

既然任务是秘密，杜教授不说，自己也就不问。也许是一次太空旅行，真要如此，也没有什么可牵挂的。

“你先不着急答应，我们都相互再考虑一下。”杜教授反而有些犹豫了。

仁微青离开杜教授的办公室，是带着灰心丧气的情绪离开的。回到自己的办公区，再看这个工作了 5 年的地下实验场，一群毫无生气的人在寻找地外的生气。在这个 24 小时灯火通明的地下，没有白天也没有黑夜。在这里进行的实验从来不按昼夜作息，设备没日没夜地开启，科学人围着设备转，也是没日没夜地工作。地下 200 米的山洞里从来都看不见天日，本来就是太阳照不到的地方。

若不是重新的审视，仁微青就是这些忙碌的科学人的一员。在他们的观念中，时间过得出奇得快，他们活在自己有趣的思维世界里，他们的有趣与外面的金钱世界无关。

这个地下空间的人们只有一个目的，找到这些“为什么”。或许这个答案可以救赎人类的贪婪，地下 200 米仍旧是外面世界的一份子。外面的人们习惯的各种顺从，答案或许可以让他们发生一些不安分的想法，对传统叛逆。人类世界的根本进步都发生于合理之中的不同，人性的核心意义绝不是顺从。

探索外星人能解决很多的问题，但其中一个问题很重要，这并不是一个科技问题，实质上是个哲学问题。哲学是科学的尽头，是关于本源的学科。

利不可独，谋不可众！——曾国藩

6. 联盟大会

A long dispute means that both parties are wrong.

公元2018年，彼世界。

国际探索外星人联盟（IEAA）就在附近的天文馆召开。

这是杜氏惪今年主要的工作之一，作为研究“地外理性生命”的专门科室，是这次国际会议的主要申办者与组织者。

为了这个会议，除了照看实验中的人员，科室的人几乎都被抽调出来。

作为一个专门的天文研究科室，对组织会议并没有什么经验，幸好得到国家天文台的支持。天文台专门加派了行政人员到会务组，这些人经常组织会议。杜氏惪干脆把会务工作全权交予会务组办理，反倒更加井然有序。专业的人做专业的事，更好。

天文馆在“天眼”FAST系统10千米以外，从天眼出发到会议场馆需要20多分钟的车程。

会议当天，仁微青一早就出了天眼景区，在安检口正想着怎么去会议现场，这时恰好碰到王二狗。仁微青老坐他的三轮车，坐得多了，虽然相互叫不出名字，也算脸熟。王二狗也看见了仁微青，骑着三轮车就靠了过来，一面招呼，一面央他照顾下生意。

山里人有写在脸上的朴实，仁微青很喜欢这种朴实。

王二狗今天心情很复杂，那个农村的老婆答应了离婚，这多亏了王二狗的机智，以亲临尴尬现场的方式掌握了一手现场证据。因为这个尴尬，村长承诺把剩余的25万元拆迁款全部给他，作为封口费。王二狗有底线，不替别人养孩子。

王二狗重新买了部手机，从今天开始，他要做一个真正的城里人，也要像仁微青这样的人一样慢慢说话。若多年后出息了，回到村里，也这么说，说一些书里才有的话，让村里人听不懂。

“你们城里人现在都不带现金，没得办法，只好新办了个手机。”王二狗有些得意地说，任何一个和城里人一样的行为，都会让自己离城市更近一步。

“那就方便多了。”仁微青随口附和。

“科学进步太快了，我们没读过什么书的，好羡慕你们读书人哦！真的，好羡慕哦！”

仁微青第一次仔细打量王二狗，只见这个二十几岁的小伙子，脸上却是风霜的痕迹，手上的茧被干燥撕开了一道道皲裂，被日光晒得皮肤黝黑；他的头发上沾满了路上扬尘落下的灰，脸被风吹得有些僵硬，只有眼珠可以灵活地转动。王二狗总是对仁微青笑，在灰色的脸上露出一排整齐的白牙。

一股莫名的酸楚涌上仁微青的心头，生活虽然让王二狗留下了一些风霜，相比之下思想的贫穷更可怕，真正的贫穷又岂止是生活。

“你还有机会，只要自己努力。”仁微青这样鼓励他。

“没文化，努力也没得用。”

“不试试怎么知道，反正最坏也不会更坏。”

“嘿嘿！你们说话总是那么有理！”

“不试一下，有理也没得用。”仁微青重复了王二狗的语境。

“嘿嘿！吃饭都困难，哪有能力想其他事啊。”

“那就努力吃饱，再加倍努力，余出点能力做点认为有理的事。”

“嘿嘿！好了……到了……”王二狗让车靠在路边停好，一边踩刹车，一边对仁微青憨笑着说：“下次要去哪里，给我打电话，我留个电话给你。”

“好！”

说罢王二狗掏出那个新买的手机，仁微青的电话号码成为他的第一个电话号码。

“谢谢你！”下车的仁微青对王二狗致谢。

王二狗细心地觉得读书人就是读书人，明明是付钱坐车，还对自己说谢谢。这比那些动不动就开骂的乘客要好多了，不仅是稍不如意就少付自己几块钱，更是摆出一副对下等人说话的语气。

王二狗在城里的这些日子，看到的都是人们之间的冷漠。仁微青随口的“谢谢”却给了王二狗心里一抹暖意。被读书人尊重，真好！

王二狗看着手机上仁微青的号码和名字，怔怔地出神。

……

国际探索外星人联盟四年一届的会议如期召开。参会的有 16 个盟员国代表团，8 个列席盟员代表团。杜氏惠就在华国代表团的专家组中，而仁微青等科室里的其他众人都在观众席。所谓观众席，就是只允许带耳朵去听的席位，没有发言的权利。

会议在一个能容纳 2000 人的大型会议厅举行，类似于大型的电影放映大厅，在贵宾区就是各国代表主席团。普通的参会人员就坐后排普通观众席上，而演讲嘉宾会站在演讲台上。

会议首先由IEAA轮值主席致开幕词，这一届的轮值主席是俄罗斯国家天文台的台长屠格涅夫，这是一位广受尊敬的老者，不仅是其学术成就，而且还有那份对成就的谦逊，以及对真理的敬畏。按照惯例，作为四年任期即将结束的联盟主席，这将是老人最后一次以联盟主席的身份出席了。所以，台下好些人在老人登台一刻开始热烈鼓掌。

以下是致辞内容：

“尊敬的各位来宾：大家好！”

“欢迎来到我们四年一度的联盟盛会。我想问前来参会的人，你们中还有外星人吗？”

（现场一阵沉默，零星有些嬉笑声。）

“好吧！看起来，参加会议的外星人，只有我一个！（笑声一片）……地球对于我是一次孤独的存在。”

“我将马上卸任主席职务，似乎我应该总结一下四年来的工作，解释解释错误形成的理由，粉饰粉饰成绩的来之不易，间接赞誉成绩与我个人品格的亲密关系。但是，我不想这么干！这样多少有些为自己辩护的意思，为历史辩护不太明智！我把这个评价的权利留给你们和未来，而我自己关于过去的工作，什么也不想再说。”

“即使大部分人会干得比我糟，但一定会有人比我干得更好。虽然更好只是一个概率，再小的概率也是我们优化的空间。”

“我和你们一样相信，明天的太阳一定会照常升起！因为我们并不是伯特兰•罗素‘圣诞节火鸡’（一个关于归纳主义者火鸡的故事）。我们正时刻认真地看护着我们的太阳与地球，我们一直想在浩瀚的宇宙中寻找我们的同类，证明我们的蓝色地球并不孤独。”

“我们自认为，太阳系的人类并非一开始就完美，而我们有能力作出改变，能让守护这个星球的人活得更好。”

“目前，我们仍然是视野范围之内最繁荣的星球，我们对外星文明的探索，不是为了掠夺。地球文明得之不易，委以我们在探索中向地外生物的一棵小草表达善意和谦逊。这种善意正是我们地球得以继续发展的根源，即使我们知道地球的资源不够我们挥霍，也不应对外星资源心存觊觎。和地球的年龄相比，我们从来都不算真正拥有任何一个原子，我们的身体终将完全彻底地还给地球，就像我们从来都没有来过的样子。”

“我已经老了，恐怕等不及要向地球归还原子了，地球已经向我催了好几次了；

归还身体的全部，连同最后那一缕青烟。”

“倘若许多年后，你们当中的人有幸能见到外星人，请代我向他问好！用我家乡的语言——俄罗斯语。”

“感谢这几天收到的祝福，和大家共事是我的荣幸！”

“祝你们愉快！”

会场掌声雷动，人们纷纷起立，目送屠格涅夫联盟主席走下演讲台。

送走了前任主席，接下来由新任主席马拉多纳发表就任致辞。事实上，联盟新的主席已经在屠格涅夫卸任前就产生了，新一届联盟轮值主席是来自阿根廷的马拉多纳。遵照惯例，在就任致辞后，每个盟员国代表团可以递交一个提案。

新任的主席是个生面孔，谈吐老套圆滑，憋足幽默感尽可能地讨好会议的听众，与屠格涅夫实在相差太远。仁微青并不能在这些无趣的会议中专注起来，开始摆弄起手机来，他宁愿活在网络中。

会议接下来的整个一上午，议程就是各盟员国代表提案与提案讨论答疑。有关于新增联盟会员的提案，也有关于联盟经费缴纳比例分配的提案，还有关于各国之间的情报信息、设备资源共享的提案，甚至有关于尖端科学技术非军事化的提案……

总而言之，整个上午仁微青除了对联盟主席的致辞心怀敬意之外，其余的提案听得索然乏味。各国代表无非是尽量各自争取自己的利益。整体上，仁微青感觉屠格涅夫联盟主席的演讲，不过是在市侩小贩斤斤计较之前的祷告声，梵音过后尽是讨价还价。IEAA 组织本是个学术组织，学术组织权治化或许就是 IEAA 组织最致命的伤，每个代表团都在以全人类的名义争取自己的私人好处。

当天下午，会议开始以投票的方式表决各个代表团的提案。

我们不难想象，为了让自己的提案得以通过，有些盟员会私下达成相互支持的协议，这使大部分的提案表决前都与其他盟员有过利益交换。这使提案的合理性变得次要，而利益与成本成了通过与否的主要原因。

仁微青心中一阵厌恶，暗想：如果真有外星人，我们人类的命运竟然被这么一帮人捏在手里，结局相当可悲。

仁微青想起了那个神秘信封里的纸条，念念不忘那位约自己一起看星星的“姑娘”。

会议既然是无聊的，索性就从会场退出，来到了会议室外的走廊。此时，刚好是约定时间的下午三点一刻，会场外除了一些会务服务人员，没有其他人往来。

走廊的墙壁上挂着一幅以太阳为中心的星空图，一个老人正叉着腰抬头看着这幅图片，是的，没有一个天文工作者不熟悉这幅图片，其中，离太阳最近的恒星——半人马座 R 三星体也在其中。

仁微青心想：难道纸条上的所谓的看星星就是看这幅挂在墙上的星空图？除了

这幅图上有“半人马座”，这周围似乎也没有其他能与“半人马座”有半点关系的事物了。

“下午好！年轻人。”看图的老人低下头，从鼻子上向下拉开老花眼镜，目光越过眼镜架看见了仁微青这个年轻人。这个老人不是别人，正是刚刚从 IEAA 联盟主席退下来的前俄罗斯国家天文台台长屠格涅夫。

“啊……您……您好！下午好！主席先生！”仁微青站在这幅图的旁边，礼貌地用英语向老人问好。

老人问：“现在是 3 点 15 分，你是来赴约的人吗？”

“啊……3 点 15 分……半人马座……呃……是我！”

“那就确定了！”为了打消仁微青的疑虑，屠格涅夫补充说：“是我给你留的纸条，在你寄存的柜子里。”

仁微青掏出了那张纸条，递给了屠格涅夫。“我在寄存时发现的。”

仁微青四下环顾了一圈，除了老人，就剩门口的女服务员了。自己与老人并不相识，只是个巧合？

见鬼！没有姑娘？竟然是个老头！仁微青甚至期盼走廊上出现楚可可的身影，或者武茜也行啊……

或者武茜也行？想法也太奢侈了吧！那可是美女，很稀缺的好吗！仁微青表情有些复杂，内心更复杂。仁微青对约会看星星的妙龄少女的幻想，算是正式破灭了。被一张老脸撕了个稀碎。

看见仁微青脸上的表情古怪，老人忙解释说：“请原谅我的冒昧，我们以这样的方式认识，实在有些唐突。”

对方可是一位泰斗！仁微青哪敢怠慢，即使自己不求上进，但是，与大人物亲密接触，虚荣心还是得到极大的满足。

“不敢当，但是……”

“你是想问这是怎么回事？”

“是的，巧合？为什么是我？”

“我们之间有一种神秘的缘分，不过我暂时还很难对你解释清楚。”屠格涅夫解释说。

虽然，仁微青很想问清楚，为什么会给自己留下那封信，将自己约至此处？为什么那么笃定自己一定会来赴约？但是，他并没有一直纠结这个疑问，老人并不愿意说。

“呃……总之，认识您很高兴！请指教！”

“‘指教’是你们国家的常用敬语，我不敢当。你们年轻一代的人才可敬，我们一起向未来学习。不拘泥俗套！”

老人继续抬头看着墙上的图，饶有兴致地问道：“你觉得这颗离地球 4.2 光年的，也是离太阳系最近的三星体，会存在智慧生物吗？如果有的话，会比人类文明高级吗？”

仁微青也随着老人的目光抬头看向墙壁上的星空图，在这幅图的下方有一行字：“俄罗斯天文台，捐赠。”原来如此，这幅星空图是由俄罗斯天文台赠送给“天文馆”的，或许还是昨天才挂上去的呢。

这位思想深邃的老者，卸任的演讲词中自信而洒脱，言及生死而豁达，仁微青听下来内心里油然敬佩。老人总给人带来一种风度，超逸绝尘，不受世俗羁绊的印象。

于是，仁微青老实地回答了老人的问题：“不会！我认为不会存在生物！即使存在也不会比地球高级。”

“为什么这么认为，你能说说看吗？”老人饶有兴致地问。

“在仿真数学模型中，三星体并不适合缔结生命的环境。”

“嗯，这是个好的理由。”老人说。

“从逻辑上看，如果他们星球有高于我们的文明，那么我们能看见他们的时候，他们也能看见我们；我们现在有能力联系他们，他们当然也应该有能力联系我们。可是这些都没有发生。”

“这是个很有说服力的逻辑。”

“即使他们中有人反对主动对外联系，但总会有人干的，只不过是个或然率的问题，时间会让小概率事件必然地发生。”

“嗯……那么，你认为他们会有社会结构吗？他们的社会结构会做点什么呢？”

“但凡存在群体，必然产生社会群体；社会结构会兼容群体一致和个体多样性。而且，我并不觉得他们会和我们人类种群结构不一样；否则，我们的会议室里就应该是安静的，没有争吵。”

老人说：“看来我们神秘的缘分，做出了正确的选择。”

“啊……什么缘分？”仁微青一脸错愕：“什么选择？”

仁微青甚至有一种错觉，这次会面并非偶然，也并非随机。可是自己实在想不出有任何人际网，可以将自己编织到与著名的天文学家有关系。自己之所以能来，都已因为那封神秘的信，而今知道了，信是老人随机放到柜子里的。转了一个这么大的圈，如果自己被告诉说是神秘的缘分，打死也不愿意相信这种无厘头的缘。一个随机的事件而已，一点也不神秘。

自己有几斤几两，仁微青还是知道的。所以，即使有“天择”，任何好事都会忽略自己的存在。

仁微青对老人保持着礼貌和谦虚，他问道："您是说，一种神秘的缘分，是神秘的缘分约了我？"

老人笑了笑，却并不回答仁微青的问题。而接下来，屠格涅夫也并没有继续这个话题，转而说其他。

"看来你是因为讨厌里面的争吵跑出来的，是吗？"老人微微地笑了。

"不！不是！……好吧！我承认，我是讨厌那些虚伪的争论，但希望不会冒犯您！"仁微青开始想否认，总不能当面打脸；但随即还是选择了诚实。

生活告诉仁微青，诚实的代价很大，话一出口，仁微青又有些后悔，当着主席的面，对会议微词似乎不太恰当。刚才的话虽是无意识的，却没有掩饰对会议室内争论的鄙夷。打狗还要看主人，毕竟不应该当着主席的面说这些。

老人呵呵一笑，说："噢！你不必掩饰，我同样受够了这种争论！和你一样，我也是出来让耳朵休息的。"

老人表现得似乎与自己十分相熟，仁微青感觉到了对方展示出来的亲和力。只不过，这种亲密一点都不真实，对方是举世闻名的大人物，自己不过是名不见经传的小伙子。学术泰斗代表学术的权威，年轻人在权威面前总是存在一种天然的卑微感，仁微青也是。

经过刚才的不当言辞，仁微青不太敢主动说话，选择保持沉默。除非老人问。

老人倒是尽量显得很轻松，他希望这种轻松可以感染到对方。老人见仁微青不主动说话，于是问："你听说过《囚徒困境》吗？"

《囚徒困境》是讲两个共谋犯罪的人被关入监狱，不能互相沟通情况。如果两个人都不揭发对方，则由于证据不确定，每个人都坐牢一年；若一人揭发，另一人沉默，则揭发者因为立功可立即获释，沉默者因不合作入狱十年；若互相揭发，则因证据确实，二者都判刑八年。由于囚徒无法信任对方，因此倾向于互相揭发，而不是同守沉默。

仁微青自然熟悉这个故事，这不仅是一个富含哲学思想的故事，也是一个思想实验。

《囚徒困境》构建一个人类的博弈模型，两个被捕的囚徒之间的一种特殊博弈，说明为什么甚至在合作对双方都有利时，保持合作也是困难的。囚徒困境是博弈论的非零和博弈中具代表性的例子，反映个人最佳选择并非是团体最佳选择。

虽然困境本身只属模型性质，但现实中的资源竞争频繁出现类似情况。仁微青十分清楚这个故事的哲学含义。

于是回答道："是的，我听过这个故事。先生！"

老人说："知识并不是试图寻求理想与现实间的妥协，而是最高层次地辨识善恶，并提炼关于生活的智慧。"

仁微青用手指了指大会场的门，小心地问："您是说门里面的争吵吗？"

"是的，就是指里面的人，除了他们还有谁？"老人顺着仁微青手指的方向，也指了指那扇门，说："事情的发展总是会凸显其本质，不必急于爱、憎它，把它交给时间处置。直接改变它或许不是最好的办法，倒不如先观察事情发展的过程，思虑其规律。"

仁微青问："您是说，我们看到的只是表面，有些看起来不好的，却能达成最恰当的结果。"

老人仍旧不紧不慢，对仁微青微微地笑，说："这是普遍的因果律，事情发生的原因，不会像刚开始看起来那样。一些讨厌的事，一些锱铢必较的争吵，恰好可以实现一种平衡。"

"这些都是您意料之中的吗？"如果有人能控制争论的结果，仁微青认为太神奇了。

"不！没人能料到。"老人摇摇手，说："事情的发展除了意料之中，也会有意料之外。"

仁微青直言不讳地说："可是，这些会议中的决策，在各自利益的左右下，结果恐怕很难如意吧？"

老人拍拍仁微青的手臂，说："不指向欲求的事实毫无意义，不联系于目的之事实不会得到发展。"

仁微青恍然明白了：推动事情发展的是欲望，欲望也是规律的一部分；若没有欲望在其中，事情的本身就不会得到发展。

仁微青恍然大悟的表情，老人看在眼里。有一种默契的交流，不需要太多的语言，对于一个讲述者来说，听者的领悟力会让讲述者感觉到痛快。"你很聪明，年轻人！我们认识一下，屠格涅夫。"老人伸出了手。

"您的名字不用介绍！我知道您，主席先生！"仁微青赶忙伸出了手和老人握了上去。"仁微青。"

老人颇有深意地对仁微青说："这不是一次随意，这不是一种偶然，你一定要相信今天的见面，是一种刻意的安排。"

仁微青实在不能理解，一封类似漂流瓶的信，难道还能有一种果真存在的缘分。

在科学的层面理解概率并不难，但是要让自己建立缘分和必然之间的关系，实在还有心理障碍。

老人绝不会故作神秘，也绝不会老糊涂了，只是凭自己还暂时理解不了。仁微青隐约感到，有些自己不能理解的现象正在发生，这些现象被自己视而不见的原因，只是因为自己的不理解。这些事的理解方法，就掌握在老人的手里。

仁微青看得出来，老人并没有打算告诉自己什么。老人总是一副从容的样子，缓缓地说：“我有一个问题交给你，希望在下次见面的时候，你已经找到了答案。”

老人松开仁微青的手，从西装内口袋掏出一张小纸条，递给了仁微青。

仁微青接过纸条，问：“我现在可以打开看看吗？”

老人微笑着说：“一切由你自己决定，不过，还是建议你自己一个人的时候，独自打开看吧！”

仁微青觉得当面打开有些尴尬，于是忍住了好奇，把纸条放进了裤兜里。

“把你的名字写给我，好吗？”老人递给仁微青两张名片。

“当然！”仁微青把一张名片收进口袋，在另外一张名片上写上了自己的名字。

老人接过仁微青的名字：“很愉快的见面！”

“认识您，很高兴！”

“我也很高兴！我们还会再见面的。”

“谢谢您的指点，再见！”

老人向走廊的尽头走去，回头向站在《太阳邻近星空图》下的仁微青挥了挥手。

与老人分开后，仁微青打开了这个纸条，上面用英文写了一句话。

Is material，energ and information the equal resources?

翻译成华文就是：物质、能量、信息是对等的资源吗？

……

会议进行到了第二天，会务议程中显示：今天将讨论借助FAST天眼系统向太空发送联络外星人的信号的提案。各方代表可以充分地展开辩论，最后通过投票的方式决定提案是否生效。按照联盟一般的表决程序，为了保证被表决事项的公正合理性，投票必须有超过三分之二的支持者才能通过。

作为FAST系统的拥有者华国，具有一票否决的权利，毕竟是东西的主人。主人做主，无可厚非。不过与会者都知道华国的行事风格，轻易不会行使否决权。

支持发送联络外星人信息的代表，美国科学家杰夫•梅里尔首先发言：

“各盟员代表、主席先生：大家好！我很荣幸能经历这一激动时刻，我们的IEAA联盟将代表人类迎来一个新纪元，地球文明将开启对外星文明探索的始点。我们现在有能力通过FAST向宇宙深空发送联络外星人信号，这一信号将可以抵达银河系的边缘。IEAA联盟将就此事的开展方法广泛征集意见和建议，并拟建议于2018年择日实施宇宙广播。请各代表团就此事充分发表自己的观点，予以充分讨论。”

澳大利亚的代表弗雷问："我想请问华国代表，你们建造的'FAST'是个观测系统，简单说就是接收电磁波的射电望远镜，难道还可以用于发送电磁波信号吗？"

这个问题让现场出现稀稀拉拉的笑声，看来进入澳大利亚的科学代表团门槛很低。既然问题是提给华方代表的，看看华国代表怎么回答这种问题吧！

这时华方代表中一个人接过话筒，他准备回答这个问题；仁微青定睛一看，此人正是摆渡车上碰到的苏格教授。任何一个简单的问题，都可以被回答者升华至高深，虽然你明知道提问者并没有高深的考虑。苏教授并没有对弗雷•雷希尔报以讥讽，而是选择将问题略微地升华，并十分认真地回答，说："理论上可以实现，但我们还从未尝试过。我们愿意和已经掌握这项技术的国家合作，共同开展探索工作。不过，目前FAST的工作仍然是望远镜，建造FAST的初衷正如弗雷先生所说，它是个电磁波接收器。很坦诚地说，现在的天眼还不具备发射宇宙广播信息的条件。我们的系统刚刚调试好，还有许多的科研观测工作需要排队安排。个人估计，恐怕就目前条件而言，近期还没有能力安排这样的任务。"

德国科学家代表捷尔逊说："地球上的资源总体上是有限的，对整个地球的未来，人类的协作是有多么的重要；无须我的再次强调想必大家也都知道，国际之间的基础研究，合作从来都是亲密无间的。天眼是由华国建造的，可以为华国服务，但这不阻碍天眼也可以为世界服务。如果是有关发射装置的问题，为了整个人类的未来，可以由我们联盟成员共同承担，我们有能力征集到技术与资金，有能力在短期内组织并建设好发射站装置。我请在座各位表决同意该提案，尽快就建立发射站的组建细节开展接触。"

捷尔逊的意见获得了在场多数国家的支持，日本、德国、澳大利亚、意大利都纷纷表示赞同他的意见。

反对派代表英国詹姆斯博士说："我们人类不应该忘记澳大利亚土著、美洲印第安人历史中的遭遇，正如刚才捷尔逊博士说的：'地球上的资源总体上是有限的。'那么，我要说：'宇宙中的资源总体上也是有限的。'难道印第安人应该欢迎种族被屠杀的事情发生吗？当我们觊觎外星球资源的时候，地外理性生命何尝不是有一样的想法？我们难道愿意把地球的命运交给外星人对地球可能发生的怜悯吗？人类的出现在地球的整个生命中只算得上十分短暂的一个时期，我们难道没有耐性给整个人类再留点继续发展下去的机会？如果我们是因为某种幸运，巧妙地藏在宇宙当中才得以幸存至今，为什么我们要亲自毁了这种幸运。人类的命运不应该由我们在座的来决定，也不应该由我们这一代人来决定。"

詹姆斯博士神情激动，发自内心的真诚打动了许多在场的人们，这种忧虑感击中了人类长久以来的自负，在自大的人群唤醒了应该有的忧患意识。他的意见也得到了英国、加拿大、法国、俄罗斯等代表团的赞同。

此时，印度科学家艾瑞•辛格却说道："有一个很重要的现实问题需要解决，我们并不知道外星人所使用的交流方式，即使我们发送这个广播，我们又准备把什么内容发送出去呢？"

"到全世界去征集各种语言，到太空去发送声音广播。"

"难道，你还指望在太空遇到老乡？"

"可以发送各种生物的基因序列。"

"外星人复活这些生物，会把它们当新奇宠物饲养，包括人！"

"就发送音乐旋律，音乐不需要翻译。"

"你确定外星人一定用声音交流，一定有听觉吗？"

"发送摩尔斯密码吧，最简单可靠的信号。"

"那还不如发送一些图案……"

"最好的方式是发送太阳系的数学仿真模型，数学是最基本的语言。"

……

现场的代表们脑洞大开，像一群幼儿园的小孩子在做一道能获得糖果奖励的认知题。在浩瀚的宇宙中，地球渺小得微不足道。倘若真有地外高级文明的存在，在那些外星人眼里，我们就是幼儿园的小朋友。

华国代表团阳德伟发表意见说："聆听了各位代表的发言，我们看得出来，在座的各位对探索地外理性生命总体上并没有分歧，只是对主动联系地外理性生命存在不同的看法。很欣喜地看到盟员代表积极的合作意愿，我们华方也愿意和各盟员展开任何联络地外理性生命技术问题的探讨，我们对任何探讨都不设置前提。我们真诚希望各方保持合作的态度，共同储备实施向外太空发送地球对外的寻求和平相处的信息；但在此之前，应当更多地以收集、监听地外理性生命的技术手段研究工作为主。对外发布地球信息，我们认为时机并未成熟，并对这项工作的仓促实施保持谨慎的态度。鉴于此，天眼系统可以优先安排相关 IEAA 对外探测，但对实施对外发送信息的事宜保持在技术探索阶段。"

华国代表团的意见比较中立，既不反对，也不坚决地支持事情开展。得到了部分盟员的支持，也自然成为反对派极力争取的伙伴。随后，以美国科学家杰夫•梅里尔为首的主张派仍然不断地说服华国代表团采纳激进的方式；最终，均被华国代表团委婉地拒绝了。

在最后的会议结束之前，华国代表团表示，天眼系统将在观测外太空的领域与各方开展充分合作，发挥天眼的优势，并与各国研究机构共享来自太空的探测信息。这个结果并没有令对立意见的两方满意，也没有让双方完全失望，争论还将继续。

仁微青却暗自在心里寻思：莫不如果然如杜教授所料，事情有特殊的安排？

仁微青是个工作狂，他并不认为工作是为了养活自己，也并不认为工作很累。探索成人眼中的科技世界，和儿童探索一个玩具的兴趣本质上是一样的。每一个对科技有兴趣的科学工作者都知道，科技探索比儿童玩具有趣得多。在天眼地下200米的山洞中，工作人员似乎永远有干不完的工作，总是有人在黑板上涂写计算，或独自思考，或围着一张图争论，或对计算机仿真运算解读，或一群人在会议室宣讲……在世俗的眼里，他们是一群疯子，在成名之前也只能算疯子。

这里是科技探索者的天堂，容纳的都是高级玩家。有一个撒疯的地方，挺好。

在“地外理性生命探索”的工作室内，同样有大约20个人在忙碌着，杜氏惪的办公区域是一个20平方米的小隔间，隔间内有一张办公桌，办公桌前、后各有一把椅子，墙角还有一张行军床。杜氏惪坐在自己的办公桌前，仁微青隔着杜教授的办公桌，在桌子对立面站着；杜教授吩咐他坐下来，仁微青面对面地看向杜教授，表情凝重，似乎事情十分重要。

杜氏惪：“如果要对太空发送信息，你认为外星智慧最能读懂的是怎样的信息，我们以什么形式发送是最恰当的？”

“我不敢妄自揣度您的意思，而且，我相信老师您已经有了答案。”仁微青有些拘谨。

“可是我想听听你的意见，你大胆地讲。”

仁微青在IEAA会场的时候，当大家献计怎样发送外星人理解信息的时候，这个答案自己就有了。心中这个答案也只是一念，并未曾深思细虑，没有料到杜氏惪会这样问；答案就在嘴边，可是说出去却还是有所顾虑。这个答案可能和天体物理本身无关，而是和自己的兴趣“信息技术”之间有密切的关系。

仁微青总觉得FAST向太空发送信息和自己无关，并不想卷入其中。他不想直面这个突兀的话题，而是绕着说：“在进入到台里工作之前，其实我的个人兴趣是信息技术……”

“这些我知道，我们也在聊天中谈过。”杜教授打断仁微青的话说：“说说你的看法，从你喜欢的信息技术的专业角度。”

杜氏惪似乎想和仁微青单刀直入地谈核心问题，不想谈前期铺垫。

“脑电波！”仁微青不假思索地从嘴里突然蹦出三个字。

脑——电——波，三个字让两人之间出现了突然的沉默。仁微青并没有从杜教授的脸上看见任何期待中的表情变化，哪怕是惊讶、意外、失望、高兴、赞许或反对中的任何一种，而是出奇的平静，没有任何表情的平静，这种平静让仁微青觉得：似乎自己的答案已经在杜教授的意料之中。

一阵持续的沉默之后，杜氏惪教授对仁微青说："看来，你确实是最佳的人选。"

"什……什么……人选？"仁微青一头雾水。

"就是我前几天和你提到的重要任务。"

"这个任务现在可以说吗？"仁微青问。

"不可以，但是，你很快就会知道。"

杜氏惪心中有些矛盾，不愿意再将这个话题和仁微青当面谈下去。

7. 选　拔

人应该要尊重自己，并自恃能配得上高尚的东西！

——黑格尔

第二天。

仁微青刚到工作室就被杜氏惪教授叫进了办公室。一进到办公室他就发现昨天谈话时自己坐的那把椅子上坐着一个人，这个人有些眼熟，却一时想不起来。

来人见到他进来爽朗地哈哈一笑：“在摆渡车上，小伙子和我们两位大美女聊得很投机嘛！”仁微青顿时想了起来，他就是那个这次从帝都回来时，坐摆渡车上见到的那位和苏格教授打招呼的人。

“你们见过？这样最好。”杜氏惪指了指仁微青。

“可不，前几天一辆摆渡车来的。”

杜氏惪正忙着给客人倒茶，转头又对仁微青说：“微青啊，这是国内最有名的脑信息科学家——戴纵纬教授。”

仁微青连忙说：“戴老师好！”

杜氏惪接着介绍说：“戴教授是刚从‘太湖院’调过来的专家，支持我们脑科学专业交叉的工作。你要多多请教学习，配合他的研究工作。”

“向戴老师学习！”

戴纵纬教授爽朗地哈哈一笑，说：“请教谈不上，令徒的才智博学，我在车上已经有所领教了。”

仁微青耳根一红，想必自己在摆渡车上和武茜、楚可可的谈话，被整个车上的人都听到了，而自己却一路在卧虎藏龙的车上班门弄斧。仁微青又一想，一切都是为了讨好两位美女，老先生务必体量小可当时境况之权宜。

杜氏惪并未注意到仁微青表情的异样，接着说：“你被戴教授选中了参与一项体检，戴教授点名要你。这是任务，也是一个很好的机会。以后一段时间，你就跟着戴教授，好好把握这个机会！”

仁微青问：“只有我一个人？”

“不，是海选，包括你在内共有 60 人。”戴教授介绍说，却不忘揶揄仁微青，说：“楚可可也在，她也参加测试。”

楚可可！仁微青眼光一亮，立马想起那位戴棒球帽的长发美女来。两位老先生若知道这个小伙子脑子里净是些花花肠子，不知该作何感想。

戴纵纬又和杜氏悳寒暄了几句，就起身离开了。

待戴纵纬离开后，杜氏悳对仁微青又交代再三，仔细关照他不要问东问西，担心年轻人头一次接触秘密任务，不知深浅。

杜氏悳特意给仁微青放了两天假，要求他休息休息，为体检和测试做准备。

仁微青听说武茜和楚可可也在测试人员当中，眼前又浮现了那两副美丽的脸庞和玲珑的身姿，不禁浮想联翩。离开杜教授的办公室，从地下回到地面生活区，在食堂吃了点饭，就打算去宿舍休息。心里盘算，接下来的几天假该如何度过，自己没有女人缘，或者张硕会有些建议。

张硕是同一个宿舍的舍友，总是说仁微青脸皮太薄。张硕形容仁微青有三个反比关系：脑子与嘴巴逻辑能力呈反比；想法和胆子大小呈反比；情商和智商高低呈反比。张硕总是骂仁微青看不透假纯情，他说网红脸之皮下只有假体。像仁微青这般处男守着纯情，只能做情场的炮灰。

张硕总是强调男人要学会甜言蜜语，泡妞主要靠嘴，男人的真心走到女人的心里路途太遥远，途中太险恶，任何一个小误会就足以致死不渝真心。而靠嘴则不会，阿谀奉承反正不走心。仁微青听过几次张硕给女友的电话，耳朵倒是能受得了，胃不行。

张硕女友很多，换得也很勤快，以至于电话号码难以用名字来统计，而名字难以对应上记住的那张脸。但他永远不会把“玛丽莲”叫错成“小芳”，她们统一被张硕称为“亲爱的”。

直到几个月前，张硕在基地偶遇到武茜，张硕顿时失了分寸丢了魂。按照“片叶不沾身”的境界，老法师算是“阴沟里翻了船”。张硕终究是多情之人。

轻风撩波绝情水，细柳拨弦飞絮丝。

舍友张硕如痴如醉地迷恋武茜，让仁微青很不理解，张硕也算经历过各种身材，也经历过更狐媚的脸。可是武茜不仅只有这些，还有如男人般桀骜不驯的风尘味。这些真性情，竟然唤醒了张硕心中的渴慕。

不知通过什么渠道，竟然知道武茜的众多消息。今天为了偶遇武茜，特意中午在食堂磨蹭了半个多小时。按照惯例，他会祈祷上帝的保佑，保佑这次刻意安排的巧遇，看起来很偶然。

仁微青从杜教授办公室出来，回宿舍的开门声，让宿舍的张硕赶紧把电脑切换到游戏界面，手上的纸巾揉作一团扔进了垃圾篓。每次见到张硕，他都在电脑前，大多时候是在打游戏。仁微青一阵热情，张硕没头没脑地答着。仁微青突然意识到开锁的时候似乎听到了点什么，识趣地说："我要出去散个步，大约 20 分钟。"

这个假期，张硕并没有给仁微青有价值的建议。

仁微青索性就钻到了传感数据与数学模型的研究里，收获颇丰。

三天之后。体检在山洞的一个专门的隔离区间内进行，虽然在山洞工作了快 5 年，仁微青却从来没有进来过这里，也不知这个区域到底有多大。

这里到处都是白色的，确切地说是柔和的乳白色，有点灰度，并不是那种刺眼的纯白色。天花板、墙、地板和各种仪器都是一个颜色的，地板上布满了浅灰色的斑点，这样能让人区别脚下的地面和挡住去路的墙。

首先进入的是一个体检中心，体检中心是一个一个被墙或玻璃隔开的房间，房间排列在圆弧形的走廊两旁，而走廊就像是迷宫。这里连医护人员身上的衣服和鞋子都是一个颜色。只有仁微青被换上的衣服和鞋子是浅蓝色的。

在医护人员的带领下，仁微青走进了其中一个房间，这里他见到了另外的 59 个年轻人。这另外 59 位年纪大多都在三十岁左右，想必就是由各地选拔出来的年轻人，他们和自己一样都是受试人员。

30 个男的、30 个女的，果然，其中就有楚可可，楚可可也身着受试者服装，只靠脸部特征一时还不容易认出来。两人再次意外的见面都有些惊喜，礼貌地点头相视一笑，却并未说话。其余的人相互之间都是第一次见面，想必都是从全国各地抽调的年轻科技精英。这是个秘密任务，大家都知道秘密任务的严肃性；所以，本来就互相不识的大家并没有交互地问，也没有相互交流。

对于长期从事科技工作的他们而言，这种对身体的检查可以客观看待，不会感到紧张或焦虑。仁微青、楚可可二人感觉会更轻松一些，二位有个明显的主场优势，隔壁就是自己工作的地方，而这里也就是自己工作的隔壁。

接下来的几天，仁微青见识了自己对隔壁的无知。没有想到在这个地下 200 米的山洞里，几乎拥有世界全部的、最先进的医学诊疗测试设备。他们是怎么运进来的？又是什么时候运进来的？

体检中心似乎有很多个房间，60 个人竟然各自有独立的单间。仁微青被隔离到一个单独房间，房间内除了一些仪器和床，还有一个干净到不好意思使用的卫生间。

一会儿，进来一位穿白大褂、戴口罩的医生。医生告诉他，所有的体检措施都是无害的；接着又被告知测试的主体是大脑，为了保持大脑的受试条件，这段时间不能使用娱乐设施，包括手机及电子设备。

医生提醒，根据经验第一天最难熬，要有心理准备。

医生要求每个受试者按照医护人员的要求饮食起居，尽量让自己平静，放空自己的大脑，不要想容易让自己激动的事情。

医生还建议他可以想一些有关数学逻辑的事情，让大脑保持简单专注的活跃状态，顺便打发时间。

在医生离开后，医护人员进来给他的身体上安装了各种连接仪器的传感器，并再次提醒他最好不要连续地睡觉，保持正常的作息时间，找个最舒适的姿势。有任何需要按床头的呼唤铃，医护人员将随叫随到。

医护人员偶尔会派发过来一些胶囊给自己服用，其间也有抽血和各种简单而常规的检测。和医护人员简单交流得知，这些口服的胶囊有些是微型体检机器，有些则是药物。即使是药物，也并不是为了治疗，而是为了配合检测设备的检查。

由于无事可做，第一天显得格外的漫长，仁微青并没有使用呼唤铃，一次也没有用过。这几乎就是个监狱，唯一可以做的就是看着墙上的时钟慢慢地计量这一天的时间，时间在墙壁上钟的指针上爬行。一个上午，自己已经不知道有多少次抬头看墙上的钟了。

直到吃完医护人员配给的清淡的中午饭之后，仁微青干脆盘坐在床上，在脑子里开始思考平时自己最感兴趣的各种有趣的信息技术问题，想到屠格涅夫给自己的那张纸条。他想到了利用传感信息技术建立计算机仿真模型的信息反馈，从而构建各种人工智能在生活中的实际应用。因为自己的兴趣所致，这段时间仁微青很专注，很快就进入一种禅定的状态。

腿麻了就下床活动一下，想累了就躺下休息一会儿。

时间在这种状态下确实可以快速地消逝，就这样直到晚上。在晚餐后的 1 小时，大家被要求到健身房锻炼身体。健身房是三层阳台式结构，有各种健身设施，每个健身器材都被独立的玻璃隔断隔开，由一条走廊连通起来。这是 60 个人第二次聚到一起，仍然是相互的陌生与不交流。大家自由选择适合自己的器械锻炼，大家也故意避免相互交流，这是纪律。

45 分钟的健身锻炼之后，各自又回到自己的房间，仁微青回到房间后洗澡并换下了新送来摆放在床上的衣服，将换下的脏衣服放到了一个白色的塑料质地的篓子里，一会儿就被医护人员进来连同篓子收走了。

仁微青看看墙上的时间还早，就又盘坐在床上冥想自己的人工智能模型。直到晚上九点半，进来一男一女两个医护人员，与仁微青谈话，医护人员并不做记录，谈话的内容也没有主题，医护人员引导仁微青按照自己的兴趣聊。直到晚上十点，索性躺下睡觉。

一早起来洗漱完毕后，在医护人员的带领下仍旧来到了健身房，进行了 45 分钟的锻炼，之后回到房间重复昨天同样的节奏。由于昨天是上午进来的，所以没有早上这个环节。仁微青基本清楚了作息表，早晚2次锻炼，晚上有一次心理医生陪伴下的聊天。

仁微青向医护人员要了一些纸和铅笔，便于在冥想的过程中写写画画，而医护人员并不拒绝这种要求，很快就提供给了他。这里并不限制自己的行为，似乎连自己要求离开也不会拒绝，连那扇房门都是可以随便打开的。不过，对于人际关系十分简单的仁微青来说，并没有离开的欲望，他意识到这扇门也许就是测试内容之一。

在健身房里，仁微青细心地发现原来的60个人似乎少了一些。

到了第四天，在专门的医护人员引导下，大家轮流进行了各种各样的体检。仁微青像木偶一样跟随医护人员穿梭在各个房间，究竟多检测了什么、检测了多少项目，仁微青记不清，也懒得去留心记住。不过他发现，原来房门外这个圆弧形的走廊是一个圆环形走廊，一直走就能回到原来的位置。圆环形走廊里面还有一个小的圆环形走廊，而且这样内外两圈的走廊似乎还不止一层。他心中暗想：这里毕竟是地下的山洞，这样的布局很符合地下建筑的结构。

体检直到晚餐前才结束，仍然各自回到自己的房间，仍然是晚餐1小时后45分钟的健身房锻炼。不过，这次在健身房的人已经不足原来的一半。也许那些人已经被淘汰，也许已经被选拔上离开了。不过直觉告诉自己，他们被淘汰的可能性更大，否则，对剩下的人员测试还有什么意义。除非，每个人有各自的安排，毕竟没有人对自己说过测试的目的究竟是什么任务，也没有说要甄选出多少人。

仁微青并没有一定入选的好胜心，一切随缘。

接下来的几天，还是进行各种体检，穿梭于环形的走廊的各个房间之间。

从第七天开始，除了体检又增加了几项内容。仁微青在一个房间里接受了心理医生的谈话，并在另一个房间接受了一些问卷的调查，还进行了一些专业基础的考试。

两个星期过后，最后一次在健身房出现的选手竟然就剩下三男三女。这天晚上，体检中心通知测试已经有了结果，6位选手都是通过了体检测试的人。令仁微青惊喜的是，楚可可还在其中，顿时感到不那么寂寞。明天大家都将离开体检中心，等待接下来的进一步安排。

而其他的54位已经先后被淘汰，并已经先后离开。

次日一早，6位受试人员被引导到一个小会议室。这是一个很小的会议室，摆放了一张仅能容纳6个人的小桌子。小是因为地下的每一平方米都来之不易。

仁微青再一次见到了戴纵纬教授，以及站在他身旁的大美女武茜。看上去，他们已经站在会议室等候多时了。

所有进来的人，眼光几乎都被武茜吸引了过去。唯有仁微青没敢正眼看，只用余光瞟了一眼，武茜身材丰满而凹凸有致，五官轮廓清晰且玲珑精致。仁微青算是明白张硕为什么相思成疾了。

上次在摆渡车上，若不是俩人中间隔着楚可可，仁微青的小手恐怕就要被武茜给摸了，想想都脸红。像仁微青这样会脸红的小鲜肉，相较之下，只有被调戏的份。仁微青心里寻思：类似这种性格豪放又皮肉勾魂的尤物，恐怕只有张硕能降得住他。哪曾想张硕这位老法师第一次见到她就失了魂。

不过，工作中的武茜却一本正经，态度严肃端庄，没有丝毫的轻浮感。这和平时印象中的不一样。

楚可可也发现了武茜，两人相互对视了一眼，会心地一笑。楚可可看见武茜用眼光指了指仁微青，示意那个熟人，并露出一个坏笑的表情。楚可可的脸一红，心想，武茜只知其一，不知其二。自己与仁微青可不是初见这么简单。

教授示意 6 位胜出者分别在会议桌的两旁坐下，他和大家都算不陌生。

戴纵纬想让大家相互自我介绍一下，却不由自主地问了个不恰当的问题。

“大家先做个自我介绍，谁先来？”

戴教授把这个问题问出来之后，就发现这个不恰当的问题问得很蠢。不确定的陌生感，使没有人愿意在陌生人面前主动。他们之间大多数相互并不熟悉，所以，这个问题很蠢。

“可可，你先来。”问题蠢不可怕，弥补即可。科学人很坦荡。

因为可可老板苏格的关系，戴纵纬和楚可可算是旧相识，这种情景下，选择最熟悉的人下手，是正常逻辑。

“楚可可，来自菁华大学自控专业，传道师。”楚可可首先站起来说。

楚可可的自我介绍，根本是多此一举，张硕知道的比这详细得多。在仁微青这帮青年人圈子里，她早就是坊间广为流传的倩影芳名。

戴纵纬身旁的武茜，却注意到一个细节，楚可可在介绍自己的时候，眼光特意瞟了仁微青一眼，难道孤冷的鲜花遇到了暖春？回头再看仁微青，武茜甚至觉得，他虽然相貌平平，却十分的耐看，干净朴素且性格温雅，竟然有种说不出来的舒服感。不应该呀，他的这种长相，简直太平凡，几乎难以被记住。

仁微青在楚可可坐下的时候，目光偷偷地瞄向楚可可，恰好碰到楚可可瞄来的眼光。当两束眼光撞到了一起，瞬间躲了起来。反倒是仁微青脸红到了脖子根，心脏都要蹦出了嗓子眼来。仁微青总有一种错觉，楚可可的眼神并不陌生，像看一个熟人。

这一切都被武茜看在眼里，她确定仁微青就是她在摆渡车上碰到的那位，研究外星人的年轻人。

“殷思雪，来自共舟医院护理专业，护士。”

“孙梅，来自航天 2 院遥感与测控专业，硕士。”

“梅伊奋，大型船舶研究院机械专业，副科探员。”

“仁微青，国家天文台天体物理学专业，博士。”

“张冉沽，科学院声学研究所振动与传播专业，工程师。”

戴教授拍了拍手，把会议室内的注意力收集到自己脸上，说：“好，那么大家算是相互认识了。我旁边这位是武茜，菁华大学生物脑神经博士，在本次项目中，她担任我的助手。”

戴纵纬把目光转向武茜。武茜浅浅地鞠了一躬，十分优雅。

“大家好！我是武茜。”

“相信我和在座的各位都不是第一次见面了。我是戴纵纬，人脑信息科学专业，本次测试负责人。”

6 位测试通过的人员，都是戴纵纬亲自从全国各地选拔出来的，与在座的都已经认识。十分之一的通过率，选拔必定是很严格的。优胜者并不知道自己如何胜出，只有戴纵纬等人知道。这是一次关于体格与大脑活动控制的综合测试。

武茜似乎对楚可可的通过测试没有感到意外，这颗大脑她很熟悉。武茜注意到仁微青，有些意外，不由得格外关注。楚可可、武茜、仁微青三人都有一种巧遇熟人的意外。

“再次恭喜各位！”

会议室响起了掌声。其实掌声并没有什么用，但是可以营造气氛。气氛，又称为气场，气场产生压力、信任、依赖等心理行为。所以，在必要的时候发动大家鼓个掌，很必要。

“60 位测试者均签订保密承诺书，并宣誓一生对这两周以来的整个事件保守秘密。这份承诺书你们也签订过。”戴教授缓了缓，接着说：“上阶段甄选测试，阶段性完成。测试工作并没有结束，在启动下阶段任务之前，重申各位的保密义务。”

武茜给每个人面前发了一叠纸，关于保密的承诺书。待各自签字按手印之后，又再次收集起来，装到一个文件盒中。

戴教授继续说：“我们的任务并没有完成，或者说真正的任务才刚刚开始。接下来的测试，是任务的一部分。也就是说，还有最难的一个测试在等待各位。这最后一项测试，有点难度，可能会造成一定伤害，希望大家有心理准备。”

“什么？伤害！”

“呃，只是可能。”

“可不可以现在退出。”

“请听我说完……这个……因此，是否继续参加最后这项测试，由在座的各位自我选择。”

“戴老师，您给介绍一下吧，我们也好做选择啊！”

“好！我知道大家有许多问题，只要不涉密，我愿意详细作答！”

说罢，戴教授静静地等待大家的提问。一开始大家你看我，我看你，没人愿意开腔。大家相互陌生，没人好意思出风头。仁微青也没好意思，疑问太多了，不知从何问起。

就这么尴尬了好一会儿，戴教授打破僵局，点名把这个开头的任务交给了仁微青，他说：“仁微青，你起个头，先来！”

仁微青不客气，想了想，问了一个大家都关心的问题：“您说的‘一定的伤害’，具体是会有什么样的伤害？”

戴纵纬犹豫了一下，脸一红，说：“这个……啊！这个……暂时还不能说，除非选择参加的人，才可以知道具体细节。”

仁微青才刚一提问，就涉密了。戴纵纬一脸抱歉。干脆说：“不过，作为补偿，我简单透露一点参与的好处。参加最后一项测试者，每人将获得500万元的补偿。”

“哗……”现场不少人不自主地发出了惊呼。

500万元对于普通人来说可算是巨款，一辈子也未必可以挣得到。就这么一个测试，就能得到这笔钱？

性格张扬的孙梅，毫不客气地质疑：“我相信，没有免费的午餐，获得的报酬越多，说明付出的代价也越大吧！”

戴纵纬不好反驳这个逻辑，严格来说，这么想也没错。但作为主持人员甄选工作的人，看问题更全面。

“呃……我不能直接回答这个问题，但是，我倒是希望大家不是为了钱而参与。可以为了国家，也可以为了科技进步，或者也可以为了理想。”

孙梅看样子平时就不是省油的灯，处事比较强势。

“如果选择退出，是不是就可以离开？”

“当然！完全自愿！如果要求主动退出，现在就可以离开。”

强势的孙梅终于还是犹豫了，正如她的逻辑，越冷漠的交易，反而可能越有价值。犹豫一阵之后，她说：“我需要一点时间，慎重地考虑一下。”

“当然，毕竟事关重大。”

戴教授内心波澜，表情却十分坦然。

楚可可大胆地问：“戴老师，对我来说，测试的危险性可能只是一方面，我们是不是因为未来的保密措施，被限制对外接触的自由，比如，我和家人、朋友之间的联系。”

戴教授笑了，这是看了《潜伏》的结果啊！

“我想，你大概影视剧看多了，娱乐节目你竟然信了！我们虽然有保密措施，但你们是我们的同志，并不是我们的敌人。你不能自己对自己没有信心吧？”

楚可可仍旧心怀顾虑。

“我们还可以像正常人一样生活，比如，电话随便打，电话不会被监听？”

戴教授不直接回答，反问道：“你确定你以前的电话不被监听吗？你觉得如果你被监听，对方会先告知你后，才开始监听你吗？要被监听先要让自己变得很重要嘛！监听成本也很高。”

“啊？真的吗？”

楚可可的问题显得十分可爱，戴教授虽然没有直接回答这个问题，但实际上意思很清楚。监听根本就不是技术问题，从国家利益出发也不存在法律问题，只存在你的电话值不值得监听罢了。

楚可可小嘴一撇，嘟囔着自言自语：“那就是明摆着会监听嘛！”

武茜看到闺蜜的窘态，工作场所也不能直接帮衬，用食指竖在嘴唇上，做了个“嘘”声，示意她噤声。

戴教授想想也理解，毕竟这些人都是体制外的人，并不了解纪律。于是严肃地说：“大家可以正常地生活、正常地社交，但有纪律，不能提及这里发生的任何事情。”

楚可可是不说了，可坐在楚可可旁边的殷思雪，忍不住问：“戴老师，那么……最坏的情况是怎样的伤害？”这位体型娇小的女生显得有些紧张不安。

“因人而异，不过各位是从测试中选拔出来的，在测试中的承受能力比普通人要强很多，受到伤害的概率很小，即使受到伤害，被伤害的程度也会小很多。但万事没有绝对，最坏的情况是脑神经损伤，比如，部分失忆、头痛、失眠或精神失常等。脑神经在成年后就不可再生，因此这种伤害可能会是永久性的。”

戴教授知道，不透露点干货，他们是不会罢休的。

毕竟事关自己最重要的器官——大脑，会议室陷入了一阵沉默。

戴纵纬认为有必要说清楚，将这最后一项测试可能发生的最坏情况予以说明，可能受损的毕竟是大脑，而不能用强制性的方式推进后续的进程。

“我退出！”

孙梅打破了沉默，女人觉得惜命是人之常情，并不可耻。孙梅相信自己的判断，能付出500万元价格的测试，一定会让自己付出相应的代价；这个数目或许能打动其他人，而自己似乎并不能被这区区500万元打动。

戴教授应了声：“好！其他人呢？”

戴纵纬教授招手示意玻璃门外的两位医护人员进来，在耳边悄悄耳语了几句之后，孙梅随即被引导离开了会议室。

戴纵纬表面的平静并不能掩饰内心的波澜壮阔，万一这几个年轻人全部选择退出，这大半年的忙活算是白费了。一旦这样，这个项目算是回到了原点。他独自在心里盘算，脸上不露声色。

戴纵纬只是个科研工作者，并没有什么权治才能，也不会要什么手腕。也或者在戴纵纬的心里，觉得欺骗和手腕是自己不屑使用的，至少不能玷污探索自然的纯粹。

这似乎是一个很难的决定，现场剩下的5位测试者还是没有人主动愿意参加，各自陷入自己的考虑中。

乘大家都沉默犹豫的期间，戴纵纬补充说：“我也是一个科技工作者，置身本次项目其中，我知道大家的担心和忧虑，我或许无法判断未来的情况，但从我从事的脑科学专业角度讲，情况并没有各位担心的那么严重。况且，我们会用掌握的技术，为大家的健康保驾护航。”

戴纵纬将目光看向楚可可，他希望她可以起个带头作用。因为武茜的关系，楚可可和戴纵纬教授十分熟悉了，何况戴教授曾经于自己有救命之恩。楚可可把眼睛看向武茜，武茜用眼神给了一个肯定。武茜不至于把自己推入火坑里吧，楚可可单纯地想。

“我选择自愿加入！”楚可可稍犹豫之后，首先举起了手。

仁微青在参加这个测试之前，是有心理准备的。却不曾想在勇气面前，男人还不如面前这位娇滴滴的女人，他不想落个下风，几乎没有犹豫地举手。

“我也加入！”

仁微青举手说完之后，不由得在内心一阵胡思乱想：如果加入之后，岂不是要和楚可可、武茜朝夕相处，说不定还可以一亲芳泽呢！不过，“屌丝”始终是“屌丝”，内心活动永远比实际行动要丰富得多。仁微青是“屌丝”中的精品，内心活动中的巨人，实际行动中的矮子。

正在犹豫的殷思雪，此时却又补充了一个问题，她问道：“我想问一下，500万元什么时候给？是最后一项测试开始之前还是之后？”

戴纵纬确定地回答说：“之前给，具体时间我还不了解，但一定是之前给。”

“那么，我选择加入！”殷思雪眼神坚定地举起手，她语气的勇敢和娇小的身体形成鲜明的对比。

“我选择自愿加入！”一直不太说话的梅伊奋也举起了手。

剩下的5位，已经有4位愿意参加了，戴纵纬悬着的心总算是放下来了。

最后，剩下唯一没有表态的张冉沽，能看出来，他犹豫了很长一段时间，在大家安静地等待了将近 1 分钟之后，他红着脸鼓足勇气说："我加入！"

5 位！戴纵纬内心一阵欢呼！

关注总是给第一名准备的，即使有剩余的关注，也不会留给最后一名。在座的注意力并没有剩余，以至于张冉沽的勇气并没有得到注意。此时，张冉沽的内心比表情丰富，他内心极度地挣扎。不过除了他自己，无人关心他内心的故事。历史从来没少埋没人们精心准备辩解的因果证词，哪怕是冤枉，也不差他一个。

加入之后的张冉沽，竟然不太高兴，丧气地垂下了椅子扶手上的双臂，尽可能地低下头，尽可能地躲开所有的眼光。可是，他却没想到，最终命运还是选择了他。没有人关注他选择加入的理由。

张冉沽本来有一家公司，成立于 2006 年，在经营的前几年，业务发展势头良好。但是，随即因为经济大环境恶化，导致回款很困难，于是张冉沽决定让公司的业务转型，并寻求产业投资人。但是，产业投资人并没有给公司带来帮助，反而成为发展的负担，比如解决现金流的银行贷款等需要股东会决定的事情，基本都办不成。

一个研发型的公司，在产能过剩的时代，没有强大的销售队伍，团队是不完整的。张冉沽带领公司在瘸腿的情况下艰难前行，而资本方却只有短视的利益心机。张冉沽也考虑过放弃，从头再来或许更好，但是他过不了自己的道德底线这个关，而这一点恰好被资本方利用。恶知道善的良，这正是恶要利用的。

守道德的对抗守法律的，没有胜算。

张冉沽算是明白了，所谓商业经验，不过是一些探索道德底线的方法。为了还清债务，为了这 500 万元，张冉沽选择了加入，选择了偿还道德债务，也选择了逃避。

虽然中途有孙梅的退出，让这个项目出现了不确定性的一幕，但最终的这个结果，还是让戴纵纬教授觉得满意。一共有三男两女共 5 人，自愿加入最后的测试。

"哈哈！"戴纵纬脸上的表情轻松了很多，习惯性地打了个哈哈，爽朗又回到了他身上。"呃……脑科学是我的专业，从专业角度来讲，情况并不那么严重。大家也不必紧张。况且，有我们整个团队为大家保驾护航，一定确保各位的人身安全。"

戴纵纬的安慰显然很有用，当大家没有人可以信任的时候，有任何愿意担当的人出现，都会被授以信任。

戴纵纬站起身来，对大家说："好了，大家请随我来，我给大家引见项目的负责人。"说罢，起身推门而出。

大家起身，跟着戴纵纬鱼贯而出，来到另外一个大办公室，办公室空无一人。戴纵纬让各位稍候，即离开了。

趁着这番工夫，武茜终于和楚可可搭上了话。

“野丫头，你怎么在这？”野丫头是对武茜的称呼。

“我还想问你呢！你怎么在这？”武茜反问。

“我哪知道啊，到现在还稀里糊涂……”

“我只知道有任务，不让问，问了也不说……呃，那小子也在。”武茜贼贼地捅了捅楚可可的胳膊，用目光指了指仁微青。

“其实，那小子越看越顺眼。”

“你又发春了吧！想换换口味？”在闺蜜面前，楚可可口无遮拦。

……

大约过了 2 分钟，当戴纵纬再次推门进来，和他一起进来的是一位皮肤黝黑、眼神坚定的军官，看起来很是精明干练。

“嗬！星将……他不就是……”梅伊奋小声惊呼了出来，他从来人的肩章上看出他是星将的军衔。

“星将？很大吗？”

“对于军人来说，算很大！嗯……像这么年轻的星将，应该绝无仅有！”

“来头不小啊！”

“……”

没想到项目的负责人是这么一位军官，大家都有些差异。相互窃窃私语起来。莫非，这竟是一个军方的项目。仁微青联想到前一段时间的经历，基本能猜出个七七八八来。

不过，仁微青想不明白一件事，这位年纪与自己相仿的军官究竟什么来头？竟然是星将军衔！背景、学识、资历、手腕一个都不能少！否则，又如何驾驭这种项目？探索并接触外星人，恐怕不只是背景和权治手腕可以实现的。

对于这个星将，如若当真能接触外星文明，得到的又怎么会只有科技？

这几年军队究竟经历了什么？竟有这等人才？

让仁微青没有料到的是，此人确实是大有来历。眼前这位年轻军官，将在他的一生中扮演十分重要的角色。

8. 小李将官

金子买不到智慧，没有智慧就更难获得金子。

公元 2099 年，医疗技术将正常寿命延长至 150 岁，病死不是一件容易的事；这是在 2018 年的整整 80 年之后。

这一年，如果李厘米愿意的话，他可以继续活下去。换个说法，如果他自己不拒绝活着的话，他就会继续活下去。死，对于一位 115 岁的老人来说，是一种权利，需要争取才能得到的权利。这一天，他终于争取到了这个权利。死，是所有痛苦的解脱；死，是万物运转的过程；死，是由一个绝望化为一个希望的开始。

在 2099 年，信息网络很强大，智慧技术很发达，信息产品像日用品一样被信息工厂生产出来。洗洁用品清洗人的皮肤与毛发，信息用品清洗人的大脑与思想。人性趋同，共性滋长，拥有个性不再是一件容易的事。

这一年，武器不再被人类用来对付人类，因为人的本质只是信息。既然是信息犯了错误，就应该解决信息的问题，用信息的办法解决信息的问题。

在 2099 年，人成为机器的一部分，很难区分机器和人。

在李厘米的最后这段时间里，他的记忆力远不如年轻人，好多的事情都已经记不起来。如果这算是惩罚，这是自己应该接受的。为当年的错误接受的惩罚！

当年，因为好奇打开了“潘多拉魔盒”。这怨不得别人，好奇是自己的，也是人类的。好奇是人类的天性。人类就该遭此一劫。

如果再回到 2018 年，或许，他愿意做另外一种选择，人类就应该充满个性，未来就应该有无限可能。让另外一种可能出现，或许不会走到今天这一步，人类一直渴望得到的发展，竟然与自己的价值观格格不入。

预知了未来，未来就不再有其他可能。让更多人趋同于一个目标，必然构建共性体系，就不可能容忍多样的个性。人的大脑在信息网之中，越来越像机器，像机器一样被安装共性信息；而机器在与环境的适应中，越来越像人一样学习，具有被环境雕琢出来机器的智慧个性。

人类精神的荒芜，因为个性的丧失！……

2018年，自己还是一位军人，炙手可热的权治新秀。有背景、有资历、有才能……有理想中的权治新星该有的一切。

因此，李厘米是家族的利益代表，权治利益集团的最优秀代表，国际财团利益的代表。几乎完美的简历，让三十出头的他要风得风、要雨得雨，风光无限！

没有一个国家的经济可以与世界隔离，那么，财团也不会是局限于国内的，财团没有国籍，并不会像想象中的货币那样只在发行区域内活动。财团眼里的钱和百姓眼里的不一样，财团要实现持续的利益和更大的利益，这种利益不是生活消费。要做到利益的持续、更大，必须和权力捆绑在一起。

除了枪杆子可以搞到权治利益，钱也可以，通过更高级、更巧妙的办法。关于钱的用途，但凡聪明人能够想到的一种好处，财团正在做。

2019年，李厘米受命接手“太空之问”项目。

那时候的自己，年轻气盛，意气风发，感觉世界就是为自己准备的舞台，期待自己去表演。当时已经是星将身份的李厘米，在“太空之问”重任出现之时，很显眼地被推选了出来。

浑身流淌着权治血液的李厘米，刚好想利用这样的机会广泛结交奇人异士，培养自己的羽翼死忠，积累人脉的同时积累履历资本。“太空之问”但凡有任何动静，必将影响全人类，负责此重任者，必为国运之担当。

谁曾想，科技能改变人生观；谁曾想，这个任务竟然是个潘多拉魔盒！

李厘米亲自打开了潘多拉魔盒。这么多年的后悔根本就于事无补，好友仁微青甚至为此付出了生命。都是好奇心惹的祸，都是欲望造的孽，都是因为年轻啊……

当李厘米还是一位少年，摆在眼前的大好的前程，家族内外都充满了竞争。若要继承一份家业，或者要继承大统。身边的人一定会为他有所准备，其中最重要的准备，就是和他一样的一群少年人。

并非少年所结识的所有人，都将成为自己的帮手，但总有一些人会是。找到有用的人，才会有人可用。

张冉沽是“思维志愿者”之一，后来就成为了李厘米在商业中围猎的最好帮手。

2030年，年过半百的张冉沽终于成就了自己的商业帝国，他拥有了全世界最大的制造工厂，这些工厂来自一个提示：“资源利用效率最大化！”

张冉沽发现，在能源工业革命的时代，发达的城市都建立在交通发达的沿海、沿江城市，但凡是交通咽喉，必然会带来经济的繁荣。这很显然，一方面交通是最重要的因素，另一方面制造业工厂离不开陆地，陆地上有原料、工人和能源。

当工厂里的机器完全可以取代人的时候，当能源不再局限于陆地的时候，那么制造业工厂也就不再依赖陆地了。在海面上移动的“港口”，一定是交通最发达的港口。这些移动的“港口”就是这些制造业最好的家。

这些移动的港口就是由许多像船一样的模块拼接而成的，在海面上按照计划和设计路径游走和飘荡。这些船的轨迹和未来的移动方向，都是通过周密的合理的设计，不仅能够节约货物的在途时间，也能够节约资源。全自动能源工业制造工厂，以最优的能源关系智能地匹配运行。

不一定只是船开向港口，也可能港口正在向船靠近；不一定要绕道才能先后抵达两个不同的港口，也可能港口移动会让路线变得更快捷。在这种移动港口达到了合理的数量后，时间、能源的利用效率就会更高。

制造业的全自动化，工厂不再需要人，也就不需要生活社区，也就不需要烦琐的劳务关系，甚至不需要氧气、食物和水。在海洋上，工厂规模几乎可无限扩大，在全自动化的过程中，导致陆地上的制造业产能过剩，于是成本和效率成为同业竞争的优势。陆地上跑的汽车，不再由陆地生产。

制造业虽然不再是GDP的最重要组成部分，但制造业永远是基于利益构建的经济根本。张冉沽依靠移动港口的时间、成本优势，获得了制造业的霸主地位。

张冉沽的随身的通信终端上，随时可以看到一张海图，许多的港口正在按照规划移动。

除了这些海上工厂，张冉沽的工业帝国还涉及另外一项事业——数矿平台。

自从信息被意识到是一种资源，一切质能世界的存在都会产生状态信息，获取这些信息的手段各式各样。长期以来，这些获取信息的手段和信息的开发利用的过程处于无序状态。很显然，这种获取信息和利用信息的手段非常原始，并没有得到合理的规划、流通和精细的利用。

在公元2010年之前，出现了一种“区块链”的东西。简单地说，“区块链”是分布式的数据存储、传输、共识、加密机制，利用计算机技术、数据传输技术进行的一种数据存在模式。在这个数据资源化处于蒙昧的时代，“比特币”被当作一种商品，遭到热炒。“比特币”本质上不是货币，只不过是一种链式数据结构，以密码形式出现的分布式账本，目的是保证这些数据不可篡改或伪造。

没有内容的账本毫无用处；同样，没有内容的“区块链”毫无价值。

就如同修一条高速公路，却没有车来使用一样。这个比喻并不恰当，“区块链”没有高速公路那么值钱。但是借用公路作比喻，是为了说明一个观点，高速公路并不是交通运输行为产生价值的本身，借以说明“区块链”不是“内容”产生价值的本身。况且，分布式数据存在机制又岂止是区区“比特币”可以代表的，未来基于一种实际的需要不断被打磨出来的事物，一定会更好。

我们大部分的公路是免费的，即使现在不免费，将来也会趋向于向免费的方向发展。原因很简单，这种基础公共资源的免费会促进与之相关的其他经济发展，而其他发展带来的效益要大得多。那么，分布式数据存在机制应当是免费的，有需要的话，可以研发出很多种来。两条平行的高速公路，人们一定会选择那条不收费的走。

什么是“区块链”的内容呢？这个内容就是数据。

张冉沽的“数矿平台”是一个资源协调平台，“区块链”只是其中的一个很小的部分。数据信息作为一种资源可以进行交易，这些数据的交易和铁矿石交易并没有什么区别。

在 2010 年以前，人们能理解铁矿石可以炼制出钢铁；但是，数据又能“炼制”出什么呢？人们能想到的传感信息第一用途，仍旧还是“报警”，无法让传感和资源利用效率之间建立联系。

人们并没有被这个问题困扰太久。很快，通过传感技术的发展，人们发现那些来自交通系统的状态信息，这些状态信息经过规划和利用之后，能够极大地提高交通资源的利用效率，使交通系统效率提高了很多倍。这些被提高的效率包括：更安全、更快捷、更方便、道路资源容量更大……而实现这个结果所依赖的资源就是实时传感数据信息。

“数矿平台”是一个数据被资源化整理的平台，数据资源在这个平台之上，以生态链的方式存在，这种被资源化的数据得到合理的规划、流通和精细的利用。

……

在这个工业帝国，张冉沽有一个重要的合作伙伴，就是李厘米。严格来说，李厘米是后台老板，是这些产业真正的主人。张冉沽只是经营的执行人，而李厘米家族才是这个工业帝国的主要所有者，这些并不为外人所知。通过眼花缭乱的间接持股的方式。

李厘米犹记得第一次见到这些“思维志愿者”是在一个会议室。这些要从那个产生“思维志愿者”的会议室说起。

……

那是 2019 年……

在“天眼”的地下 200 米深的地洞之中，有一处秘密的基地，基地之中有一处用于军事研究的区域。

一位年轻的军官推门走进一个会议室，这位星将军衔军官正是李厘米。会议室之内坐着 5 位刚从海选中胜出的年轻人，为“太空之问”项目甄选出来的关键人员。

李厘米刚进门，就被梅伊奋认了出来。这位在境外媒体频频出现的权治新秀，竟然就在眼前，引起某些人一阵好奇。有人想要巴结，有人却极尽鄙夷，这样的纨绔子弟，多半靠的老爹吹出来的本事。

这种眼神，李厘米早已习惯了，像他这样的出身，自己再有本事，也会被怀疑是老爹的关系。他并不在意，向在座的 5 位新人打了个招呼，然后作自我介绍。

“我是李厘米，担任项目的负责人，本次项目命名为‘太空之问’，意为与地外理性生命建立联系。”他的话很简练，就和他的行事风格一样。不过李厘米简短的开场白，并没有获得掌声。除了梅伊奋之外，他一个人鼓了一下掌，却又发现只有自己一个人在鼓掌，只好尴尬地停止。

李厘米倒是十分的淡定，毕竟见过各式的场面，他继续说：“首先，我代表项目筹备组正式欢迎 5 位加入。并在此宣布，项目从今天开始，正式启动！”

此处应该有掌声，这符合常理。而掌声也确实响起，只是有些稀稀拉拉。大家毕竟不是来砸场子的。

待掌声稍息，李厘米继续说道：“在此，我正式任命 5 位为‘思维志愿者’。”

“什么是‘思维志愿者’？”

“‘思维志愿者’身份类似登月计划中的宇航员。担任我们‘太空之问’项目的脑信息供源任务。从今天开始，5 位的身份将是这个项目的核心成员之一。”

仁微青将之前的碎片消息拼接起来，零零碎碎地了解了个大概。所谓“太空之问”项目，就是杜氏惪在办公室聊到的军方行动。也就是要借助 FAST 系统向外太空发送信息，主动联系外星人的行动。在前几天的 IEAA 会议上，各国代表吵得不可开交，也正是主动向太空发送信息的事。

至此，真相的大概已然浮出了水面。FAST 系统建设者不愿意与鸡肚肠宵小之辈合作，那是一群一心只想占便宜的合作者。军方要秘密地自己干！行动从决定到启动，时间竟然这么短！在大部分人还没有回过神来时，项目就已经启动了。这很像是军方的行动风格，雷厉风行的风格。

令仁微青没有想到的是，自己有一天会和军人有关，一个秘密的军事行动，自己竟然参与了其中！似乎这个“思维志愿者”还是一个很重要的职务！

既然是军方的项目，就一定有重要的军事目的，这个目的并不难猜。

没有其他可能，只有军事目的！

地球人的娱乐节目并不能娱乐外星人，外星人在伦理玩笑中找不到笑点。所以，科学家并不打算与外星人聊闲篇，科学家希望得到地外高智理性生命的技术，帮助我方提高科技水平，这当然包括了军事科技。

直到此刻，仁微青恍然大悟。心中才算真正明白了其中的利益因果。

李厘米并没有觉察到仁微青的恍然大悟，接着说：“‘太空之问’项目是由军方负责的保密项目，将严格按照《军事保密条例》开展工作。希望各位严格遵守！……”

……

“……项目开展的目的是寻找并接触地外理性生物，以军事优先为原则，帮助我们发展未来科学技术。当然，我们并不是作战部队，不会实行军事化管理，而是实用主义至上。幸运的话，5 位中的某人将是最早与地外理性生命取得联系的人。”

虽然李厘米的话极尽简洁，但是启动一个项目，又岂是三言两语能够尽述的。接下来的发言，仁微青根本没有心思听，一向不喜欢开会的他开始昏昏欲睡。仁微青有些佩服那些认真开会的人，也不知是用一种怎样的方法，建立自己与枯燥会议之间的兴趣，在这个方面仁微青从来都勉强不来。

“……好了，以后大家是同事，现在我接受大家的提问，尽量解答。”

李厘米讲完了，其实并没有花太多的时间，但足够给仁微青催眠。对于会场上仁微青昏睡眼神与强睁开眼睑的表情，李厘米看在眼里，心中不禁莞尔。

“有工资吗？”殷思雪冷不丁地问了一句。

众人一听，乐了！暗想，这姑娘看来得多么的贪财，已经到手 500 万元，还惦记着工资钱。

殷思雪的问题有些直白，却也是大家关心的。

李厘米忍不住也笑了，说：“呵呵……当然！当然有工资！反正你们‘思维志愿者’的工资比我的高。综合到手的工资，大约每个月 40 余万元。”

“嚯！”众人都为这个高昂的薪水惊得吸了一口气。

楚可可打趣说：“看来我要当富婆了！不过，我们的待遇应该不只是工资吧？”

李厘米十分肯定地说：“当然，吃、穿、住、行、老、病、死所有的费用都是由国家负责，一切终生免费。”

楚可可疑惑道：“即使我们没有通过最终的测试？这些待遇也一直不改变吗？”

李厘米仍旧十分肯定地说：“不会改变，你们始终是‘思维志愿者’，始终是我们探索太空项目的预备队，会一直为脑信息供源任务工作。”

似乎性格有些内向的梅伊奋，此刻却提了一个问题：“我们 5 位同时去完成这个任务吗？”

“不！也许一位，也许两位，5 位之间还有一项测试。具体的任务和方式方法，戴教授会详细介绍，恕我并不专业。”

“通过测试的人，会怎样？”

“以 5 位的表现，大概率都可以通过测试，各位的目标不是通过测试，而是选出担任角色最佳的人选。我们的特别任务将交给最能胜任工作的人，整个项目的进度与最胜任工作的人的表现紧密相关，而他将成为‘贡献者’，身系着人类未来的命运。”

“是不是待遇也会不一样？”看来梅伊奋的好胜之心不小。

李厘米倒还没有想过这些细则，“贡献者”的身份已经超出了他的职权范围，那显然已经是一个国家层面的重要人物。他思量了几秒钟，说：“国运担当，显然应该享受十分特别的待遇，但为了国家利益，个人待遇应当在其次。”

如果梅伊奋细心，也许会发现李厘米眼神中的不悦。但梅伊奋并未发现李厘米的不悦，梅伊奋沉浸在“贡献者”的幻想当中。李厘米却在心中鄙夷：民族和人类的共同福祉，毕竟不是生意。即使是目前的待遇，已足够各位生活无虞，国家没有亏待你！

梅伊奋是一个有欲望的人，欲望是无止境的，现状在任何时候都满足不了他。他本以为“思维志愿者”已经不错了，航天员的待遇也不过如此。没有诱惑，就不会有贪婪。不曾想还有一个“贡献者”的职务，抵达这个位置，或许就可以拥有无上的权贵。

有了钱之后，就想要有权力。

随着李厘米的话语，梅伊奋的眼神里放出了光芒，对“贡献者”充满了无限的神往。这让李厘米由原来的鄙夷变成了提防。

梅伊奋竟然毫不掩饰贪婪，贪婪有什么好掩饰的，人之本能，人之常情嘛！

李厘米将眼神看向门口的戴纵纬，人是戴纵纬选拔出来的，其中缘由恐怕只有戴纵纬知道。

测试并未开始，竞争却在梅伊奋心里开始了。

除了梅伊奋之外，其余的几位“思维志愿者”各自也有自己的盘算，各怀利益心机。这种突如其来的身份改变，要付出代价，但也得到了实在的好处。这些好处对于在座所有人来说，都是突如其来的财富，还需要一段时间来适应。习惯了穷生活的人，确实很迷茫。花钱的学问不比赚钱的小。

这本是十分普通的一天，但这一天却永远被未来记住，人类的发展轨迹，从这一天开始被改变了，被这个会议室改变了。

闲话少说。

接下来，5 位“思维志愿者”都将在戴纵纬的带领下逐步进入角色。首先，安排的是封闭式培训，以便大家充分了解未来的岗位，以及与岗位相关的知识。这是胜任自己工作的前提。

意志力坚强和苦难没有必然关系，但苦难的经历，可能让意志力更加坚强。苦难或可帮助大脑锻炼意识控制优势。戴纵纬清楚，从各地选拔出来的 60 人，都有一个共同的特点：他们都拥有坚强的意志，因为他们大多都各自经历过苦难。而眼前这 5 位是他们之中的佼佼者，意志力更坚强。

可是，光有意志力还远远不够，至少还需要一些必备的专业知识。

9. 深山中的疗养院

不幸是天择，痛苦是自择。

按照承诺的那样，果真，每个人都收到了500万元。梅伊奋并不打算把500万元捐赠给孤儿院。除非，这么做对他有利。他根本就没有动过要和谁分享这500万元的念头，这笔钱是他一生以来不可多得的资源，自然要把这500万元留下来，作为通向更高人生收获的阶梯。

这对于平时依靠工资拮据生活的他们来说，几乎是一大笔巨款。收了钱，大家也知道，最后一项测试的日子也近了。

大家都开始盘算怎么处理这笔钱，这笔沾着自己脑汁的钱。

殷思雪拨通了妈妈的电话："妈……"

电话那头夹杂着麻将的声音，女人说："干什么？有事快说！我很忙！"

"家里好吗？"

"老不死在家里躺着呢！昨天刚抓的药，死又死不掉，好又好不了。我一天又要伺候老的，又要伺候小的，什么都要钱。这个月多寄点钱回来！每月寄这么点，哪够？"殷思雪心里一阵心酸，当护士每月挣的这点钱，除了留下一点生活费，其余全部都寄给了家里，而那边总是给自己无休无止的压榨。在对方的眼里，自己永远不算是个家人，而是一个提款机。

殷思雪在心里犹豫：如果没有熬过这一次测试，自己也需要这一笔钱度过后半生。几乎不用怀疑，对方绝不会善待病榻上的自己。

她等这个机会很久了，准备和过去来一次了断。时机已经到了。

"我要出国了，可能很久都不会回来了……"她撒了个谎，想以对世间亲情最后的眷恋、以温婉的方式解脱这种愚昧的人伦牢笼。

"你这个忘恩负义的家伙，想扔下我们跑到国外去？我说每个月怎么就寄给我这么点钱，原来都自己攒着出国呐！哇……你这狼心狗肺的……不行！我明天就去你单位找你们领导，看他们管不管……"女人一阵撒泼，殷思雪实在听不下去了，挂断了电话。

殷思雪决定最后再伤心一次，最后再伤心地哭了一次。她果真哭了好一阵，直到泪痕在脸颊上变干，眼眶涩成两个僵硬的框。

殷思雪出生在农村，从小就要承担家务。因为家务事被脾气暴躁的女人打过无数次。有一次甚至被女人吊在门口的树上用竹枝抽打，那时自己年仅 10 岁，营养不好导致发育不良，那时她还不够女人的手腕高，竹枝下的女孩昏厥了过去。身体在竹枝下晃动，女人要扶稳之后才能方便再次抽打。幸亏，这一条卑微如萤火的生命，被路过的同村人救起。

虽然所有人都希望她不是殷思雪的亲妈，这至少还能一时撑起残破的母性道场，可女人却千真万确的就是一位母亲。亲生父亲去世的时候，女人也有装腔作势地哭，但转眼就跑到邻居家去打牌了。父亲去世没过多久，女人就带着她改嫁给现在病床上的男人。女人平常脾气暴躁，稍有不如意就撒泼打孩子。从小，殷思雪学会了像猫一样生活，主动吃剩饭，主动做家务。

17 岁那年，女人几乎是用卖的方式将她嫁了个县城里的一个 55 岁的鳏夫，得了 3 万元的彩礼。出嫁的那天，女人也有假假地哭。殷思雪依靠这个 50 多岁的丈夫，艰难地完成了后来的学业。她从不奢望像其他同学一样拥有一个可以称为家的地方。她只想活着，慢慢地偏离不公平的命运线，等个机会摆脱。

她用女人的本能说服那个作为丈夫的男人，支持她读书，直到护士学校毕业。用年轻将 55 岁的丈夫耗到 66 岁，直到 1 年前，那个用魔鬼契约的方式交换自己身体的丈夫死了，这才让这个卑微的女人重获了自由。她以为，利用生死之间的巧妙，命运还是把自由还给了她。殷思雪绝不认为这个男人和她之间有爱，只是魔鬼之间相互遵守了买卖的契约。

丈夫的遗产被族人以吃绝户的方式瓜分，殷思雪根本不想和这个大自己 40 岁的男人有遗产继承关系，任凭野蛮将人性吞噬。那个生理上的母亲这时候出现了，为了死去的女婿遗产而来。这个女人面对一群敢吃绝户的恶人，没有得到一分钱好处，殷思雪心里竟然有说不出的高兴，哪怕最后又遭到女人一场大骂。

殷思雪真想找个没人的地方躲起来，为了躲避这个女人对自己的“追捕”，她将自己微薄的工资尽可能地满足女人的贪欲，换来在护士岗位继续工作的机会，虽生活还是极度清贫，至少宁静。

手握 500 万元，她觉得自己现在有实力反抗了，终于有了自由的资本。殷思雪甚至不恨这个女人了，心中生出一种漠视，对这个女人她甚至不屑于去恨！这个女人让她害怕了一辈子，即使到了要反抗这个女人的时刻，她还是惯性地害怕，全身瑟瑟地发抖。

反击，是为了不再被侵犯，与报复无关。

她决定不再妥协，至少要如同吃绝户的恶人一样，强硬到女人不敢再侵犯自己。那些“道德婊”，所能利用的武器就是自己的虚荣和脸面，只要能放下脸面，不明真相的人们随唾沫飞出来的指指点点，毫无杀伤力。法律问题交给律师，道德问题交给一个身世故事，这些都只需要合理，而不需要真相。

真相？呵呵！当自己需要真相的时候，真相又在哪里？！

那个女人最在乎钱，那么就利用她对钱的欲望来伤害她。

殷思雪要买下童年的那棵噩梦树，在树下吊一组真人大小的雕像，一个妇人用竹枝狠狠地抽一个满身血痕的女童。她会要求村长来主持正义，村长不是青天大老爷，只是个看客。殷思雪相信村长会答应自己的要求的，看在钱的分上！

自己肉体承受过的苦难，就让施暴者用精神痛苦来偿还，编一个夸张的道德故事，保留在村民的茶余饭后谈资之中。农村的很多事，用钱就可以变得合理。

殷思雪并不想做一个好人，这个世界没资格这么要求她！

谁都需要一位母亲，一位慈爱的母亲，哪怕是个梦！没有人走进过殷思雪的内心。她不愿意和任何人谈论自己的母亲。

……

5 个人中，有一个人的身份是扑朔迷离的，楚可可。她从不谈及自己的家庭，也没有人知道。没有人从她的脸上看出过不幸，一切看来她就是一个普通的女孩，也许有一对普通的父母。她的加入是一个秘密。

算上总统，每个人都有各自的不幸。但又确实有一种很不幸，不再属于不幸所能定义的范畴。仁微青的遭遇就很不幸，是难以定义的不幸。他不确定自己是真实存在的。

苦难经历让意志变得坚定，意志力似乎与“思维志愿者”之间有必然关系。“思维志愿者”需要脑控力，这几乎可以让大脑控制能力与苦难经历之间，建立一个必然的联系。苦难可以让一个人的意志力增强，意志力可以让大脑的控制力得到锻炼。否则，又怎会大家都巧合地有童年不幸呢？

让仁微青自己也很不解的是，自己的记忆有一部分是空缺的。他几乎想不起来自己父母的样子了，只有一些片段模糊的记忆。

5 位志愿者各自有不同的知识背景，智力和学识参差不齐。要深刻地理解脑科学，并最终胜任这个任务，必须进行专业的培训，这个任务早就在计划之中。

培训由戴纵伟来组织执行，这是一次封闭隔离式的培训。找一处僻静的院子，最好环境优美一点，并不是什么难事。在黔南大山深处，最不缺的就是好山水。

从“天眼”往南直线距离大约 70 千米，有一条红水河，红水河上有一座大坝，河的上游被大坝塞成了一个水库，水库随旧河谷蜿蜒了上百千米，围住了一大片原始森林；许多小溪流分布在这些森林的峻岭之间，汇聚到山谷中的水库，成为水库的水源补充。这个曲折的水库把大山的三面都包围了起来，若要进出大山，需要坐船穿过水库。在大山的中间有一个特别的干部疗养院，秘密地建在水库围起来的森林里。

这干部疗养院并不对外开放，规模也不大，条件却并不逊。有时候用于秘密的会务，有时候用于检察院对职务罪犯隔离审查。住进来的人得级别够，哪怕是被审问。一般人是进不来的，只有厅级以上高级干部，才会被检察院安排在这里进行审问。

现在，这个疗养院被 5 位“思维志愿者”所占用，他们要借用这个僻静之所培训，完成最后一项测试之前的培训。除了环境自然、僻静，另一个值得称赞的是伙食，用客人的话说：这里的米饭都比外面的香。

没有城市的喧嚣，山里的村民纯朴得只会对陌生人憨笑。没有引诱市民消费的广告，也没有可随意购买的商品，到达最近的集市也需要 20 千米，每 10 天才有一次赶集，即使要买一支牙刷也需要提前几天计划好。集市上卖肉的屠夫虽然长相凶悍，但绝对不会缺斤少两，他有勇气杀猪，但绝没胆量宰客，圈子太小，名声很重要。村民们并不富裕，但也并不觉得穷，只要计划好你所有的资源，就会富足。村民们会习惯性地珍惜任何一种物资，不愿意浪费一切；村民更愿意用产自大山里的资源，解决大山里生活的需要，他们的房屋或屋子里用具，几乎都是取材于山里的竹子、木头。

疗养院建在大山中，也有专职采购和司机，物资供应很及时。想必这里长期接待的都是十分挑剔的客人，服务因为挑剔而变得很讲究。这些做作的客人，好不容易做回颐指气使的主人，必定会淋漓尽致地发挥。不尊重服务人员的高贵客人，骨子里还是贫贱。贫贱的人一旦受到高级的待遇，最需要掩饰的就是贫贱的内心。即使在大山深处，也能保持无差异的各种城市便利，极度满足各式虚荣的心，恰好是农村出身的女孩会对原生态农作工具大呼惊奇，似乎从未见过，用惊奇的表情与自己的出身划清界限。

殷思雪一定要喝一种国外进口的矿泉水，在疗养院只能提供本地产的矿泉水，殷思雪为这事别扭。来这里住的非富即贵，工作人员算是见过世面的，服务人员对这些不觉得奇怪，各式的客人他们都见过，早就习惯了。这里的矿泉水是纯天然的，没有广告的包装，水质并不一定比商店里的高档白水差。殷思雪这么做无非认为自己是城里人，城里人在乡下，要故意地优越给别人看。

服务人员一面会满足殷思雪的需求，另一面却对殷思雪极尽的鄙夷。有的客人极力彰显对乡野蛮荒的嫌弃，极力彰显自己与城市富足之间不可分割；还有一些人，仅仅是为了显示自己很重要，对来之不易的珍贵资源保持无视或挥霍；还有的人，把村民手上的老茧看成了污垢，把村民的憨笑当成了心怀不轨。殷思雪就是他们眼中这类人。

殷思雪之前的命运是悲惨的，在那些贫穷的日子里，她一直想不明白，为什么一瓶白水也要卖几十块钱，就因为是进口的吗？后来她明白了，那不是水有什么不同，而是身份。有了身份，就有了尊重。

总有些人认为，如果觉得生活是美的，哪里都有美好。依靠向别人来展示富足，需要到穷人那里收集到羡慕，需要踩踏贫穷才能确认自己的美好，那是一种怎样的缺乏自信？如同城市户口，只有新获魔都户口的外地人，才是网络上最排斥外地人的力量，他们有宣泄自卑的需要。魔都有大约三千万居民，而这种三千万分之一的居民表现出来的城市参与感超过了三分之一。

但在殷思雪看来，这些道理她都懂，只不过讲这些道理的人高估了社会的文明程度。他们有几个和自己一样经历过那样的命运？他们有几个真正见识过人性的黑暗？！是的，殷思雪能从微笑服务的服务人员眼中看出鄙夷，但是，这些服务人员从不敢向尊贵投视鄙夷。

山水是美的，绽放给所有人，不分贵贱。

要真正体验山里的美好生活，就要融入山间田野，尽量和耕种土地的人保持一样。这种一样是很多很多年递延至今的生活经验遗存，只有如此，才能算真正地到过大山深处，而不是路过而已。人生不是没有美好时光，是没有时光可以用于美好；最美好的时光应当可以虚度，不察时势、不度人心。仁微青觉得大山里的时光很美好，可惜无人分享。

有最新鲜的空气、最原生态的餐食、最有山泉味道的茶。树梢可以看见筑巢的鸟儿，鸟儿发出求偶的鸣叫；溪水中可以看见逆流的小鱼，鱼儿自由地追逐山涧的泉源；昆虫躲在草丛和灌木的叶子中，与植物融为一体。这些大山里的生物们似乎并不在乎外面世界的变迁，保持千年以前的样子，世代沿袭未改至今；或者是这个山里从来不知道外面还有一个称之为“时间”的概念，在这里只是让时间静静地停着，停在几个世纪之前，根本察觉不到时间的肆意流淌。流淌的还有山间的小溪，水流走了时间，时间也流走了水。把手伸进溪水，鱼儿会逃跑，而手一收回来鱼儿又回到了原处，不知是手在挑逗鱼儿还是鱼儿在挑逗手。

山清水秀在宁静中与世隔离，散发着神秘气息。世界呈现新的视角，离开山间的小路往树丛中走，人就可以像动物般的自由，向树根撒尿，在厚积的落叶上撒欢。若要独处，无须关上房门，在小溪边随便择一块裸露大石块，天地都是自己的，可以在无扰中发呆一整天。既可将思维远及整个宇宙，也可自省那些平日思之尴尬的琐碎，顺便晾晒内心深处的阴暗。

真干净！除了可以洗肺洁肤，还可以濯清蒙尘的心。也许你会在山林的小径中迷路，但你永远不会失去抬头便在的天空。

成年人和孩子一样在丛林里撒欢，唤醒内心禁锢的本能，只不过唤醒一个孩子比唤醒成年人要容易得多，佐证了人类的远祖来自山林。本能带来的欢愉渐渐与都市生了隔阂，人类引以为傲的文明，在大自然面前显得十分浅薄。

仁微青有两个遗憾：其一：茉莉花的香味；其二，杜疏影。在这个大山深处的疗养院期间，最糟糕的莫过于这两件事。山上开满了茉莉花，仁微青却没有嗅觉；山间有了浪漫的场景，却没有被施予浪漫的人。

仁微青无数次幻想自己和杜疏影去到一个世外桃源般的地方，那个地方像极了眼前的这里。当真置身于此处世外的深山间时，眼前的景象更加的真实具体，从鼻息到肤感都是具体的。

多希望杜疏影也在！一同来的没有杜疏影，却有武茜、楚可可、殷思雪……保洁阿姨……一群男人。

仁微青最近总喜欢一个人发呆，在脑中漫无目的地走神，幻想一些毫无由头的古怪。他失去了人生的目标，失去了生活的意义，想找回来。

晚饭后的仁微青走到了山间的小溪边，伴着小溪有一条小路，远远地看见楚可可、武茜、殷思雪在前面散步，孤独能促进友谊，几位女生很快就有了共同的话题。而男生更愿意独处，各自思虑。仁微青独自一人在小溪旁找了块石头板坐下，脱掉鞋袜，赤脚泡到了小溪里。这里没有人来打扰，离繁华最远，离自在最近，最适合缅想。

很快，仁微青的世界就只剩下自己，再无其他。

杜疏影的死，让仁微青认识了生死之间的无奈。怎样看待死亡，这件与死有关的哲学每人都会虑及。不一定想得通，也不一定每天都想，但一定想过。与爱慕的人生死相隔，是该要考虑考虑死到底是什么，考虑本身就变得十分有意义。这样的思考没来得及和杜疏影一起来做，总需要一个人先开始。

在大山里独处的时候，似乎一切条件就是为做这件事情准备的。溪水从脚背流过，透明的水带走无影的时间。

在典型的个体生命观中，一次偶然的生，注定一次必然的死。生命在无影的时间中度过，直到碰见死亡，死作为生命的终点。

仁微青要在这个世界彻底与自己无关之前，让自己最后一次外察，即使察到错，也要当作生命的一部分。绝不再心存改正的贪念。

这一开始很难，没有人乐意承认自己的错。为了生活的继续，对过去行为错误抵赖，这是可以理解的；对错误进行抵赖，小孩天生就会，女人特别擅长。毕竟，事情不能用简单的对错归类。

可是除了对错之外，又该怎样评价那些行为呢？总得评价点什么吧！

是的，至少还有一种评价办法——目的性。目的性更适合于评价自己，目的性所依仗的是人生意义。

在个体生命观中，如果生活不再继续，目的性也是执念。

目前，仁微青还只是一个“思维志愿者”，有许多事情需要自己去经历。他并没有分清个体生命观与种群生命观的区别，直到许久以后他才明白过来，这是后话。

仁微青发现自己最大的执念就是杜疏影。自己的念念不忘就是个错误，自己应该要给生活的继续留机会。可是仁微青做不到，那种来自少男的憧憬被现实撕得粉碎，对异性的味蕾已经定格在那种品位。

当生活不再继续，止于这最后一次检讨，心中有神的人，借检讨之机顺便忏悔；为生命过程的某些事、某些人，最后尽一点人意。忏悔需要一个神，仁微青的科学世界是无神的，精神世界没有神，后悔的事就会一直得不到解脱。没有神仙的人，活得比较痛苦，需要神仙来承担的精神压力，全部只能自己承担。

为了寻求解脱，他经常盲目地基于一种假设推演，直至产生一种满意，这也会是得到解脱的妄想。

最开始要假设的，不出意外是杜疏影。努力往女神青睐了“屌丝”的方向推演，逻辑调用得很吃力，且需要好运气和主角光环，不能有凡人生活的烟火味，甚至都不能出现基本自然属性。推演是吃力的，最终是失败的。

事实上，即使杜疏影还活着，也不可能和自己在一起，即使在一起也未必能相互宽容。仁微青心中一阵失落，这种失落就像是回到了 6 年前一样，虽然与杜疏影的距离不过是一个办公室，但和杜疏影之间却永远无法跨越这个最后的距离。重新体验这种感觉，角度已经发生改变了。

仁微青让推演重来，这次竟然十分的顺利，因为这次推演让杜疏影获得自由，她竟然可以和另一个男人幸福地生活，毫无违和感。一直将她囚禁在心里的是自己的执念，仁微青尝试慢慢地将执念放下，果然就放下了。

自己渴望的茉莉香味，是一种气味，气味是不能被转述表达的直感体验。渴望的不是这种味道，而是这种体验。一种体验，也是一种执念。

王明阳所悟的格物致知：“物者，事也！格者，正也！”从天下事物的观察中去发现大道理。执念往往是被事情的本身所迷惑，本人成为事情的参与因子之一，事情的发展席卷所有的因子，使本人也陷入发展的旋涡之中，而忽略了隐含在事物中的大道理。

正在小溪边的石板上发呆的仁微青，猛地被脸上的凉意惊醒。一个小石块被扔进了水里，溪水里溅起的水花，扑到了仁微青的脸上。猛然抬头，看见三个散步回来的女生，正望着自己咯咯地笑，水花正是她们往水里扔了石头溅起来的。

不用想都知道，石头是武茜扔的，那一阵水花的凉意，如醍醐灌顶，从出神的思虑中唤醒了仁微青的专注，恰逢仁微青从执念中解脱自我之时。仁微青竟然对这朵水花心生感激。

“你就不怕自己的臭脚把鱼都熏死！”武茜指了指他泡在小溪里的脚。

仁微青心情大好，憨憨地朝两位女生一笑，假做深沉状说：“这大山里，就缺那么点男人的味道。”

仁微青的话逗得楚可可掩嘴直笑，这个臭男人还真不要脸！

“你还真是皮厚！”

说罢，武茜手中的石块如雨点般飞进水里，楚可可竟然也加入了进来，顿时水花四溅，仁微青拔腿就跑。两位女生对仁微青一阵追打，殷思雪在一旁嘻嘻地看。

……

脸上的这阵凉意来的恰到好处，似乎就是为这次“心境澄明”特别用心布置的。如果有些事情弱相关地联系在一起，这不会是一种偶然。明代王明阳龙场顿悟，想必也是突然之间恍然大悟。对元理哲学长期探索积累，在瞬间得到突破，一扫阴霾，心灵莫名其妙地产生快感。

此刻的仁微青心境澄明，想明白好些问题。由宇宙到自己，生命循环因化，大生命包含小生命，地球生命包含生物的生命，一个生物的生命包含细胞的生命，细胞和微生物都是碳基生命。人是一个碳基信息生命，地球的总体信息效率仍旧局限在碳基效率以内。

此刻，仁微青攀上了个体生命观的角度，悟到了宇宙生命的方向。一生“碳”息！如果把这比作是金庸小说中的一种武功，类似《九阳真经》。大部分同龄人还在喝鸡汤，或还在啃老。他却已经以人生终点反观过程，格生死以正大道。他悟到了执念之妄，修习放弃与舍得之道。

在这个与世隔绝的世外桃源中，5位年轻人朝夕相处，很快相互就熟络了起来。即将降临的测试，似乎攸关至性命，这算是患难。因为共患难，他们之间开始建立友谊。只有梅伊奋从不和人交朋友。

……

梅伊奋依稀记得一生中也有一段幸福的时光，那还是在三岁之前。但自此以后，剩余的所有经历就与幸福无关。梅伊奋是一个孤儿，在江南的一个孤儿院长大。三岁那年，还不太记事，被人贩子拐卖。后来幸运地被警察解救了，却又不幸的没有找到自己的父母，最后被送到了孤儿院。

普通人很少有走进过孤儿院的，所以，普通人并不算真正了解一个孤儿院。梅伊奋印象中的孤儿院大家日子过得很艰苦，温饱都不能满足。这里不只是孩子没有父母的爱，最难挨的是贫穷，十分的贫穷。大多数孤儿院遭遇贫穷是一定的，不太可能一个孤儿院比正常家庭还要富足。社会关爱有多缺，孤儿院的物资就有多缺。梅伊奋恨过父母、恨过孤儿院的某些人，就是不恨社会。因为社会从来都很社会。

孤儿院一定会有孩子们之间的霸凌事件，一定会有得宠和失宠的区别，一定会有诡计与冤屈。都不是亲生的孩子，一般情况下，不会有人视为己出。一般情况下，就是绝大多数现实发生。

孤儿院的孩子从小就需要干一些劳务活，任何孩子绝不应该在劳务活分配的细节上过于看重公平。任何一次公平都要付出比公平本身还要大的代价。不难想象，有许多孤儿院既是社会不良青少年的庇护所，又经常成为社会不良青少年的报复对象。这些不良少年骨子里有寻求公平的朴实愿望，这种朴实比那些践踏公平的善良人要更朴实。

梅伊奋十三四岁那年，总是有一条流浪狗出现在孤儿院附近，似乎肚子里还怀了小狗。怀孕的母狗一般很凶，行为十分小心谨慎，即使在翻垃圾堆的时候，也见人就躲。梅伊奋没有玩伴，经常在帮孤儿院扔垃圾的时候，把吃残的剩食挑出来，扔给这只流浪狗。久了，流浪狗渐渐就对梅伊奋放松了警惕，流浪狗成为梅伊奋唯一的寄托。

终于，有一天流浪狗生了 3 只小狗。除了梅伊奋谁也不能靠近。事情也巧，附近有个养宠物狗的大妈，有一天遛狗时松开了狗绳，这只宠物狗还是只大型犬，闻着这只流浪狗的气味就冲了过来。刚产仔的母狗得有多凶，不用说想必也都知道，两只狗一下子就撕咬了起来。流浪狗和宠物狗打架，打赢了也会输，因为狗主人。最后，这只流浪狗就在梅伊奋的眼皮底下被打死了，刚生下来的小狗幸好没有被发现。

流浪狗是一种“中华田园犬”，当时又名土狗，是没人会当宠物来养的。孤儿院不让养狗，梅伊奋只好悄悄地在野外荒地给小狗们找个窝棚，时常照料，用厨余垃圾和剩饭喂养。没曾想过几个月，“中华田园犬”一下子在宠物市场火了起来，梅伊奋反正养不活这些狗，就把狗都卖了。流浪狗被买走当宠物，对狗对人都好。卖狗得了钱，他给每条狗都买了一块牌子，挂在脖子上。牌子上面刻了一个“梅”字。

成年后的孤儿必须离开孤儿院，或参军，或工作。高考是给全国青少年统一的一次改变命运的公平的机会，但只是一次机会而已，公平从来没有真正降临过人间。高考实质上有一多半是考父母，孤儿院的孩子没有父母，也就没人上大学。当然，也有可能上大学，极少的概率。梅伊奋就是这个极少的概率之一。

美国探险家贝尔·格里尔斯在荒野求生的过程中，教会人们野外生存的一个最重要的原则：求生过程中，必须要充分利用所能够获得的资源。而逆境中的梅伊奋生命中哪里都是荒原，他的一生都在精神、物质的荒原中求生，所以，充分利用可用资源是他的本能。梅伊奋一生都在将自己所能够获得的资源利用到极致，从不浪费分毫。

他没有朋友，也没有恋人，因为朋友和恋人都会消耗资源。

在看待朋友这个问题时，梅伊奋有个实话实说的优点。他常说，所谓的朋友，就是一群人怀着“朋友有用论”的心机去结交“朋友无用论”的人际关系。没有朋友的人旁观朋友关系，确实比较客观。

朋友对于梅伊奋是个稀罕的事物，他从来不相信有朋友。在他眼里所谓的朋友，不过是被适当的时候出卖的资源，成年人的世界都是尔虞我诈。最永恒的只有利益，没有永恒的交情。朋友？朋友已经和真诚没有了关系，朋友之间的承诺，可以在酒桌上张嘴就来，说话的样子掷地有声，而语言含义中的内容走耳不走心，即使一不小心走了心，也会轻如鸿毛。

梅伊奋不想做黑夜里的打更人，孤单地守望熟睡中的人们，他只想和人们一起装睡。

曾经，梅伊奋也是一个天真的孩童。他恨自己的亲生父母没有照顾好自己，使自己从小就失去了一个孩子应得的周全。正常的孩子会慢慢长大，并且慢慢地不再喜欢玩具，慢慢会有朋友，可是自己不是正常的孩子，他没有额外的资源支付朋友的背叛，最好就没有朋友。他从未体验过朋友的真诚，从未从真诚的朋友中得到过快乐。他的童年，只有玩具是快乐的，他的成年，也只当朋友就是个玩具。

……

楚可可从来不谈及过往，没有人知道她的秘密。

在黔州疗养院的这段时间里，戴纵纬教授会带来各种各样的专家，除了给大家讲述关于脑电波的一些基本的知识外，还会进行各种脑神经信息增强测试。为了让思维志愿者更多地了解大脑，日常的课程，多会涉及大脑的构成。戴纵纬是这方面的翘楚，世界上著名的脑科学专家之一。

日常的活动都在疗养院进行，在戴纵纬的陪同下，5 位年轻人除了学习脑信息科学知识，也会探讨人类最高的精神世界——哲学。

10. 脑连接的真相

百岁好时光，忙忙过了，纵寿亦为夭。

一个偶然的机会，戴纵纬说起了屠格涅夫。这让仁微青十分的吃惊，世界很大，圈子却很小。戴纵纬竟然与屠格涅夫有交集，是地球太小了，还是世界太巧了？

仁微青一开始认为这可能只不过是一个巧合，并未细想。不过巧合多了，就会发出异样的味道。

仁微青是一个没有嗅觉的人，失去了一种感觉，专注就可留给自己的其余。仁微青是个聪明人，聪明的人总是“嗅觉”灵敏，即使是一丝信息，也能从中“闻到”味道。总是把小概率归纳为意外，自己很难相信。屠格涅夫能凭借一个偶然的信选中自己，而自己又被他的学生选中，并且自己还能从海选中被选出……这都是一个一个十分小的概率。仁微青虽然感觉不到恶意，却越发觉得自己和屠格涅夫之间有某种神秘的关联，一种说不出来的感觉。

一只松鼠爬上了野餐垫，它被野餐垫上的坚果气味引诱了过来。松鼠竖着稀松的尾巴，怯生生地看着垫子上的食物，它并不怕人。楚可可干脆在野餐垫上撒了一把松子，招待这位不请自来的客人，让客人陪自己一起听课。课程有时候在野外野餐毯上，有时候在餐桌前，有时候在会议室。

5 位“思维志愿者”需要的是知识，并不过于强调获得知识过程的形式或地点。在几个月的封闭式学习期间，戴纵纬组织了最强的师资力量来培训他们。发送脑信息没有参考经验，他们之中必须要有人成为脑信息源供体，担当这次重要的任务。成为脑信息供源体有必要充分掌握脑科学基本知识，5 位学员的底子参差不齐，这正是戴纵纬所忧虑的。

脑科学是一个十分专业的科学，即使是借助现代最先进的仪器，我们也不算十分了解我们人类的大脑。戴纵纬是国内最顶尖的脑科学专业科学家，他认为人类对大脑的了解远不如其他科学专业。

人类的脑细胞主要包括神经元和神经胶质细胞。人的一生就只有大约 140 亿个脑细胞可供利用，这个数目是在出生时就决定了的，而且不可再生。

或许有人会疑惑：骨骼、肌肉、脏器等其他器官或组织损伤后可因细胞分裂增殖很快得以恢复，难道脑细胞就不可再生？确实不能。生命活动中的脑细胞处在一种连续不断的死亡过程中，且这些死亡的脑细胞永不复生、增殖、复制。这是一种程序性死亡，也称为凋亡。人到 20 岁之后，脑细胞就开始以每天 10 万个的速度递减，死一个就少一个，直至消亡殆尽。

人们疑惑，如果 20 岁之后人脑细胞不可逆地消亡减少，这与我们现实中的智力增长年龄并不能重合，为什么？

首先，20 岁只是一个分布统计的大概区间数据，会因人而异；其次，脑细胞是高度分化细胞，因此不可分裂。

万事无绝对，现代科学又发现，神经细胞却可以由神经干细胞分化再生，这个过程叫作“神经发生”，但是，这个神经发生只局限在侧脑室下层（SVZ）和海马齿状回两个区域。

脑科学不太可能用人体做实验，通过动物实验，却能够观察到一些情况。动物实验发现，成年老鼠每天可产生上千个脑细胞，人类以及其他灵长类动物每天生产细胞数量还要少于这个数字。但是，这些新生脑细胞大部分都会死亡，除非努力学习新的知识。即使这些新生的细胞得以存活，这些新生细胞也无法弥补死亡的细胞数量。因此，人类脑细胞仍然是处于一个不断减少的过程。这个过程持续终身，25 岁左右开始对正常生活产生影响，27 岁开始所有能力走下坡路。到了 80 岁，脑细胞减少了一半左右，这已经被科学所证实。另外，核磁成像告诉我们，大脑总体积从 18 岁就开始减少，在 18~60 岁的几十年中，大脑灰质逐渐减少，白质在 45 岁之前缓慢增加，之后减少。

有一种比较流行的说法，人们一直认为大脑只开发了 10%，甚至更少，这是不是说明我们人类现有大脑的智商还有很多提升空间？

科学证明，这种说法不符合事实。谬论误导了人们许多年，应该是教育产业的广告。别和商业利益谈真相，很幼稚！

大脑开发率不可以论斤称。得出来这个结论的过程，乍看起来还很符合科学逻辑。只能说有文化的流氓比没有文化的流氓更坏，手段更下流。刻意由伪科学编纂出来的歧义，已经不是简单的荒谬，而是将龌龊行径冠冕堂皇。

科学讲实证，辩论讲辩据。反对这个观点，一定需要些依据。

核磁共振显示，人类大脑的每个地方都是高效利用的，大脑开发率是全面的。大脑并不存在所谓的沉睡、闲置细胞。事实上，大脑的各个区域依据功能各自分工，各自分散在各种官能区的周围，每个人很少会同时用到全部的功能。

通过 X 光扫描、核磁共振……大脑成像技术，人们一直在寻找大脑开发率的实际证据。成像实验显示：大脑的大部分区域不是处于潜伏（待开发）状态，只不过我们很少会同时使用50%的脑细胞。对于一些比较简单的活动，只需要使用大脑的极小部分；但是，面对那些非常复杂的大脑活动或思考模式，却需要使用大脑的很大一部分。大脑的功能区域是不一样的，就像人们运动时不会一次性使用所有的肌肉组织一样，大脑也不会一次性调用大脑的所有功能区域。一些运动，如吃东西、看电视或者读书，你只需要使用大脑一些特殊的功能就可以完成。不过，大脑的所有部分在一整天不同的活动中可能都会被用到。

功能性大脑成像研究显示：大脑所有区域的功能都有用，有各自的功能，各自在实际需要的时候配合人的行为。就算是我们在入睡时，大脑也是活跃的，这时候大脑仍然被“占用”，只是处于另一种活跃状态。

用发育的观点来看，10%的大脑利用率也是站不住脚的。诺贝尔奖得主戴维H·哈勃和托斯顿N·维塞尔证实：如果在早期发育阶段没有视觉信息刺激眼睛（和大脑），那么视力将全部丧失。假如90%的大脑没有被利用的话，那么很多神经旁路就会退化。

从进化的观点来看，大脑不可能进化出90%无用的部分。如果人类相比其他动物的大脑没有优势，它就不可能进化出这样的结果。大脑可是身体中的消耗能源大户，从头部散发的热量就可以知道了。

好吧！就假设“10%大脑利用率”的说法是对的。按照这种说法，切除或者损坏“没用上”的部分，对大脑造成的影响应该可以忽略。然而，即使破坏人类大脑的很小区域，也可能产生行为上的毁灭性效果。比如，由中风引起的大脑很小区域的损伤，都可能引起全部能力的丧失；再如，帕金森神经障碍，也是只影响大脑的特定区域，却导致严重后果。这就是为什么神经外科医生在癫痫和脑肿瘤的手术中，要摘除一些大脑组织必须提前小心绘制脑图，以确保大脑的基本区域不受损伤。

很显然，人类的大脑仍然在不断进化的路上，未来的人一定还要比我们现在更加的聪明，人类大脑容量还会继续增加，直到发展瓶颈的出现。大脑开发率很显然就是一种智力需求的表现，需求才是促进事物发展的动力。大脑没有无用而多余的部分，也没有发育出不被开发利用的区间。

5位学员大概了解到，这个测试会对大脑动一个手术。直面即将可能受到的大脑损伤问题，他们仍旧只十分关心自己的问题，相比三位男生，女生显得尤为胆怯些。最胆小的殷思雪认为，也许有他的保护，自己将顺利地渡过危险。

他们担心，一旦受到脑损伤，就没有恢复的可能。戴纵纬等脑科专家们，为此做了详细的解说工作。

大脑的适应性是相当强的，具有损伤后复原的能力。当一个大脑受到损伤后，剩余的神经组织有时候可以替代或补偿损失部分的功能。大脑对损失功能的恢复能力并不表明损伤的部分没有功能。这种能力是大脑改组和再接线的能力。年轻的、孩子的大脑适应性相当强，一个年轻大脑的受损区域的功能可以被剩余脑组织替代。为了控制孩子的癫痫，医生有时候不得不摘除孩子的很大一部分脑区，结果孩子却不可思议地康复了。这样奇迹康复的情景在成人的大规模脑外科手术中很少见。

戴纵纬甚至不得不承认：“我必须很惭愧地承认：现在对大脑了解的还很少，远比我们知道的神奇。”

如果戴纵纬都认为自己对大脑了解得很少，那么谁又能代表当前最高的水平呢？在这群年轻人看来，戴纵纬的脑科学了解是很深刻的。科学就是这样的，越研究疑问越多，越前沿越无人为自己解惑。

对 5 位“思维志愿者”的最后一个测试，到底是什么？在戴纵纬耐心的解释下，大家终于有了进一步的了解。

“天眼”是一面巨大的接收外太空信号的放大器，既然可以用来接收，也可以用来放大。大脑产生的脑电波只有深入大脑才能发送出去，如此一来，大脑就成了收发信号源。可是，如果大脑此刻被外太空发送过来的信号“反噬”就可能需要大脑有很强的控制能力和承受能力。因此，在正式作为“脑电波供体”之前，必须进行这种测试，并进行锻炼加强，否则将产生更加严重的后果。

梅伊奋虽然话不多，但是关系到利益，他必须要问个明白。只有自己能够对自己负责。梅伊奋要向戴纵纬问个明白才放心。

“那么，为什么不将脑电波采集下来之后再发送出去呢？这样不就可以避免‘反噬’了吗？”

“这是个好主意，只是，你有没有考虑过对外太空发送脑电波的目的，只是为了向太空泄露我们太阳系的存在吗？不，是为了获取外星高智科技。”

“目的？高智？”

“我们的目的是希望获得外星高智的科技提携，哪怕是一点点，都将改变整个人类，也能改变各方军事力量的平衡。那么，有能力接收我们脑电波信息的，一定有能力回应我们的脑信息，这种回应或只有大脑可以直接解读。大脑信息是十分微弱的生物电信息，信息穿梭在组织庞大而复杂神经网络系统之间，恐怕我们掌握脑信息存储技术还需要几个世纪。所以，你高估了我们目前所掌握的技术水平，大脑的结构异常的复杂，脑活动方式是在个功能区域之间毫无规律的跳跃式迁移活跃区块，而且每个人都有自己的习惯，还没有谁掌握了对脑信息录制的技术。”

梅伊奋很疑惑：“能不能简单地理解为‘反噬’就是因为功率大的原因？”

“不能这么理解，脑部信息是细胞级别的生物电，信息的含义和生物电信号的本身是依存关系，但不是一个东西，信息含义才是核心。如果这些信息的含义都乱了，并影响到生物本来的历史信息，那么就是‘反噬’。”

“脑信息完全不录制信息吗？”

“不能！脑电波内部的生物电是细胞级，不能直接录制；虽然信号放大之后就可以录制，不过放大也代表失真，干扰越少失真就越少。”

其实，戴纵纬确实尝试过细胞级脑电波录制，但是都以失败告终。目前，人类科技还没有达到细胞级信息录制的能力，这违反海森堡的测不全定律，违反了量子理论常识。对于这次向太空发送脑信息实验，由于担心引入干扰，录制也会被禁止。如果接受了量子理论观点，一定可以理解这种担心。测量必然会造成干扰，脑细胞信息本就是量子级的信息，不可被直接测量。

在习惯于因果律的人看来，他们会认为因果律涵盖一切。相对于已知，未知将永远会存在，因果律的尽头必然是或然率。

“最后的测试什么时候开始？”楚可可问。不确定性才是让人恐惧的根源，这种恐惧会随着时间慢慢增加。

“呵呵……急性子可不像平时的你。”

楚可可脸一红，辩解道：“这就像人们不敢把手伸进一个陌生的树洞一样，人天生就会对树洞产生恐惧，树洞本来没有什么值得恐惧的，值得恐惧的是未知。人们对树洞内未知的可能恐惧，害怕树洞内或存在不确定。”

戴纵纬却严肃地说道：“如果现在就让你们直接进行测试，一定是非死即伤的结果。请相信我！这也是我存在于你们当中的意义。”

戴教授的警告，不由让楚可可心中冒出一阵寒意。

戴纵纬教授又补充说：“你们将按男女搭配分成两组，进行脑机连接训练。每组成员之间必须建立起默契。”

人身上都有磁场，但人思考的时候，磁场会发生改变，产生“脑电波”。通过带上 EEG 电极，可以读取脑电波。每个人的脑电波有各自的特征，就像“指纹”一样，这需要脑电波特征码，才能实现采集脑电波“指纹”。再通过编程来响应大脑的神经模式，构建 BCI 脑机接口。

楚可可是菁华大学自控专业的佼佼者，对脑机连接并不陌生，脑机连接 BCI 是 Brain Computer Interface 的缩写，即脑机接口技术。它是在人或动物脑（或者脑细胞的培养物）与外部设备间建立的直接连接通路。

既然每个人脑电波都有自己的“指纹”，这意味着两个人之间的脑信息不能直接通信，必须先借助计算机“翻译成”一种标准的“指纹”模式。所以，人脑信息之间的沟通必须是“人——机——人”的方式。

目前被公开的 EEG 电极都是外置式的，即使做到脑机连接，效率也是十分低下的。因为大脑内部的磁场十分的复杂，脑功能区之间依靠微弱的细胞级电信息通信，外置式 EEG 根本无法响应。如若要建立更高效的脑信息，必须要将 EEG 电极深入到脑内，并使脑细胞与之直接相连，使之成为大脑的一部分。

首先，5 位“思维志愿者”正是要承受这个手术。但这还只是开始。

接下来，内置 EEG 电极，并让它成为大脑的一部分，并不是一个简单的事情。需要建立“异脑信息通信”，允许大脑和外部进行脑信息交换，很难！而这个过程中，脑部既要完成 EEG 异物共融，而完成共融之后又要适应“异脑信息”。毫无疑问，5 位需要坚定地保持自我意志，这也是从 60 位之中海选出 5 位的原因，他们都是意志最坚定的人。

为了锻炼大脑的承受能力，要让每组受试者的大脑承受对方的脑电波，信号由弱到强，直到实际脑波信号的数倍，以适应与“天眼”系统连接，并实现与太空中的电波实现双向信息交换。

楚可可问：“虽然，刚才您没有谈到细节，但是我知道大脑内部的脑活动非常复杂，外置在脑部皮肤外面的 EEG 电极不太可能与大脑实现信息交互。呃……难道我们主要面临的困难，是 EEG 电极会植入到大脑内部，是吗？”

戴纵纬被问到了痛点，这个问题藏在心里，他一直没敢说。他也一直在思考用一种什么方式说出来比较好，却没想到还是被聪明的楚可可猜到了。

“嗯……是的，这是我难以启齿的地方，正不知道什么时候向大家说出来。”戴纵纬有些尴尬，老脸一红，目光躲闪着楚可可的对视。

楚可可看出戴教授的窘态，至少，可以看出戴纵纬是一位人情味十足的自然科学研究者，而不像一些以科学的名义丧失人伦道德底线的人。

于是，楚可可说：“这是我们自己的选择，也是一个集体决策通过的方案，您不必自责。”

“戴老师，只请您务必尽力为我们‘护法’。”张冉沽反而很豁达。

对于 5 位穷人，每个人都拿到了 500 万元，每个人还都有后半生每月都有的可观薪水，在脑袋上开个小洞，似乎也不算吃亏。

“虽然，我不能代表整个科学界，谨代表我能代表的所有人，真心感谢你们！你们的献身精神值得整个人类尊敬！”戴纵纬认真地说。

他们知道实验方案来自一个团队，并不是戴教授一个人的意愿。看得出来，戴纵纬为此有些自责。

信息是仁微青的兴趣方向，兴趣是掌握知识的最重要主观因素。搞研究，认真的怕发疯的，勤奋努力的不如死心塌地的。仁微青对于信息技术就是死心塌地发疯的，这使仁微青在信息科学领域造诣颇深。参与到这个项目中，对于仁微青自己是一个巧合，他的信息科学造诣，却成为杜氏惪特别看重他的地方。几位年轻人中，恐怕只有他最了解信息是什么，最有发言的权利。

仁微青忍不住问道：“如果脑信息是量子层的活动，脑活动提供量子纠缠的仪式，这是否符合由超弦理论提出的时空的额外维度？”

戴纵纬教授沉思了片刻，说：“这个已经超出了我的专业，并非我不愿意回答，而是我的答案不够严谨。所以，我很遗憾不能回答你。”

仁微青又问：“因为脑内部信息是量子层的信息，测量本身会干扰大脑的脑信息活动，这本身就是一个难以逾越的障碍。”

“是的。往前走，总要试试。我们没有可以参考的经验。”

11. 王　者

最难以欺骗的是自己；再检查一下已经相信了的。

任何爱好成为工作，就会产生疲劳。大山在城市人的屏幕中，只有秀色和好空气。但在现实中，大山却有成群的蚊蝇，还有随处可见的蛇鼠，必不可少的还有动物粪便发出的气味。蚊蝇太小，飞不出屏幕，所以通过屏幕感受不到。蚊子和牛虻却可以叮咬一切动物，包括皮肤干净的城里人。

田园生活并不那么美好。电视屏幕只能满足视觉和听觉需要，其余的都还没法让观众体验。

一个月的封闭式学习，终于可以放两天假。

张硕想认识武茜，这事不用说仁微青也知道。只是这小子太花，按道理不能坑了人家姑娘，可是这姑娘也不是省油的灯。

张硕说，自己当年是如何够朋友，曾经给仁微青过户了几个女孩子。虽然仁微青自己放弃，但是，账还是要还的。

即使疗养院的物资一应俱全，也无法完全让人离开城市。毕竟乡下的物资采买不方便，个人物品最好自己备一些，采购更好的选择在县城的一个超市。放假前，楚可可和武茜约仁微青一起去采购一些东西，顺便请客吃一顿改善。实际上，两个姑娘需要一个能提包的男劳力，即使这样，仁微青也觉得是个美差。

仁微青对张硕却有另外一个版本的说法。仁微青告诉张硕，自己帮忙约了两位美女吃饭，行程随时在线泄露，只需要张硕偶然出现即可。张硕对仁微青一阵感谢，各种许诺云云。

王二狗仍旧在“天眼”景区的门口趴活，仁微青一眼就看到了他。

仁微青搭了他的三轮车，下车时，王二狗死活不要他的钱。仁微青推辞了一阵，看出了王二狗的好意，拒绝别人的好意并不是一种友好。

仁微青是第一个到超市门口的，趁着人还没有到，就和王二狗攀谈起来。王二狗并不急着走，他愿意和仁微青在一起，莫名的亲近。只要仁微青问，他就憨憨地答。

仁微青问王二狗家里的情况，王二狗也据实回答。王二狗的身世并不复杂，只是有些不堪。老婆和村长的事他也没有避讳，和盘托出地说给了仁微青。七尺的汉子当着仁微青流了泪，为村长欺负人，也为妻子的不忠。离婚已成必然，就差一个手续，家在他心里，除了窝着一口气，什么都没剩下。

仁微青不相信真有人把名字取成“二狗”，但在看了身份证之后，他信了。

“为什么叫‘二狗’？”

“小时候，奶奶取的，贱名好养活！”

“改了吧！没人愿意叫这种名字！”

“啊？……改了？……”

“对！改了！”

人为了活下去，什么屈辱都可以不在乎。仁微青身上并没有侠客的本领，却也忍受不了价值观的煎熬。他想帮助他，就从名字帮起。

“你读书多，改成什么？”

“呃……我想想，就改成……王者！读者的者！”

“好！王者，好听！”

说话间，楚可可和武茜就到了，王者看见仁微青的朋友来了，骑着三轮摩托离开。看见王者离开的背影，武茜问：“这是谁？”

“一个悲剧。”

“噢？！有多悲？”

“唉……你若有兴趣，得空再告诉你。”

“对煽情的故事，女人都有兴趣。”

“好吧！女人！”仁微青心里认为，用女人称呼武茜就是最好的恭维，若不然，她就是心理手术失败的人妖，只获得了一副皮囊。

三人进了超市，各种生活物资一顿买买买，半圈下来，购物车已经堆积如山。楚可可拉了拉武茜的衣袖，悄声说了句什么，武茜却故意大声说：“有什么关系，让他帮忙一起挑一下款式。”说罢还对着仁微青一阵坏笑，弄得仁微青莫名其妙，楚可可一脸通红。

“什么……情况？”仁微青傻傻地问。

“我们要买姨妈巾，让你帮我们挑一下款式，可好？”

“啊！……”楚可可心里一阵抓狂，怎么会有这么一位损友。

仁微青悔极了，何必多此一问。脸烧得通红，只装作没有听见。

“哈……哈……哈哈！”两个大红脸，引得武茜一阵大笑。

仁微青故意左右看商品的货架，独自一个人默默地推着购物车，慢慢拉开与她俩的距离。心里暗骂，坏人！讨厌！

仁微青暗想，这狐媚的女人，怎生的这么一副勾魂的容貌，偏生嘴里却又这般不羁。自己若是落她手里，渣渣都剩不下，想想都一身冷汗。恐怕也只有交给浪子张硕来收拾了。

仁微青衣服兜里的手机一阵震动，真是想什么来什么，张硕发来了位置共享，仁微青手指在屏幕上一划，同意了共享定位。

在超市结账的时候，仁微青要替两位女生付钱，楚可可坚决不同意。

仁微青两只手满满的都是购物袋，根本拿不了，恨不得多生出两只手来。刚走出超市，就“偶遇”了张硕。

“老任，你怎么也在这？”

“啊！好巧！……张硕，我的室友。……楚可可、武茜，我的新同事。”仁微青介绍道。

仁微青演的有点失败，这个意外一点也没有戏的技法。似乎演砸了。

“你好！”楚可可大方地说。

“是你！”武茜说。

“食堂大锅饭吃腻了，来县城打个牙祭，顺便采买点日用品。”

“我们也去吃饭，张硕，要么一起？”仁微青尽量地装出巧遇的样子。

“好啊！一起！”张硕满嘴答应，赶紧帮仁微青接过几个超市手提袋。

只需要一个眼神，武茜就能确定张硕的那点小心思。像他这样的登徒子，武茜见得多了。张硕和仁微青串通的这点伎俩，又岂能逃过她的法眼。她看得出来，仁微青是有色心没色胆的人；可眼前这个张硕，一看就是到处拈花惹草的主，仗着一副好皮囊，恐怕他心中的天只剩下色胆了。

一行人出了超市，正要沿着街边寻一家好一点的饭馆，好好打个牙祭。

武茜悄悄寻了个机会，走到仁微青的身边，突然用手揪住仁微青的耳朵，说：“好你个小子，今儿出卖姑奶奶，得了多少好处？！”

仁微青突然耳朵吃痛，痛叫了一声，两只手上却早被手提袋占了，又不能反抗，只得一边哼哼一边说：“我哪有……啊……疼！松手……松手！”

“野丫头，你别欺负老实人！”

“怎么？还没过门，就心疼了！？”

“你！……”楚可可一时语塞。

“真没有，真是偶然碰见的！”

“我问你了吗？我问偶然的事了吗？你倒是自己招了！”武茜一边骂，一边手上加了些力道。

仁微青耳朵吃痛，急于辩解，脑子顾不得多想，嘴巴就把心中所想给秃噜出来了。一秃噜嘴，就被心思玲珑剔透的武茜逮个正着。

“啊！疼……”

“中午这顿饭，不让你出点血，难消我心头之恨！”

武茜恨恨地说，松开了拧耳朵的手。

这一幕被走在最前面的张硕看在眼里，却又不方便劝阻。只好在心里默默地说：兄弟，让你受苦了。为了我，为了我的幸福，你再忍忍。

张硕这几句心里话要是被仁微青听见，估计要和他来个割袍断义。可怜仁微青两只手都拎着东西，连抚摸耳朵的手都腾不出来。负重前行，每一步都不轻松。幸好街边的那家饭店出现得比较及时，在仁微青感觉手都快断掉的时候，前面的张硕已经迎在了饭店门口。

这家饭店并不豪华，但足以解决味觉和食欲的问题。四人在一张小圆桌上坐开，张硕要坐到挨近武茜的位置，被武茜的眼睛一瞪，灰溜溜挪到另外一个座位。号称情场浪子的张硕，刚刚分明敌不过武茜眼睛一瞪。仁微青不禁在内心哀号，恐怕连浪子张硕也收拾不了这只媚狐，竟然只有被收拾的份。高手！

以往的张硕身边从不缺女人，多少怀春少女惨死在他的甜言蜜语之下。张硕最厉害的还不是泡，而是甩，他的身边从来不留过期存货。常在河边走容易，不湿脚难；万花丛中过容易，片叶不沾身难。这些，张硕都做到了。

浪子张硕知道，女人在骨子里向往浪漫，与男人最好以一种浪漫的方式邂逅，而不能在刻意的安排中交往。比如，先给自己脸上添些斯文的书卷味，一定要戴副眼镜，胸前抱着一本诗集，最好在秋天，地上有落叶。轻吟几句应景的秋诗，深情地告诉女人她比诗还美。

可是，张硕等不及秋天的到来，县城的落叶中积满了垃圾，说不定还有老鼠、狗屎和虫。荒郊野外的山上倒是有落叶，也没有垃圾和狗屎；但在那种情形之下，自己在两个单身女子面前突然跳将出来，恐怕浪漫经不起那种荒郊野外的惊吓。这样的情景之下，万一还招来了警察，百口莫辩呐！

张硕得出结论，女人太聪明，离浪漫越远。或者，恰好是这种聪明，号称情场浪子的张硕被武茜迷得如痴如醉。他面对武茜，那些修炼多年的情场套路，武功全废。那些信手拈来的甜言蜜语，尽数烂在了肚子里。

莎士比亚说：女人是被爱的，不是被了解的。

张硕了解女人，以前没有爱则情不迷、意不乱，所以能够进退自如。如今，竟不甚了解这眼前的武茜，恐怕是有了爱的缘故。莎翁才是真正的老司机！

爱，竟然是自己最大的敌人。

仁微青从未见过这样的张硕，眼睛瞪得老大。

吃饭的时候，武茜又问起来“一个悲剧”的事来，仁微青和他们三位简单地说了王者的故事。末了，希望大家一起帮助他。

张硕虽好色，骨子里却也一副侠肝义胆，顿时表现出义愤填膺、血脉贲张的样子，一副欲奋起拔刀相助的姿态。仁微青看出来，他只有一半是真性情，另一半是装给武茜看的。否则，世间不平事多了，凭他自己的斤两哪能荡平这些不平事？表情本就是帮助表达的夸张，张硕表情有点过。

仁微青赶忙附和他，说他的点子最多，最懂世故人情，请他拿个主意。

很显然，男人的侠义，会获得女人的好感。

明天刚好还有一天的假，仁微青搭台，张硕唱戏，乘机可以为王者做点什么。仁微青恰好有点钱，可以办点事。

说干就干！仁微青用电话叫来了王者，按照张硕的计划精心地安排了一番。

在张硕和武茜的指挥下，四人围着王者忙活了一下午，理发、洗浴、买衣服、皮鞋、挎包……一套下来，连两位美女都觉得王者焕然一新，果然人靠衣装。

站着不动还好，只要一举手投足或一张嘴说话，他还是王二狗。

张硕打量着王者，总觉得还缺点什么。忽然，一拍脑袋，张硕摘下自己的手表，给王者带上。这个手表是自己泡女的道具，高仿江诗丹顿。

次日，王者应约来到民政局。

仁微青为王者租了一辆带司机的奔驰，而两位美女则扮演王者的暧昧女秘书。

离婚手续在民政局办得很顺利。那位农村的妇女整个过程下巴都没有合拢，她不知道发生了什么。

在张硕的指导下，王者表现得很“霸气”，真的表现得很霸气。

村长也来了，脸上划有两道结痂的抓痕，不知道经历了什么。村长和妇女老实地支付了离婚协议款。从付款过程慌乱的情况来看，来之前他们并没有付钱的打算。钱还是现场电话中临时筹得的。

在村长眼里，有势的人有钱，没钱的人没势。有势的人，村长不敢欠钱，给王者的钱付得很干脆。村长的为人处世来自于生活经验，这些经验这很恶心人，却又很合理，现实就是现实。……

仁微青、楚可可、武茜、张硕在帮助王者完成“衣锦还乡”的梦之后，不得不让王者从梦里醒来，王者还是王二狗。面临命运悲剧继续悲剧的现实。

王者对大家的帮助十分感谢，淳朴的本性让他不愿意再给大家添麻烦。他说，人生中能有一次这样的梦，死都值了！让一个站到高处，然后让他自己摔下来，这是造孽的一种。这愁坏了四个年轻人，不忍心！怎么办？

还是张硕的点子多。本地人没钱，游客才有钱，只有和游客相关，才能挣到钱。经过一番商量，还是搞旅游餐饮。

在仁微青等人的帮助下，王者开了一家民宿餐饮旅店。他们决定一起凑些钱，算是入股的方式让王者开了一家兼有餐饮、住宿的苗寨特色旅店。一家旅店，足以改变王者的人生，改变人生是上帝的能力，几位年轻人顺便满足了当一次“上帝”的愿望。

不曾想，武茜是个热心肠，家庭殷实，最后她占了大股。这反而让仁微青一阵感谢。在武茜的潜意识里，真就是因为仁微青。

找到一个理由与武茜有关，张硕最高兴，老婆本和盘托出，想占个小股。只要入了股，张硕就能把自己和武茜联系在一起了。

张硕想入股，武茜一眼看出张硕的心思，坚决不同意。就凭张硕的浪子劣迹，武茜就绝不会喜欢，只要张硕对自己没有想法，也犯不上讨厌。讨厌一个人，是因为你还有些在乎这个人。即使不讨厌，武茜也绝不会喜欢张硕。

哀莫大于心死，悲莫过于无声。武茜的漠视，张硕很郁闷，若不是情场纵横多年，恐怕伤得很深。

既然入不了股，张硕帮助王者经营是没办法拒绝的，武茜实在找不到阻止的理由。王者在张硕的指挥下，旅店就张罗开来了，张硕脑子灵活，王者勤劳可靠，旅店经营得有声有色。

似乎从此以后，王者的人生得到了逆转。四位年轻人真的扮演了一次上帝，改变了一个人的命运。可事情远比想象的要复杂，到底还是年轻。

……

5位年轻人享受着从未有过的待遇，像国宝一样被“供养”了起来。他们不一定每个人都会成为国宝，但他们其中有一个可能会是。时间过得很快，任务更加显得紧急，隔离式的培训匆匆结束。任何行程，一路都配有专车与安全助理，从黔阳到魔都竟然由专机执行运送。他们中大多数人第一次见到真专机。

明天，5位将在医院通过手术在大脑内部植入“脑机连接（BCI）”芯片。在一架由黔阳飞往魔都的专机上，5位的培训仍旧在进行。

在去往魔都的飞机上，楚可可开玩笑说：“这是我们最后一天作为人类。”

戴纵纬与助理武茜一路随行，仁微青已经习惯武茜生活与工作两种截然不同的角色转换，几乎就不像是同一个人。工作中的武茜一反生活中轻佻的常态，明艳之中透出干练。一袭制服却难掩形体诱惑，有另外一种职业的女人味。武茜身边摆着一台随身带来的设备，这就是最新款的脑机连接的设备。

“这就是脑机连接设备，和大家想象的不太一样吧？”武茜介绍说。

脑电波是什么？脑电波“指纹”是生物身份信息，具有唯一性。既然具有唯一性，那么，通信就不可以直连。因此，要直接通过仪器来识别脑信息是不可能的。识别必须通过计算机大量的模型建立，学习并适应脑电波个体如“指纹”一样的特征。而如科幻电影中一样，通过体表的几个脑电波探测磁环，根本测不出完整的脑信息。

用戴纵纬教授的话说：“脑电波来源于锥体细胞顶端树突的突触后电位。脑电波同步节律的形成还与皮层丘脑非特异性投射系统的活动有关。”

简单而通俗的理解就是，大脑内部细胞很多，这些细胞活动很复杂，但它们像单片机的晶振一样有脉冲节律，在节律的指挥下协调活动。

虽有一些活动的规律可循，具体的发生却因人而异。大脑是一个系统性的信息交互活动平台，包括新来的感官信息和过去已经有的信息背景。

武茜打开一个大脑的电子三维模型，模拟了脑思维活动时的电生理活动。不难了解到，大脑在活动时，大量神经元同步发生突触后电位汇聚形成的生理电。因此，大脑思维伴随电生理活动发生在整个大脑，而不是皮层脑电波探测电极（EEG）可探测的部分。

武茜介绍说：“如果通过外置脑电波探测电极（EEG）使大脑和机器实现连接，由于大脑活动时的电波变化，只是脑神经细胞的电生理活动在大脑皮层的总体情况，并不是内部具体活动的详细具体，只能实现脑机弱感连接。要实现真正的强感连接，必须将脑电波探测电极（EEG）深入到大脑内部，成为大脑的一部分。”

说话间，武茜拿出一个像保温杯一样的瓶子，打开瓶子的盖，从里面拉出一个透明的玻璃瓶，玻璃瓶中的液体内泡着一颗像豌豆大小的芯片，芯片向四周伸出了许多的丝状触角。这就是由戴教授团队研究的最新款的脑电波探测电极（EEG）。

武茜将玻璃瓶往前伸了伸，让大家看得更清楚一点。指着那些特别丝状的触角。

“这个是动物脑细胞的培养物，在大脑神经元与芯片间建立的直接连接通路。”

在武茜介绍完设备之后，戴教授开始介绍脑机连接的关键。

“你们必须让它成为你们大脑的一个部分，才能实现真正意义上的脑机结合；每个人的大脑都不一样，你要用思维神经去适应它，而它也必将能适应你。”

“这就是最后一项测试的开始吗？”

梅伊奋急于想知道怎样才算赢，急于想知道冠军上领奖台的样子。最后一项测试才能决定输赢。

“是的，最后一项测试就是大脑与脑波探测芯片实现脑连接。只有通过这个测试的人，才能够开展通过芯片实现‘脑——机’连接的能力。”

楚可可不是生物神经专业，但是，通过几天的交流与培训攒了不少的疑问。

“戴教授，这些生物电是怎样产生的呢？”

“生物电现象是生命活动的基本特征之一，其实，英文细胞（cell）一词也有电池的含义，无数的细胞就相当于一节节微型的小电池，是生物电的源泉。”

楚可可忍不住插嘴：“教授，您的意思是细菌也有生物电？”

“当然，这是细胞的基本特征之一，也是细胞的信息活动。无论生物大小，都有或强或弱的生物电。其中电鳗就把这种生物电进化成为武器。”

从甄选到培训测试的整个过程中，仁微青的表现总是令人意外，武茜一直特别关注仁微青。武茜私下提醒过戴纵纬，但都被戴纵纬有意忽略。戴纵纬有自己的盘算。

武茜希望仁微青也说点什么，用眼神询问他的问题。

仁微青心中确实存在一个疑问，被武茜用眼神点了名，索性就问：“脑信息是一种脑电波。准确的说法应该是，脑电波是脑信息的载体，这个载体是电磁波，是一种实现脑内信息交互的微弱电磁波。那么，这些电磁波就没有什么规律可循吗？”

仁微青的问题让武茜心中一动，暗想：这个家伙还真是句句问到了点子上，对信息和天体物理两个交叉学科都很精通的年轻人，还真没遇见几个。这个年轻人只是对生物信息有些陌生而已，学科之间互容共通，若稍加点拨，未必不会在脑信息方面有所成就。

戴纵纬也有些心动，但表面不露声色，他回答说：“脑信息的含义以脑电波为载体，即使测量载体，我们也并不能完全掌握信息含义。细胞级的脑电波在测量的同时会受到干扰，在动物实验中会表现出反应迟钝、产生信息歧义、记忆力受损。不过，并非一无所获，但远远不够。现代科学研究表明，从脑电波从波段划分：至少存在有五个重要的波段。”

戴纵纬让武茜在电脑上打开了一张图表，图表显示脑波由慢到快的排列。

借助图表，戴纵纬说：“可以看出，清醒、专注、激动等剧烈脑活动时，频率高而兴奋，思维效率快；反之频率低而平缓，思维效率低。而在睡眠时还可出现另一些波形较为特殊的正常脑电波，如驼峰波、复合波等。在人心情愉悦或静思冥想时，一直兴奋的β波、δ波或θ波此刻弱了下来，α波相对来说得到了强化。因为这种波形最接近右脑的脑电生物节律，于是人的灵感状态就出现了。”

戴纵纬敲了敲α波的位置，特别强调说：“α波，务必重点关注！”

“这些技术的应用，是否都进行过充分的动物实验？”

“当然，动物实验是必须的，这是志愿者之前最基本的安全保障。”

“这项技术掌握有多长时间了？”

“我们掌握这项技术已经有15年以上了，动物实验也在10年前开展，理论上，我们完全可以保障在安装芯片阶段的安全。”

“实际上这项成果本来的方向是为了实现脑功能增强，用于恢复各种颅内病变，如脑中风、脑炎、脑瘤、代谢性脑病变等导致的脑损伤病人的功能。”

“如果有患者愿意，是否可以？……”

“在征得患者同意的前提下，也有几例治愈的案例。但是这个治疗费用并非普通家庭可以承受的。况且，大脑的信息外联所涉及的伦理争议太多，稍有不慎被利用为不当用途，或将我们推向道德深渊。”

“任何一项技术都是双刃剑，技术本身并没有错。”

“这项技术不会太早地面世，目前还是机密。”

……不当用途……道德深渊，这几个词汇的出现，不仅让张冉沽联想到一个可怕的事情。如果……那这项技术太可怕了！

张冉沽犹豫了一下，还是想委婉地问问。

“倘若连脑信息都是可以侵入的，那么被利用为对人的精神控制，这种痛苦恐怕是绝望的。”

武茜点点头，说：“你说得对！国际上有种称为‘电子折磨’的刑罚，就是通过总结受刑人的体验，刺激大脑神经系统，产生痛苦的幻觉效果。”

这些话从一个娇滴滴的姑娘嘴里说出来，让人觉得毛骨悚然。仁微青打了一个寒战，不由得替张硕担心起来。不过转念一想，技术本身并不可怕，可怕的是使用技术的人。

这些技术的具体内容，还是引起了仁微青的兴趣。

“我们对脑信息连接，大约在怎样的水平？”

工作状态的武茜，并没有像平时对待仁微青那样的态度。她说：“虽然技术实现思路与我们类似，但外界的同类技术远不如我们的先进。即使是从苏联继承了这项技术的俄罗斯，也落后我们至少 10 年以上。”

戴纵纬知道，有些事情不方便继续讨论，俄罗斯在 20 世纪 90 年代进行过类似的实验，他不仅知道，而且十分的清楚。

“这些内容以后交流，我们看看其他人还有没有问题要交流？”

等了片刻，殷思雪见没有人问，于是提出了另外一个关心的问题。显然，她对任何严重的后果都很关心。

“能不能讲讲‘电子折磨’相关的情况，或其他。”

武茜耐心地说：“比如用于刑讯、用于窃取秘密，无须受害者允许，就可以直接读取大脑中的信息，那么对于人来说就不再有秘密可言。”

戴纵纬不想在手术前给大家带来恐惧情绪，不想引起大家的心理上的不适，打算阻止类似的讨论。

“科学技术进步总是一把双刃剑。科技之为善或为恶，不在于科学技术的本身，而在于使用它的人。我们在进行一项事关整个人类未来的科技探索，需要严谨的理论与实验，各位的奉献精神也承载了整个人类文明的希望。”

“……”

飞机在太湖之城有锡的机场缓缓降落、滑行，等飞机停稳后，几辆军队车牌标志的汽车已经在飞机悬梯旁等候。车队的目标是太湖畔。

脑科所洁白的监护室内，此刻芯片已经植入到5位“思维志愿者”的大脑中。就是武茜在飞机上向大家展示的那种豌豆大小的（EEG）芯片。

植入手术是在戴纵纬亲自指挥下进行的，这是脑科所多年以来的研究成果。芯片向四周伸出了许多的丝状触角，是由“思维志愿者”提供的脑细胞培养而成。为了调制出标准通信协议信息，同时保证探测电极与大脑神经元之间的深度结合，需要在外部预先制作一个结合部，就是那颗长了触角的“豌豆”。生物细胞和异物结合部是最难的，也是最核心的技术。

那些丝状的触角就是芯片受体本人脑细胞的培养物，这样就保证生物基因信息的一致性，不至于产生排异反应。通过基因一致的丝状物的突触与脑内神经元长合在一起，“豌豆”就成为了脑信息的一个部分。一旦大脑神经元与芯片间建立直连通路，接下来的事情就变得简单了。

即使是基因完全一致的神经细胞，再次长合在一起，也不是一件很容易的事情。大脑很奇妙，是生物细胞，却又不是生物所能完全定义的信息器官。

按照一般脑科手术经验，手术后恢复期需要3个月。在恢复期内，5人分别出现不同程度的排异症状，但这一切都是在脑科所临床经验的意料之中。

通常人脑的感觉器官通过神经与大脑连接。以听觉为例，声音通过耳膜连接到耳后的听骨上，耳膜把声音传到听骨上，听觉神经产生了生物电信号，生物电信号以脑信息电磁波的形式存在于大脑内部。听觉通过神经传递到大脑，让大脑感知声音。这些像指纹一样的脑电波，像DNA一样，每个人都不一样。

对于聋哑人，可以通过人造耳蜗产生类似的电信号，直接传入大脑，通过脑锻炼可以使患者恢复听力。尽管这个电磁波信号和自己的“指纹”不一样，但大脑的神奇远比我们想象的要强大。人造耳蜗的技术是聋哑人的福音，一定会得到发展和普及。

脑连接电极（EEG）芯片“豌豆”，基本原理和人造耳蜗类似，只不过“豌豆”不是一个感觉器官，而是一个脑信息直连的信息通道。脑信息十分复杂，远比单一的听觉信息要复杂得多。

即使是人造耳蜗，对于不同的患者，治疗的效果也是不同的，这不完全取决于生物细胞的情况，还与大脑是一个依靠电磁波通信的信息器官有关。对于单一听觉功能的人造耳蜗尚且如此，“豌豆”的情况恐怕还要存在更大的变数。

如果大脑内部有一个新植入的芯片异物，这个异物并不能按照每个人的大脑构造详细结构定制“指纹”，而是大脑自我适应这个异物。因此，只能让二者之间通过时间实现磨合，因人而异，只能听天由命，把结果交给时间。

根据经验，在磨合的初期，这种类似神经的生物电信号，让大脑产生各种幻觉都是可能的。在万不得已的情况下，只能对芯片进行摘除。

对于整个参与“芯片植入”的脑科专家们来说，整个团队在焦虑中度过了第一周。如预期的那样，包括幻觉在内的各种排异就产生了。虽然一切都在意料之中，一切却仍旧难掩焦虑情绪的煎熬。

除了严密地监控 5 位“思维志愿者”状态发展，各种应急措施都随时待命。

仁微青出现的排异症状最为严重：在头部被植入脑控电子芯片后第一天，鼻窦出现剧烈疼痛，并不断流鼻涕。自己明明失去了嗅觉，竟然在幻觉中闻到了一种恶心的气味，难道这就是臭味？幻觉不仅在鼻子的嗅觉发生，也出现幻听和幻视，伴随肌肉发生肌颤，并有时发生抽搐症状。更严重的是出现动作不协调、走路摔倒，思维和说话也出现卡顿不协调。

由于出现的症状严重，导致心律不齐，呼吸不协调，几次被推进了急救室。在专家们几乎要放弃的时候，仁微青却坚持要再等等看。

仁微青十分痛苦，即使在睡眠的状态下，也会出现奇怪的梦境，完全脱离生活常识。严重的排异反应让他只能待在重症病房中，在 24 小时监测中熬过了第二天。这个期间，他还不时出现严重的呕吐，伴随头疼、生殖器疼痛和勃起，眼皮跳动等。

张冉沽和梅伊奋出现的排异最轻，出现不连续的头痛，也出现了一些轻微的幻觉。梅伊奋自我感觉良好，似乎胜利已经就在眼前。

殷思雪的症状比这两位要严重一些，不过症状大致相同。殷思雪的幻觉比他俩要严重，在大脑中有声音，有时是两个声音对话。另外，也出现了动作不协调等症状，不能走直线，眼睛不能聚焦。

楚可可的症状也比较严重，但比仁微青要轻一些。她出现和殷思雪一样的症状，但要严重一些，幻听、幻视、幻味、幻嗅……各种幻觉，十分痛苦，和仁微青一样出现连续的噩梦。也出现心律不齐、动作不协调的症状。最令自己感到不堪的是，竟然幻觉到和仁微青做了羞羞的事。这件事对楚可可的心理打击很大，自己并不是那样随便的人。在清醒的时候，她仍旧在想这件事，难道自己内心对仁微青有所期待？不！这只是幻觉！

不得不说，在娇弱而且精密的大脑神经中安装一个异物，十分大胆。这个“豌豆”芯片是一个电磁波接收器，接收器能接收到蔓延在我们空间的各种微弱的电磁波，杂乱无序的电磁波信号直接连通给“思维志愿者”意识世界。大脑在生长的过程中已经自我形成了自然状态，脑内各种看似杂乱无章的细胞电有序地工作。有序地新陈代谢，细胞自然地发展与衰亡。细胞级的生物电信号，只能加入其中，而不能监测或取样。

整个第一个星期，5 位志愿者必须在 24 小时严密的监测中度过。没有人有把握一定会成功，谁也不知道明天会发生什么。戴纵纬随时做好为他们摘除“豌豆”的准备，如果有必要的话。

连续的噩梦折磨着仁微青，晚上总出现奇怪的梦境。或置身于无穷深邃的黑暗之中，自己在无边际的黑暗中痛苦地挣扎；或从悬崖掉下，却总是落不到崖底；或被一个重物压住了胸口，几乎不能呼吸……

连日的痛苦日夜折磨着仁微青，每一秒钟都因为痛苦不堪而显得十分漫长，这种感觉让他生不如死。

就在手术后的第三天晚上，噩梦如期而至。仁微青本来在现实世界中求生的欲望并不强烈，索性在梦境中放弃了求生的欲望，顺其自然又能如何？仁微青尽可能地让自己的大脑放松，全神贯注于自己的心跳的节奏，接纳一切来自外部世界的电磁波信号，让自己与黑暗融为一体。随之而来的舒适代替了原有的痛苦。或者说对于一直处于极度痛苦中的人，痛苦的减轻本来就是一种舒适。

尝到好处的仁微青继续任凭这些稀奇古怪的信号蔓延到自己的整个世界，只保持自己的心跳节奏，任凭陌生感的肆虐，在黑暗的世界中，把自己当作黑暗的一部分；在悬崖中下坠时，使劲让自己摔个粉身碎骨，碎得像一颗灰尘……仁微青彻底放弃了自己的存在感，像一口空气一般虚无的存在。

梦境中，终于可以自在了，真正的睡意袭来。

不过，这样的舒适并不持续。醒来之后，由于清醒的大脑无法让自我意识与芯片之间达成统一，排异带来的各种不适仍然纠缠着自己。仁微青放弃了医生的一切建议，尽可能地睡觉，只想让自己舒适一点。因为只有在睡眠中才能得到舒适，相比清醒时的痛苦，仁微青选择舒适的感觉。如果只是一般的痛苦，仁微青或愿意坚持，但这样的痛苦只有体验过的人才能体会。在痛苦的求生和舒适的死之间做一个选择，仁微青会毫不犹豫地选择舒适，世界并不值得留恋。

仁微青该留恋谁呢？自己没有亲人，朋友只有张硕，张硕并不需要自己。两位光凭借美色就足以心动的武茜、楚可可，或许不会真正的正眼看自己，自己或者只是她们生活品味中的幽默因素。王者，对了！只有王者……仁微青又昏昏地睡去。

从第三天开始，仁微青就十分嗜睡。他其实只是为了摆脱清醒时的痛苦症状。

无巧不成书！无意间，却误打误撞地另辟蹊径。幸运总是顺理成章，巧妙而又合理地自然出现。因为睡眠是最好的大脑损伤的修复办法，睡眠为大脑的修复提供了最恰当的条件，在梦境中接纳死亡，还有什么可以值得恐惧的，幻境中的感官之刑，慢慢也就麻木了。仁微青就这样几乎连续地睡了一个月，似乎摸出了一个窍门，只要自己顺从干扰信息的自由发展，似乎痛苦就会减轻。

事实上，用自我意识阻碍脑机结合，这种痛苦就会出现。而这种痛苦的排异抵抗越久，对未来的脑机结合越不利。所以，幸运的仁微青误打误撞地选择了一种最佳的捷径。理所当然，自己手术中受到的脑损伤也得到了快速的恢复，不适的症状慢慢地减轻了，而“豌豆”也真正成为了自己身体的一部分，与自己的大脑深度的结合。

这种看似巧合的小概率事件的发生，总是有其必然的因果。

大禹治水，智慧在于疏导；洪水猛兽，宜疏不宜堵。其实，世上的事情都是这样的。齐家治国、与人相处皆是如此。疏导的思路有些类似太极的四两拨千斤，借力打力，也有用最后一根稻草压死骆驼的意思。总之，充分利用可以调用的资源，不迎头蛮干，以达到完成任务为目标，柔性的或曲线的顺势向目标推进。

在5位“思维志愿者”当中，仁微青的求生欲望最小，而梅伊奋的个人经历使他本身就具有极强的求生欲望。这种生长在骨子里的欲望使他总是在与脑内的植入芯片反抗，用自我意志与芯片争夺对自己身体的控制权。

排异反应最轻的梅伊奋每天都按照医生的建议进行康复，他想从“思维志愿者”中胜出，他太需要这样的机会了。而他自己认为，胜利触手可及了。

梅伊奋一生中，每一次机会都被自己利用到极致，所以，这一次也是一样，自己必须要赢。梅伊奋尽量克服自己的各种不适，用意志力坚持让自己的意志控制自己的身体。梅伊奋认为自己的症状轻微，纯属幸运，命运的天平再一次向自己倾斜。可是他不知道，也因为这个“幸运”，他错过了一个重要的机会，机会一旦错过就不会再发生。

看到其余几位的症状，梅伊奋有些沾沾自喜。

《左传》中有句话说得好：“君以此始，亦必以终”。事实上，正是因为神经元脑信息结合层次深，不适的反应越大；而结合层次浅，不适的感觉越小。

仁微青恢复的速度很快，即使在白天，也不再有难以忍受的那种痛苦。其他几位的症状也在慢慢减轻，各种不适也逐渐恢复正常。

……

一个月后，所有人的痛苦症状消失，只是动作协调性比正常人稍差。

……

三个月之后，所有人完全恢复到手术前的状态。

12. 终极测试

争论，就是尝试说服根本不打算相信你的人。

三个月之后，5 个人回到了“天眼”，回到了 FAST 的地下科研中心。

这次回到基地，张硕准备了很正式的欢迎仪式，鲜花和接风宴。前来迎接的还有王者，接风宴就在王者的民宿旅馆。武茜说，既然是张硕设的接风宴，就不能到王者这里蹭饭，要分清楚照顾生意和蹭饭的区别。

王者憨憨地笑，说平日多亏了张硕的照顾，介绍了不少的生意过来，饭应该由自己来请。

“其实，张硕人不错。”仁微青替张硕辩解。

“人还不错？”

“不错？他这个不错该怎样量化？”

“嘿嘿……一个综合评价，稍带兄弟感情的评价。”

“我给他量化一下，他究竟糟蹋了多少好姑娘？”

“他原来不这样，因为被初恋甩了，用情太深！”

“感情受了伤，就该让别人来还？这是什么逻辑！？”

“他对你可是真心的……”

“别提我，我和他没关系！敢打我的主意，我捏死他！”武茜用手做了个狠狠抓捏的动作，想想都觉得胯下很疼。

楚可可看见俩人在嘀咕，走过来问：“你们俩在嘀咕什么呢？”

武茜说：“傻小子问我，要怎么追求你。”

楚可可和仁微青俩人顿时一阵脸红，仁微青连忙辩解。

“我哪有？！”话一说又有些后悔，眼睛偷偷瞟向楚可可。

恰好楚可可也正偷偷看自己，两束目光一碰，各自惊慌地闪开。仁微青分明从楚可可的眼神里看到了失望，内心惴惴不安。三十岁的男女竟是少年般青涩，武茜眼里看得是心花那个怒放！她太喜欢这种纯情的少男少女扭捏作态了，一边是闺蜜，一边是难得的内秀俊才。

武茜眼里的男人，只有外表是没有用的，不难看到恶心就行。肚子里的才能才是最重要的，比相貌重要。仁微青生性善良，值得楚可可交往。

本来，要安排楚可可和仁微青坐在一起，楚可可主动和王者换了个座位，与仁微青隔了开来。仁微青知道，自己说错话了，却不知如何解释。

“傻小子，你说错话了。”

武茜的话只有仁微青和楚可可听得懂，只有当事人明白错的含义。

“啊？……哦……”仁微青不知所措。

“赶紧道歉！”武茜几乎是命令的语气。

“对不起！……”

楚可可的脸都快红到脖子根了，仁微青这是什么意思呢？

……

即使是杜氏悳他们，也未必知道这个地下到底有多少秘密。

这次进入地下的入口电梯并不在平常工作的入口位置，而是经过一个有人站岗的岗哨之后。在一个不显眼的山洞里面，有两扇宽敞的电梯门。与平时工作一样，从电梯垂直往下，也不知具体下降有多少米，电梯停在一个宽敞的大厅。大厅的旁边有几个隧道口，其中一个隧道口停了两辆商务车，早已在那里等候大家的到来。

有两位荷枪实弹的战士分别站在两辆车门旁，5 位志愿者在军人的带领下上了其中一辆商务车。隧道宽大约七八米，有足够两辆车相向交会的宽度。隧道口有两位荷枪实弹的战士站岗，汽车启动后进入了隧道，每隔一段就有两个站岗的战士。

这情景让在这里工作了 5 年的仁微青感到震撼，原来在这地下还有这等设施！

隧道中有很多分叉路口，就像迷宫一样，若不是熟悉这里的地图，很容易迷路。汽车在隧道中穿行了大约五六分钟，又见到一片开阔的区域。

这个区域内全部是身着军装的人，和科研中心不同，这里连桌椅都是统一的军绿色。显然，这又是一处军事设施。

仁微青想起前几日和杜教授的对话，心里已经大概猜出个八九不离十。

脑科学家、脑神经健康监测、天眼、脑电波供体海选、外星生物探测、军事设施……

他是个聪明人，把这些事串联起来，事情基本已经更加明朗起来了。原来这个任务谋划已久，并不是临时起意。

在军事设施的研究室里，半圆形的玻璃墙把一个奇怪的仪器围在了一个圆形的实验台上，试验台只有两级台阶那么高。试验台中间摆着两把像最新款的按摩躺椅一样的“脑电波”采集装置，能让人深陷在躺椅的中央，一个透明半球形的玻璃罩子将受试者罩在其中。手术台旁边摆满了各种仪器，而这些仪器通过各种各样的线连接到这个躺椅上。

这个躺椅在殷思雪看来，就像是一个执行死刑的注射台，而自己可能即将躺在上面。不过这种设备提供的过程可能比死刑更可怕，并不会给受刑的人一个痛快，也许只会让大脑活活地被折磨着，而手脚却不能动弹。

死未必可怕，死不了甚至连痛苦的声音都不能发出才可怕。殷思雪想到武茜所说的那些电子折磨，不由得打了个寒战。没有意识的植物人，并不可怕，最可怕的是有意识的植物人，连自杀的权利都丧失了。

半圆形的玻璃墙外面是一个宽敞的大房间，沿着玻璃墙的弧形，安置有两排面向玻璃房子的监控工位，每个座位上都有一个工作人员，桌上是一些内部连通仪器设备，由计算机界面实现人机信息交互。左侧一个约 80 平方米的区域内有一个电子全息影像沙盘，此刻沙盘上正显示着“天眼”的三维全局图。

5 位“思维志愿者”分别在躺椅上进行脑机连线测试。这是他们最后一项测试，也是最关键的一次测试。对！如果这一次测试胜出了，就是梅伊奋一直想要的胜利。

脑机连接可以有 3 个层次：

第一层，能够对外发送出脑电波，通过脑电波进行有配合程序的外物控制；

第二层，除了发送，也能接收到外部电磁波信息，能够实现简单的脑信息交流；

第三层，能够与外部进行意识层信息交流与沟通。

实验结果显示：梅伊奋对太空脑电波的感觉十分迟钝，处于第一层。张冉沽、殷思雪二人的脑连接也只能进行外物控制，比梅伊奋要好一些，只能处于第一层与第二层之间。殷思雪要好一些，可以有简单脑信息交流，但对接受的信号解读错误率很高。

仁微青脑连接层次很深，接收外部信息出奇的灵敏，处于第三层。一开始戴纵纬也未必会想到，但后来也想明白了。仁微青在接受“豌豆”芯片植入的时候，排异反应最严重，这恰好是因为与大脑深层次结合的表现。

楚可可的脑连接效果也不错，达到了第二层优良状态，假以时日，或可以更好。她可以与外部接收信息进行准确交流。但是，不能进行意识层信息交互，这相比仁微青还是要差很多。

在测试结果宣布的时候，仁微青很意外，梅伊奋很失望，戴纵纬很欣慰，楚可可、张冉沽、殷思雪很羡慕，武茜、杜氏惪……等人很高兴！武茜、楚可可也很高兴！

……

根据项目的预定计划，志愿者必须一男一女分成两组进行后续的工作。很自然，楚可可和仁微青被分到了一组，而殷思雪和梅伊奋分到了一组。5 位“思维志愿者”仍然继续自己的使命，也没有因为殷思雪、张冉沽和梅伊奋的连接深度达不到要求，而让他们终止参与项目，备用团队永远是不时之需的必要。5个人的状态都没有最终稳定下来，谁也不知道接下来会发生什么。

接下来，在楚可可和仁微青两个志愿者之间，开始训练他们俩的脑信息连接，相互向对方的大脑发送和接收信息。

在玻璃房外的专家组指挥下正要进行“人——人”脑连接，苏格、杜氏惪、戴纵纬都在，还有一个军官模样的人也在，他不是别人，正是整个“太空之问”项目的总负责人李厘米。

楚可可和仁微青虽然相互认识，但是并不算有正式的相互了解。仁微青从未与女子有过这么近距离的接触，当楚可可从仁微青面前走过，衣服触及了他的手臂，他都会幻想一股芳香传入他的鼻息，他的心一瞬间缭乱得像春天的樱花瓣雨。

在玻璃房的实验台上，两位受试者面对面近距离站到了两个躺椅旁，可以清楚地听到对方的呼吸声。楚可可在椅子旁涨红了脸，她脸上娇艳的红晕上有一层新鲜的绒毛，如刚摘下的水蜜桃一样。让仁微青心中又是一阵荡漾。

她迟迟不肯坐上试验台躺椅，被一个男人进入自己的大脑，恐怕比自己裸体被一个男人观看更糟糕。眼睛里含着娇羞柔和的光亮，像是恳求的语气。

“那个……我们不是很熟，你不要看人家的隐私！……”

仁微青听到了也是脸一红，腼腆地说：“不会的，你放心！”

两把躺椅是背靠背摆放的，这样恰好可以让两人头靠着头躺下，使头部的距离最近。仁微青十分感谢这个设计，因为楚可可躺下的时候，长头发飘散了下来，恰好有一缕发丝落在了自己的脸上，这是他人生中第一次与女子有发肤之亲的接触。

仁微青虽然是“屌丝”，为人也算君子，内心的凌乱并没有完全吞噬立场，怕姑娘不放心，特意安慰楚可可。

“我理解这种脑连接并不能让我们入侵到对方的大脑，而只是通过脑机连接的方式相互发送和接收对方信息。我们之间的脑电波‘指纹’并不一致，或许，暂时我们还都读不懂对方的原始内部电磁波信息码。”

仁微青只说对了一半，两个人之间确实不能相互入侵对方的大脑，但是，由于脑机连接的“豌豆”芯片是一种标准的电磁波信息码，所以两个人可以进行高效而清晰的脑信息交互对话。

连接测试正式开始。很快，在楚可可的要求下，实验就终止了。

脑连接信息十分清晰！正是这种清晰，让楚可可很恐慌，楚可可要求终止测试。在刚才短暂的脑连接过程中，一股浓烈的男性气息进入到楚可可的大脑，而一股细腻的女性气息进入到仁微青的大脑。

在人们借助语言进行交流沟通的时候，总是会在表达与理解的两侧，即信息发送与信息受体。两侧分别不可避免地出现误差或歧义，这是人类大脑一直以来最习惯的效率。但是，脑信息直连沟通就高效得多，这太难以适应了！

这种高效丧失了相互之间的文字语言的朦胧感，长久以来，我们对这种语言歧义产生了艺术方向的依赖，歧义变成了一种有美感的事物。撕破这层外衣，可以获得信息沟通的效率，但是也丧失了沟通中对歧义之处的想象。数学、文字、艺术，数学是最准确的语言，艺术是最抽象的语言，二者恰好是文字两侧的边界。

进入自己大脑的是一个男人，这个男人气息让楚可可怦然心动，却又一时很不适应，有些欢喜，又有些莫名的恼怒。一向傲娇的自己，从未正视过任何一个男人的追求，自己的手都没有让男人牵过，却让一个不太熟悉的男人窥见自己的大脑信息，毫无秘密可言。

整个现场，或许只有仁微青最能理解楚可可的心思和想法，这种从未体验过的女性气息使他怦然心动，何况对方是一位年轻貌美的女子，娇媚的不可方物。不过，仁微青并不知道楚可可为什么恼怒，虽然，就在刚才的一瞬间他感觉到了楚可可传递过来的恼羞信息。

他离开躺椅，起身对玻璃外的专家组说了些刚才身体不适的理由，算是暂时给楚可可打了圆场。

在楚可可看来，即使是结婚 10 年的夫妻，双方的了解也未必会这么的彻底。而刚刚，身边的这个相貌平凡的男子就这么毫无征兆地与自己进行脑信息直连，毫无语言艺术包装的赤裸交流。她并不反感身边这个高智商的男子，而即便是男女朋友的关系，总是需要一个过程。

现在，这个过程已经被跳过，就像为了效率不再需要人类已经习惯了 5000 年的委婉。

武茜走到楚可可旁边，一边整理那些仪器连在楚可可身上的线，一边和楚可可低声地交谈着什么。武茜脸上露出揶揄的笑。

整理完楚可可那边，武茜又过来整理仁微青身上的连接线。她悄声对仁微青说："小子，这便宜你可占大发了！"

"什么……什么便宜？"

"别给我装！"

"哪……哪有……"

"对我家可可好点，她值得你好好珍惜。"

"哦……"

"哦什么哦，你要是欺负她，我捏死你！"

说罢，武茜在仁微青胳臂上狠狠地掐了一把，仁微青只好忍着，痛的连叫都不敢叫，心里却甜丝丝的。

戴纵纬似乎看出了一些端倪，和苏格、杜氏惪耳语了几句。

13. 相　亲

临了心戚戚，亲悲仇窃喜；致死不渝余几件，本无他我你。

临了风冷冷，闺帏实无恨；皮肉销金且销神，粉黛惹纷争。

临了暮霭霭，恩仇皆惹尘；快意恩仇却生恨，泯仇复负恩。

晚上，戴纵纬请苏格、杜教授一起吃饭，特别嘱咐二位教授带上自己的助手，两位教授默契地配合。戴纵纬知道武茜和楚可可的关系，也顺便带上她一起参加。

出门前，戴纵纬特意问武茜："小仁这个人你觉得怎么样？"

武茜吓了一跳，以为这是要将仁微青介绍给自己。

"仁微青？还不错！就是有点傻愣！我闺蜜楚可可似乎对他有意思。"

武茜赶紧拉出自己的闺蜜做挡箭牌。谁知戴纵纬没有失望，反而很高兴地问："是吗？他们俩有情况？"

"没什么大情况，或许双方都有点意思。"

"你点子多，看看能不能撮合撮合他们。"

武茜很失望。暗想，这都什么师父啊？原来压根就不是为我考虑的，我的单身问题也还没有解决，您老也不操心操心？

饭局上不谈工作，教授们不断地夸奖两位年轻人。瞎子都能看出来，这是一次相亲。楚可可和仁微青在这个场景下见面有些尴尬和不自在，武茜反正事不关己，一顿好吃，吃相大失矜持，实在惨不忍睹。吃饭间，三位教授默契地借故离开，嘱咐仁微青不着急回去，带大家多玩一会儿。

武茜问仁微青："傻小子，你希望找个什么样的对象？"

"三观端正的。"

"五官端正的行不行？"

"嘿嘿……也挺好。"

武茜一脚就踢了过来，骂道："美了你的！"仁微青小腿被武茜踢了一下，装痛大声"啊"了一下，引来不少人侧目。武茜扬起拳头作势要打，喝声说道："忍着！"

才过一会儿，武茜又换了一副妩媚的样子，这女人变脸和翻书一样。她媚声问道："你说是我漂亮还是可可漂亮？"

仁微青暗暗叫苦。这是个要死的问题！他灵机一动，说："天哪！你难道认为你只是漂亮吗？一副皮囊终归于一缕青烟，而你的心灵之美，化成灰都比化了妆要漂亮。"

一旁默不作声的楚可可"扑哧"一声笑了，武茜也笑了。

"算你小子识相，我就不当灯泡先走了，对我们可可温柔点啊……"

说罢，武茜就先行独自离开了。

楚可可对眼前的男人并不陌生，她必须深藏自己的身份。

如果是平时，性格开朗的楚可可定然会说出很多话来，可是今天的脑连之后，让女孩子一阵难以言喻的脸红。留下来的两位年轻人又是一阵无言的沉默。仁微青都快把头埋进碗里了，为了掩饰自己的紧张，一味地吃着桌子上的菜肴。

"你……爸爸好吗？"

"好！"

"你妈妈好吗？"

"也好！"

"那……"仁微青很尴尬，实在又找不到话题。

"我还有爷爷、奶奶。"

说完，没忍住，楚可可又发出"扑哧"一声笑。仁微青自己也笑了。

在仁微青的衣服兜里有两张电影票，此时都快被手心的汗浸湿了，皱巴成一团。这是杜教授吃饭前塞给他的任务，要仁微青今晚和楚可可一起看电影。他已经把这两张票从裤兜里掏出来两次了，又都重新放了进去。

仁微青的窘态，让姑娘觉得有些好笑。怎么这个男人比自己还紧张，估计从来没有和女孩子独处过。这个男人几乎毫不危险，难怪武茜说他是只情场上的绵羊。

他既不帅，又没钱，甚至不会浪漫。不过，就这个无比熟悉的男人，相貌普通，却让自己觉得很顺眼。白皙的皮肤，看起来很干净，内心也很干净。谈到专业口若悬河，见到类似武茜这样的女人如鼠见猫，智商很高。情商或许有，只是不曾见，也许还没有被开发过。

重点是，他是仁微青，自己并不陌生的仁微青……

还是楚可可先开了口："听说最近有个电影不错……"

"我们去看电影吧。"

仁微青终于如释重负地说了出来，这句话他在心中已经默念了几十遍。手哆嗦地把口袋中的电影票放到了桌子上，却发现电影票已经被汗渍湿透。

楚可可彻底乐了。心里竟然有些感动，莫名的好感油然而生。

"野丫头的问题，你还没有回答。"

又来了！怎么女人都只关心男人眼里的容貌吗？能躲则躲。

“啊？什么问题？不记得了。”

“别装，我和她谁漂亮？”

仁微青再傻，也不会说武茜漂亮，“书卷女神”楚可可和“子孙杀手”武茜各有各的美，很难比较啊。这个问题和实话无关，楚可可只在乎仁微青眼里的评价。但是，武茜那个姑奶奶自己又得罪不起啊！

“呃……你照过镜子吗？”

“什么……当然！”

“我的答案和镜子是一致的。”

“别扯，说答案！”

“嗯……你的容貌应该已经接近神的容貌了，只可惜我从未见过神，所以，你是迄今为止，我见过最美的人。”

楚可可虽然觉得仁微青说得有点扯，但还是很高兴。这关算他过了。

第一次正式谈恋爱，仁微青心里依然有个结，就是女神祭坛上的杜疏影。纯洁的高中少男少女感情萌动，内心也曾出现个词叫“至死不渝”。而成年之后才知道，当自己强调决心和坚定的时候，反而说明对决心的坚定没有把握，否则就不用强调了。决心，只有到了未来才能知道。

电影没有开始，观影之前还有半个小时，恰好是谈情的好时光。仁微青知道，即使是恐怖片，姑娘也不会钻到自己的怀里，除非她故意。而此刻根本就没有故意的可能，一点可能都没有。

“听说你还没有男朋友？”仁微青看来只是紧张，但并不笨。这是个好问题，基于证实自己掌握了一定情况的设问，比那种假装不了解情况的“你有没有男朋友”问题要好。

“没有。你呢？”楚可可没有男朋友，实话实说。

“我有过一个暗恋的对象。”

美女也是一种资源，没有一种资源是为自己专门准备的，任何资源都需要主动去争取。楚可可只是还没有碰到合适的，成为这种合适也要去争取。

仁微青倒是想问，“怎样的才是合适”“你希望找个怎样的”之类的问题。但是，他并不打算这么做，因为正常情况下，女人的这个问题一定回答不了。没有一个女人真正知道自己需要什么样的男人。感情并不理性，没有人可以轻易做出自己感情的商业计划书。

仁微青想起了杜疏影，在很长一段时间里，他在内心也分不清，自己到底是渴望杜疏影的身体，还是渴望杜疏影的精神世界与自己的交集。很显然，自己从来就没有和杜疏影产生过精神世界的交集，连交谈都很少。或许只是用爱慕的方式包装了青春期激素的原始欲望，青春期的少女散发给少男的身体吸引，剥去伪装就是纯粹的欲望。一定要说与激素无关，连鬼都不信！

但是，爱慕杜疏影只有激素的缘故，似乎不完全对。男人总会对高高在上的女性产生征服欲望，出身或职务独立的女性，更容易成为男人征服的目标，越是得不到的女人越想得到。杜疏影与自己的出身相比，有留美博士的高级知识分子家庭，有知识分子家庭应有的修养与富足；而自己却在贫贱的家庭中挣扎地求生，贫贱让自己的家庭从未和睦过。虽然在同一所高中，杜疏影却像一只高贵的候鸟天鹅，她只是暂时路过这个自己祖辈生存的泥沼，自己是泥沼里生活的丑鸭。自己用尽全力要试图改变的，无非就是这个落差，优越与贫寒之间的落差。落差使原始欲望的诱惑更具有品位。

爱情并没有那么坚贞，在激素面前根本就不堪一击。自己也并不需要为这种单相思的对象设置心灵祭坛，女神只能在神坛上，不能走进现实，最好的归宿就是随着自己的青春一起埋葬。

青春易逝，该埋葬的就应该入土为安。

仁微青还是把单恋杜疏影的故事讲给了楚可可听，单相思的故事并没有多少内容，故事很简洁，简洁到几乎不算是故事。故事中没有女主角与男主角的互动，更多的是躲在角落里的目光，与角落里的心理活动。

“也许，你们还会见面的，也许还有意外之外的意外。”

楚可可似乎有个秘密，一副欲言又止的样子。

“感谢你的倾听。”

“那我也感谢你的坦诚。故事很简单，却感人！”

“这是唯一真实的版本，再好的作家要编出另外一个合理来，也会词穷。”

“故事的感情不是作者产生的，而是读者。简单的故事才会把想象空间留给读者，简单才感人。”

“你是唯一听到我的故事的人，可以和你分享内心最深处，真好！”

“现在，可以从原来的感情中走出来了吗？”

“历史是我的一部分，没有人可以抛弃历史。但是故事的女主并不知道这个故事。”仁微青很坦诚，隐瞒并不是忠诚。谎言就是谎言，没有善意的，所谓善意只不过是对忠诚被理解没有信心。

“也许……她知道。”楚可可有些走神地说，眼睛有些湿润。

楚可可眼眶的泛红和湿润，被仁微青看作是醋意。连忙解释。

“那些都过去了，我的人生只剩下将来。”

仁微青怕楚可可误会，想要强调未来比过去的故事更重要，自己暗恋的人物只是在故事中，而楚可可是可以和自己分享故事的人。

楚可可脑中回忆起那桩车祸，一辆急驰而来的车发疯一样冲了过来，将一个人行道上的女孩撞飞到空中，重重地摔倒了地上。她最后一眼看到这个世界的时候，视角是地面的柏油路面，沉沉地合上了眼，在一片纯粹的白色中失去了知觉。

当再一次醒来的时候，已经是现在这个身体。作为交换条件，自己的名字不再是杜疏影，而是楚可可，并委以另外一种使命。杜疏影其实已经死了，杜疏影其实还活着，借楚可可的躯壳活着。楚可可什么也不能和别人说，后果很严重，这是条件。

楚可可内心又些羡慕那个叫杜疏影的自己，男生的痴情竟然让自己有些生气。她很矛盾，哪有自己和自己吃醋的人，这股醋意竟然是这具身体，男人终究是个激素动物。男人总希望自己可以得到全天下的美丽女子，最好只谈身体不谈感情。而女人总希望自己可以吸引全天下的男人，先谈感情再谈身体。女人之间的嫉妒本来与爱无关，但会因爱把自己牵连到其中。

可是，这些又怎能怪仁微青呢，一个默默爱恋自己 10 余年的人，又能再奢求什么呢？五年前，分别时的小男生也已经而立之年，仍旧在心里默默守候自己。想到这里，楚可可又有些心疼仁微青，待自己仍旧如小男生一样的痴情。安慰他，又该怎样开口？

“生活还得继续，你要往前看。”楚可可说，看仁微青的眼神中充满了柔情，这让仁微青产生了错觉。自己没有这样的魅力吧！

对于仁微青而言，生活确实还在继续，为什么还会继续，自己也不知道。不过，过去的将永不会再来。

“人生是单行线，历史不可假设，也不能重复。”

“如果可以重复的话，你是对杜疏影抱有遗憾吗？”女人很敏感，楚可可内心很矛盾。她有两个身份，两个身份对仁微青都很特别。

从楚可可的相貌举止来看，仁微青很难将她与杜疏影联系在一起。他对杜疏影有遗憾，遗憾竟然没有勇气进行一次表白，遗憾追随女神的脚步终止于出国的那一刻。

“任何一次选择，都会留下对放弃选项的遗憾。角度决定了视野的局限性，看到的同时，也失去了没有看到的内容。”

楚可可有些伤感。

“如果有她在，你们会在一起吧！那样的话，我们或许永远只是陌路人。”

这句话，分明透露着醋意。话一出口，楚可可就有些后悔，她不应该这么问。

“你在基于一场从不存在的假设，用假设来证明我的花心吗？”仁微青很愿意坚守自己的过去，感情是纯粹的，历史是自己的一部分。

仁微青哪里知道，自己的坚持恰是楚可可的感动。

仁微青认为，只要基于假设，似乎什么都可以发生，只要自己愿意假设下去，总是可以给那些喜欢或不喜欢的结果编排出一个合理的剧情来。

相处了一段时间之后，在楚可可面前，仁微青不再紧张。对楚可可坦诚感情史，反而让自己完全放开了，言语之间逻辑精密，思维敏捷。

“女人都这么不讲理吗？”

“对！女人就不讲理。你想和天下女人为敌？”女人心里服输，嘴上可还是这么说。这是撒娇的语气吗？仁微青感到头皮一麻。

连和你为敌都不敢，还敢天下？仁微青心中想。

“莫不是这头发长的人，果真会吸走大脑的营养？”放开拘束的仁微青，甚至开起了玩笑，头发长短与见识大小的辩证关系。

“十年情思百年渡，不斩相思情难渡。我这头发留了五年了！若不是……”自己和杜疏影的关系，楚可可差点就脱口而出。幸好反应快，连忙刹车。

“好诗！”仁微青的马屁赶紧地跟上节奏。

楚可可美目一瞋，娇媚中带羞，“扑哧”一笑，显得美艳十足。仁微青并未察觉到刚才楚可可话中的异样，因为此刻他几乎能听见楚可可的呼吸声，对于从未和女人近距离接触的仁微青，显得“耳”不在焉，几乎看痴了。

“我喜欢长头发！”

这算是表白吗？楚可可听到这句话，脸不由得一红，可谓是羞极了。若不是剧场的灯光昏暗，这岂不是都会被仁微青看在眼里？楚可可整个身体从头皮开始麻到了脚跟。

仁微青也意识到自己可能说的话产生了歧义，但如果不是这个歧义，自己还真没有胆量说出表白的话来。感谢这个错误！

正在这个时候，电影开始了。电影开始的很及时，结束了一场尴尬。

这是一部关于灰姑娘与王子恋爱的电影。

三十岁的人，有足够的阅历和人生经验，对为人处世少了青涩，而多了老到。恋爱让人年轻，无底线地年轻，浪漫的爱情让许多少年的情愫又回来了，让人产生一种错觉，三十岁之后重温少年，还来得及。

或许爱情就应该是义无反顾的追求，就应该是无所顾忌的厮守。

毕竟生活不是童话，三十岁的人眼里，往往会看到事情的本质，童话就显得无趣了。比如，为什么灰姑娘和王子的故事只能写到“……从此过着幸福的生活……”就结束了呢？

如果这个故事接下去写，怎么写？没有恶毒的后妈、没有最钻石的王老五和最卑微的灰姑娘社会差距、没有世俗与打破世俗的坚贞……没有这些也就没有观众的眼泪。而从此幸福地生活在一起的灰姑娘和王子，在未来就只有平淡无奇的生活，或者还会有鸡毛蒜皮的吵嘴。故事因为戏剧冲突而存在，生活却有没有冲突都死皮赖脸地存在。

电影结束后，仁微青负责送楚可可回家。路上，楚可可问："你是什么星座？"

"双鱼座，但我并不相信星座命运说。"

"为什么？"楚可可觉得这个男人很理性，比外表看起来要睿智得多。

"显然有许多人没有耐心去通过'时间'了解别人，甚至于有人懒得了解自己。人们更愿意通过星座和属相来相互了解，把未来的命运交给星座。"

"因为你是天文物理学专业的，这我知道。"

"算命我也不信，因为一个小学没有毕业的算命先生的忽悠，十块钱的有偿忽悠，而影响自己的决策，将远大理想湮没在无由的心理仪式中，岂不荒唐！把自己的人生以十块钱的价格托管掉，也太便宜了。"

仁微青和自己熟络后，完全判若两人，竟然还有幽默感。楚可可感觉到，原来仁微青有着丰富的内心世界。若人生可以再来，自己不愿意和他错过那些少年时光。

仁微青送楚可可到宿舍楼下，分手在即。

楚可可说："两位老师有意撮合我们。"

"嗯！"

"你看出来了吧？"

"当然，看出来了。"

"他们是为了我们在工作中配合更好，脑连接需要相互信任。"

"我知道，只是你作为女孩子比较吃亏。"

"记住，你是个君子。"楚可可想提醒仁微青，工作上不要乘人之危。

"君子谈不上，要是组织上能把你发给我做女朋友，没有 500 万元我也干！"仁微青开起玩笑来。

"你想的美！"

"就是！想你的美！你真美！只可惜……"

"可惜什么？"楚可可疑惑道。

"你有那么多追求者，而我可能会输掉。"

楚可可笑了，嗯！给这小子一点压力也好。

"想知道，我给你打多少分吗？"

"想知道！多少？"

“不告诉你！”

“我是不是做得不太好？我还不懂怎样讨好女孩。”仁微青很在意地说。

“你做得很好，你应该可以打动很多女孩的心。”

“在对待杜疏影的问题上，我就做得很差！”

话一出口，仁微青就后悔了，总是在楚可可面前提杜疏影，实在不太好。而在楚可可眼里，正是仁微青对以前的那个自己念念不忘，深深地打动了自己。

“很遗憾，是吗？”

“人生总是需要有些憾事来充实自己的历史，残缺的才是圆满。人总会留些未了的事情，并凭此让自己消逝的生命还能延续到将来的、别人的世界中去。”

“你未必知道杜疏影的内心。”

“是的，我不了解她。”

“女人对感情的敏感度远比你想的高，或许她从未忽略过你的存在，或许她也一直在等你开口。”

“我为自己的怯懦感到自卑。”

“历史就只能归于历史了。”

“感情是人最脆弱的堡垒。”

“感情也是人最坚强的屈服。”

“……”

绝情的另一种解释或许就是坚强。楚可可这句话到了嘴边，还是没有说出来。

无论杜疏影的身份是自己，还是另外一个人，她都应该是这个男人生命中的一部分，是他成长过程中的路。无论如何，我们不能假装这段路的不存在。他应该毫无负担地自由地成长，成长至熟，待到用成熟的感情倾注到成熟的爱情中去。

完美的人生可以作为愿望，但不可以作为选择，一旦作为选择，结果一定是极痛苦的。人类是奇怪的，有些道理只能想，但是不能说。

楚可可想给仁微青一个拥抱，也想到他的怀里撒个娇，但是她忍住了。她相信俩人之间会有未来。

14. 第一次发射

思考，就是自己一个人的辩论。

有张硕的点子，王者的旅店生意越来越好，收入也越来越可观。武茜的投资本来是资助性质，不曾想真的开始赚钱了。她知道，这里主要有张硕的功劳，那个花心大萝卜竟然也有些本事。

王者看上了一位餐厅的服务员，据说也有些姿色，王者要和她结婚。这原本没有什么。可是，随着餐厅的生意变好，餐厅又招了一些新的服务员，新来的服务员中有长得更漂亮的，王者就把原来的甩了，那个怀了孕还堕了胎。

据张硕反映，旅馆的账也有些问题，王者为了新女朋友，花钱越来越大手大脚。

四位年轻人最后一次聚在这个旅店吃饭，他们不得不思考对错的问题，王者根本不可以拯救，他就该是王二狗。仁微青很失望，王二狗不是不坏，而是当时没有坏的本钱。大家决定集体退出。

王者认为自己辛辛苦苦开店，武茜等人坐着收钱，本来就有意见。想退出，刚好也是他的想法。只不过他的那点拆迁款，本来就是个小股东，需要有人受让股份才行。王者想得到所有的好处，于是去银行贷了款，受让了一部分股份，成为了大股东。

武茜要撤资，生意好的店，很容易出手。早有当地人眼红他家的生意，早就想插上一手，见有人退出，很快就有人愿意接受出让的其余股份。大家把一切手续都交由张硕办理，张硕有头脑，他办事大家都见识过的。

王者不再是自己应该关心的了，了却一桩心事，应该轻松些才是，可是四位年轻人怎么也高兴不起来。眼睛看到的善恶未必一定就是真的，善恶并不那么容易分辨。善显得很浅，恶藏得很深。

……

一个月后。

在脑连接实验台中心，仁微青与楚可可躺在玻璃房子的躺椅上，连续几天以来，两个人的脑连接越来越顺利。

这一方面是各自的大脑与“豌豆”芯片之间的结合顺利，另一方面也归功于两人之间的感情进展。见此情形，戴纵纬、苏格几位教授笑而不语。

基于二人的脑连接的稳定性，项目组决定尝试正式和“天眼”进行脑连接。

但是，不知道什么原因，几次尝试下来，连接都没有成功。

“天眼”是一个巨大的天线，即使很微弱的电磁波都可以被放大到通信级别，被计算机识别。实验者根本不知道什么时候会发来信号，也不知道发来信息的功率大小。这些不确定的外太空电磁波，随时都有可能被天眼接收并放大，对蛋白质大脑造成“反噬”的伤害。

脑信息是量子层的微信息，在测量和接收的过程中极易受到干扰，而必须重建脑内突触连接的方式，并强化信息通道。仁微青和楚可可之间的脑连接是同类之间的脑连接，同类之间的脑电波差异是最小的，解读相对要容易很多。而“天眼”毕竟是一台冰冷的设备，我们只能负责发送到脑电波为止。虽然，我们会试图接收信息，接收的信息是地外理性生命发来的，交给他们来负责。将接收到什么？谁也不知道！他们发来的信息不可能与地球人一样，但他们有更高的科技，这些难题交给他们。

连续多次尝试带来的失败，让各种奇怪的情绪蔓延。

仁微青不得不深入考虑这个问题。在“天眼”上发送和接收脑电波，这在逻辑上仍然可以看作是一个人造“耳蜗”。耳朵只能听到声波，只不过“天眼”的尺寸大了些，用来“听”的是电磁信号。人完全可以把它当作第“六”种有感觉的器官，兼有表达的能力。

于是，仁微青试图用“天眼”来感知世界，他需要一种新的感知能力，不是生物人体器官感觉中的任何一种。如果一定要有个名字，或者可称为“脑讯”比较合适。

此时，仁微青大脑心境澄明。他首先把这些想法告诉了楚可可和戴纵纬。

戴纵纬很高兴！当天就安排了人造耳蜗听力修复的专家支持。果然，在构建脑内突触连接并强化训练之后，效果很明显。

把所有的设备当成自己的一部分，仁微青让这些设备自由地建立连接。连续几天的通信磨合，已经可以顺利地接收和发送短暂的信息了。

楚可可在仁微青的帮助下，也可以慢慢跟上仁微青的节奏。但，离要求的差距还是比较大。仁微青进步明显快很多，独自一人就可以做到的事，带上楚可可就不可以。楚可可成为了负担。李厘米决定让楚可可退出，由仁微青一人承担发射任务。

为了加快项目进度，“脑讯”执行由仁微青独自进行。虽然不参与执行，楚可可仍然可以帮助仁微青训练。没有发射任务的楚可可轻松了许多，轻松让进步更容易，其间竟然也进步不少。

而其余的三位志愿者还在排异的痛苦之中，脑连接这个步骤一直不能稳定下来。在李厘米看来，他们是指望不上了。

这一天，仁微青突然开始一阵强烈的呕吐，并昏倒在玻璃房间的躺椅上。这吓坏了所有的人，进展最顺利的仁微青几乎代表整个项目的进展。他若有事，整个项目就几乎倒退回原始阶段。

大部分人是因为项目关心仁微青，但是，楚可可却是因为身体关心他。还有一个人，武茜。武茜只能悄悄地关心。

在别人的撮合下恋爱，楚可可和仁微青却并没有因此产生反感。在这个年代，还通过别人介绍来寻找爱情，确实老套。不过，得到长辈祝福的爱情也有好处，有长辈祝福的恋爱交往，少了些神秘，却多了些安全感。楚可可更是认为，地球这么大，绕了一圈却并没有将自己和仁微青分开，这不是缘分吗？

只是有一点，楚可可想想就觉得可气又好笑。这个该死的仁微青，不会真以为自己是项目组发给他的女朋友吧？！不过，她现在哪里顾得了这些，看到昏倒在测试台的仁微青，楚可可心都碎了。

经过检查后发现：原来仁微青昏倒，是大脑长时间承受“天眼”强大的信源功率所致，这样的功率并不是大脑所能承受的。最后，专家组通过缜密的计算与测试后，决定让其他志愿者代替进行受压测试。

这个任务落在了梅伊奋身上，他极不情愿，但又不得不为。

通过周密谨慎的实验流程，最终得到了结论，仁微青的宇宙通话极限时间为28秒以内。

又经过了2个月的周密训练与实验，于2019年9月12日13时21分54秒，由“天眼”第一次发出了可以到达银河系边界的广播。

仁微青的脑电波是人类有史以来从地球发给外星人的主动信息，向整个银河系的边沿传播着。“天眼”随着地球自转的速度被动地转动，发射的方向也随之转动。脑电波信息的发射方向对准银河系边际移动，像一束光速的脑电波光束对着银河系扫描。

信息只有一个内容：“请与我们联系！”

仁微青并没有收到任何回应，按照专家组的理解，信息到达彼岸还需要漫长的时间。寂静的宇宙一如既往的寂静，并没有任何回应。

不过，仁微青并不这么认为，虽然信息载体是电磁波，电磁波是信息的传播速度；但是，这些都是基于宇宙三维空间的思维定式。时间和空间只不过是速度的信息，或者也可以理解为一种信息坐标系。

既然关联到电磁波，不得不提到一个伟大的人物——麦克斯韦。麦克斯韦方程被称为最优美的方程。（实在想不通，一个方程怎么能用优美来形容，第一个这么说的人，肯定是理解了方程的含义。而后来大部分用优美来附和的人，多半没看懂，又不好随便改词，避免滥竽充数露馅。科学界就这么词穷吗？）

麦克斯韦的电磁理论可以归纳为：

1. 电磁场不需要介质时，不论中间区域是真空还是实体物质。（没有以太）

2. 电、磁动势不仅存在于带电体、磁化体或带电流物体中，其大部分分布在周围的电磁场中。（电磁集肤效应）

3. 导体构成的电路若有中断处，电路中的传导电流将由电介质中的位移电流补偿贯通，即全电流连续。且位移电流与其所产生的磁场的关系与传导电流的相同。（电回路闭合）

4. 磁通量既无始点又无终点，即不存在磁荷。（磁回路闭合）

5. 光波也是电磁波。（如果电磁波速与空间坐标系无关，难道光路也是闭合的？）

总之，麦克斯韦建立了统一电、磁的理论。后来，更著名的爱因斯坦建立了统一质、能的理论。而信息和经典的“质——能”物理世界还未在量子理论中达成妥协。三维世界的红移的空间分布形式被认为与宇宙中的重子物质有关。

有人通过计算认为，普通重子物质只占所有物质的 15%，余下的全是不可见的暗物质（这里指冷暗物质）。还有人通过观测数据计算推导：暗物质的分布方式也是与普通物质相同的。甚至人们得出结论：正是宇宙早期暗物质的分布起伏为今日宇宙的普通物质起伏埋下了种子。

暗物质若有若无地存在于间接推导和数学描述的理论中，但并不属于这个三维空间约束的范围之内。

虽然，信息可以用电磁波作为载体，但是，电磁波本身并不是信息的实质。信息也应当可以穿越由恒定电磁波光速制约的空间，以量子纠缠效应的方式穿行于银河的星际。

信息是量子理论下的一种存在，完全有可能不受三维空间的约束。信息的传递，根本不会受到电磁波“光速”的约束，光速是三维空间之内的极限。仁微青相信用不了多久，他就能得到回复。

这个理论并不被大多数人看好，但他还是坚持到实验中心监听。

时间就这样过去了 3 个月，在外人看来，这 3 个月似乎什么都没有改变，除了仁微青和楚可可已经发展成了恋人。在这段时间里，两个恋人不只是相互熟悉了大脑信息，初步估计还相互熟悉了男女之间的身体构造。

就在一个普通的下午，仁微青照常在躺椅与“天眼”间进行脑连接，这样的工作他每天都要做几次。突然，实验室警报灯亮起，仁微青的脑畔收到了一则来自太空的脑信号，自己能够清晰地阅读出信息的内容：

“危险！危险！危险！请保持沉默！请保持沉默！请保持沉默！”

仁微青被这个突然的声音吓了一跳，这个如同在耳畔的声音是那么的真实，就如同是自己嘴里说出来的声音。仁微青向李厘米报告了这个信息，而李厘米立刻召集了紧急的会议。

仁微青第一次收到太空的信息，这无疑是个十分重要的消息。李厘米组织专家组一再确认监听信息，鉴于这个事件的重要性，仁微青被问到了每个细节。同时，专家组也仔细查看了监听仪器，十分的仔细，生怕放过任何细节。监听仪器也记录了当时收到的信息，虽然不能用机器解读这一则电磁波的含义，但毫无疑问地显示“天眼”确实收到了一则诡异的电磁波信号。

越是令人兴奋的消息，越让人们紧张、焦虑。这无疑是颠覆人们一般认知的事情，一定要及时上报，而对事件的确认是上报之前最需要的工作，也是最紧张的工作。项目部连夜开会，希望可以进一步确认消息的可信度。

首先，排查周围无线电干扰，这个工作已经连夜分派下去，由排扰队负责。

其次，脑信息解读，尝试从脑信息特征寻找证据，证明这个信息是来自宇宙生物，由戴纵纬带队进行。

最后，尝试由其他 4 位志愿者通过“脑——机”连接，解读这一则被录制的脑信息，是否能佐证脑信息的内容。

与此同时，一条简短的消息被报告到中央：“在‘天眼’开展的‘太空之问’项目，疑似首次收到来自宇宙深空的实质性回复。”

即使这个事件被定义为“疑似”，也足够引起二号首领的震惊。由于二号首领在境外进行国事访问，这个“疑似”事件也足够让二号取消后续的行程，赶赴现场。

二号首领在接到报告后，7 个小时后就已经亲临现场。

会议，除了连夜的会议，还有忙碌在各个岗位上的科研人员。反而，在一系列问询之后，唯一无事可做的是仁微青。

会议室内兴奋夹杂着紧张，这是人类历史上迈出最大的一大步，无论任何一个细节都将永载史册。

仁微青也坐在了会议室，和与会的众人一道起身迎接二号首领的到来。在李厘米的介绍下，二号首领主动走过来和仁微青握手。

二号首领握住仁微青的手说：“仁微青同志，辛苦了！”

“首……长好……不辛苦，应该的……应该的！”仁微青何曾见过这种阵式，机械而又紧张地和这位传说中的人物寒暄问候。

二号首领：“你是我们人类的功臣，是我们国家的宝贝啊！”

仁微青：“都……都是大家的功劳，大……大家一起努力的成果。”

二号首领目光深邃，似乎能看透仁微青的内心。但是，语气却十分的和蔼。拍了拍仁微青的肩膀，以示亲切，似乎告诉仁微青放松紧张的心情。转身走到会议室的主席台前，用左手摆了摆，示意大家坐下来。大家等二号首领坐下之后，也分别围坐在了会议桌旁。

二号首领说："首先，我请代表中央向一线的科研工作者表示慰问，今天的这个消息十分的重要，是全人类的大事。物理我不懂，与你们比算个小学生。今天，我是以旁观的身份来向大家学习的，带着求实的心态来向大家学习的，希望不要影响到你们的工作开展。如果开展工作有什么需要帮助的，尽管说出来，我就是过来帮助大家协调资源的，给大家做好服务工作。下面，请李厘米将军来主持会议，小米，你最熟悉现场的情况。"

二号首领的意思很明显，事情很重要，开展工作就是有任何要求，可以协调国家的一切资源。首领称呼李厘米为"小米"，显然是旧相识，恐怕还是十分熟的那种。

的确，李厘米的父亲是元老，现在的二号曾经是李厘米父亲的老部下。李厘米算是二号首领看着长大的，从小就相识且有来往。不过此刻大家都身怀要务，没时间寒暄叙旧。李厘米的身份也不适合暴露，一旦暴露对自己未来的仕途和正常工作都会产生不利的影响。

李厘米听到首领的召唤，就站了起来，站姿是一个习惯性的标准军姿。首领示意坐下说话，无须烦琐的礼节。二号首领也是一名精明干练的基层干将，从基层一步一步地锻炼出来的，其中滋味只有自己体味。在他看来，重要的是解决问题，而不需要注重不重要的细节。他是解决问题的老手，也是解决情绪的老手。

李厘米："感谢首领的信任，也感谢国家对项目的特别关心。那么，请允许我开始现场工作汇报。"

"虽然，我们有证据支持这次的重大发现，但是按照惯例，我们仍然要在多方参与的情况下做充分、详细的质询，这不是出于对各位工作的怀疑，而是出于对科研工作的严谨。请各方从本专业出发，提出质询的意见。"

排扰组首先汇报，汇报的是一位五十多岁的工程师于维，风尘仆仆的样子，看来几个小时前跑了不少的路。

于维说："我们在分布于 5 公里以内的 200 个采集点收集干扰信息，并进行比对，没有收到来自于地球海平射角区域方向的信号污染；我们也通过国际卫星资源联合会，向各国发出电子询证函，也在刚刚才收到回复，没有人造卫星在这个时刻向这个区域发送类似特征的信号，对比我们卫星测控站跟踪地球在轨的卫星信号，当时'天眼'扫描的区域内卫星信号与各国的回复结论基本一致。我们的结论是当时 5 公里范围内没有干扰源。"

排扰组的报告，似乎让这个事情又往前进了一步，大家的兴奋之情，越发难以抑制了。除了梅伊奋，羡慕、嫉妒、恨！越发的嫉妒。

接下来是脑信息解读组，汇报的是戴纵纬。

戴纵纬："从信息强度来看，这则信号十分的弱，恰好且只有'天眼'才能够分辨出来，不像是地球的卫星信号强度；从电磁波信号特征分析，具有明显的人脑电波的同步节律，与典型的大脑皮层丘脑非特异性投射系统特征相吻合，通俗地说，基本确定是一则人类脑电波信号；从脑电波的节奏与语义、语境结构分析，基本与事件当事人所述的语义、语境结构吻合。我们的结论是，这则信息是典型的生物脑信息。"

脑信息辨认组的报告，让这次地外生物信息的接收再进了一步。

最后，是信息复测复验组，复测组让楚可可、殷思雪、梅伊奋三人分别接受测试。让他们分别在"脑——机"连接仪器上，复播这则来自宇宙的电磁波脑信息，由他们的大脑来阅读这则脑信息含义。

一句手写的纸条和三张复测单子被递交到李厘米的手上：

第一张单子是楚可可的复测结果，楚可可对脑电波有逻辑清晰的反应，但并不能复述成具体的语言，但是从脑电波中感觉到警告的含义，要求我们不要说话。

第二张单子是殷思雪的复测结果，殷思雪对脑电波有迟钝且模糊的反应，不能理解具体的含义，但是感觉到有警告危险的信息。

第三张单子是梅伊奋的复测结果，从脑波反馈波动来看，梅伊奋对这则信息没有任何反应，甚至不知道有脑波发送过来。

手写的纸条上是这样一句话，李厘米把这句话念了出来："结论：综合判断复测结果基本显示，脑电波的内容与当事人所说的含义一致。"

"好！太好了！"二号首领忍不住拍了一下桌子，兴奋地站了起来。不过，首领马上意识到了自己过于兴奋，可能导致一向做事谨慎的自己，会疏忽科学家们的质疑精神，自己的肯定应该还要迟一些，先让问题得到充分而自由的争论。

于是，二号首领说："我想，也要听听不同意见，是不是还有一些没有考虑全面的问题？"

梅伊奋马上逮住这个机会，说："我……我还是有个疑问，这个回答来自什么地方？在什么情况下，我们可以在 3 个月内，就收到一则回信。我们的电磁波也不过是光速。而离我们最近的恒星系离我们也有 4.2 光年距离。"

沉默，突然所有的人都沉默了。

是的，对于这个看起来十分完美的事件，但在这个问题上，这是一个致命的缺陷，几乎可以推倒之前的一切佐证。

三个月，怎么可能有超过光速的信息传递到地球？

在沉默中5分钟过去了。由于有二号首领的存在，希望与绝望的交织，对于会议室的科学家们来说，这是十分漫长的5分钟。

考虑了很久之后，终于杜氏惪开口说：“根据我们了解的宇宙，我们的认知只是停留在经典物理构建的宇宙之中。而在经典物理的边界，当我们无法用已有认知解释超自然时空现象时，我们只好用合理为不能理解的现象打补丁。比如，我们仍旧会用经典物理构建了一些超出理论边界的‘虫洞’，用来给我们传统理论出现的不足圆谎。而事实上，这个世界的资源从来不只是能量和物质，还有另外一种资源。”

杜氏惪打破沉默的话吸引了整个会议室的目光。

“微青，我想你应该说点什么。”

但随着杜氏惪补充的这一句话，所有人将目光又转移到仁微青的脸上，杜氏惪也将目光移到仁微青的脸上，和仁微青对视了一下，并给他一个鼓励的眼神：大胆的表现一下吧！

仁微青接过杜氏惪的话说：“我的个人理解，时间不过是物质与能量关系的一种信息表述。是三维物质空间的第四维度，简单地说，时间就是静态的三维空间发生了熵能量，导致的运动信息，时间坐标就是运动信息坐标。是的，光速是三维空间的障碍速度，物质无法突破。我们用信息作为研究物质与能量的工具，却忽略了信息资源性。人们更愿意去关心怎样突破光速，关心电磁波存在的质能性。信息资源性本来就是一个新的角度。”

李厘米：“那么说，这个信息并不是来自三维宇宙空间的信息？是量子纠缠？！”

仁微青肯定地说：“或许是的，我个人并不反对量子纠缠的说法。”

梅伊奋：“我以为，量子纠缠只是一种猜想。”

李厘米大概看出一些端倪，理解梅伊奋言语是具有目的性的，几乎能从语气中感觉到嫉妒。因为李厘米刚才手里捏着刚才三张脑机连接复测报告，他并没有将三张单子逐一读给大家听，只对外公布复测的结论。但是，李厘米还是注意到“思维志愿者”中梅伊奋与其他几位的差距。

李厘米说：“有猜想，总好过连猜想都没有。假设我们收到的脑电波错了，有什么坏处，但是，一旦是真的，那将是我们整个人类的机会，人类技术会获得一次飞跃。”

是的，有哪个技术的飞跃不是源自于猜想，而猜想即使谬误也并不会酿成大错，毕竟我们会用工业实践来证明它。

当你本来就没有机会的时候，做点什么总比什么都不做好。

当没有什么好失去的，就不要总是担心会失去什么。

我们要前进，最坏的结果只不过是我们待在原点，而原点我们本来就在。步子迈出去，只要有一点进步成为可能，我们都应该尝试。

二号首领并不急于表达自己的意见，他想听到一些不同的声音，特别是在一件事情意见一边倒的时候，他更愿意依靠不同的声音来让自己保持冷静和客观。因为这么多年的工作经验让他知道，故事的内容永远比故事的表面要丰富得多。

他缓缓地点了点头，把话题岔开到信息内容上。

“‘危险！危险！危险！请保持沉默！请保持沉默！请保持沉默！’每句重复三遍，从字面含义，各位能解释一下吗？”

二号首领特别注意到仁微青，把欣赏的微笑与柔和的目光投射到这位年轻人身上，似乎在期待他的回答。

仁微青腼腆地将身体在椅子上挪动了一下，他几时见过这么大的官，眼睛看向李厘米，李厘米给了一个鼓励的眼神。

“表面上看，这符合物种之间对宇宙总体资源竞争的逻辑；但是，我想事实可能比这个要丰富得多。”

二号首领将眉毛扬了起来，眼睛盯着仁微青的脸，期待他继续往下说。

得到首领鼓励的仁微青，干脆大胆了起来。

“按照‘费米悖论’的讲述，在有关尺度概率的论点和稀缺的证据之间存在矛盾，宇宙显著的尺度和年龄意味着高等地外文明应该存在。但是这个假设却得不到充分的证据支持。通俗地说，概率上宇宙中应该存在外星人，可是外星人在哪？要么外星人是有意地躲起来了，因为一旦被发现，能生存下来的只有一方，或者都不能生存；要么外星文明是我们理解不了的，他们不愿意和我们接触；要么外星文明已经来到地球，照看我们的自由发展，为了发展的平衡而不予以干预。”

仁微青用眼睛观察了一下首领的反应，见首领目光中怀有期待。于是继续说：“但是，无论因为哪种方式的存在，这个警告可能包含两种可能：其一，在没有能力离开地球之前，不要暴露地球的存在；其二，在技术发展的轨迹上，不要借助外星产生科技跳跃，打破地球发展的生态平衡。”

“好！好！好！”二号首领连连喊了三个好，这让房间里的气氛轻松了不少。

李厘米、杜氏悳、苏格、戴纵纬等人对仁微青的回答也是十分赞许，也因为仁微青的回答代表了团队的意见，而觉得在首领面前挣足了脸面。

二号首领心里已经满足了，按照这次启程前“疑似”的标准来看，现在的事实已经远远超出了期望。即使对物理学了解不深，也不难理解一个道理：如果外星生物掌握高于人类的技术，又怎么可能轻易地被目前地球科技工作者所理解呢？

二号首领说：“无论如何，我恭喜大家目前取得的成绩。我们目前所做的工作是从来没有人做过的，我们既要前行，也要谨慎；渴求科技发展，却也不能把整个人类带入险境，为了避免最坏可能，我们先暂时停止对宇宙发送。我们有必要冷静下来，把一些问题再想清楚一些，把理论研究再透一些，把工作再做充分一些。然后再择机重启发送工作。”

15. 激素觉醒

自己最大的敌人，就是激素。

人类迁徙移动的交通方式的进步，让天涯相隔的人们变成咫尺坦途，人们不再认为离别是重要的事情。在守旧的奶奶眼里，重视和孙子的每一次分别，终于有一次真的成了最后一次，奶奶是对的，孙子是错的。如果把每一次相聚当作最后一次来珍惜显然是正确的。对最后一面的懊悔，往往于事无补。

在奶奶的眼里，8 岁的孙子仁微青个头比 5 岁的小孩还要小，老人不知道是营养不良导致的孙子多病体弱，带着香火到庙里祈求神的垂怜。奶奶有过 5 个孩子，其中有 4 个很小就夭折了，迷信的奶奶总感觉这个叫仁微青的小孩养不活。心善的老人见到孩子时总是叹息："可怜的孩子，你总算来过一场人世，不能尽是遭罪哦！"老人总会把最好的给这个弱小而可怜的生命。老人的善良照亮萤火般卑微的小生命，一直到老人生命的最后。

这段记忆，是仁微青内心最柔软的一块区域。

其实，没有多少人搞清楚生命到底是什么东西。

在人的观念里，生命是生物在自然属性的形式下维持基本功能，生命的死亡是指生物生命特征的丧失终止。人的生命在于维持脑活动，人的死亡在于脑活动丧失终止。脑活动是信息活动，信息一直被忽略，不被当作是一种独立的资源。

每个人都会将自己的全生命周期之内的资源关系，视为自己生命的全部。在这样的观念之上，"我"就被定义了下来。生命中的每一个原子、每一份能量都来自外部自然环境，也终究会归还给自然环境，除了信息。只有信息才是真正意义上的生命递延，因此信息才是生命的本质。

人是一个生物，这个生物本身就是由很多个有生命的生物构成的。我们的每一个细胞就是一个微生物，它们相互有机地协同才构成了人。这种协同关系的终止也就意味着死亡。哲学意义的死亡，是生命系统所有的本来维持其存在的属性的丧失且不可逆转的永久性的终止。一个人死亡了，一些信息却还在延续，人类也还可以延续。整个地球也是一个有机生命体，有生命的不只是生物，而且包含整个宇宙。

杜疏影借用了楚可可的身体，顺便也继承了现在的父母，这具身体里还有些许原来主人的残识。关于童年并没有多少回忆。虽然自己也常常想起父母，却总感觉不是那么的亲近。在楚可可的心里，杜氏惠仍然是自己最亲的人，也是用生命作为代价才完成躲避的亲人。

楚可可父母十多年前，早早地为她买下了一个 3 居室，在帝都四环边上的一个普通居民小区里。这里离菁华大学很近，不会堵车，平日楚可可上下班都很方便。

自从“太空之问”项目上次收到了来自太空的警告之后，对太空主动发送脑电波的工作就暂时停了下来。在专业的选择上，由于得到杜氏惪和项目组领导的支持，被二号首领另眼看待的仁微青，索性干起来自己的兴趣——信息科学。这个转变就像野马松了缰绳，仁微青在信息科学的海洋里放肆地驰骋起来。

利用这段空闲，仁微青拜访了未来的岳父母。楚可可的父母都是中学教师，只有这个唯一的女儿。对于女儿的男友，父母并没有干预太多，他们相信女儿是成年人，会有自己的判断。

周末的午后，这是一个难得的休息日，两位年轻人既是工作中的同伴，也是生活中的情侣。楚可可开玩笑说，和仁微青谈恋爱算是开展项目组的工作之一；由于脑连接精神默契的需要，二人之间建立的亲密情侣关系，对促进默契极有帮助。一开始就有两位老师的撮合，其实，也是得到项目组的支持。

茶几上是一壶刚刚泡好的红茶，还冒着热气，仁微青斜躺在沙发中，找了个最舒服的姿势半躺着，各自看自己的书。离上一次到帝都过去了一年多，这一年发生在自己身上的事太多，幻如隔世，改变了整个人生轨迹。

仁微青十分郑重地告诉楚可可，说：“可可，我……有件事情想告诉你。”

楚可可看到仁微青这样的郑重，有些紧张地问：“什么事？”

“我没有嗅觉。”

“我知道。”

“在我小时候生了一场病，留下了这个后遗症。”仁微青觉得这件事迟早要开口说的，他做好了最坏的打算。

和仁微青在一起的这段时间里，楚可可其实早就知道了，仁微青对气味完全没有反应。只是楚可可不确定仁微青是完全没有嗅觉还是嗅觉迟钝。既然是已经知道了的事，楚可可完全没有惊讶的样子。楚可可是个痴情的姑娘，爱情到来的时候，很盲目。她已经深深地爱上了仁微青。而仁微青这个缺陷，不足以成为她和他在一起的障碍，在她的心里，爱情不是一次对价的买卖。

作为嗅觉健康的楚可可，她甚至能理解失去嗅觉的痛苦，不由得一阵心疼仁微青。

“傻瓜，我们生活中隐约感觉到你对气味没有反应，其实早有疑惑，只是不便过问。”

“你该问清楚的好。”

“好了……好了。以后让我来做你的嗅觉，我们一起来面对未来，好吗？”

“你也许不能理解。”

“不！我能理解。”

“以前，我最重要的愿望是茉莉花香。据说，那是最好的味道。”

“如果我可以满足你这个愿望，我会毫不犹豫。”楚可可坚定地说。

随口的诺言让仁微青心里一暖。也许他没有想到，这个愿望被楚可可暗暗记在了心里，这么一个平凡却遥不可及的愿望，楚可可希望有机会可以满足他。从此，嗅觉成为了楚可可的研究方向，而这个方向的调整，意外地撬动了整个人工智能技术的发展。自然世界中的许多事蹊跷地发生，不浪费任何一次巧合。

午后，从窗户照进来的阳光懒洋洋的，人也懒洋洋的。

仁微青静静地看着对面的楚可可，娇慵地侧卧在对面的沙发上，一袭黑发飞瀑般飘洒下来，弯弯的秀眉，美目顾盼之间勾魂摄魄，精致秀挺的琼鼻微微上翘，腮凝新荔而泛红，微施些粉，娇靥如桃花般的脸晶莹剔透，双唇如玫瑰花瓣娇嫩欲滴，手指如削葱根，雪肌似雪，身姿曼妙。仁微青看痴了，也不知幸运之神如何能这般眷顾自己，真的像发奖金似的发给自己一个女友。

“看够了没有？”楚可可头也不抬地问道，眼睛还是盯着手里的书。

“恐怕需要些日子才能看够，不怪我太痴，只怪你太美。”

仁微青夸起人来，也是才思敏捷，好不要脸！

“我以为你的才华只是在工作上，没想到用在女人身上也毫不逊色。”

楚可可狠狠地瞪了他一眼。

“过奖了，我可没有制造你这么多的追求者，帝都地区产量也很高嘛！和你交往，我可是冒着生命危险。”

仁微青是指最近受到楚可可不少追求者的威胁，假装委屈。

“本姑娘只不过重新定义了一下知性美女的评价标准，做的都是分内之事，不足挂齿。”

比脸皮，楚可可脸皮也很厚。

“自古美人无迟暮，鲜有人间见白头。还请姑娘你放过那些有为青年，只管尽情地祸害我一人。”

“区区小女子，用美幻造男人的希望，而你却让他们绝望。”

“我有罪！”

“真真是有罪！”楚可可假装怜悯地看着仁微青。

“色字头上有把刀，我不下地狱，谁下地狱！没看出来我是在拯救他们吗？”

“能把便宜占得这么理直气壮，简直让我芳心暗许。”楚可可一把抓起沙发上的抱枕，直接朝仁微青扔了过来。

“可是，我现在不想要你的芳心，只想要你的肉身。”仁微青一把拨开飞过来的抱枕，向对面的沙发扑了过去。

“啊！……”楚可可一声尖叫，躲闪不及，还是被仁微青压倒在沙发上。

把持不住的仁微青撩起了碍事的T恤衫，正要把手从腹部往上爬，却被楚可可一把按住。

“唔……不要！”楚可可一边娇喘息息，一边含糊不清地说。

这种时候说“不要”，简直如同岛国电影中的“丫么碟”，反而刺激了仁微青的节奏。

“我妈说晚上过来给我们做饭，会……会被撞见的！”楚可可双唇挣脱了仁微青的搜索，挣扎着说。

仁微青一听这个，马上偃旗息鼓，赶紧从楚可可身上爬了起来，连裤裆上搭起的帐篷也顿时失去了威风。

楚可可看见仁微青可怜的样子，过去用手捧着他的脸说：“晚上，等晚上再说，好吗？”

“好吧！今夜无限好，只为你销魂。”仁微青悻悻地说。

心里却暗自寻思：都说红颜不过生得一副好皮囊，放下端庄的楚可可酥到骨子里，身材的确销魂。

“这马屁拍的舒服，我喜欢。”

“美女在榻，不能浪费。若物尽其用，老衲迟早要圆寂在这副皮囊上。”

楚可可“扑哧”一笑，没想到还有这种歪理，问：“那你想怎样？”

“我想，晚上还要多久才到。”仁微青觍着脸说，一副没羞没臊的样子。

楚可可的脸都快红到脖子上了，拿起抱枕，对仁微青又是一顿狂殴。

是的，同居！同居两个字眼足够让许多人产生画面感。这幅画面一定包括在床上发生的异性身体兴奋度互助；洞房深夜笙歌散，帘幕重重。斜月朦胧，雨过残花落地红。

仁微青初试云雨情，重新审视了激素的威力。在激素的作用下，没有人还属于心中认为的那个自己。人是生物，是生物就会被激素控制，生长、行为都是由激素控制，就连心理变化也由激素说了算。

仁微青是生物，也是人。但他更清楚自己是人！

对于仁微青与楚可可来说，两个人似乎在未来会拥有许多这样的日子。但床笫之欢终归会慢慢趋于平淡，男女之间的激情总会随着年龄增长而褪去。同居中最实在的事情，还是共同面临生活的琐碎。

激素到底是怎么回事？

……

假期结束后，仁微青决定把家从帝都搬来黔州，说是搬家，无非是把租住的房子退了，把有用的物件收拾好托运，把无用的物件处理掉。

在准备搬家整理东西的时候，仁微青才发现自己之前过的并不好。仁微青并没有动用所得的500万元，仍旧过着以前的日子，这些日子和自己在一起的楚可可，却也从未抱怨，像爱护自己的家一样打扫和整理这个简陋的居所。

在那些单身的日子，仁微青已经忘记了过得好的部分，一些落难的记忆涌上心头，顿时觉得自己前半生很落魄。

厨房的橱柜是从自己的木材市场上拉回去的木板做的，为了便宜，请的邻居装修时的师父做的“私活”。地板是塑胶的，从市场上买来的最便宜的一种，自己用胶水一块一块粘好的，粘了好几天。几个门是自己刷的漆，紫色的。地脚线木板也是自己做好的，这个最花时间。客厅里没有做吊灯，只是在原有的老式白炽灯上加了个罩。家电是二手市场买来的，还记得当时卖这几个电器的人穿着像民工。家具是网上淘来的。

仁微青从来没有去留意过这些事情，也从来没有觉得自己不幸福。直到这一天，自己收拾东西要搬走的时候，才发现这些景象会让自己心里发酸难受。仁微青想自己很难忘记这些患难的经历，但一定会很快忘记这些细节，时间就是用来降低记忆中图片的分辨率的，直到模糊不清。

共同患难，就是予我的恩。楚可可体验了仁微青的清苦，即使在富有的日子里也未曾抱怨。在仁微青的心里，楚可可是家人，真正的家人。

搬到黔州的那天，仁微青把那张500万元的银行卡交到楚可可的手里，说：“老婆！给，我的卖命钱！”

那天，楚可可哭得稀里哗啦的。

男女同事组建的准家庭，工作、生活上都有交集，难免在家会谈及一些工作中的问题，比如物理理论的困惑。或许在一些人看来，为了保持工作和生活的独立性，不应该让所有的时间都停留在工作状态。而仁微青喜欢这种工作，来自伴侣的理解和倾诉应该也包括工作。如果自己对现在的工作十分的有兴趣，工作本身就是生活的乐趣。如果是一个灵魂的伴侣，应该相互可以磨砺自己的理想。楚可可就是这样的伴侣。

仁微青手上翻阅着一本书，书的名字是《审视信息》，这本书少有人可以读懂，但却销售得炙手可热，许多人购买是为了向自己的高级别智力表白，书籍的遭遇如同装修书房的摆饰，书架上陈设的都是精装本，主人并不是为了阅读，而是为了给参观房间的人布置些脸面。

仁微青的高智不用质疑，他读懂作者要说的，也想到了作者未曾想到的。如果作者亲临，会感到很高兴或失落；为知音高兴，为相见恨晚失落。任何一本书的作者，何尝不是一直寻觅能懂的知音。

天马行空的情话，难免涉及这个时代，仁微青说："最近网上有人问，当今科技这么发达，科技发展进步是不是快到顶端，未来将不再有更大的空间。"

仁微青估计这是个年纪比较大的人问的，这或者代表上一代人的总体看法吧。

楚可可一拍仁微青的腿，说："是的，呃……我妈妈也问过我。"

"特别是在半导体电子芯片制造，工艺极限瓶颈使新工艺实现起来越来越难，可能会不得不放慢技术的发展速度。在整个集成电子领域，连摩尔定律都开始失效了，这更加深了人们对未来技术发展速度的担忧。"

"这么说，集成电子整个行业患上了焦虑症。"

"焦虑症，很恰当的形容。那你对接下来会发生的事怎么估计？"

楚可可想了想，说："新技术的出现，颠覆性的技术。"

仁微青慢条斯理地说："我倒是认为，集成电路的发展速度是遇到了瓶颈，但是这不代表整个工业体系的速度。"

"何以见得？"

"从目前广泛被认可的人类进化史来看，原始社会要比文明的社会历时要长，农耕文明比工业文明历时要长。"

"这可以作为现代技术的参考吗？辩证逻辑呢？"

"对于技术的发展，有更好的技术基础当然就应该有更快的发展速度。"

"但是，瓶颈既然已经出现，要么解决，要么改变。"

"技术发展的瓶颈只不过是当前的认知出现了瓶颈。所以，根本不用杞人忧天地认为，现代工业文明已经接近了人类科技的极限。"

知识确实能增加女人的魅力，楚可可能给仁微青的不只是生活，还是他工作上的知音。虽然现在任职于自控专业，但楚可可原先也有仁微青一样的物理学基础，对工业发展十分的熟悉，就侃侃而谈起来。

楚可可说："如果我们站到过去看现在，或许能找到现在看未来的感觉。"

仁微青连忙附和说："嗯！可能原始人当时也这么认为过：'我们这种动物已经凌驾于一切地球生物之上，生物最多也就这样了！'"

楚可可说："内燃机不是动力的全部，集成电子也不是信息技术的全部，摩尔定律也不能描述工业发展的全部。未来科技的巧妙、丰富、多姿不是今天可以完整想象的，我们完全可以无忧地把这个作业留给更聪明的子孙后代。"

“不要让来生都遥不可及的未来，干扰了我们此刻从牙缝里剔除肉屑的快感。突然觉得好有道理。”

“哈哈……你真恶心，哪来这么脏的快感。”

“……”

仁微青认为，信息领域才起步，参考信息技术的发展轨迹，几乎可以确定的是，未来人类的身体将会安装各种增强装备。人类不再是简单的动物生命，智慧的效率不再是生物效率。这些智能增强设备将是未来智慧生命的核心，成为机器智慧效率区别于生物智慧效率的标志。

关于未来，聪明的楚可可认定仁微青一定有些观点，于是问：“左右没有别人，谈谈你对未来的看法。”

仁微青说：“用力所能及的办法偷窥着这些力所不能及的未来，只能得到事情发生的概率。只因为我们仅仅是个普通人，不可能穿越到过去。只能通过历史信息对过去进行清晰的分析，而对未来只能估计出个大概。”

楚可可自己说了很多，可是仁微青自己却用概率敷衍了事，楚可可感觉自己被套路了。于是，她说：“不行，你一定要说！”

仁微青若有玄机地神秘一笑，说：“人生的玄妙无人能料，一切都是最好的安排。这是仓央嘉措说的。”

楚可可说：“你给我认真点！快说！”

仁微青看见楚可可似乎要生气了，这才认真起来。

“由地球的遗迹信息中我们发现：地球上的气候刚好适合创造生命的生态系统，地球上的石油刚好让人类完成内燃机主导的‘工业使命’，生化能源枯竭的时候刚好能够找到并利用新能源摆脱能源危机；人口总是被恰到好处地调节到适当的数量，社会资源总是以最恰当的方式得到分配和组合；历史上总是在需要的时候有一个灵魂人物领导技术革命或者意识革命，并用一种新的社会道德方式提高群体对资源的利用效率，使其趋向更大化……”

这个观点对于楚可可是全新的视角，听着听着，不由得入了迷。思维随着仁微青的话时远时近。仁微青见楚可可听得入迷，就继续说了起来。

“在我们信息技术的眼中，人类的进步主要是认知的进步，让自己有能力更多地摆脱自然世界中的假象干扰，虽然这些假象看起来很‘合理’。而随着我们对‘合理’有了更深入的认知，假的终究成了假的。之后的认知，才有能力更清晰地接近自然世界的真相。虽然，这些称为‘真相’的只是和当前的‘合理’标准有关，‘真相’只能相对于今天临时性正确，未必可以将‘真相的正确性’坚持到未来100年之后。但寻求真相的每个阶段都是有必要的，前序的认知深度总是成为更深认知的前提。”

楚可可忍不住插嘴说：“如果我是外星人，我会这么看待地球：地球上的一切资源就像是为人类设计好了似的。从时空维度的视角，地球智慧的出现只是一种巧合，那么，这种巧合在数学逻辑上就不会成立。除非，我们存在的这个时空维度可以扭曲。”

仁微青说：“基于时空维度封闭思维，整个世界呈‘概率性’。从概率的角度来说：如果地球是所有星球中能够‘恰到好处’地创造智慧的那颗，那么，一定以海量数目‘很不恰到好处’的星球为背景，一定还有大量‘不那么恰到好处’的星球也存在过智慧，也说不定还有‘更恰到好处’的星球的存在。每个星球的资源精准程度或是决定其终极目的地的因素。地球近邻星球中低于人类文明的星球或已经消失，高于人类智慧的生物或已经进化、蜕变。”

仁微青侧脸看楚可可，一脸陶醉的样子，眼神中充满崇拜。仁微青已经完全俘获了楚可可除了芳心以外的其他心，连专业也征服了。

楚可可由衷地说：“嗯，毕竟于地球生命周期而言，人类文明从原始到现在是十分的短暂的。在这个短暂的地球文明窗口期，我们地球文明存在的时刻，同时遇到另外一个星球文明，而且还恰好不远，这种事情就是小概率中的小概率事件。”

仁微青补充道：“所以，大概率地球找到外星人邻居不会太近，也许在未来恰好在需要联系的时候能够联系上。”

刚接受到这个新观点，楚可可疑问很多，她问道：“你们信息学怎么解释这个概率与恰好发生的问题？”

仁微青想都不想就说：“墨菲定律。”

楚可可问道：“什么？墨菲定律？”

“任何小概率事件，只要足够多地尝试下去，总是会发生的，并成为整体事件集合的关键。小概率事件的发生本身携带事件发生的各种信息，但是小概率事件总是能够巧妙地发生。留心观察人类文明的各种恰到好处的小概率事件，一切看起来都像是最特意的安排。而这个过程中，信息熵才是小概率事件的关键。”

这对楚可可来说，理解起来似乎有些困难，毕竟不在自己的专业范围内。

“我不懂你的信息熵，但是，我相信地球本身就是最好的安排。”

在楚可可看来，虽然地球很大，却没有什么是多余的。在整个地球生命中，人的出现是短暂的，而个人的个体生命对于人类文明存在周期也是短暂的，这恰好推动了历史的发展与更迭。秦始皇不死，估计秦朝要长很多。

仁微青对信息熵的理解，远不止这些。在学术问题上，仁微青注定要是孤独的，他一方面要面临广泛存在的学术霸权，另一方面要面临普通的理解。而眼前的楚可可，她是无条件信任自己的人，就像婴儿信任母亲一般，她眼中对自己充满柔情与依赖。

仁微青希望楚可可除了信任，还可以理解这些技术。

“如果有一天，我爬到‘神’的角度看人类世界，除了相信，你一定要到我的视角来看看。”

“可你是人，站不到神的角度。”

“只是假设。”

“我不喜欢这个假设，我希望你一直是人，一个普通人。”

楚可可是个普通人，有激素、有情绪、有价值观。她希望自己也是一个普通的人，是女人的自私，却又是男人的幸福。楚可可对自己的工作与兴趣是支持的，并不想成为自己的拖累。可她是个普通的女人，明知道留不住男人的野心，却徒劳地用柔情缠绕。

“你放心，我做不了神。”

“做一个普通人多好。世界是全世界的世界，有那么多的人。我们的任务是一生幸福地生活，而不是拯救。”

“看看也不行？”

“你不是神，怎么看？”

“所以，我用爬，只是用了一个不优雅的姿势，人的思维是量子层面的信息活动，而这不在四维时空的约束范围之内。”

楚可可问道：“你要这么做的目的呢？”

仁微青解释说：“求知是天性，因为神的角度一定是个不一样的角度，也是个孤独的角度。”

仁微青知道，人类总是有利益牵绊，爬到神的角度很难；即使偶尔有人爬上了上帝的脚背，而后欣喜地把看到的告诉人们，奈何人们也没有接受这些信息的知识背景。不会有人相信他，而从此知道真相的余生会很悲惨，既很难做到忘记真相对自己撒谎，也很难做到被人相信。

楚可可毕竟理性，她知道，仁微青什么时候需要安慰和鼓励。

“总有少数的人是孤独的，这种孤独也是最好的安排。我会一直在你的背后，无论你做了什么，我相信你。”

楚可可心想，我要将你少年时给我的爱慕，都一一还给你。在你孤独的时候，也站在你身后的那些角落，默默地关心你。

仁微青心里一阵暖和，紧握住那只修长白皙的软手。

“有你真好，这和美貌无关，和激素无关。”

“我希望你的一生，永远不要忘记还有一种生活的方式，就是和普通人一样幸福！活得糊涂，幸福满满！”

“好，你在哪里，我的幸福就在哪里。”

仁微青对幸福的理解真不太深，这算附和楚可可。他从沙发上坐了起来，把楚可可抱在膝上，搂在怀里。楚可可像一只慵懒的猫，趴在仁微青的胸口，好温暖。这一刻，两个人都是幸福的。楚可可翻动了一下头部，把脸贴在仁微青的胸口，闭上了眼睛。

楚可可说：“我这一刻的感觉很欢愉，它就是幸福。”

仁微青磨着她的脸，在她耳边说：“我也是！”

可是，与女人不一样，仁微青却在考虑一个问题。这一刻有激素的作用，或许有，但此刻的感觉绝不会只是激素的作用。

楚可可说：“激素真奇怪。”

仁微青轻轻地说：“嗯，没必要让生活变得那么明白，激素本是人性的重要基础。我希望你一直是个人，这样才能让我离你近一点。”

仁微青不想破坏女人的浪漫情怀，但也不想欺骗，独自在心里暗想。

虽然，激素受驭于我，而我又驭于激素，如果我对女友的感情不仅仅是激素之故，那与激素无关的部分到底是什么呢？……总有一天我会明白。

历史证明：人类的情感是一部关于激素的放逐史，人类文明发展产生的那些所谓规范感情的道德史，实质上就是一部约束激素的历史。

但凡人类还有明天，连续不断到来的“现在”仅仅是一个过程，在过程中的“我”只能拥有过程，由一堆原子簇拥而成的我从未得到过任何物理世界的事物。我们终将如屠格涅夫所说：即使我们身上的任何一个原子，终将要还给地球。

那些组成我们身体的细胞和微生物本来也是一个个鲜活的生命，我们的身体用信息将这些小生命集合在一起，它们分工明确，有条不紊地工作着。指挥它们的是信息，现代科技并不能全窥这些信息面貌，但其中有种重要的专门携带信息的物质，承担细胞组织通信作用，它就是——激素。在信息的角度，应当称之为体内信息素（或内信息素）。

当然，信息素并不是我们人体信息的全部，除此以外，还有监督细胞分裂的DNA基因信息、神经元信息、细胞间的生物电信息……这还不是人体信息网络的全部。

在人类哲学的角度，在这一生短暂的过程中，除了满足我们身体激素的需要，寄生于肉身的“我”除了信息，并不能真正拥有什么。任何生物都只是作为世界发展大趋势推动力的微薄的一份，无论这个生物是不是情愿的。如果，每个“我”只是一个巧合，而“信息我”为这个巧合付出的些许努力，就不会辜负由许多小概率集合组成的“我”的存在。

“力虽微，不惜尽用。”

每个“我”都可将“我”轻盈地放置至世界深重的发展轨迹中，在轨迹中欣赏《论语》中的“虽不能至，心向往之”。

每个“我”都被这个世界不可缺少地需要，同时，我现在的处境也是被恰到好处地安排。

16. 宇宙的声音

除了信息，还有什么是真正属于自己。

楚可可从不单独与杜氏息见面，这是一个神秘的约定。

“你似乎有意回避我的老师杜教授？”仁微青毕竟与楚可可朝夕相处，看出了一些异样来。

“没有。”

“你看见他，眼神有些不一样。”

“是吗？我只是觉得他像我的一位长辈。”仁微青的问题让楚可可心头一紧。

她的脑海里又显现出那场惨烈车祸的情景。车祸中，自己的身体被高高地抛起，重重地摔在坚硬的地面上，甚至来不及感觉到疼痛，就昏迷了过去。

在这一场车祸中，自己本该死了，可是却还活着。

昏迷中，自己做了一些乱七八糟的梦，梦见了人间的地狱，感受了无穷的痛苦，又体验了最安逸的舒适。梦境中自己失去了一个身份，又获得了一个身份。两个人在一个身体里争夺身体的控制权，最终达成妥协。

这个梦连续做了好长，时而醒、时而昏。第一次睁开眼睛醒来，看见的第一个人就是武茜。

据武茜告诉自己，自己发生了一系列的事故。自己进行了一个手术，脑移植手术。如果以身体、容貌为身份的话，自己现在的身份是楚可可。可是自己的意识中是另外一个人。据武茜介绍，车祸之后，自己的身体已经失去了生命特征，但是大脑并没有立即死亡。而现在这个“楚可可”的身体，是一具面临脑死亡的身体，恰好需要一个大脑。而两个病例同时发生在美国，时间恰好在那场车祸前后，于是就凑成了一个奇怪的手术。

巧合，就像一场精心的策划。

看起来更像刻意的计划实施。自己甚至怀疑这是一次恰好的车祸，或者被车祸！自第一次醒来开始，楚可可是此刻的自己，身体和记忆不是一个人。这些在世人看来十分诡异的事情，无法解释。况且，即使进行了脑移植手术，这个身体和大脑之中，仍旧有原来那位叫“楚可可”的少量的记忆。没人知道为什么，不是说只有大脑才有记忆的吗？

没有人会追究自己是谁，除了自己。

楚可可作为一个病人，从脑死亡中抢救过来的病人，发生什么都会得到谅解。

……

仁微青决定回一趟杜氏惪办公室，自己正式离开“地外理性生命探索”这块牌子了，以同事的身份，最后一次回来。这段时间发生了很多事，再见同事们恍如隔世。

由于保密的需要，一般的同事们并不知道细节。这些高学历的同事也是很高傲的，同行之间各种不服都写在脸上。大多数同事之间还是比较友善，送来分别的祝福。也有平日不太友好的，仁微青高就了别处，他们一定有羡慕和嫉妒。他们只是客套地对他表示祝福，以及毫无诚意的回访邀约。这种邀约连日期都没有，诸如此类：“有空一定要回来看我们！”仁微青实在不知道“有空”是几月几日。一笑泯恩仇，不是因为豁达大度，而是没工夫。

这些人中张硕是最真诚的，张硕是仁微青的朋友。

在仁微青看来，这些人总是活在脸皮的后面，久了连自己都看不透自己。因为世故的需要，毁掉了语言沟通的基本效率，连准确性都失去了。所以，大部分语言沟通中的字面含义，千万不能当真。现在的人们，契约都可以反悔，何况是客套话。连撒旦都会遵守契约，在自称人类种群中已经堕落到魔鬼不如，哪里才是真地狱？这些大概和精神荒芜无关，与之相比，机器智慧也未必全是缺点。

在杜氏惪的办公室里，仁微青再一次坐在了杜氏惪办公桌的对面。杜氏惪有些依依不舍的样子。他似乎看到了仁微青的未来之路，那是自己遥不可及的方向。没想到来得这么突然，似乎应该感到欣慰，这不正是自己想要的结果吗？可是，真要接近结果的时刻，却无比的失落。杜氏惪一生很理性，并没有因未来所迷失，却迷失在了过去里。

此刻，杜氏惪心情是复杂的，一生倾注热情的“地外理性生命”研究工作，就在自己培养的接班人手里，也算欣慰。仁微青要离开，竟让从不疑惑的杜氏惪疑惑，他的理性思维出现了对将来的质疑，竟然不知道接下来该干些什么？世界已经不再是自己的了，自己老了。

仁微青也有些依依不舍，师父又岂止是“恩重”能概括的。悄悄打量了一下杜氏惪，瞬间老了许多，态度不再有平日的干练精明与杀伐果断。

“我要离开了，感谢您！”

“嗯！我老了。也没什么可以教你的了，世界是你们的了。”

“我甚至已经打算平凡地度过这一生。根本就没有料到自己会走今天这条路。我成为了您希望的样子，不知该说幸运还是巧合。”

“没有幸运，别相信运气！”

“嗯！我不信……”

“能发生的就不是巧合，别用巧合去评价过去。机缘是因为你有所准备才出现的。”

“这是个机会还是一种凶险？”

“我也不知道，只有时间会知道。”

“希望做您助手的这五年，所有的错误都会得到您的原谅！”

“谈不上原谅，在我看来，你是个懂事的孩子，一时间还真舍不得你离开。”

在仁微青的观念中，“舍不得”这几个字真不应该出自杜氏惪的嘴里，这几个字太有人味了。不知道杜疏影是否也从父亲的嘴里听到过类似的这些词？大概率没有。杜氏惪并不知道仁微青在想很有人味的事情，他并没有关心过自己在晚辈们眼里的形象。

“以后有什么打算？”杜氏惪问。

仁微青想到近期的各种突变，人生的大事件如走马灯般，一茬接一茬地发生，就像做梦一样。

“一切都太突然，我还不是很适应，只能顺其自然，并没有具体的打算。”

“未必要关心世界，但是一定要关心自己的境遇，依靠境遇去成就自己。”

境遇？在仁微青自己看来，自己并不是一位有特长的人，无非是有些放荡不羁的兴趣。作为一位优秀的科研人员，不应该这样，优秀就应该老老实实、按部就班地搞研究，循着前人踩好的路走。

不曾想，恰好是不务正业，成就了仁微青。自己不知道正业，杜氏惪却知道。自己在局内，永远没有局外人的视角。

仁微青说：“我并不是一个好的科研人员，这些境遇太意外。”

“不要错估自己的能力，虽然对自己客观很难，但也要尝试这种客观。”

“一定会的！以后一定！”

“希望我的严格，不会被你记恨。我早就应该反省，希望还来得及。”

“只有重要的人，您才愿意给他留下痕迹，感谢您的栽培！”

“你有出息！我甚欣慰！哈哈……”

“再给我讲一课吧！作为辞别的礼物……”

“嗯……好！……还记得《琴师分琴》吗？”杜氏惪接着问。

“当然记得！”

这是一个关于资源分配的故事。2000多年前，亚里士多德做过一个思想实验：有一把世界上最好的琴，这把琴应该给一群琴师中的谁？A.最差，补差距；B.最好，最发挥；C.随机。这个故事巧妙地包含了资源的配给规律。

“帕累托最优”就是资源合理分配的合理性原则。在资源配置中，如果至少有一点点的改进，而这个改进没有让任何人受到损失，则有改进的动力。这种“改进”会持续到最终的最优分配状态，这就是所谓的“帕累托最优”状态。“改进”是资源分配的上帝之手，使资源得到恰到好处的利用。实际上这并不是一个人为选择的过程。

“资源是为胜任它的人准备的。”借着《琴师分琴》故事的寓言道理，杜氏惪说。

“即使对于能胜任的人，资源总是要比想得到它的人要少。难道……”

“没有难道，一切发生都有背后的原因。”

这次海选志愿者，自己是由杜氏惪推荐的，仁微青一直这么认为。甚至他也看出来杜氏惪当时的犹豫，对他担任这次任务也有所顾忌。

“我被选上有您的因素吗？”仁微青心中一直觉得事情有蹊跷，于是很直接地问。

杜氏惪坚决否定了仁微青的看法，他说：“你高估了我的能力，我只是希望你继承我的个人愿望，但是又担心你的个人志愿，所以产生了一些犹豫。”

当初杜氏惪确实有所犹豫，因为这是一条不归路。现在的仁微青已经走上了这条不归路，不再是自己能控制的一条路。普通人的小日子，再与仁微青无关。伟大的代价绝不会太低！不过，杜氏惪坚定地相信，即使有所付出也是值得的，这是一条最能寻到自我价值的路。

仁微青平日也没有倾诉的对象。他说：“重复性的工作重复，我几乎已经习惯了。连续的大事突然发生，让我措手不及，甚至有些迷茫。”

“也许，在那些重复的日子里，才是你真正的迷茫，而改变才是觉醒。”

“觉醒？”仁微青露出不解的表情。

“毫无意义的重复，才是生命的悲哀。”杜氏惪解释说。

一个普通人应该要付出与资源相匹配的努力，并拥有与之相匹配的技能。每个人总会面临得不到的资源时刻，不必埋怨自己的处境，未来还会有无限种可能。身份是由过去形成的背景，每个身份面对未来会有不同的境遇，都会得到恰到好处的安排。

仁微青并不愿意命运为所欲为地改变自己的未来，至少未来可以大部分在意料之中。“无限可能”的未来让人恐慌，这种恐慌成就了仁微青求知未来的欲望。环境就是除了自己之外的世界一切。虽然，世界对自己来说是唯一的；但是，世界很难把你当作唯一。这个世界不屑于亏待于你，也无暇恩泽于你。

世界中的任何一丁点的事物都有本来的章序，善用这些细微也可以打破原本的平衡。未来呈概率性，细微地改变概率就可能偏离原本的轨迹。即使在天体运动中的细微改变，也可以对大平衡产生影响。人们当前的处境，基于许多个小概率事件发生结果的继承，而面临适从未来的即将发生一切。未来大概率事件都将大概率地发生，唯一能做的只是些微改变事情发生的概率。利用信息，可以让概率分布发生收敛。

曾经，杜疏影几乎是仁微青唯一的目标。因为这个目标，保持对其他所有欲望的漠然。童年的一场大病，让仁微青失去了嗅觉，对嗅觉的渴望让自己潜意识痴迷信息技术。或许正是这样的过程，恰好促成了另外一种必然。

“想得到某样东西，最可靠的方法是让自己配得上它。”杜氏惪说。

“以前，似乎无论我如何努力，都难得配上我想得到的资源。”在仁微青心里，杜疏影或许就配不上。这多么讽刺！

“资源永远是少的，恐怕人心最多，人心最难防。”杜氏惪毕竟人生历练丰富得多，而仁微青人际关系简单，十分的简单，缺乏与人相处的经验。

人心？谁的人心？仁微青一阵心痛。他内心更愿意示人以真实，而容不下道德之虚伪。世间婆娑，哪来真伪的界限。无欲则刚！

仁微青说：“该来的总是要来，该经历的总是要经历。”

“万事多考虑，但也不要太受到道德的约束。”

“我并不想做一个别人眼中的好人，未来还是遵从我的内心吧！”仁微青说。

“从心所欲就是德！”杜氏惪说。孔子说，从心所欲而不逾矩，矩又是谁定的？

杜氏惪欣赏年轻人的无畏，却又担心这种无畏。

还有一种神仙的角度，不受常理约束，不站在人类本身的角度看待人类的世界，就可以摆脱人类的迂腐。包括基因在内的前序生命信息，是一种面向未来的信息延续，生命属于自己，也不完全属于自己。但每一次改变和选择，遵从自己的内心，会让生命属于自己更多一些。

地球的构造运动产生了地震灾害，却没有人因此恨地球，人的生命和地球比较是瞬息之区别于永恒。地球智慧由“上帝之手”推动前行，把整个地球生态当作一个生命，从来都不是以个人价值为核心，就如同我们人对待身体中的每一个细胞一样。这是神的角度。

“永远别忘记自己是谁！”杜氏惪做最后的告诫。希望仁微青保持初心所向，念念不忘初心。

“好！”仁微青答应得很诚恳。

离开杜氏惪办公室的一刻，仁微青有些感慨。人生虽短，终将路过了历史；生命虽微，终将存在于历史。在仁微青的心中，眼前的办公场所就是自己工作了 5 年的地方，仍旧是原来的样子，一切都没有变，除了自己。

突如其来的大事件，并没有出现任何仪式，发生的过程也普通而平淡，唯一惊起的波澜在自己的内心。仪式感是用来征服观众的，让假的看起来很真。仪式感不是什么好东西，会阻碍遵从内心。

最近，仁微青收获了一份新工作，还收获了爱情。

杜氏惪不知道楚可可就是杜疏影，仁微青也不知道。楚可可不敢说，也没必要说。

……

张硕要请仁微青和楚可可吃饭，仁微青默契地让楚可可邀请了武茜。通过一些接触，武茜觉得张硕并不讨厌，但也说不上喜欢。男欢女爱又岂止是不讨厌就成。

经过王二狗的事情，大家都变得成熟了许多。人做不了上帝，世界是客观合理运行的，除了自己没有人需要拯救。看起来，为王二狗做一些事情，满足了王二狗的愿望，事实上是满足了自己做上帝的愿望。

从贫穷中把王二狗的身体捞了上来，却把他的灵魂留在了原处继续贫穷，这并非善举。

几个月前，通过张硕得知王者的旅店关门了，原因不讲都知道。

王二狗又回到了王二狗的身份，除了留下一个王者的名字。

这些经历让王者想明白了很多事情。可是，他再也没脸见仁微青了。破产后的王者比穷的时候更惨，他已经不甘心贫穷，那具穷的身躯已经装不下那颗膨胀的心。他来找过张硕，想给仁微青等人道歉认错，被张硕直接给拒绝了。

席间，仁微青又问起了王者的近况，张硕一开始支支吾吾不肯说。武茜给了一脚之后，才吞吞吐吐地说出了这件事。

落魄的王者在公交车上坐到了爱心专座上，途中上来一位孕妇。王者本来没看见这位孕妇，也没有起身让座。这位孕妇可能平时也被哄惯了，认为自己怀的是皇上的太子，开口就骂。

王者心情本来就不好，脾气也大，就和孕妇吵了起来。

和平的日子过多了，人就麻木了。被家里人宠惯了，就以为所到之处都是家里。孕妇觉得整个世界都应该是讲道理的，认为自己占着理，怕什么？就动手去扯王者的衣服。孕妇的手被王者一把甩开，手撞到车上扶手栏杆上。

撞痛手的孕妇于是开始撒泼，动手就朝王者脸上挠，家里的男人可是从来都不敢还手。看见打起来了，围观的人开始劝，更多的人劝王者，一个男人就该让一下，何况对方是个孕妇。

在大家的劝阻下，王者忍了口气，心想也算了，站起来把座位让给了孕妇。

孕妇却不依不饶，坐在让出来的座位上，嘴里还不依不饶。

“一看你这个男人，就不是什么好人！”

王者大怒，掏出水果刀就给了孕妇一刀，说：“好人是好了你还是好了我？！

哪个规定我一定要做个你想要的好人！？”

即使是孕妇……也不能向死神撒娇，会搞砸的。

一尸两命……

王者临死前也没有搞明白，什么样的人才是好人？究竟好人要遵从自己的情绪还是奴颜屈膝于道德典范？好人的标准是谁定义的？为什么而定义？

王者死在关于“好人”的事情上。

坏人杀死了孕妇，好人弄死了王者！

……

整个“太空之问”项目专家组中，有一些学术势力坚持认为，“太空之问”脑电波在太空传播，只能拥有电磁波的固有传播速度，而得到回答所需要的时间，一定超过电磁波往返于对话双方距离所需。

离太阳系最近的恒星是人马座，距离为4.2光年左右。也就是说，即使与人马座通信，最少也需要8年多的时间，才能得到一次问答式的对话。这还是基于人马座有高智地外理性生物为假设前提。如果人马座是荒凉的，那么等到“太空之问”的回应，所需的时间也许需要两代人才能完成。

两代人！？人们对不会发生在自己生命期间的事情，总是会轻慢和失去热情。所以，对比眼前触手可得的利益，人们会更加愿意对有参与感的行为发生兴趣。让人们去干一件下一代人才能有结果的事，索然无趣。

另外一些持对立观点的人则认为，电磁波是我们目前的认知极限，我们甚至还没有彻底搞懂电磁波是什么，就用电磁波的表征特性来揣度广袤的宇宙空间，这样显得极无知，也显得极自大。地外更高级的科技文明，一定是当前地球科技文明所不能理解的，就如同元素周期表出现之前，古人用金、木、水、火、土来归纳物质世界的基本构成。

离“天眼”系统收到第一则地外生物信息过去了一年，地球人仍旧没有人能证明那则信息是怎么过来的。一边，怀疑的声音变得更强烈；另一边，人们对这则信息的警告越发无视了。

但还是有一些人对外星高智生物的存在保持一种渴求状态。这种渴求是许多科学研究行为的动力。科学研究必须根植于既定的科学事实，以足够的观测事实作为建立理论体系的基础，现代科技是地球人在黑暗中摸索了好几百年才形成的。在黑暗中的人们渴望光明。外星生物或许只要给我们一句话，就可以彻底改变现状，为现在的黑暗划亮夜空。

一直以来，许多地球人自诩为整个宇宙的最高智慧，即使在对地外生物探索的过程中，我们也毫不掩饰我们的主宰者姿态，地球人从未对一切资源有过谦卑和敬畏。对于自大了几十辈子的地球人，外星生物以其高智方式存在，也深深地伤害了地球人的自尊心。

如果，我们不知道外星生物的存在还好，就如同过去的几千年一样，我们继续在科技发展的路上蒙住自己的眼睛，小步摸索着前进。真相来临之前，地球人显得有些焦躁不安。

我们需要试一下！即使地外高智文明果真不存在，最坏的情况就是在原点继续失望，而我们本来就在失望之中。冒险派这么想。

冒险和触手可及的科技提携，冒险代价相对很低廉，而回报的确很高昂。继续冒险成为必然，没人再可以阻止这种窥视科技“秘方”的欲望。地球对外星技术的觊觎，已经超出了贪婪的范畴，进一步怂恿了冒险派的这些想法。

在坚持冒险和听从警告之间，学术界的两派完全对立了起来。由正常的讨论和交流演变成人身攻击。仁微青成为了攻击的活靶子。人言可畏，李厘米不得不把仁微青隔离保护起来。这样一来，仁微青、楚可可二人反而可以专心练习脑机连接。爱情和专业各有精进。

可以想象，这一年来“太空之问”项目几乎在无休止的争论中度过。似乎冒险是人类的天性，这一次也不例外。如果宇宙的目的依靠万物运行规律；那么，人类带入的不确定性就是冒险。

两派之间发生了无数次争论，没有人能在争论中说服对方。争论，就是你总是想尝试说服一个根本不打算相信你的人。

领导者的领导艺术造诣岂是“屌丝”们可以理解的，他们总是能让事情得到最合理的发展。争论的结果是双方的妥协，“太空之问”项目决定冒险，尽可能谨慎地冒险。领导很高兴，既有需要的执行结果发生，又有执行过程的约束，任何错误和自己无关。

李厘米毕恭毕敬地站在二号首领身旁，首领亲自过问了此事。实际上，在领导们的心里，对怎么做早有了打算。

最终，“太空之问”项目组被同意再次向外太空发送信息。不过，要严格遵守以下原则：其一，50年之内只允许发送这唯一的一次信息，只提出唯一的一个问题；其二，不允许回答对方的提问，不允许主动泄露任何其他地球信息。

根据仁微青对“天眼”的承受极限，只能有28秒宇宙通话时间；而楚可可只能承受13秒。所以，提问由仁微青一个人执行，监听“太空回复”由仁微青、楚可可两个人一起执行。

任何一个细节，都被精心地设计。关于唯一发送到宇宙的问题征集，几乎耗尽了顾问团队的全部精力，没有人敢掉以轻心。问题不能太拗口，也不能太模糊；不能太专业，也不能太通俗；不能超现实，也不能和地球经典物理叙旧。在最终的三个精心准备的问题中，最终以投票的方式选定了其中的一个问题。这是一个简单的问题，显然，也是整个人类现在关心的问题之一。

玻璃房内原本就设置有两把躺椅样式的读脑仪，为了增加可信度，监听安排两人担当。两人互相佐证信息内容，以提高置信度。

提问却不能由两个人担任，由仁微青一个人单独执行，也只有仁微青最适合担当这个任务。仁微青不敢怠慢，他对外太空心怀敬畏，用自己的脑电波虚心地向宇宙的深空发送了第一个问题。

“人类谦虚地请教未来发展的方向？”

仁微青在这极限的 28 秒时间里，用了 2.35 秒的时间发出了问题。这是有史以来，人类第一次正面请求太空智慧的指引。

所有人都紧张地望着监视屏幕，监视屏幕就如同和预计商量好似的，如意料之中的那样一片沉默。仪器前的人们屏住呼气，在紧张中静静地等候，时间跑得飞快，却又感觉过得特别的漫长。1 秒、2 秒……10 秒……在楚可可监听接近 13 秒的时刻，现场果断掐断了楚可可的脑连接信息源。在接下来的十几秒时间，只能由仁微青独自一个人继续监听。

或许，会像上次一样，来自太空的回答并不会这么立即。也或许，这次太空并不打算回答。仪器仍然一片寂静，仪器没有坏，只是真的没有回答。

就这样，沉默了将近 20 秒，所有人都不再对收到信息抱有希望。漫长的 25 秒之后，失望的人们正要结束这个通话，让这一切荒唐的想法，到此结束。

突然！报警的灯光闪起……仁微青在耳边听到一个声音，而在玻璃房间的外面监视仪器上，也显示出一则波动。一句真切的话在仁微青脑中出现，如同自己说出来的一样清晰。

不过……一听到这句话的内容，仁微青却犹豫了。

仁微青怀疑，这句话根本就不像是用来回答自己问题的，并不是一个答案。这句话看起来和自己的问题毫无关联。他甚至怀疑自己是否真的听到了对方的回答，甚至怀疑是不是自己的幻觉。

玻璃房间之外的人却早已骚动起来了，因为仪器显示刚才收到了一则信息。并没有人注意到仁微青的古怪表情。第 28 秒的时刻，现场果断掐断了所有的脑连接信息源，第一次太空之问结束。

“怎么样？”戴纵纬冲到仁微青的面前，问题脱口而出，声音比人到的更快！

仁微青点点头，心中还在犹豫如何把这句话说出来。这句话很短，准确而毫无歧义。如果这句话是问题的答案，却又与问题风马牛不相及。

“答案是什么？”戴纵纬十分紧张。

“生命……的……本质是……信息。”

“……生命的本质是信息！……生命的本质是信息！……”戴纵纬魔怔似的重复着。

除了急性子戴纵纬，其他人守纪律地等候在弧形玻璃墙外，他们有的焦急而仔细地查看仪器，确认数据；有的人神情紧张地望着玻璃房间内，恨不得用目光把仁微青从读脑仪上捧下来。而此时，仁微青本人内心十分纠结。自己不一定了解外星人，但自己太了解地球人了。他需要一些时间，自己一个人静静地想一想。索性就躺在那个椅子上不起来，一副疲惫不堪的样子。

直觉告诉他，这句话一定不会那么简单。如果宇宙给出的回答是有价值的，那么一定不会那么简单易懂，答案若可以被轻易地理解，也就不需要地球多此一问了。人心是矛盾的，等待仁微青的，一定会有质疑。

仁微青单纯，但并不傻。现在，无论自己说什么，都会让自己陷入两难的困境。即使自己将要拯救人类，而人类却想方设法为难自己。这是人性。

如果，刚才听到的回答来得晚一些，像上次那样隔开 3~5 个月，也许会有 2 个人同时听到，或许会好一些。人类值不值得拯救，不是自己考虑的事，刚才那个外星生物也一定考虑过这个问题。那将近 25 秒的静默，也许是外星智慧在权衡。

是戴纵纬首先把答案告诉了大家，这个答案连仁微青自己都不相信。

仁微青用笔在工作人员递过来的纸上写了一句话，边写边念了出来：“生命……的本质……是……信息。”

“生命的本质是信息。”外面的人七嘴八舌地重复着仁微青的话。

李厘米走过来问：“这是全部内容吗？”

“是的，全部。”仁微青说。沉思了一刻之后，又补充说：“我并不理解答案的意思，但我得到的信息就是这么简单，毫无歧义。”

仁微青一走出玻璃室，苏格就率领一帮人冲到玻璃室内，开始忙碌实验数据的收集工作。就像是带着放大镜扫描仁微青碰过的各种仪器上的指纹，生怕放过任何的蛛丝马迹。

戴纵纬忙碌着给仁微青做脑医学检查，保护这颗人类有史以来最珍贵的大脑是他的责任。楚可可也过来关心，在她的眼里，除了珍贵更多的是牵挂。

排扰组、脑信息分析组、复测组紧张有序地开展工作。

在复测组这边，楚可可在脑机连接的方面已经有了很大的进步。以她的水平，目前已经能够以“听觉”的方式清晰地辨识出这句话完整的意思了。殷思雪也稍有进步，能识别这句话的情绪，但不能理解具体含义。而梅伊奋、张冉沽仍然停留在原来水平。

人们习惯于提防各种利益心机。鉴于楚可可和仁微青的私人关系，这则信息被认为可能是事前的串通，楚可可的复测意见并不被完全采信。

梅伊奋毫不客气地说："很客观地说，我认为就是幻觉。脑内异物排异的一个主要特征就是幻觉。我个人的幻觉就是出现两个人的对话，有时是别人对话，有时候是自己和别人对话。"

仁微青此刻心里还在思考这句话和问题之间的关联，根本没有听到别人的谈话，对梅伊奋的话也没有听见。在梅伊奋的眼里，仁微青的没听见，被梅伊奋当成了藐视。为此，梅伊奋内心燃起了一股莫名的恨意。

仁微青似乎总觉得自己有什么地方没有想通，似乎又有些明白了；一会儿过后，似乎又更加的糊涂了。此刻，关于梅伊奋的质疑，他即使听见了，也不想辩解。仁微青对人性不感兴趣。

利益是你多我少的关系。梅伊奋的观点代表了一部分人的观点，对仁微青产生幻觉的质疑并不奇怪。答案确实太离谱、问答之间确实"无厘头"。

但在支持者看来，即使是幻觉又如何？

戴纵纬的话代表这些人的普遍观点："即使是幻觉，又会付出什么代价呢？一旦开启未来的密码，会收获什么想必大家都知道！"

"是啊！这恐怕是毫不掩饰的妒忌心吧！"

"相信一个没有代价的'可能'，总好过错过一个能拯救世界的'可能'。"

"……"

最终，李厘米假装犹豫了一下，最终，以官方的态度宣布，相信仁微青。他的意见才是最重要的意见，李厘米才是这里的老大。

李厘米向上面汇报了这一测试结果，并表达了自己的观点。他认为，仁微青是唯一的机会，既然是唯一，就别无选择。

在李厘米看来，仁微青需要一个方便的身份，用来解放他被各种琐碎困住的手脚。他面临的又岂止是这些人嫉妒的眼光，还包括被禁锢在经典物理体系中的思想。需要释放他对未来探索的野性。

仁微青阴差阳错地对信息技术执着，又阴差阳错地进入了天体物理。一路的巧合导致了最终的这个巧合，让自己成为了这个神秘项目需要的恰好。

……

17. 泄露机密

天机，神仙的事，总是被凡人看透。

一个黑影，在一个昏暗的树荫下，避开了路灯的灯光。他用手机将一封匿名的邮件发送了出去。

几天后，国家调查局获悉，“天眼”项目的消息遭到泄露。这是一件很严重的泄密事件，专办组对案件展开调查。“太空之问”项目组人人自危，工作陷入了停顿。谣言在半个真相之中，被各种版本描述得十分生动和传奇。在国家层面，面临来自国际上各种舆情、权治压力。

随着国家调查局追查泄密事件的深入，他们发现一个关键的证据——那封匿名的邮件。这个证据直接指向“太空之问”项目组内部，项目组出了内鬼。随即，他们又对那个发送邮件的手机号进行追踪。这个时代，任何人购买新号码，都是需要实名登记的。没有身份的手机是违法的。即使在二手市场，手机号码的买卖也是需要实名认证登记的。一般情况，商户们没有必要为了这点蝇头小利去冒险。只要追踪到这个手机的身份，就会获得重要线索。看似案情很快就要明朗了。

年轻的干警们很快追踪到了机主的身份。可是，意外发生了，这个手机号码的主人已经在三个月之前去世。机主是在一场车祸中丧生的卡车司机。一个手机号码，一位已故的卡车司机，让案件再一次产生了悬念。

李强，本专案组的组长，帝都市公安局副局长。他天生就是喜欢挑战，敏锐的“嗅觉”就是为各种悬念而生的。这些小伎俩，根本难不倒他。他知道，这是一次刻意的隐匿痕迹的手段，必须从追踪手机号码的货源着手。调查发现，获得手机号码，除了正规的门店，还有一个市场的存在，黑市。

黑市有个好处，黑市商品，能满足各种大胆的要求。这种已故无主人员的手机号码，就在黑市高价进行交易。当然，有这种特殊需要的，一般不干什么好事。商户们一般不打听出售商品的用途，知道多了并没有什么好处。不过日子久了，也只是略微了解，这种手机号码，大多数用来进行电话诈骗。

法律是道德的底线，在法律标准和道德标准之间，存在一个空档区域，这个区域被形象地比喻成“黄灯区”。一切所谓的“老练”“阅历丰富”“从心所欲而不逾矩”……都是指在“黄灯区”区间修炼成果。所以，这些沉迷于经营道德边缘的人，干脆被称为“黄灯侠”。

常在河边走，哪能不湿鞋。法律标准线挨太近了，一不小心就会踩线。维护法律的严肃性是执法人员的基本要求，这一点每个警察都应该清楚。市公安局副局长李强，临危受命，他负责本次案件侦破工作。李强是刑侦出身的老警察，从一线警员做起来的，很有些真本事。像李强这样的老警察，稀奇的案件见得多了，常年以来，不得不与“黄灯区”的江湖打交道，不得不清理踩线的“黄灯侠”们。不过，作为老警察，他当然清楚警察的职责、界线。

李强在“黄灯区”有不少眼线。李强并没有费多大的功夫，就找到了泄密事件的关键证据——手机号码的货源及卖家。卖手机号的商户很快就被请到审讯室，却是一位身材微胖的女性，四十来岁。她到被抓之后还是不明白，一个二手的手机号能捅个恁大的篓子？

审讯室内，女商户连说话都有些哆嗦。刘强隔着单向透视玻璃，观察这个女人的每一个表情，以及她说的每一句话。

“你最好自己老实交代，为什么抓你？”年轻的警察问。

“警察同志……我……我……真不知道……”女人很紧张，搓了搓手，略带方言口音地说。

已经问了两小时了，她还是这句话。

刘强知道，再问下去也问不出个所以然来。他通过正在审讯的年轻警察的耳机，示意他适当用证据引导。年轻警察打开从女商户店里搜出来的账本，用手指敲了敲账本问：“你有没有出售过135××××××××手机号码？”

“如果……是账本上记录的，就是……我店里卖出去的。”

“那你记不记得，当时这个号码卖给了谁？”

“手机号码都是实名制……”

“说实话！”年轻警察打断了她，严厉地说。

“能……让我看看账本吗？我……看看到底是哪个号码？”女商户大概知道自己因为什么被抓了。但是，她不知道买这个号码的人，究竟犯了什么事，竟然牵连到了自己。

女商户内心嘀咕：这事恐怕小不了！虽说自己只是一个贩卖手机的商户，如果事态严重，恐怕很难无责。黑市并非凭空存在，自己是交了保护费的，既然保护费保护不了自己，说明事情很大。眼下，这个手机号码牵连到了自己，自己没必要为一个陌生人死扛。或许通过积极的立功表现，还能争取到宽大处理。

玻璃外的李强同意了女商户的要求，年轻警察将账本递到了她的面前，并用手指指出了那个号码。女商户陷入了沉思，她在回忆与这个号码有关的点点滴滴，半晌也不说话。要不是因为价格高，她几乎想不起来这个号码有什么不同。

“我有印象，这是一件网购商品，通过快递邮寄给对方的。”

女商户主动提供了关于这件商品交易的所有资料。一般，这种黑市商品是熟人介绍过来才能做，购买商品的人，必须是老顾客或者由老顾客介绍过来的人。陌生人之间，这种生意一般不敢做。

顺着这个线索，在案件的迷雾中，又一位网名叫“刨根问底”的人物显现了出来。这名叫“刨根问底”的人是女商户的黑市生意老主顾了。

“刨根问底”被抓之前，一早被警察们查了个底朝天。第一次见到“刨根问底”，李强又是一阵诧异。这是一位精瘦的男子，神情木讷、性格内向，典型的游戏宅。主要营生靠接一些网络营销的活，就是网络上的职业差评师、网络推手、职业炒作手。

在警察面前，这名叫“刨根问底”的宅男，裤子都快尿湿了。从出生以来，他从没见过这种阵势，三两句话就吐了个干干净净。一番问讯调查下来，根本看不出有任何作案动机。不过另一条重要线索浮现了出来。原来，手机确实是他买的，却不是为自己买的，而是为网络游戏中的线上“虚拟女友”买的。不可否认，虚拟世界是虚的、假的，部分窈窕“女友”可能就是一位抠脚丫子的大叔。不过，“刨根问底”的这位虚拟世界的“女友”，是真女人，不十分漂亮，也不难看。两人在线下也见过几次。在宅男的眼里，也算是一个略有姿色的女子了，宅男哪有挑食的资格。这位“女友”同样痴迷于网游世界。打游戏需要不少的花费，除了许多“男友们”帮衬点，自己也要花费不少。她没有固定工作，偶尔只能在歌厅做小姐赚点钱。

专案组正要传唤这个女孩，从当地公安局就传来消息：女孩死了。就在几天前，这名女子的尸体被发现在郊区立交桥的桥底下。

李强开始有些焦躁。上面一再催促破案，关键时刻线索再次断掉，侦破工作陷入了绝境。李强焦头烂额地在会议桌前抽闷烟，十几个干警小心翼翼地汇报着案情的进展。

突然，一个年轻的警察冲了进来，兴冲冲地说：“李局！有重要情况！”

“说！”

“根据被害女性的通话记录，其中有一通电话与‘太空之问’项目组人员有关。”

“是谁？”

“仁微青！通话时长 13 秒！”

“泄密邮件的网络定位结果出来了吗？”

“出来了，在科学院学术交流中心的公园内。”

“‘太空之问’项目组，都有不在场证据吗？”

“除了梅伊奋当天请假外出会友之外，其余所有‘思维志愿者’都在场。与案件的发生地点重合。”

“马上批捕仁微青！”

……

在一阵急促的警笛声中，一群荷枪实弹的武警撞开了仁微青的住处。搜寻了所有的房间，却没有仁微青的踪影，屋内早已人去楼空。

就在仁微青的房门被警察撞开的这一刻，仁微青正在飞机上，这班飞机的目的地是美国。一天前，他秘密通过珠港转机到了欧洲，又从欧洲转机到美国。他深叹了口气，本来身份是一位人类的功臣，现在却成了国家通缉的逃犯。

每个人都是自己眼里世界的主角，仁微青洞悉自己世界的先机，自带光环。在主角光环的照耀下，仁微青总能机智地为自己找到逃离路线。遇冤也能洗白。

仁微青临走前，给李厘米发出了一封快递。而此刻，李厘米同时得到了两个消息。第一个消息：仁微青涉嫌泄密被批捕，并已经逃逸；第二个消息：手中拿着一封仁微青邮寄给自己的快递。

拆开仁微青邮寄过来的快递，里面只有一张纸，纸上只有几句话。看完这几句话，李厘米的嘴角露出了微笑。他把这张纸重新装好，摇摇头露出一阵诡异的微笑。一会儿，他忍不住又抽出那张纸来，把那纸上的几句话重新看了一遍。这次，他终于没有忍住，笑出了声音。李厘米一向严肃，很少笑。

李厘米随即打了一个电话。不久之后，梅伊奋就被逮捕了。

原来，梅伊奋周密地设计了整个栽赃仁微青的计划，自认为天衣无缝。仁微青不知用了什么手段，将梅伊奋的计谋巧妙识破，使整个案件随即水落石出。包括对立交桥下那位被害女性杀害，将线索掐断在千里之外，也是梅伊奋干的。在梅伊奋看来，这一切都是自己高智商的设计，事情也是按照计划发展的，本该没有破绽。网络是梅伊奋的主场，自己何曾败过？

梅伊奋很难想象自己在没有线索的情况下被抓，不过临死之前他也没有知道案件被侦破的过程。在有些错误面前，只要涉及的是国家利益、国家集团利益，审判基本就是个形式，没有人在乎证据，也不需要传统的证据。

李强是李家人，李厘米并不陌生。

李厘米给了李强一份礼物，正是他需要的证据。在这份从天而降的证据面前，梅伊奋不再抵赖。他复原了整个犯罪的经过。

……

那晚在科学院会议中心的公园里，梅伊奋身着运动服，沿着弯曲的跑道在路灯下夜跑，浓密的树荫把橡胶跑道遮遮掩掩，一会儿藏在黑暗之中，一会儿暴露在灯光下。大部分秘密都在夜色的掩饰下进行，大概是因为害怕阳光。梅伊奋是请假出来的，不过他并没有离开科学院会议中心，请假外出会友，只是为了制造一个不在场的证据。实际上，他很快就返回了犯罪现场作案。

在树荫下的垃圾桶旁，他掏出一个手机，把一封编辑好的邮件发送了出去。然后，他麻利地把手机拆开，掏出里面的手机卡扔进了垃圾桶。他继续沿着橡胶跑道跑了一段距离，在公园的河道旁站住了脚，他一边做着伸展拉伸运动，一边四顾看了一圈，在确定没有人之后，才把手机远远地扔进公园的河道里。

这个手机是前几天，他几经周折才获得的。他通过这个匿名的手机发了一封匿名的邮件。很显然，他在干一件不希望被别人发现的事情。

梅伊奋承认了所有的犯罪过程，交代了犯罪动机。因为嫉妒，他设计栽赃仁微青，不惜牺牲国家利益。因为，要对付仁微青，必须下猛药。他认为，只有国家利益才能伤害仁微青。

……

梅伊奋受到了法律和道德的审判。按理说，事件在和平鸽飞翔的音乐中得到平息，人性良德的世界重新恢复了安宁。可是，泄密事件实在太严重，虽不是仁微青所为，却是因为仁微青而起。仁微青境外逃逸的事实并没有得到原谅，权威永远不容挑战。

人生苦短，权威是人性的权威，人性不是仁微青科学人生的重点。此时回国，他将无休止地浪费人生。所以，他决定等到恰当的时候再回来。李厘米也这么想。

他在国外滞留了一年。

一年对于他来说很长，他必须熬过 365 天，每天面对各种半真相式的怀疑；这一年也很短，他几乎没有多少时间用于思考那则提示的含义。

……

美国田纳西州位于美国的东南部，在田纳西州的东部是一系列的山峰和谷地，从六千尺高的大烟山脉，穿过田纳西河谷到阿巴拉契亚山脉和坎伯兰高地。田纳西河冲刷和雕饰着坎伯兰高原的东部。红宝石瀑布就坐落于田纳西州观景峰内部。这里是洞穴探险者的天堂。

洞穴探险者首先要具备的素质就是对幽闭空间的适应。除此以外，还要能忍受身体被挤压。在狭窄处，乔治·本森把脑袋扭成与肩膀平行，必须摘掉头盔，才能把脑袋挤进去。他呼出空气，使身体尽量扁平，用背部蹭着往前挪动，每次都只能往前挪动几厘米。然后，再停下来，吸气，重复之前的动作。就这样，他在洞穴中很缓慢地前进。仁微青跟在乔治·本森的后面，模仿他的动作，通过这段狭窄的空间。乔治·本森是这次洞穴探险的领队，也是仁微青的雇员。

在仁微青的后面是李厘米，他天生就是个探险者，脱掉军装的他穿戴上户外装备，身手比仁微青要矫健很多。这次见面已经是分别的一年之后，对于他们而言，这一年发生了很多的事。

在远离阳光的地面之下，洞穴探险队必须用手电照亮这片开阔的空间，初略估计有 1.5 公顷，高达 100 米以上的开阔空间。这被探险队称为“滚瀑室”。要想到达这里，就必须在洞井中下降 20 米，再爬上两座 4 米高的瀑布，然后再猫着腰通过 600 米的狭小洞穴。在最狭窄的地方，有些通道不足 30 厘米宽。在最难通过的地方，探险者必须将身体泡在水里，露出脑袋从石缝中将脑袋挤过去。

为了寻找这片开阔的空间，仁微青花了一个月的时间。在仁微青找到这里之前，这里从来没有人来过。仁微青又花了六个月的时间，在乔治·本森的帮助下，搬来许多与计算机有关的设备，这些设备被安置在这个秘密的洞穴中。这是仁微青的地外理性生命研究的秘密花园。在这里可以干一些其他地方干不了的事情，仁微青还有自己不能说的打算。

一行人循着灯光，来到山洞的角落，一排钟乳石挡住了去路。仁微青一行人从这一排钟乳石的缝隙中翻了过去，在这一排天然的遮挡物的后面，一排整齐的机柜正在后面闪烁指示灯工作。惊喜、兴奋、忧虑，这是李厘米第一眼见到这里的心情。这种复杂的心情，在几年之后，仁微青才略微理解。

“不赖呀！”李厘米夸奖说。

“闲不住，就自己找点事情干。”

“这一年，你的成果都在这？”李厘米指着这些计算机设备说。

“不，在这！”仁微青指着自己的脑袋说。

李厘米乐了，回应说：“那一定收获颇丰！”

“马马虎虎。”

“赶紧说说，别对急性子的人卖关子！”李厘米催促道。

“主要关于宏观宇宙至大和微观至小的统一……”

“得了吧，还‘统一’呐，你差点小命不保。”

“我的小命，一向交给你来保。”这话出自仁微青之口，真情表露，也是实情。任谁经历这逃亡海外的一年，都会在内心压抑许多的愤懑。

“你拼命保全人类，人类却因此向你索命。我不过是代表人类对你做点补偿。”李厘米谦虚地说。对于李厘米而言，仁微青现在是神一样的人物。

乔治·本森听不懂他们两人的对话，开始动手维护这些计算机器设备。这半年来，主要依靠乔治·本森帮助，才让这些机器在秘密的地下空间开动起来。移动电站、不间断电源、通风与除湿、水冷散热……这是个不小的工程。

仁微青、乔治·本森默契的配合，并没有过多闲聊，他们熟练地操作着里面的设备。乔治·本森不时征求仁微青的意见，李厘米在一旁偶尔搭把手帮忙。

“你不想知道这一年我都干了些什么？都发现哪些新奇？”仁微青主动问李厘米。

“哦……都有些什么新奇？”

“我们在证据信息的思维模式之下，构建了宇宙观。至大止步于宇宙深空，至小止步于微观粒子。一开始，寻找直接证据，受制于观测的手段约束，后来就依据传统逻辑方法，拼凑出间接证据。”

“间接证据？”

“比如说，事实上微观原子结构，就是建立在间接证据之上的，从来没有直接的原子结构证据。如果没记错的话，原子结构在科学史上调整过好几次。”

“那宏观至大也是如此？”

“对啊！光速是宇宙中最大的速度，宇宙最大速度意味着时空的极限。同时，光速也是信息产生和传递的极限速度，用一种极限速度观测超过极限时空的质能信息，就只能构建一个假设的时空。”

“那你的意思是说，我们一直就在先假定一个结论，然后为这个假定结论牵强地寻求一些证据？”

“这可是你说的，说实话是犯忌的。”仁微青微笑着说。

“哈哈……原来你给我在这里挖了个坑！”

“不少著名的大科学家，没少干这种事情。”

“嗯！是的……不过，死者为大。既是环境成就了他们，也是环境纵容了他们。错误从来都不是一个犯错者自己的孤立事件。”

“老李！一年不见，哲学造诣精进不少！”

李厘米不理会仁微青言不由衷的奉承，指着山洞里的机柜说：“这些设备都是干什么用的？”

“逻辑运算。”

“我知道是逻辑运算，总有个运算目的吧！”

“就算说了，你也不懂。简单说，就是微观仿真，验证我刚才的那些想法的仿真运算。”

仁微青这么一说，李厘米还真不懂。仁微青并没有贬低自己，还真不如不说。李厘米不是来争面子的，他的目的是接仁微青回国。他在等机会开口。沉吟了一会儿，李厘米对仁微青正色地说：“我是来接你回国的！”

“我知道！”

“你会跟我回去吗？”

“会！”仁微青回答得很干脆。

……

既然项目被平反，总是要给些彩头。

平反后的世界像一场戏一样，见谁都像演员。看见了各种虚伪的奉承，也看见了各种浮夸的嘴脸。鉴于“太空之问”项目的本次成果，国家军事防务部门、军事委员会对项目组进行了表彰。表彰大会论功行赏。项目负责人李厘米晋升为元级星将，这并不意外。但意外的是，仁微青也被授予了元级星将军衔。仁微青十分不解，自己甚至都不是军人。李厘米却很清楚，对于这样的人才，出将根本就不设门槛，授衔、升衔也没有门槛。没有免费的午餐，只有丰富的心机。每个人都各自有利益心机。

“太空之问”项目将继续恢复工作，下一步工作是对“太空提示信息”的解读，以及启动多学科应用成果转化。李厘米继续领导该项目的工作开展，不过，他不再是一个人兼顾“将、帅”二职。

仁微青的身份由“思维志愿者”晋升为“贡献者”。“思维志愿者”和“贡献者”是专门为人类未来设置的一种学术荣誉。“思维志愿者”代表一种能力，可以成为“思维志愿者”本来就是万里挑一的天才，是普通科学工作者梦寐以求的身份。而“贡献者”代表一种成就，只有“思维志愿者”之中具有成就的人，才会成为“贡献者”。在这个领域，没有哪个成就被当作小成就。

也许，自建国以来，直接飞升到元级星将，绝无仅有！但仁微青做到了。因为他是第一位“贡献者”，因为他是第一位接触外星人的人。李厘米后面有李氏家族，仁微青不一样。

有些武器没有硝烟，却比任何硝烟更具有威力。自第一颗原子弹爆炸以后，人类早就预见下一个世纪会出现更厉害的武器。这种武器会出现在第一颗原子弹爆炸的 100 年以后。

有人已经意识到了这个武器是什么，这种意识中夹杂着欣喜与绝望。军衔这种荣誉，是军队能给得起的事物。既是一种荣誉，也是一副手铐。过去的一年，是仁微青被否定的一年，受牵连者众。一整年来，大家都十分难熬。这桩生意很合算。一个刚被冤枉的人，最需要的是安慰。用特别的荣誉对待，就是最入人心的安慰。现在，英雄得到肯定，那些受到牵连的人也就得到了肯定。大家终于熬出头，熬到否极之泰来。

在“思维志愿者”阶段，仁微青只是一个接受实验的对象。但是现在，仁微青不仅是项目核心研究人员，也是核心管理人员之一。在专业上，他几乎成为部分人的精神领袖。如果李厘米是帅，仁微青就是李厘米身边的“将”。这“一文一武”，不负责打江山，只负责攀登科技的高峰。

仁微青搬进了大房子，有自己的勤务人员。他不再为生活琐碎操心，同时却也不再能以百姓的身份自由出入市井小巷。他天生失去了嗅觉，也天生没有权力的欲望。

“贡献者”是一个没有参照系的荣誉。在学术级别上，仁微青享有与院士同等地位的省部级待遇。在李厘米的眼里，在太空智慧面前，又有哪个院士头衔敢与仁微青相提并论？！更何况在这些院士中，大部分是怎样当选为院士的？

仁微青被任命为项目技术负责人。在首领们看来，他与李厘米二人“一文一武”极为互补。李厘米军事、权治科班出身，主抓政工，负责各种社会资源的协调。对于协调社会资源，由李家人来担任这个工作，再合适不过了。在李厘米自己看来，自己还是知道仁微青的深浅。心底认为，自己能与仁微青共事，实在是自己的荣幸。这不是关于一个家族、一个国家的事情，而事关地球生命。

经历了前一年的故事，项目组所有的成员都谨慎了许多。现在，大家都相信仁微青拥有一颗昂贵的大脑。给仁微青的个人荣誉，实际上也是项目组的荣誉。在那部分素来与仁微青交好的人心里，十分支持仁微青升官的决定。而那些平日并没有给仁微青好颜色的同事们，也纷纷投诚祝贺，没有人愿意和强者掰手腕较量。总之，于公于私，没有愿意做对自己没有好处的事情。

仁微青知道，军方所求，无非是军事技术，能够大幅提高军事科技装备的技术。这个期望很紧迫，容不得任何人浪费时间和资源。不能转换为实际应用技术的理论，军方没有兴趣，也没有耐性为此等上几十年。责任和权力是对等的，被抬到元级星将、项目负责人、“贡献者”这一系列的位置上，仁微青感到了工作的压力。这些奖励，难道真是奖励吗？仁微青恐怕连拒绝荣誉的权利也没有吧！

既然在砧板上，就要做一块好肉。仁微青急于帮助李厘米实现应用技术成果，至少可以证明他的存在。

时间正在被浪费，太多的疑惑在仁微青的脑海里，他需要一些时间把这些紊乱的思路一一整理。他也知道，虽然自己的身份已经得到了肯定，但是，也知道只是有个身份而已。自己没有家庭、权治背景，没有协调资源的能力。

他决定去找李厘米帮忙，约见李厘米并不难，在李厘米的办公室。见面简单的寒暄之后，李厘米开门见山。

“急着找我有事？我能为你做点什么？”

“我想花点时间专门解读这则‘提示’，并对解读工作保持乐观。”

“哈哈！想法一样，正要和你谈此事！”

仁微青需要整理心中思路，奈何琐事缠身，好容易理出一个头绪，一点小事就把头绪打个稀巴烂。每天都筋疲力尽的，根本没有精力真正思考。仁微青不想耽误时间，若要尽快地整理出来，需要一个安静思考的场所，不能被任何人打扰。李厘米一定可以有办法帮到他。

仁微青也不客气，直接说："我需要你的支持。"

"都需要怎样的支持，我可以马上安排！"

"安静、冥想！"

"我该怎么做？"

"我需要合适的地方和合适的人。"

"地方好说！具体些，先说说人。"

李厘米打算义无反顾地支持，即使自己不理解。在李厘米看来，最坏的情况是站到本来就站在的原点。这如同威胁要淹死一条鱼，让一条鱼忘记在水里游泳一样。

"我自己所能出的成果，都是理论，并不是具体的应用技术。"

"需要什么样的人？"

"我需要调制理论应用'鸡尾酒'，这需要各种专家。"李厘米知道"鸡尾酒"是什么，各种各样的酒和食材调制在一起的酒。也就是他需要各种专家。

"为了补充你的专业不足，还是将成果进行应用技术转化？"

"二者都有，所以……"

"所以，你需要最顶级专业支持，可能会涉及很多个不同的交叉专业。"

"知我者，木子李！"

"你希望把这些人召集进项目组，还是？……"

仁微青认为，对于自己的研究来说，并不需要将这些人召集进项目组；但是，如果要进行具体的应用技术成果转换，恐怕需要成立一些专门的项目组。有李厘米在，想必这些安排都无须自己操心。在与各专业专家交流期间，想必他们也会各自整理出来一些应用思路，进行专业内的消化与应用层开发。

"那是你的事，对于我，只限于思想实验的交流，还请在我需要的时候协调资源。"

"没问题！但是，应用技术成果转化，理应保持项目独立。否则队伍太大，效率低。"

"十分同意！人的工作，你更专业。"

"不过……虽然我们需要理论，但是，有现实价值的是应用成果。"

"理解，我尽力！你是军人，我喜欢这种直率的性格。"

李厘米哈哈一笑，说："你信任朋友，作为朋友我会值得你信任！"

项目组各科室都有各自的负责人，这些负责人的经验丰富。他们都有自己丰满的想法，以及满满的工作计划。除非刻意安排新任务，他们会自己处理好手中的一切。由需求催生的发展，本来就是恰当的安排。

眼前，却有件事让仁微青发愁，他急需寻一处安静的场所，类似一种面壁的场所。太空提示显得虚无缥缈，要么价值无限，要么毫无用处。但是，即使价值无限，不能被理解也是毫无用处。仁微青坚持应该试一试，至少比不试要多个希望。

仁微青知道没有出成果之前，行事之困难。在怀疑的眼光下，不会有太多善意和耐性。

不知李厘米是不是忘记了场所的事，竟然不再主动提了。

仁微青不好意思，只得觍着脸重提："我需要一个僻静的场所，如有困难，就算了。"

李厘米微笑着说："虽然，你的身份是保密的。你仍旧是'元级星将'，是'思想贡献者'。就凭这些，到任何地方都能享受到各种特权礼遇。这根本就不算事！我不得不恳请作为国宝级人才的你，习惯这种礼遇。"

仁微青诧异地望着李厘米，"啊……还有这么回事？是不是要老婆、房子也给？"他半开玩笑地说。

"老婆给不了，但是可以为你创造接触的条件。房子可以给，只要你需要。不过，以你目前的收入买房子应该不会有压力。你是不是穷惯了！"

"完全没习惯财务自由，其实这种自由也没什么特别。"

"再如何获得，你还是一个人。这种自由最大的好处是时间，你有更多的时间做想做的事。你可以去任何想去的地方，把想法变成行动。"

"去任何想去的地方？哪里都可以？"

"是的！哪里都可以！只是，你的任意可能让我的安保压力很大。为了你的安全，我会安排贴身安全助理与你随行。"

仁微青对于突如其来的身份，很是受宠若惊。吃惯了苍蝇馆子的仁微青，感觉自己一下子来到没有苍蝇的世界，吃饭时没有苍蝇飞舞，味道都变了。

在李厘米眼里，仁微青是身系国运的"贡献者"，无论如何要结交亲近，任何礼遇对于仁微青来说都不过分。仁微青在有些人眼里，已经被定义为国宝级人物，被寄予各种厚望。自己又岂能错过。

讽刺的是，越是想要获得这种礼遇的人，越得不到；越是有特权的，越不会行使权利。仁微青的一生几乎没有体验过绝大部分权利，即使住个宾馆的双人间，他也只会用到其中一条毛巾，保持另一份整洁。他志不在此！

李厘米的日常更简朴，仁微青几乎看不出来他背后有多不简单。

一个安静的地方可以独自思考，最好风景优美。这对于李厘米来说根本就不是事！仁微青把住所要求的细节告诉了专属于自己的工作助理。很快，就得到了恰当的安排。

到底是谁安排的？或者这些费用到底是由谁提供的？现在，这些并不需要自己考虑，自己只要提出需要，怎么提供给自己就不是自己考虑的了，一定会有人及时地办到。

……

龙虎山，位于赣西省鹰潭市西南20千米处。东汉中叶，正一道创始人张道陵曾在此炼丹，传说“丹成而龙虎现，山因得名”。其中天门山最高，海拔1300米。

龙虎山是华国典型的丹霞地貌风景，是华国道教发祥地，是道教天师派祖庭所在地。据道教典籍记载，张陵第四代孙张盛在三国或西晋时已赴龙虎山定居，此后张天师后裔世居龙虎山，至今承袭六十三代，历经一千九百多年。且有左河水诗云：“碧水丹霞踞虎龙，洞天福地隐仙庭。道陵纵使神行远，仍让妖魔惧逞凶。”人们提起道教也往往想起“道都”之称的龙虎山。

举国之力的办事效率远超仁微青的想象。在赣西龙虎山风景区，李厘米为他在龙虎山准备了一处雅致而清静的别墅，供仁微青闭关。

仁微青只需要考虑由三个关键词构成的提示，“信息”为什么是“生命”的“本质”。这是人类开启未来的密码。整个人类都在期待这则信息的解读，包括仁微青内心强烈的探索欲望。

望未来遥遥，忆过往长长；浮华虚处立，修身名利场。

18. 信息专家

科学的历史，就是错觉和失败的历史……

反复地推敲，不断地修改，就是一种进步。

胡作非院士率领了 5 位教授来见仁微青。

他们是国内最顶尖的信息技术团队，胡作非是最著名的信息技术泰斗。

按照仁微青的意思，信息团队要帮助自己解读这个宇宙的回答，同时将消化到的技术提示转变成应用技术。

胡作非是科学院信息研究所的院士，与杜氏惠是旧相识，也是“天眼”项目建设期的专家成员。不过，胡院士从未留意过仁微青，基本没有印象。

胡作非接到任务后怀着惴惴不安的心情赶来，以为是什么大人物，可是见到仁微青之后，不由得有些失望，没想到竟然是这么一个 30 岁左右的年轻人。仁微青不仅相貌平平，因拘谨连说话都不利索，胡作非内心不由得有几分轻视，暗想：就算是天才，这样的年纪能有什么惊人的见识？

但胡作非毕竟见多识广，这种心境并没有在表情和言语中表现出来。既然这个年轻人身份特殊，而且是官方的安排，言辞之间对仁微青倒是保持十分的礼让、尊敬。

胡作非一行人有三个任务：1. 协助仁微青解读宇宙的回答；2. 记录仁微青身上的一切有用信息；3. 组织协调一切学术资源提供给仁微青。

别墅的客厅十分的宽敞，5 位国内最具盛名的信息专家，在胡作非院士的带领下与仁微青围坐在茶海旁。这是一个可以容纳 8 个人座位的茶桌，桌上是刚沏好的茶，产自龙虎山本地的“云雾茶”。

仁微青与大家是初次见面，在这个后生的毛头小伙子面前，教授们用语言的谦逊相互恭维了一番，脸上的表情却难以掩饰内心的傲慢。

仁微青本也不喜欢客套，并没有过多寒暄。直接开始说：“我们开始吧！现在我有几个问题先请教一下，我们就从现代信息技术奠基人开始问吧。各位认为哪些是有大贡献的人呢？”

来自帝都邮电大学的裴胜利教授说："图灵、香农、维纳……"

胡作非没有作声，原来这个天才给的问题，这么具有初中生气质啊！

仁微青又问："为什么信息论创立者香农会说：光荣应归于诺伯特·维纳教授？"

这个问题让裴胜利教授都有些不屑了，看来，今天的讨论不太会有什么收获了，自己在课堂上给本科生授课，讲的都是这些。今天无非就是一次一对一的"小灶"课堂罢了。

但裴胜利还是耐着性子回答说："诺伯特·维纳从控制论的角度出发，认为'信息是人们在适应外部世界，并且这种适应反作用于外部世界的过程中，同外部世界进行互相交换的内容的名称'，以及著名的：'信息就是信息，既不是物质，也不是能量……'诺伯特·维纳在对信息的定义中包含了信息的内容与价值，从动态的角度揭示了信息的功能与范围，但也有局限性。由于生命在与外部世界的相互作用过程中，同时也存在物质与能量的交换，诺伯特·维纳关于信息的定义没有将信息与物质、能量区别开来。但是，开启了一扇大门，就给后人留下了一片新视野。诺伯特·维纳的这些开创性工作有力地推动了信息论的创立，并为信息论的应用开辟了广阔的前景。所以，信息论创立者香农说：'光荣应归于诺伯特·维纳教授'……"

"那么，信息是什么？到底是什么？"仁微青并没有等裴胜利教授说完，他知道对方真的把自己当学生了，毫不客气地甩出了这个消灭傲慢的问题。

仁微青确实达到了一部分目的，这个问题并没有人立即回答。

如果没有胡作非院士在，或许裴胜利会说：信息指音讯、消息、通信系统传输和处理的对象，泛指人类社会传播的一切内容。

如果没有胡作非院士在，或许裴胜利也可以说：人通过获得、识别自然界和社会的不同信息来区别不同事物，得以认识和改造世界。在一切通信和控制系统中，信息是一种普遍联系的形式。

如果没有胡作非院士在，甚至裴胜利也可以引用香农在题为《通信的数学理论》的论文中指出："信息是用来消除随机不定性的东西。"

如果没有胡作非院士在，抑或裴胜利教授会泛泛地用一句饱含哲理的话：创建一切宇宙万物的最基本万能单位是信息。

然而，在胡作非院士在的时候，他不敢这么回答。只好说："虽然一直以来，人们努力地想定义信息是什么，可是至今为止，还没有最恰当的定义。"

胡作非在一旁静静地观望着，而其他人见胡老不说话，也保持沉默。这让裴胜利教授有些尴尬，不知该怎样解释这个关于信息的基本问题。于是说："敢问'贡献者'，您自己认为信息是什么？”

裴胜利认为，我不知道的，难道你一个毛头小伙子知道！？

仁微青不紧不慢地说：“信息是质能世界基本关系的表述。但是用信息来描述信息，本身就是困难的。尝试用信息来定义信息的行为，只不过是人类的傲慢之举。”

仁微青就差直接说，裴教授，你太傲慢了！只不过把裴教授点名成“人类”。

这个另类的解释，让胡作非不得不对仁微青刮目相看，自己这一群干了一辈子信息技术的人，似乎一直在一个自相矛盾的逻辑海洋里沉浮迷失，而答案一直就在附近，不过是换一个角度就看见了。

卢教授忍不住问：“您对信息有更具体的表述吗？”

卢教授的表情十分谦逊，显出一种求知的神情，倒不是质疑和刁难，而是人类本性的求知欲望，眼神比裴胜利纯粹得多。仁微青一眼就能看出，他是为了解惑而问的。

仁微青说：“信息是一种资源，并列于物质、能量的第三种基本资源。”

“哗……”卢教授忍不住发出了一声诧异，要知道，这几乎是一个颠覆认知的结论。对于他们而言，如果这是对的，无数的荣誉将随着研究的深入纷至沓来；而一旦是错的，自己的学术生命将万劫不复。

仁微青说：“我理解大家的疑虑，我们有的是时间，慢慢聊。不过，现在我有另外一个小问题，你们知道为什么图灵、香农等现代信息技术启蒙人都是数学家吗？”

卢教授说：“因为数学是一种最基本的语言，用于表述宇宙万物的语言。”

虽然，从小学生开始，数学一直以来都被当作理科，从未被小学教育视为语言。但数学恰恰就是语言，一种理性的语言，一种精准地描述自然的语言。

仁微青说：“对，数学是现实世界中抽象出来的理论，最具象的语言。”

数学是语言。这对在座的各位信息专家并不陌生，但是，却从未有人认真仔细研究过数学是一种怎样的语言，以怎样的方式跻身于语言之中。他们不是数学家，不是数学跻身于语言，而是在座的专家们跻身于“专家”队伍。为什么图灵、香农等现代信息技术启蒙人都是数学家？这是一个可以打脸的问题。

这些擅长于数学公式的专家们，也擅长于数学推导，用理论推导理论，从来不考虑理论的合理与完善，也不考虑数学理论的原本抽象性。在他们眼里，数学就是一种最基本的合理，从不怀疑。

卢教授：“在信息的领域，数学怎样描述一个具体的事物？”

“仿真。”仁微青只说了两个字。

仿真，是的，就是仿真！就是用数学语言构建数学模型，用数学语言构建的模型仿真现实事物。

裴胜利："用数学模型仿真吗？"

仁微青："当然，这是数学存在的意义。"

绕开数学推导，绕开最基础的物理理论的数学表达式，直接从语言的角度谈数学，这对于数学迷宫中的科研人员，是一股清新的空气，吹到了在座各位专家的脸上，沁入心脾！在信息专业领域，有多少人竟然迷失在了数学的形式之中，而忘却了数学的本源。

裴胜利这时完全没有了当初的傲慢，反而谦虚得像一个学生。他继续问："怎样才能实现用数学语言对自然世界的全信息表达呢？"

仁微青说："全息仿真应该是个伪命题。"

"那该如何仿真？"

"有限仿真！"

对于专业的科研人员，在座各位对仿真并不陌生，在大家的研究过程中，不可避免地多少会涉及一些。有限数学模型仿真是现实中可操作性手段，其"有限"的含义就是有限的精细、准确，而不是全息。

仁微青并不想在这些细枝末节上与大家纠缠，而是提出了一个实际的问题，说："如果我们只对我们的生物肌体仿真，用数学模型仿真一个人，大约达到怎样的数据规模？"

来自中科院数学所的汪教授说："如果按照现有的技术，精细到原子级别的全息几乎不可能，即使精细到细胞级别，也需要占用全世界所有的计算机资源总和，需要用至少20年的时间，并产生海量的数据。"

仁微青说："对于一个人而言，他体内的每个细胞都是一个生命体；这些细胞生命协同合作组合成为了一个人，它们之间的协同关系就离不开信息的参与。这个过程是动态的，从来不会停下来等着我们完成计算。"

来自国家天文台的廖教授终于忍不住插话了："看来，我们人类连自己是谁都没搞清。'贡献者'，您能讲详细点吗？"

裴胜利教授连忙附和说："是啊！能和我们仔细说说吗？"他可不想错过任何细节。

一旁的胡作非也同样对仁微青的话有了兴趣，眼中的轻视已经变成了赞许，这个年轻人的观点如同一阵新风，吹进了这个沉闷的学术圈，他也很想知道这些新颖观点的细节解释。

仁微青接着说："今天的工业技术前所未有的发达，人类自信地认为，我足够了解自己，知道自己所喜所恶，知道自己所知所想所欲。人们悉心照看自己的身体，对身体的留恋等同于对生命的所有留恋之必须，不容毫发的损伤，身体就是生命的全部。”

卢教授说：“我们都这么认为，这难道有错？”

仁微青：“我们总是只相信‘眼见为实’的真相，我们总是怀疑那些不合理的事情。眼见的未必真，不合理的未必错。”

裴胜利：“嗯，这倒是。”

“我们的真相更多时候受到情绪的影响，是情绪让我们的生活有价值；这是由于一切关于价值的行为，都是为了满足某种情绪需要。”

“……”

仁微青：“我们在精神上需要解释‘死亡’的含义，也需要解释‘活着’的本质。如果解释很合理，人们通常认为有些虚无的东西与生命结合在一起，构成了那些值得‘追而求之’的‘真谛’。即使你不相信神，你也一定会承认有些强于一般人智慧的超智慧能力的存在，这些超智慧能力可以先知先觉，可以运筹帷幄。”

到底是智慧还是神？难道仁微青在思考神学问题吗？这对胡作非院士来说有些吃力。

卢教授：“智慧，是一个哲学上的定义吧？”

仁微青：“智慧就是先知先觉的能力，而所有的客观认知都是对客观规律的总结和掌握。”

胡作非院士小心地回应：“请问‘贡献者’，你认为智慧是信息科学的研究对象吗？虽然在哲学研究者看来，智慧被定义为主观的事物。”

仁微青看出胡作非的疑惑，解释说：“信息是物质与能量之间的基本关系，是一种与物质、能量并列的资源。这是在这段时间内我突然明白的，也是我目前对信息的理解。”

胡作非教授：“信息历来是一切研究的手段，而不是物理科学的研究对象。”

仁微青：“以前，信息只是被用于表达物质与能量的客观世界；然而，信息本身也是一种不能故意忽视的客观存在。只因为用信息描述信息是十分困难的，而信息又是一切存在唯一的表达方式；信息在现实中既有实在的‘存在感’却又难以捉摸。所以，经典物理一直忽视信息的本身也是一种基本资源，也是可以作为研究宇宙的对象。直到量子理论的出现，海森堡的测不全定律中让信息、物质、能量以相互矛盾的逻辑方式表达，这反而让信息与物质、能量三者之间实现了统一，在量子层的质能存在与信息不可分割。”

胡作非又问：“物理学研究的目的是解析万物规律，那么信息的目的是什么呢？”

仁微青："信息的目的是资源利用效率的最大化，这也是智慧的终极意义。"

大家一阵沉默，由当初的不屑变为了谦虚，又由谦虚转变为了敬仰。大家开始觉得听不太懂了。仁微青知道，他需要给这些专家留些脸面，对于他们来说，脸面很重要。仁微青想，楼下的这些人可能需要消化一下，这期间如果自己继续参与讨论，必然会让大家顾及颜面而不能畅所欲言；所以，回避是最好的选择。

于是，仁微青说："我看，今天就先到这里，你们内部相互交流一下。我们明天继续。"

说完后，仁微青起身离开了这个讨论的房间，刚走到楼梯口的时候，他又停下了脚步，转过身来说："只有信息能驾驭其余两种资源。"说完就上楼去了。

这晚，在别墅的旁边的客房，住着胡作非院士和几个一头雾水的专家。这一晚大家都没有心思睡觉。睡不着，也睡不安稳。胡作非陷入了沉思之中，在床上辗转反侧，仁微青的话像一颗炮弹在心中炸响。胡作非心想："地球上的一草一木都是由原子构成的，我们的每个人也都是由很多个原子构成的，这些物质不就是我们本人吗？"

宇宙回答的"生命的本质是信息"这句话此刻在胡作非的心里，像一盏明灯就在远处，而这盏灯与自己之间又充满了层层迷雾。

他在心里反过来又一想："在我们的身体里，这些原子巧妙地组合在一起构成了一个有生命的人，这种巧合的发生不都是因为信息吗？"想到此处，那层阻挡在自己和明灯之间的迷雾瞬间淡了许多。

突然，胡作非教授猛地从床上坐起来，一拍大腿。恍然已经明白：事实上，任何一个生命都需要无数个巧合，从单细胞开始生命历程的每一个巧合都是一个很小概率的事件。可是，每个所需的小概率事件全部都恰好发生了。

胡作非坐在床沿上喃喃自语地说："站在经典物理学的角度来看，如果仅从概率的角度，每个生命能活着实在不易；但这种不易事件的恰好发生，绝不是纯粹的巧合，一定有一个普遍存在的原因。"而念及此处，原因已经很清楚了。

胡作非说："这个原因就是信息的作用。"

胡作非在心中窃喜，他小心地把这层层迷雾逐一拨开，真相正慢慢向他走来。

心想：这些小概率的事件都是以一个大概率的事件为背景，地球上同时生活着超过 70 亿的人口，这么多由小概率事件集合而成的个人竟然能同时存在，必然需要更加多的大概率事件为背景。信息在其中起了决定性的作用，任何一个生物生命信息都是对历史背景信息的传承与继续。这些生命并不只是一个婴儿，或者一个由婴儿长大的成年人；这些生命与历史中存在过的人有不可分割的信息延续的关系，这些生命中不只是自我，而还包含那些历史中遗留在自己身上的信息。

“信息……生命的本质是信息。”胡作非在嘴里喃喃自语。

第二天。5 位信息专家组成员围坐在一起，胡作非院士点燃了一根香烟，深深地连续吸了两口，然后屏住气息，似乎想让香烟在肺部尽可能地停留。大约过了十几秒钟，才沉重地吐出肺部的烟气，而烟气已经不再是吸入时的浓郁白色，只是淡淡的青灰。手指上的香烟还在吱吱地燃，从手指间升起的烟雾在安静的房间内缭绕。

胡作非：“我们每个人的生命中，身体中的物质从来没有静止过，大约每隔 7 年时间，新陈代谢会让这些构成我们人类身体的原子全部更换一遍。至少与 7 年前相比，我们负责意识世界寄存的躯体已经不是原来的躯体了。是的，即使这样，我和你一样认为我还是我。看来，我们的意识中的自我并不随物质为转移。”

旁边的卢教授小心地问道：“可是，为什么？难道真的有个灵魂虚无地悬浮在这个被称为‘我’的物质身体里吗？”

裴胜利冷笑着说：“卢教授，莫非你真的认为有‘灵魂’？既然存在，能不能让我‘接触’一下自己的灵魂，哪怕是‘感受’一下灵魂的存在也好啊！”

胡作非不屑地冷笑着说：“与灵魂接触？虽然这是一个好问题，但是，不得不说这个想法很幼稚。唯一能称得上是好问题的原因是：我们这些所谓的专家为了保全脸面，从来不敢问出这么个幼稚的问题。”虽然卢教授、裴教授也是世界著名的信息专家，但是在胡作非院士面前仍然只是虚心的学生。这个世界上也只有胡老有资格对他报以不屑的冷笑。

胡作非院士接着说：“灵魂这东西就如同‘皇帝的新装’。几乎可以确定：若真有‘灵魂’，一定为信息。所以，没有人可以‘接触’到灵魂。”

汪教授说：“我们所说的‘接触’，一般是依赖于身体的感知器官与之‘感知接触’，这是一种以实证主义思想为基础的认知（或感知）信息活动。假设，‘灵魂’本身就是信息内容，而并非物质实体。那么，我们又犯了一个错误——用信息去感知信息。”

卢教授说：“对！我们从来没有人在外科手术或解剖中见过‘灵魂’，显然‘灵魂’并不是某种物质或能量。如果真有灵魂的话，灵魂也是信息。”

胡作非十分鄙夷地嗤之以鼻，说：“这还用质疑吗？如果将信息定义为一种基本资源，所谓的‘灵魂’不过是我们的个体意识，人的意识本就是信息。”

廖教授连忙附和胡作非院士，说：“您的一番话让我茅塞顿开，虽然，人们将身体等同于自己的生命的全部，但绝不是某个具体的器官；试想，如果某人意外截肢了一只胳膊，还是自己吗？答案当然是肯定的。”

裴教授说：“我绝不会认为这个被截掉的胳膊残肢也是自己，残肢一旦离开了身体，就已经跟这个生命脱离开来。”

一旁的卢教授刚被胡作非院士冷笑一番，想找回点面子，接着廖教授的话题补充问道："可是，人的身体保留哪几个器官和部位，才算自己了呢？"

廖教授说："至少，目前绝大部分人会认为是最重要的中枢神经器官——大脑。"

胡作非仍旧是一声冷笑，似乎有些针对卢教授，不过这次把廖教授也搭进去了。

胡作非："好吧，我们暂时同意就是大脑。如果两个人通过移植手术相互交换大脑，意味着'两个人（脑信息）交换了身体'。一般人们认为他们各自'自我'分别活在自己的大脑里。那么，这个'自我'的身份随大脑互换而转移。看来我们在座的所谓专家们和普通人一样认为，人类个体的身份主要通过大脑这个信息中枢器官来识别和区分喽？"

这时候，一直没有作声的汪教授说："大脑是中枢神经器官，也是意识信息处理的中枢。虽然，我们并非是脑科学专业的，对大脑信息构造不是十分了解；但是，这不妨碍我们对生命本质的厘清。在解剖学中，我们人的大脑就是普通哺乳动物物质构造，从物质的角度了解并没有什么特别之处。人类大脑的成分几乎和猴子、猪的大脑没有什么区别。动物生命是以物质为基础形成生命活动，这些活动包含了维持生命身体的代谢活动，也包含了意识思维的信息活动。那么，'我'到底在哪？到底是什么？绝不会就是些 7 年一换的物质或能量。而我应该是第三种资源—信息。"

胡作非院士此时的脸上有了一丝缓和，语气中也没有了冷笑的开场白，说："嗯，摸到点边了。继续说。"

汪教授心里一喜，能得到胡院士的肯定，哪怕是一点点，也是莫大的荣幸。他干脆胆子大起来，接着说："既然'自我'是信息，就应该由信息范畴来定义我是什么，而不应该由器官来定义。"

胡教授露出欣赏的神色，说："然后呢？"

汪教授索性侃侃而谈："在生命信息的指挥下，物质与能量井然有序地让生命活着。任何一个器官都需要在生命信息指挥下维持代谢活动。同时，神经中枢系统——大脑内部有生物智慧信息活动，即除了维持生命的能量消耗以外，还有一些以能量（生物电流）为信息载体存在于大脑的智慧信息活动。差别就是焦点，重点就是这些生命活动之外的大脑智慧信息活动。脑信息人类区别任何其他动物的关键，也是有脑动物区别于无脑动物的关键。大脑本身也是一个器官，器官需要维持生命活动，那些让身体生命维持运转的信息基本大同小异。虽然，这些体内维持生命井然有序的活着的信息，在自然界并不高级，但是，存在于生命体内的信息，与存在于一块石头中的信息，有本质的区别。生命活动对资源利用的效率，远大于外部自然环境发生的石头。"

胡作非院士此时的脸上有了一丝难得的微笑，说："好！胆子大一点！还有么？"

受到鼓励的汪教授胆子更大了，说："如果只是把信息作为研究物质和能量的工具，这些概念都在古典物理学范畴之内。我们利用中学课本上的物理知识理解我们的身体，这些构成我们身体的物质资源总体上清晰而有章序，在维持生命的信息的指挥下巧妙地驾驭生命所需能量资源。然而，走到经典物理学的边界必然碰到信息资源障碍。……"

胡作非打断他，说："我们暂时不急于引入量子概念。先看看在经典物理学范畴内，信息到底是什么，真相在任何一个角度都不会改变。"

汪教授连忙点头称是，继续说："'我'之所以是我，不取决于物质与能量，而取决于信息。大部分人不会否认这个事实：真正能够被辨识的'我'的标签，就是我们各自的大脑中的信息。大脑中的信息似乎是构成我们身份的一种基础背景信息资源，甚至比我们的躯体更加的紧要。有人会质疑：事实上'我'的信息不仅是大脑中的智慧信息，还包括身体 DNA 信息、信息素……总而言之，身体里的信息才是身体的主人，信息才是生命的本质，而不是物质、能量。我们在尽可能地维护我们的肉体生命，而不是肉体的局部。比如，我们会让牙医拔掉一颗痛的牙齿，即使这个牙齿没有坏掉；虽然痛感只不过是信息，而牙齿却是肉体的局部。生命的本质是信息，却并不意味着信息是生命的全部。因为，信息不可以孤立的存在，信息的发生需要能量和物质的帮助。"

胡作非脸上有了些兴奋神色，很显然是对汪教授的回答很满意，这种满意显然遭到了其余几位的嫉妒。但是几位老江湖并不会用语言表露出来，连忙附和地夸奖汪教授的学识丰富，见识深刻。胡教授根本没有注意到在场专家脸色的变化，他眼里只有对错，没有好坏。毫不掩饰地表扬说："看看，同样的专家教授，还是有明显的差距啊！"

胡作非问："如果，将我的身体和身体中的信息完全的'克隆'成两份，这个新的人是我自己吗？"

刚才还春风得意的汪教授，此刻面有难色，只好把眼睛望向卢教授、廖教授、裴教授以及一直没有吭声的刘教授求助，卢教授、廖教授、裴教授老练地躲闪开汪教授的眼光，当作没有看见，神情十分虚心地等待汪教授精彩的答案。可是，此刻汪教授心里哪有答案，尴尬得涨红了脸。场面十分滑稽。

一直挨了批评的卢教授，心里此刻莫名的爽！

此刻，刘教授却说话了："如果将'我'克隆成两份，对于别人而言，两个都是我自己。但对于两个我自己而言，二者之间都相互是别人。因为，两个人之间从此就会有不同的命运，走上两条不同的路，获得不同的资源。他们只是过去是重合的而已。这和同卵双胞胎的道理是一样的，最初只是一个细胞，却孕育出两个独立的生命。这并不是探讨一个哲学问题，而只是对生命自我意识的观察。”

卢教授此刻心里想：有两个我自己，这可不行，但是如果只能留下一个，我会愿意留下哪一个而销毁另外一个呢？原版的留下，不行，杀死这个克隆体和杀死自己有什么区别呢？抑或两者会有相互感应，对两个中的任何一个造成伤害，二者同时都会感到恐惧。和同卵双胞胎一样，会有心灵感应。

不只是卢教授心里是这么想的，廖教授也这么想。不过卢教授学乖了，不再多嘴，倒是廖教授还是想投机，说：“想必原型和克隆体之间会有心灵感应吧！”

胡作非院士十分嫌弃地说：“嗯，你或许更适合研究玄学，还有八字和手相的问题要你来解释哦！”

廖教授又是一阵脸红，而卢教授庆幸自己只是心里想，没有把同样的话说出来。

胡作非院士把眼光投向刚刚回答问题的刘教授，期待他继续给出答案。

刘教授说：“任何一个生命的存在都只存在于过去，任何一个‘我’都是过去留下来的背景信息。关于这一个生命身份辨识的都是信息，如关于这一个生命的基因信息、信息素、经历、记忆……总之，全部都是信息。”

胡作非点点头，认真地听着，或许有些内容自己也未曾来得及细想。

又说：“也许我们都想错了，我们物理学家总以为未来‘时间、空间’转移一定要搭载一个类似‘虫洞’的东西，或者根本就不需要。既然信息才是生命的本质，在这些未来的科技中，我们根本没有必要带走我们的身体，我们留恋的不是生命的宿主，而是这些信息的持续在途能力。”

刘教授说：“假如利用一个生命的全部背景信息可以完整地克隆另一个生命，似乎也可以理解成是一种空间上的传送，但是这样做显然比纯物质传送要可行得多，而且传送的方式也会是不一样的。”

胡作非说：“我想，刚才‘贡献者’所问到的‘如果用全信息数学模型仿真一个人，大约达到怎样的数据规模’大概也在考虑你说的这个问题。因为人的本质是信息，而不是这个身体，将身体进行全信息数据处理并没有必要，而只需要将个性的部分提取即可。”

沉思了一会儿之后，刘教授说：“我还有一个问题没有想清楚，要向您请教。”

“你说。”胡作非院士难得很和蔼的态度，弄懂了一些谜团，心中也是很欢喜。

刘教授：“一旦一个生命被克隆成两个生命，那他们都是自己吗？”

胡教授：“这很值得哲学专业的来研究，按照‘贡献者’的提示，信息的目的是资源利用效率的最大化，我们可以从这个角度尝试一些实验。”

刘教授：“怎样的实验？”

胡作非："为了消除歧义，我们拿兔子做认知意识实验。因为兔子没有撒谎的背景知识，拿兔子做实验比自以为聪明的人类谎言可靠。我们科学界就是因为有了太多的谎言，所以使人平庸。"说话间扫视了在座的教授们，鼻子里发出一声冷"哼"声。胡作非的话让在座的有些人脸上一红，有些无地自容。

胡作非拿出一张纸，在上面画起来，他用线条画了两只兔子，一边画一边说："如果利用一种未来的克隆技术，用一只兔子全信息克隆另一只兔子，全信息包括兔子的生物基因和脑信息，这只被全信息克隆的兔子拥有被克隆体的完整的信息。"

胡作非又在两只兔子旁边画了一只狼，接着说："接下来，把两只兔子分开，我们让这条狼杀死其中一只，观测另外一只兔子的任何变化。会观测到什么结果呢？被克隆体会有心灵感应吗？"

刘教授说："我认为，不会。不会有任何感觉！"

胡作非说："我也认为不会。那么，同样动物的人在类似的情景中也应该不会有心灵感应之类的事情发生。"

刘教授说："首先，人会撒谎，而动物不会；其次，相比兔子人更容易产生幻觉。"

胡作非："我根本不相信那些玄乎的心灵感应，严谨的科学建立在机理与实际观测之间的严格耦合之上。虽然两只兔子以前是一样的，但是，一旦这两只兔子共存就会获得不同的资源，在将来拥有各自不同的经历，成为两只各自独立的个体。这和同卵双胞胎没有什么区别。"

胡作非院士又点燃一根香烟，深吸一口，接着说："如果我们不断地克隆兔子，然后让狼杀死原来的那只，留下新的克隆体，信息不可能毫无损失地不断重复下去，这就是信息'熵'。"

刘教授问："信息'熵'？胡老，复制信息之前需要以测量手段获取信息，那么这种测量活动本身就存在扰动，并不能实现全信息测量，这是信息'熵'的含义吗？"

胡作非："这只是一方面，'全信息'本身就是个伪命题，根本不可能全信息。信息'熵'只是对牛顿第二定律的引用，但与力学'熵'有本质区别。"

过了一会儿，胡作非补充说："我们永远无法得到还没有发生的事情发送过来的信息，然而也无法利用现在的信息去改变过去。此刻的生命也是，一旦一个生命被克隆成两个生命，即使过去是一样的，将来也会不一样。且不讨论未来是不是能够做到'全信息'复制生物，这种传送（克隆）行为能得到什么呢？并不指向资源利用效率的最大化。"

刘教授："是啊！根本就不会存在一模一样，人经过 7 年的新陈代谢之后，身体里的物质基本都换新的了。即使是自我意识的维持，经过一段时间也会有许多的改变。”

汪教授说：“用数学逻辑语言解析问题的时候，总是假设一种静止的状态，而事实上，这种静止从来都不存在。”

当真正接触到真相的时候，胡作非心里有些不是滋味，自己穷其一生研究的信息，几十年的勤奋与付出，头发都熬白了；而答案却一直就在触手可及的地方，那么多年，自己一直在“骑驴找驴”。科研就是这样，一通便百通，一系列疑惑的问题都迎刃而解了。

胡作非感慨地说：“我们终于了解为什么信息对于生命才是最重要的，而不是物质与能量。”

虽然，在座的5位教授还没有像胡院士一样领悟了信息的真相，但胡院士的这种感觉也感染了大家。爬到教授、知名专家的位子，没有几十年的工夫，谁又能够做到呢？

胡作非问：“你们应该都知道，在物理学中，对生命的定义吧？”

刘教授说：“广义的生命泛指变化和运动。狭义的生命指有机生物体，狭义的生命只是广义的生命中的一种类型。”

胡作非：“时间就是用于描述空间运动的信息，在物理学中的时间与我们信息学的时间，看起来分歧也越来越大，却似乎离统一又越来越近了。”

卢教授说：“宇宙中的一切都在变化和运动，所以从广义的角度来看，一切都是有生命的，三维宇宙中的一切都是有生命的。生命的含义就在于不断变化发展，而发展的方向才是背景信息的基本含义。”

刘教授问：“那么，对于广义的生命，‘现在’是什么？”

刘教授的这个问题，让客厅突然安静了下来，没有人发出声音。“现在”这个我们从出生就了解的词，此刻却成了最高深莫测的未知。在这段安静的时间里，一个十分简单的问题，也恐怕是在座的专家们有生以来面对的最复杂的一个问题。现在到底是什么？

胡作非将手中的烟头在烟灰缸掐灭，过了一会儿，说：“生命的世界里，任何生命的发展都是呈矢量方向特征的单行线，个体生命信息以‘现在’为纠缠结点，该结点是信息世界与‘质能现实’的唯一交叉。”

“这不太好懂……”

“现在是数学中的现在，现在是哲学中的将来。”胡作非的这句话恐怕在场的没有人能听懂。胡作非知道他们听不懂，在场的其他人也确实听不懂。所以，胡作非是自言自语地在说。

胡作非继续解释道："一切的存在，它们之间都相互影响着向未来的发展，并且它们在时间上是单行线。但是，这些存在都以'现在'确认相互之间的确定性存在关系，基于'前序背景信息'向未来不确定性地发展。未来，总是以'前序背景信息'为背景从'现在'结点中孕育出来，在原来的'前序背景信息'之上，现在为其添加新的信息；这些从'现在'中孕育出来的'前序背景信息+'继续成为后续发展的信息背景。"

胡作非本来还想说：前序信息总是消逝在历史之中，而这个历史轨迹不可全信息地重复，因为边界的关联性存在，任何事物全信息的边界会无限延伸到整个宇宙。不过，为了产生的最佳效率，确定别人听不懂的，就还是不说的好。

刘教授："您说的这个'交叉'有时间长度吗？或者，类似物质和能量的量子'普朗克常数'基本单位？"

胡作非："这是个好问题，时间是信息，用信息描述信息是困难的。时间的最基本单位并不取决于时间坐标的本身，而取决于各运动之间相互影响与参考的统一。"

"胡老，再给我们解释一下。"

胡作非："时间是一切存在质能世界相对运动的信息坐标，时间坐标让这些运动在信息表述中统一起来，时间的最小单位只不过是在坐标上画最小的刻度。信息的初衷是让信息有表述的意义。如果这个最小刻度是有意义的，这个最小刻度就存在；如果这个最小刻度连最小的物质粒子或最小一份能量都表述不了，这个最小的时间刻度就不具有意义了。"

桌上的茶不知不觉中已经换了 3 壶，服务人员又过来为大家添茶，看来又凉透了。不知不觉大家围坐在一起讨论了将近一个下午，天色已经暗了下来。

19. 蝴蝶效应

把自己看作世界的一部分，才能感觉到自己渺小；
不然，总以为自己就是一个世界。

在太空观测到地球的全貌，从海洋的水温到洋流，从云层到空气离子层分布，从地磁场到太阳粒子的辐射。太空遥测卫星所能观测到的地球，远不止这些。

根据这些数据，可以建立一个完整的数学模型。通过这个模型，依据发生在非洲附近海洋面的水温升高，就能预计到一场未来发生在北美洲的灾难性飓风。

地球上有70%的面积是水，太阳辐射到水面所蒸发的水汽，虽然用肉眼看不到，但其产生的能量却不能小觑。在距离海平面大约2000米的高空，水蒸气遇冷凝结成水滴，向大气中释放能量，使周围的大气温度上升，受热的大气形成强劲的上升气流，并将云团推至上万米的高空，随后，部分气流会形成风暴，并随着地球的转动旋转起来，当气旋达到一定的规模，飓风就会形成。这个飓风气旋所产生的能量，比地球一天全部的发电量还要高100倍，即使在太空中看去，气旋的云团景象也很壮观。

飓风每年都会登陆美洲。以超过200千米的时速登陆的飓风，对地面上的建筑造成极大的破坏。飓风是人类的主要自然灾害之一，然而，飓风却也是地球生态系统中不可或缺的部分，就如同人类的呼吸一样。

所有的事情都有千丝万缕的联系，即使相隔万里。

用数学模型将这些事物仿真出来，就可以将这些由细微积累出来的巨大有机地联系在一起，数学模型需要足够多的信息，即使是那些细微的事件信息也不能放过。只要知道足够多的信息，就可以知道蝴蝶翅膀的影响力。只可惜，全信息是一个理想的状态。

仁微青这时不知什么时候从楼上下来了，悄悄地站在了人群的后面，显然并不想打断大家的讨论。他静静地听着，也不知道听了多久。

刘教授最先发现了他，而仁微青干脆就从楼梯口走到人群当中的茶桌前坐下，示意大家继续。仁微青的出现让现场的谈话再次陷入了拘谨。这本不是仁微青的本意。在集体静默的尴尬气氛中，仁微青先开口问道："大家知道为什么说'历史不可重复'吗？"

这个问题刚好是胡作非欲言又止的话题。如果与仁微青的对话要继续下去，显然，这群人之中只有胡作非可以做到了。这些所谓的信息专家，顶多算通信专家。

一条胡同里，前面出路只有一个方向。

胡作非说："因为任何事件的发生都有边界，这个边界会无限地延伸，直至整个宇宙的总体。"

仁微青说："是的，在空间和时间上都会产生边界，从空间上可以延伸到整个宇宙，从时间上可以延伸到宇宙的起点。因此，我们在仿真时必须设定模型的边界，这些是建模的假设条件。否则，任何数学表达将不成立。"

胡作非说："这个边界该怎样设定呢？"

仁微青："事件的提取，是基于边界的设定，我们所能够仿真的任何一个事件都是整个宇宙中的一个片段与局部。这些边界与事件的本身存在'强相关'和'弱相关'。'强相关'的边界必须纳入事件的本身，直至这个'强相关'边界的边界变弱为止，而'弱相关'则是可以近似地假设为一个确定的边界。"

"空间和时间上离得越远，相关性就越弱？"

"我也这么认为，至少绝大部分情况是这样。"

汪教授专业就是数学模型仿真的，对这个比较了解，于是说："如果'强相关'在事件中过于复杂，那么实际解析过程中会十分的困难，即使是以目前的计算机水平来处理，也会十分的困难。"

仁微青说："是的，这就必须要用到'不充分条件容差识别'，也是具体被抽象的过程。这个内容我正在酝酿，有机会我们可以细谈。"

胡作非说："'蝴蝶效应'的概念起因于量子纠缠，或者说源于量子纠缠？"

"不仅是量子纠缠这么简单。包括量子信息纠缠，还包括质能世界因果律'弱相关放大效应'。"

"这又怎么说？"

"如果忽略量子纠缠，'蝴蝶效应'在质能世界中，就是'弱相关'事件的放大效应，通过一种巧妙因果律关系，将蝴蝶的翅膀能量与巨大的海啸相互关联。"

"怎样放大？"

"强、弱是相对的，压死骆驼的最后一根稻草，就是一个看起来弱的相关，却成为打破最后平衡的关键。所以，'弱相关'可以向'强相关'转换，只要有恰好的转换条件。"

"怎样才是弱？怎样才算强？"

“强、弱相关之间并没有明显的界限。‘弱相关’还有一个含义，复杂的关联和不可测量的特性。”

“能谈谈量子纠缠吗？”

“对不起！不能谈，我不想断了别人的财路。”

“哈哈……”胡作非听懂了这话的意思。

裴教授问：“能问问‘生命的本质’吗？”

“可以！”

“如果‘生命的本质’是信息，如果不让信息消逝，那么是不是解决了永生问题的钥匙。”

“从生命的角度，这么做确实可以实现‘永生’。但还要解决两个问题。”

“哪两个？具体怎么做？”

“一是提取信息；二是载入信息。如果破解了生命信息仿真的问题，就解决了信息提取的问题；但是还不够，还需要有一个具体的信息受体可以载入这些信息。所谓‘永生’的问题就可以解决了，也解决了光速旅行的问题。不过……”

“不过什么？”

“不过，这是微观生命角度。”

仁微青喝了口茶，接着说：“生物的后代基因本来就是前代基因的延续，‘永生’的欲望只不过是一种物种规避危险、自我保护基因信息的留存。‘永生’对资源利用效率最大化并没有意义，这不可避免地涉及哲学生命观，有机会我们可以深入交流。”

“秦始皇倒是想长生，却没有想到，原来长生的不是药，需要长生的也不是身体。”裴胜利想让气氛轻松一点。刚才胡作非的话已经让自己听不懂了，现在“贡献者”说的，恐怕自己更加听不懂。

卢教授马上附和说：“是啊！要是让秦始皇得到了长生药，恐怕我们现在还是秦朝。”

“如果世上没有了死，那么还允许生吗？没有死只有生显然是可怕的。没有这生死循环，生物进化的方式就需要改变了。不死，就剥夺了生的权利！这是不是犯罪？”另一位许久插不上嘴的廖教授说道。

他们这些人，仍然把生死局限在生物个体，而不是生物是从何而来，于何处存在，最终又会怎样将信息遗传至将来。胡作非院士无奈地摇摇头。

胡作非：“根本就没有真正意义上的自己，一个人是对生命传承延续的单元，除却体内的激素，谁也不会留恋这身躯壳。我们的身体在整个生物生命周期里，既遗存了祖先父辈的生物基因信息，也包含来自外部环境的信息雕琢。这些信息会递延至各自的后代，也能够影响身边的一切存在。‘自我’只是一个接力跑的过程，而不是那些来自激素欲望的获得感。”

在这一点上，仁微青和胡作非之间有强烈的共鸣。他不必奉承，也无意奉承胡作非院士。但胡院士的话确实打动了自己。仁微青内心舒坦，被理解总是幸福的。

或许在外人看来，只不过是他们两个人看破了生死，如同修行的居士达到了一种境界一样。可是，在他们自己看来，是科学让他们看到了生死之于生命的真相，而不是精神信仰上的看破。

胡作非在任何人面前都会十分的傲慢，他确实有这个资本，不仅仅是因为自己87岁的年龄，还有求实的品格和学术成就建立起来的威望。

仁微青作为“贡献者”，也是迄今为止唯一与外星人对话过的人，即使任何学术泰斗都会对他恭敬和谦卑。胡作非在仁微青之前也异样的虚心，这不是人类对外星人科技的献媚，而是对高智心存仰慕。

在一个正直的科学家看来，最难以欺骗的就是自己，如果欺骗自己成功，就可以欺骗比自己聪明的人；最难以诚实的也是自己，如果一直对自己诚实，就没有人能够骗你。胡作非选择诚实，和仁微青一样诚实。

在信息领域，胡作非在国际上也算得上是一个泰斗级人物。越有成就的人越谦卑，大人物总是手持一面镜子。人的心中都需要一面明镜，每个人都需要。他们知道，若非有镜子，则没有人可以看见自己。虽然人们喜欢把镜子照给别人看，但是更多的时候不能忘记照照自己。

胡作非从小就听说过一个民间寓言：鹅的眼睛小，所以看得人小，因此，鹅敢啄人；牛的眼睛大，所以看得人大，因此，牛怕人。说明动物都不会照镜子。人如果不会照镜子，岂非和禽畜一样的智商。

相互的欣赏，让胡作非很想与仁微青成为忘年的朋友。

胡作非院士语气十分和善地说：“关于人的生命信息克隆，可能会面临极大的道德风险。但是，在纯粹的学术假设中，应该不是障碍吧？可以探讨一二吗？”

“胡老师您谦虚了。只是，不能什么都干，总要有所舍弃。不谈也罢！”

“好！好！那就不谈！”

胡作非爽朗地一笑，转头对5位教授专家说：“大家有什么心得理解，也可以谈谈，当面向世界上唯一的‘贡献者’请教。”胡作非并不想被仁微青直接地纠正错误，恐怕面子上会挂不住，让几位教授说总比自己说要好。

沉默，一阵的沉默，似乎没有人敢说。在“贡献者”面前，人类的专家觉得无比的渺小，即使是平日无比自负的学术精英，此刻也谦卑得像小学生。

胡作非将目光转向刘教授，今天看来是他领悟得最深刻。

既然被点名，刘教授说：“您刚才提到的光速旅行，能否再请教一下？”

“刘教授不客气，请说！”

“您说的光速旅行，是指以信息的方式实现旅行？”

“基本是这个意思，如果我们要对一个生命进行空间上的传送，实现远距离快速转移另一个空间，必须要换一个思路：只需要把生命必要的信息远距离地传送出去即可。”

“那被留下的这个生命怎么办？”

“这是新科技与新伦理适应的问题，不是科技本身要解决的。”

“生命的本身并不在于身体，而在于身体之内的信息。如果在一万千米之外有一个机器人，我的身体通过远程的方式与这个机器人之间建立联系，是不是就可以借助这个机器实现旅行了？”

“当然，只不过远处只能是机器，你不会愿意接受这个世界有两个自己。”

“克隆一个自己，我当然不愿意。”

“复制一个生命的信息，只要不进行载入，就不等于克隆。因此，有个折中的办法，也可以把一个人的信息仿真出来，仿真模型跟踪现实。”

“这么做有什么目的？”

“很多用途，也可以‘永生’，不是吗？”

既然聊开了，刘教授大胆了很多，说：“人就是一个背景信息和这一簇背景信息的载体，通过‘感觉’器官与外界进行信息交互。仿真就是在纯粹虚拟的信息世界用数据的方式备份一个生命。这个备份，就是‘永生’的办法，对吗？”

“对于个人，人类是一种‘永生’；对于人类，地球是一种‘永生’。‘永生’也是狭义的！”

“‘永生’也是不合理的，所以不会存在。”

“‘永生’就是阻止进化！这是生物无能为力的，也是绝不能逾越的红线！”

“人类还在进化？”

“当然，我们每一天都在成为另外一个自己。”

……

在电影《阿凡达》中，男主角是个腿脚不便的退伍军人，借助一种关键的机器（脑信息“棺材”）与外挂人造生物阿凡达建立联系，主角通过这个“棺材”附身到人造生物阿凡达体内。基于此，电影作者设定了一个关键的伦理逻辑：“棺材”内的人和现实中的阿凡达不能同时存在脑信息，要么阿凡达睡觉，要么主角到脑信息“棺材”里睡觉。所以，避免了很多没法解释的伦理冲突，在影片的最后，主角褪去了地球人的皮囊，在一个充满仪式感的“生命之树”篝火晚会上选择了永久成为阿凡达。毕竟这部电影是要用来卖钱的商品，导演最终迁就了观众。对于口味受限于传统的电影受众而言，合伦理比合物理更重要。

如果脑信息是身份的全部，那么一定可以做到“棺材”里的主角和现实中的阿凡达同时存在。可是这样一来，阿凡达就从此与腿脚不便的退伍老兵产生了分叉，两个生命从此获得不同的轨迹。而阿凡达再也回不去主角的身体了，回去即意味着二者之一的死亡，除非他们其中之一从未“生”过。导演恰好是这么安排的。但凡涉及干预生死的能力，都会触及传统的人伦底线。

房间片刻间一阵沉默，大家都在思考自己的问题。“永生”的问题并未阻止仁微青思维的飞快运转。仁微青一直在思考这些哲学问题，或许这些哲学家们最关心的问题仍然是：人类存在的核心意义是什么？或者说人类的目的是什么？这和2000年以前的哲学家并没有什么不同。

目的，是一个关于人类意识的终极思考，也许现在还没有答案。也许永远不会有答案。但是，在寻找答案的过程中，我们总可以做点什么。为了离答案更近一点，有所行动，这些行动就是意义的意义。意义的意义是关于现在的发生。“现在”的本身就很难理解，“现在”是个与过去、未来交汇的时间结点。表面上，既可以将现在定义为过去，也可以将现在定义为未来。无论我们现在做点什么，都将成为过去，而这个过去形成面对未来的背景。“现在”是一个结点，利用质能关系的驾驭能力主动调整过去面对未来的背景的结点。

“时、空”是信息，信息就是质能的基本关系。过去和未来也是连续的，通过现在为系带连接起来。智慧是熵信息，区别于熵能量。信息是什么？很难用语言解释。时间坐标中的“现在”，就是为了让信息熵和整个世界建立联系。每个信息熵体都有各自的现在，“现在”将整个世界联系在一起。

现在是一个时间坐标信息，我们知道没有运动就没有时间。但现在仁微青必须换一个思路和视角：三维的空间中最大的速度，也是最恒定的速度——光速。如果宇宙中的一切运动都是光速，时间仍旧没有意义。所以，在时间的概念中，时间就是一切与光速运动的速度差产生的信息。

信息是与质能关系同时产生与存在的事物，信息以熵的形式以质能关系为载体传递出去。但在信息熵递延的过程中，伴随信息的转述传播过程会消耗时间。这个时间不是信息本身的，而是信息的载体——能量。任何信息的发送到接收都需要时间。这就是自己的“现在”和别人的“现在”的区别，“现在”也是解决多维度论点的关键存在。

而现在的所有信息目的都是改变未来。我自己的现在是别人哲学意义上的过去，也就是我自己哲学意义上的未来。对于自己来说，现在就是未来，这并没有严格意义上的错误。

我们不一定知道人类的目的，但很显然，我们知道无论目的是什么，都必须通过现在做点什么去实现。

在仁微青看来，三维空间与运动所产生的时间有莫名其妙的共生关系，光速是三维世界的边界。

对于从事信息工作的人来说，并不难理解“时间、空间就是信息”这个观点。但“现在与多维度”这番话让胡作非顿时觉得高深莫测，不知所云，但又不好直接地问。仁微青并不觉得意外，因为仁微青还有一个专业出身——天体物理，而在座的任何其他人都没有涉足这个专业。

许多的科幻作品热衷于时间上的穿越，这能够极大地满足浪漫主义情怀。

在物质的世界中，光速是不可逾越的速度障碍，称为“光障”。时间穿越总是会和“光障”的突破建立联系，速度是空间和时间信息的复合关系，一再以资源的身份出现，却一再被遗弃。因为用信息来描述信息是科学研究的禁区。

研究信息的本身，思考最本源的哲学问题，离神学的研究就越近。有些物理学家最终不可避免地误入了“歧途”。神学的初始，都会思考最原本的哲学问题，这对于现代人是最稀罕的行为，现代人被各种信息包围，也都被各种已有的信息禁锢。生命有限，很难不为外物所制，很难不为舆情所扰，很少会给自己机会摒弃杂念，疯子才会心心念念只有宇宙的起源。

生命的本质是信息，又何须受制于“光障”呢？一向自负的胡作非感觉很沮丧，与眼前这个年轻人相比，似乎自己花了60年钻研的科学，还不如这个小伙子眼里的一层窗户纸。

一直以来，整个学术界都在经典物理构建的完美理论体系中寻求一丝半点的突破，即使遇到了理论残缺破损的地方，也会尽量地为这个破损处打上补丁。但凡出现可能导致整个理论体系崩塌的异论，整个群体也习惯性地予以打压。

是的，我们科学工作者有太多的习惯了，经典物理理论的完美，已经完全地麻醉了我们整个学术圈子，我们已经习惯了安逸地享受前人的探索成果，已经懒得将目光看向经典物理体系之外的一面，已经没有承受异见者必然要抵抗打击的魄力了。有太多的理由，让我们不愿意做主流思想的异见者。

仁微青此刻也有自己的心思，他不想作过多的解释，也不能解释。因为他知道，再精准的语言也会存在歧义，并由语义产生朦胧感，语言的核心技巧是把握分寸，自己还没有能力把握好这个分寸。这如同地球表面的太阳辐射，可以在基因信息传递中使基因发生变异，既是基因信息传递的破坏者，也是物种进化的推动者。

因为，如果没有基因的变异，就不可能有物种的适应性进化。

胡作非一行人主动要求延长交流的时间，他们在龙虎山住了将近一个月，这比计划的 3 天要长许多。仁微青并不着急让他们离开，只是不再主动参与他们的讨论，偶尔有请教之处，也只是做最简单的解释。

他并不在乎被误解为一种傲慢，只是担心自己对语言的驾驭能力可能产生的歧义，反而会给交流留下遗憾。数学语言是相对没有歧义的语言，可是用数学来表达信息的本质恐怕也很难，这种对数学的依赖并不适用于深入研究信息。

来人之中的汪教授是中科院数学所的，数学表述是他们自己的工作，如果专业的人做下去，也许会有所获，自己不干预最好。

一个月很快就过去了，需要时间来消化这次讨论的内容，收集好资料之后，胡作非并没有多做停留，辞别了仁微青之后，匆匆地离开了龙虎山。离开的时候，胡作非完全打消了来时的怀疑，由衷地折服于仁微青的透彻理解。

送走了别墅的客人，仁微青想彻底地放松一下，在浴场里洗个澡是个不错的选择。在一个大热水池子里泡上一泡，再蒸个桑拿、搓个澡，一身的疲劳也就随着舒适的到来而退却了。

虽然生命的本质是信息，可是身体中的痛苦和疲惫也是信息的一种，至少是提示身体需要维护、照看、保养。洗浴中心的搓澡工正在给仁微青搓澡，算是保养这身皮囊，顺便有一搭没一搭地聊天。

搓澡工在搓澡的过程中搓出不少像泥似的死皮，顺便就说："老理说的好，我们都是女娲娘娘捏的小泥人，男人就是泥捏的，女人是水做的。男人洗澡就能搓下泥来。"

"那女人是水做的又怎么说？"

"关于女人为什么是水做的，你可别想歪了。小说《红楼梦》里也说了，是女人眼泪多。"搓澡工说。

仁微青还是想歪了，想起了女友楚可可，也不可抗拒地把女友和女人的水联系了起来。初尝禁果，又经过多次的异性身体相互探索，脑中楚可可玲珑的身体，画面感十足地袭来。把激素撩拨得蠢蠢欲动，尴尬的是竟然在搓澡台上有了生理反应。场面虽然很尴尬，但对于现在身份的仁微青并不在意。这个生理反应并没有被仁微青放过，他在想一个重要的问题，激素，激素到底是什么？

背着激素去寻找激素的真理，很难！但总得有人去做。

女娲娘娘给泥人生命，并没有忘记给人思考的能力，虽然大部分人很少使用。仁微青重视这种能力，虽然，激素出现的时候总是摧毁这种能力。

即使明知是诱惑，但大部分人还是选择了宁愿。严谨的思考之后的选择判断，会在激素面前失效，似乎是一种魔鬼般的力量。思考在激素面前怎么就这么的不堪一击。每个人总是需要和自己较劲，一个是逻辑严肃的自己，一个是激素控制的身体。

激素，又是激素！激素到底是什么？

20. 哲学的提示

哲学起源于闲暇和诧异。

——亚里士多德

龙虎山的别墅内，仁微青送走了胡作非一行。胡作非带走的疑惑比收获还多。仁微青决定碰一碰哲学。心无旁骛的他，决心从研究一些基本的哲学问题开始。然而，越是基本的问题越难以理解。这不可避免地涉及了哲学问题。

为了搞清楚这些哲学问题，仁微青决定邀请哲学专业的人进行一次交流。在和李厘米的电话中，他把这个想法告诉了李厘米。

李厘米对于仁微青的这个想法根本不觉得意外，并且他早有准备，似乎在他的意料之中。这倒引起了仁微青的疑心。

仁微青不喜欢拐弯抹角，直接地问："你怎么会料到我一定会邀请哲学专业的人，而且早有了准备？"

一向严肃的李厘米，却在此时哈哈一笑，说："不是我料到的，而是你在研究宇宙的时候，我们在研究你。因为，任何科学走到边际，一定逃脱不了哲学问题的纠缠。我们料到了你会有这个需要，但没有想到这么快！如此看来，你的闭关很有效果，进展也很快嘛！"

仁微青顿时觉得自己很陌生，原来，最不了解自己的竟然是自己本人。

仁微青："为什么？"

李厘米耐心地解释说："你或许自然科学比我强，但你别忘了，哲学是我的专业。在普通人眼里，哲学似乎是和权治紧密相关的专业，但瞿白教授做的工作确实和权治无关，他个人十分反感参与任何权治工作。事实上，哲学是有严密逻辑系统的宇宙观，它研究宇宙的性质、宇宙内万事万物演化的总规律、人在宇宙中的位置等一些很基本的问题。简单地说，哲学就是元知识、元理学，是对基本和普遍之问题的研究。"

仁微青："你就这么有信心，我为什么一定会需要哲学？"

李厘米："哲学是元理（原初理论），科学是原理（可利用的方法、事实理论）。

哲学的研究是基于理性的思考，寻求能做出经过审视的假设且不跳脱信念或者只是纯粹的类推。你一定会需要。”

仁微青：“作为拍档，你真令我惊喜，与你共事总是感觉顺利又舒畅。我觉得这次你亲自参加，会比较好。”

李厘米嘴上不说，在心却想：你哪里知道，在你的背后聚集了多少资源和多少人啊！你可不能让这些隐形的资源失望！

听到仁微青的邀请，李厘米说：“只要是你的邀请，我一定参加！”

仁微青说：“我朋友很少，但我把你当朋友！”

李厘米：“在工作之外，成为你的朋友我很荣幸！”

离上次胡作非信息专家团队离开已经过去了 4 个星期，龙虎山已经进入了深秋，树上的树叶大部分已经发黄，在秋风过后变得稀稀落落。

还是在龙虎山的别墅内，宽敞的客厅里聚集了 6 位哲学领域的大人物，不只有教授，还有宗教人士。他们由国民大学哲学系的瞿白教授带队。

为了营造轻松的交流气氛，特意为大家准备了经典的“云雾茶”。李厘米是仁微青唯一的旧相识，乘服务人员沏茶的工夫，二人不免悄悄地闲聊了起来。

仁微青很奇怪，因为李厘米请来了一位特殊的客人，一位身着道袍的道士。

仁微青和李厘米小声地耳语问：“那是一位道士？”

“是的，你是不是想问，为什么会有个道士？”

仁微青点点头。

李厘米解释说：“英国哲学家罗素曾定义，哲学是某种介乎神学与科学之间的东西。”

仁微青犹豫了一下，说：“有道士在场，我需要忌讳些什么吗？”

李厘米微微一笑，说：“你以为他是神棍，你想错了！他是一位真正的思想者。你小看真正的道教了。”

仁微青说：“不明白，你解释解释？”

李厘米自信满满地说：“一切确切的知识都属于科学；一切超乎确切知识之外的教条都属于神学。而哲学既包含科学的方法，也包含神学的辩证。”

“看来，我倒是要虚心请教一二。”

“宗教有大智慧，大智慧是认知深度、广度。”

仁微青肃然起敬，正色说：“看来真正的道教，受人尊敬！”

“假借道教的名义图谋利益，并不是真正的道教智慧。”

“我一直以为，庙宇就是宗教，幸好不是！哈哈……”仁微青竟然笑了起来。

因为庙是人和神对话的场所，用庙最擅长的仪式感说服神的存在。庙宇之内，是人和神做交易的地方，诚则灵！

李厘米：“哲学为科学知识所不能肯定之事物的思考，包含人类敬畏神秘力量的思考；它既像科学一样是诉之于人类的理性，又将敬畏之心诉之于神秘的权威。不论是对权威传承的解释，还是对权威启示之思考，都是关于元理性的思考。无论是神学域还是科学域，但凡有能、有大成就者，最终都会步入哲学领域。”

当服务人员把茶沏好，并用杯子分到每个人的手里，李厘米和在座的客套了几句，于是把话题交给了仁微青。身份尊贵的仁微青，早已经习惯了被人尊敬，他既不受用，也不客气，不喜欢把时间浪费在这些虚伪的俗套上。

仁微青没有开场白，直接问：“请教一个很基本的问题：谁和我说说哲学的一些基本观点？”

或许是大家还陌生，竟然没有人主动接过话题。李厘米于是看着瞿白教授，说：“老瞿，你带头说说。”

瞿白干咳了一下，清了清嗓子，说：“该从何说起呢？……苏格拉底、柏拉图、亚里士多德提出了有关形而上学、知识论、伦理学的哲学问题，他们奠定哲学的讨论范畴。至今哲学家仍然认为，直到今日的哲学理论依旧只是在为他们三人做注脚而已，没有离开这些问题，我们依然直接或间接被这些问题困惑。”

瞿白用胳臂碰了碰身边的周程，说：“老程，你来说说。”

周程教授是《哲学的理性》一书的作者，他补充说：“一般认同哲学是一种方法，并不是一个主张。基于理性的思考的哲学研究，寻求能做出一种假设，这种假设经过理性的审视且不跳脱信念，或者只是纯粹的类推。不过，不同的哲学家对推理的本质有不同的想法。”

既然打开了话匣子，气氛就融洽多了。

仁微青说：“很深刻，谢谢！二位教授能具体说说这些人的观点吗？”

周程说：“柏拉图认为，惊奇是哲学家的标志，它是哲学的开端；哲学是由惊奇而发生的，在其注目之下，万物脱去了种种俗世的遮蔽，而将本真展现出来；由此，它把自己展现为一种真正解放性的力量。黑格尔认为，哲学是一种特殊的思维运动，哲学是对绝对的追求；‘哲学以绝对为对象，它是一种特殊的思维方式’。爱因斯坦认为，如果把哲学理解为在最普遍和最广泛的形式中对知识的追求，那么，哲学显然就可以被认为是全部科学之母。”

周程侧脸看了看瞿白，说：“老瞿，形而上学是你的研究课题，你说说呗！”

瞿白仍旧干咳了一下，清了清嗓子，发言前，他总会干咳一下。看来他的干咳并不是做作，而是一个不太招人喜欢的小习惯。瞿白补充说：“亚里士多德的《形而上学》中认为，探索未知是所有人的本性，由未知而产生惊奇，由惊奇而开始哲学思维，继而逐步发现更重大的未知。例如，关于月相、太阳、星辰的天体变化，以及关于万物的生成，这种自觉的无知，就是哲学的开始。从几千年以前到几千年以后，未知的部分总会存在，而哲学思维的根本方式也不会改变。”

仁微青问周程：“周教授，那么请问，在基本的哲学思维方法看来，‘生命的本质是信息’中的‘生命’是什么？‘信息’又是什么？”

“呃……这个！……”周教授一时不知道该怎样回答好。

李厘米知道，倒不是仁微青刻意的刁难，而是对于一个天体物理学专业的人来说，这是一个哲学问题。碰到了仁微青哲学探讨的核心，仁微青的提问变得难以回答了。

“在哲学中，生命泛指宇宙中的一切运动。但狭义的生命定义太丰富了……也许……”瞿白补充说，替周程解围。

显然，瞿白自己对这个答案也并不满意。为了避免周程的尴尬，所有人都配合瞿白的解围。之后在座的所有人保持了沉默，没有人主动挑衅这个问题。因为所有人都知道，在这个问题前面，任何回答都显得浅薄。

仁微青看到了现场的沉默，于是，想到了拆解这个问题的办法。他接着问：“在哲学的观点里，我是什么？对于每个哲学工作者来说，至少会思考过这个问题，思考自己与这个世界的关系。”

如果哲学是科学和神学之间的区域，从科学和神学出发，都可以把一只脚留在本来的领域，而另一只脚跨入到哲学区域中来。这个问题明显，有一只脚留在了神学的区域，大家都把目光看向了现场的一凡道长，他是现场唯一的一位宗教人士。

我是谁？这是困扰哲学的三大问题之首。仁微青真是什么问题都敢碰。

虽然没有被点名，但一凡道长也看得出来大家的意思。他是一位入了道的道士，有一定的道行才算入道。这和只穿上道士衣服，却入不了道的道士不同。他没有世俗的羁绊，不会顾忌自己的颜面，也不会顾忌别人对自己的看法。

只听得一凡道长答道：“那我就说说。我是穿行在时间走廊之中的一个过程，活在自己的世界中，却总是在迎合别人的喜好。在我的世界里，世界是我唯一的世界，我也是这个世界中唯一的我，我的世界和我总是依存在一起。”

一凡道长的话没有开场白，也没有过渡和渲染，话语简练，直奔主题。仁微青很喜欢这种风格。

仁微青又问：“我的世界中还有‘别人’，怎么破？”

一凡道长仍旧语言简练，说：“虽然，我的世界会有‘别人’这种与自己对等的个体存在，事实上任何一个‘别人’都只不过是这个世界的一部分。从‘本我’意识出发，这个世界就是为了‘我’精心准备的，并且特别用心地为自己设置了一个复杂的场景，‘别人’也是场景的一部分。把‘我’自己和外界的一切独立出来，分成两个部分：一部分是外面的世界一切，另一部分是里面的自我。”

仁微青问：“如果从‘本我意识’的对立面出发，是不是这个世界和自我就毫无关系了？自我就成为这个世界的‘透明人’？”

仁微青的思维有异于常人，一凡道长一开始接触到他就能感觉出来。仁微青的问题看似很简单，但是深思之下却很深奥，逻辑十分的缜密。他很奇怪，一个搞自然科学的人，如何走到这些深奥的哲学思想实验中来的。

极限思维，往往会让复杂问题显得简单。

存在感是通过各种感来实现的。各种感形成了参与感，参与感实现存在感。这是一个极好的思想实验。在普通人看来，如果成为了一个没有参与感的幽灵，细思极恐！这一定是一种很恐怖的感觉，想想都很难接受。等同于死亡般失去参与感，却又死不了的感觉，如‘幽灵’般无可奈何地活着。

相互欣赏的人无须过多的语言解释。一凡道长听出来这个“透明人”的奥妙之处。一凡道长不得不对仁微青另眼相看，不禁仔细打量起仁微青来。这是一个十分不凡的年轻人，但看起来十分的平凡。

一凡道长说：“一个对于世界根本就不存在的自我，生死已经与这个世界无关，能自我意识到的‘我’也是相对于这个世界的虚无。在‘本我意识’中，‘无我意识’一直相对于‘本我意识’存在，‘本我’之区别于‘无我’意识，就是‘本我’一直在用‘我’和外部世界的关系，证明‘本我’的存在。”

若要证明“我”的存在，唯一的途径就是参与到这个存在的世界中，并得到外部世界的回应，哪怕只是一瞬间，这一瞬间就是生命。在这个世界中，每个人都会自己找到最恰当的人生参照体系，这个参照系就是“别人”。

以现在为时间界面，过去的我是面对未来的一簇信息背景。参与感就是这簇信息背景于新信息的“信息作用”，并形成信息驾驭质能关系与信息反馈的关系。反馈就是存在感。

仁微青也不得不对一凡道长的学识另眼相看。一凡道长并非一个穿着道袍的术士，真正的宗教人士，果然学识非凡。仁微青打消了对道袍的偏见，从内心接纳一凡道长是个学者、思想者的观点。二人相互打量，惺惺相惜！仁微青心想：即使他是个道士，一定不是一个普通的道士。

沉闷的话题制造了沉闷的气氛，讨论哲学从来都不轻松。

为了调节一下气氛，仁微青说：“怎样才算幸福感呢？”

“幸福就是满足！”

“活着，就是幸福！”

“这要求真低！”

仁微青：“如此看来，人们还都算得上是幸福的。生活中那些漫不经心的不如意，只算是世界布设给自我人生中的一些不舒服的场景。”

李厘米：“嘿嘿……可不，不舒服就是为了体验舒服做铺垫的。”

“对！对对！……”这些教授附和着。

仁微青调节气氛的水平太差，几乎只是把哲学理论改换成哲学现象。这如同领导讲了一个不好笑的笑话，让下属听众们笑得很尴尬，只是为了配合笑话而施舍点笑声。仁微青脸一红，暗自怪自己多嘴。

倒是一凡道长老练，轻松化解了尴尬的气氛。一凡道长说：“与 200 亿年的宇宙或者 45 亿年的地球相比，人类每个人的寿命都只算一瞬间。生如白驹过隙，死如草木枯零。”

“这个世界我们来过，也仅仅是来过而已。”李厘米也感慨说。

“即使一生是得之不易的 100 年，再精打细算地经营每一秒，80 年也只是宇宙中的一瞬间。”

“至少，这一瞬间属于你。”和大智慧相较，李厘米的哲学显得过于寡淡。

“是的，属于你！你大可以自我支配。然而，看看自己的周围平等地拥有这么一瞬间的人们，大多数人在疲于应付财富问题，而剩下的少数人在应付财富的高级衍生品问题。当官的永远缺更大的官，求财的永远缺更多的钱；正如乞丐只缺一顿饭，富翁却缺一个银行。官至大，不过九五至尊，至尊还会想到扩张疆域。”

尴尬已经缓解，仁微青再次接过话题：“在哲学思想实验中，货币是经济学中的定义吗？”

李厘米说：“货币在经济学中是一种符号，用货币计量资源，使社会资源分配至合理状态，这是经济学的角度。但在政法学的角度，货币是一种权利，社会资源支配的权利。货币是个体参与到群体的资源分配的计量标准，也是必须遵守的规则。用消耗、支配资源的方式，每个人都愿意增强与这个世界的关联关系，每个人都不甘心这种弱相关地位。这种支配的欲望，源于存在感原始信念。”

存在感！三人行，果然必有我师！仁微青竟然有些豁然开朗，在自然的发展过程中，一切被留下的信息都以一种天择的方式甄选出来的。而这就是当前的生命。这包括我们人身体中的激素、潜意识、欲望、基因……

显然，对于人而言，意识是最不可具象的事物了。仁微青想知道其哲学定义，他问：“意识的目的是什么？”

“意识是一种心理现象的总体反应，由历史经验信息归纳的主观背景信息统一。其目的只是在人类存在的过程中，用于协调人类群体关系的一种共识与差异冲突。”瞿白回答说。

仁微青不置可否，向一凡道长问道：“神学中一定会解释生死吧！”

一凡道长有些头大，显然，仁微青还是把自己当成了术士。他想了想意识和生死的联系，有些人在生命的尽头终于会想到世界的另一侧还有自我。失去一生的时候才知道一生该如何度过，只可惜每个人都只能死一次，这是外部世界的场景中设计好的。没有人明白为什么自我会存在？也没有人能够同时得到幸福和这个明白。

仁微青并不催促，只是静静地等，等一凡道长想出个好答案。

直到一凡道长说：“在生命的尽头，即使基于同样的信息背景，对问题的看法和角度都会发生改变。意识是一种心理现象的总体反应。在生命的尽头，最大的变化就是心理变化，一种主观思维的改变意味着角度发生了改变。”

仁微青忽然一拍大腿，兴奋地说：“我知道了！至少，我现在确定一件事情，意识中的‘我’是信息，意识是由历史经验信息归纳的主观背景信息统一。这似乎可以接近‘生命的本质是信息’中的意识部分。”

众位听众一阵狐疑，“生命的本质是信息”中的意识部分？是什么鬼？

仁微青初解心结，心思通明，侃侃地谈了起来。接着说：“智慧的目的是资源利用效率的最大化，智慧能力就是对未来预知的能力。这个能力因人而异，能力强者必能‘未卜先知’（半神的能力）。刘老师，您说呢？”

众人又是一阵疑惑：仁微青说的究竟是意识还是智慧？

李厘米实在忍不住，问出了大家的疑惑，他问道：“意识和智慧在信息中有什么不同吗？”

“智慧是信息发展的方向，也可以说是意识的目的。”仁微青并不想在这个问题上纠缠。目光继续看着一凡道长说：“刘老师，您怎么看我刚才的问题？”

一凡道长回答说：“神，是人对一种具有超能力的身份的想象，用一种想象最简单地实现愿望，包括预见未来。”

仁微青说：“那么，就是说神并不一定是一个人的形状，而是一种能力，一种具有超过人的智慧的能力。神不一定要人性化，也不一定要是一个具体的人。至于文艺作品中‘神’的存在，恐怕是因为人需要‘神’是这样。事实上，神并不是这样的一个人性化的具体。‘神’是一种超级智慧的能力。”

在科幻电影中，尽管会想象人类之中出现有一个“神”，可以预见未来，也可以穿越到历史，并一再地拯救整个人类。然而在骨感的现实中，“神”从不光临。

“没有人见过神！”一凡道长不喜欢被当作术士。

“预见未来！这与我们的人工智能多么的类似啊！或者，神可以是许多台连成网络的计算机阵列，实现预知未来的智慧机器。当然，神不只是这些机器硬件，而是包含传感、网络、计算机、软件、数据、经验……”

仁微青认为，人们在文艺作品中，虚构神拥有的超能力凌驾于一切科技能力之上。人心容不下没有道德的神，而神的人性部分也斗不过欲望，这是文艺作品中最大的矛盾冲突，也是最吸引观众的部分。

神对于人类是一种主宰能力，哪怕只是预知未来这个小伎俩，也可以在未来之来中占尽先机。细微的偏移就足以打破整个本来存在的平衡。深思极恐的是，这种信息不对称的能力，本身就是最厉害的战争武器。任何事情……如果能预知未来，都能够以最小的代价实现目的。

仁微青接着说：“我想‘生命的本质是信息’答案并不在人身上，而在神的身上。”

李厘米问：“神！你是否有了具体的解释？”

仁微青：“生命，指宇宙中的一切变化、运动，而宇宙中的一切都是整体关联发展的。生命并不是一个具体的生物，生物只是整个宇宙生命中的一部分。我们看到了宇宙中的物质和能量，可是一直忽略了宇宙中的信息，信息是第三种基本的资源，等同于物质、能量的第三种资源。”

这让在场的人热闹了起来，大家开始交头接耳，既不敢当面质疑仁微青，又不能立即接受这个观点。信息是一种资源，等同于物质和能量？这完全颠覆了经典物理的概念。

难道，人类就一直忽略了信息的存在，我们又如何去证明信息是一种资源呢？这些疑问不断地出现在大家的脑子里，而思维实验的延伸导致问题越来越多。

仁微青看出大家的疑惑，接着说：“信息是一种资源，信息存在于物质、能量的同时，三者不可分割。时间本身就是信息，任何关于时间的表述都是对时间坐标的切割取样。从信息的角度来看，经典物理学中的‘能量熵’是由信息熵逆引而导致的。”

李厘米和仁微青比较熟，所以就大胆地问：“可是我们如何证明？”

仁微青说：“用信息测量信息本身就是困难的，所以，信息的资源性存在一直不能在‘实证主义’思想下被证明。”

实证主义的目的是建立知识的客观性。世界本源呈概率性，概率性本身也是一种客观。从宏观到微观根本不存在绝对，实证主义思想又怎么能适应信息资源的存在呢！？

李厘米：“毕竟，实测是证明最恰当的手段。”

仁微青：“我们所说的测量，不过是对被测对象的局部取样，因为测量必然会扰动被测对象，如果全面的测量一定会改变被测对象的本身。即使用测量的手段对被测对象取样，也不代表其全局，仍旧是对全局给予主观上的估计。”

仁微青明白了，可是其他人却更糊涂了。

……

21. 保姆李婶

世界上只有两种真相：

一种是自己认为的，一种是别人说的。

赣西的冬天终于到了，由于海拔的原因，龙虎山上已经开始结冰，在山腰以上形成明显的雪线。

仁微青在龙虎山上的别墅内已经连续度过一年有余，偌大一个庭院，由他一个人占着，怎么看都显得奢华。如果单单是占个房子也就算了，毕竟只是借住，又不是将房子占为已有。可是在这里住的不只是主人，还住着服务于他的工作人员。连带安全助理、工作助理、厨师、保姆、司机等一起，一共有十余人长期服务于别墅内的这位神秘的年轻人。

仁微青没有根基，没有根基的富贵是不稳固的。

若不是凭借保密制度下的保护，很容易被蠢蠢欲动的反贪污部门惦记，或冠以谋私的帽子。所幸这些机构已经被上面关照过，不能插手这里的事情；所以，这栋房子的方寸之间，都不归赣西地界内的机构管。从外表上看，别墅并不奢华，不过，出入往来这里的人却身份不一般，都是跟着随从和保镖。没有人见过女主人和孩子，所以，不太像是居家过日子。别墅的主人并没有经常外出，也没开展任何工作的迹象，只知道其身份非富即贵。

有一种奢华，不在于物华，而在于人贵。

就连保姆李婶，也是一位优雅的女士，从骨子里透出良好的学识与修养。她是一位五十多岁的本地人，身材微胖。她本来有一份稳定的工作，家住在鹰潭市，在一个国营五星级宾馆做保洁。她的丈夫黄四业是宾馆的专职司机，在宾馆的车队开车。李婶有两个儿子，小儿子上职业高中，眼看就要毕业了。大儿子开了一家手机维修店，结婚后生了一个女孩，李婶平时有空就帮衬着带带孙女。

李婶喜欢跳广场舞，这不仅是一项运动，还是一种在大妈们之间开展的社交活动。一群大妈趁着夜幕，在极具节奏感的音乐中搔首弄姿。

李婶带着 4 岁的孙女在广场参与这项妖娆的体操，孙女被一条没有拴绳的“中华田园犬”咬伤。狗主人金某是一个四十多岁的男子，这条狗也是从狗场里刚买来的。

恼怒之下，李婶对狗主人一顿辱骂，围观的人也纷纷指责金某不拴狗绳。金某开始并不作声，被骂恼后也回嘴，怪孩子没有被大人看护好。两方由口角演变成动手，李婶并没有从动手中讨到好，被围观的群众劝开。闻讯赶来的大儿子面对母亲的号啕大哭，冲上去就和金某厮打在一起。

狗主人金某和李婶的大儿子因寻衅滋事，都被警察带走拘留。

狗的脖子上挂了一块牌子，有些年头了，牌子上有一个“梅”字。无巧不成书，这条“中华田园犬”确实和梅伊奋小时候的那次救助的流浪狗十分有渊源。当时，买走梅伊奋的三条“中华田园犬”幼崽的，正是这个狗场的主人。这条咬人的狗就是那条被打死的流浪狗的后代。许多弱相关事件相互影响，可能这种影响还不可忽略。

万幸孩子并无大碍，按理此事该到此结束。可是金某大约有些人脉关系，当天就被放了出来，反而因为李婶的大儿子先动手，被拘留了几日。李婶的大儿子血气方刚，从拘留所出来后，咽不下这口气，摸清金某的情况后，拎着一把刀冲进金某家中，将恶犬砍死，也将金某砍成重伤。

判刑是自然的。李婶在看守所探视大儿子的时候，大儿子将一块刻了“梅”字的狗牌交给了她，说是为狗咬人事件报仇的纪念品。大儿子说，即使当不了英雄，也不能当狗熊。李婶似乎看到了一点家风，没想到家风会融入血液之中。大儿子惹了官司，家里人都受到了牵连。为此，李婶自己和丈夫也失去了工作，工作的那家宾馆是国营企业。一家人的生活陷入了绝境。

李婶是个有故事的人，他们李氏家族更有故事。

在帝都的一家咖啡馆里，李婶见到了一位银发的老先生，两人相见，一阵泪眼婆娑。银发老先生称李婶为“小姐”，李婶称老先生为“陈叔叔”。陈叔叔已经退休了，年轻时曾经是帝都李氏家长的司机。李氏家长是李婶的爸爸。

按理说，李婶是李强的亲姑姑，要不是因为大儿子这次砍人引发的家庭变故，李婶没脸再踏进娘家的门。但是为了救儿子，面子显得不再重要。

年轻时候的李婶，依仗娘家显赫的背景，本该有个好前程。可是李婶在年轻时，因为爱情和家里闹矛盾，两个人在年轻时私奔到偏僻的赣西。现实比理想要骨感，几十年下来，李婶从一个优越家庭的闺秀，沦落成为一个地道的赣西大妈。

“爸爸的身体还好吗？”

“先生的身体很好！”

“妈妈呢？”

“也好！他们身体都好！”

“那就好……”

“要不要见见夫人？我来安排？”

“不了，妈妈见到我这副状况，又要伤心。”

“你的事情我都听说了。恰好你那个外甥李强，现在是帝都市公安局的副局长，司法系统有些关系；我找过他了，他同意帮忙，我安排你们见面。”

“别告诉爸爸我来的事……”李婶还没说完，眼泪又下来了。

银发老人苦笑了一声，点点头说：“好，我不说。”

二人在咖啡馆絮絮叨叨一直聊到了晚上，银发老人陈叔叔开车载着李婶进了李强的家。李强一家为李婶准备了隆重的家宴，李强的姐姐李倩也来了。

李倩看着姑姑，几乎没有认出来。过了好久，她才从眉目间认出来，李婶就是那位曾经被自己视为偶像的姑姑，她曾经那么优雅、高贵，与眼前人的情形大相径庭。

李倩盯着李婶的脸，这张脸上布满了平常百姓的心酸，女人对柴、米、油、盐的斤斤计较，在她的衣着和神情上留下了各种市井的味道。岁月是把杀猪刀，环境是握刀的屠夫。这不过就是三十年的光景，并没有生死那么远，足够发生好些事。岁月总能改变容颜，环境总能改变气质。

对于李婶，这是一次十分尴尬的会面，她在内心想象过很多次，没有一次想象是美好的。内心早有结论：最好是不见。李婶再次讲了家里的冤屈，她觉得人命不如一条狗命，恨所有的狗。从倾诉的情形中，李倩发现姑姑变了，不只是外表，连内心的世界都不再像从前。李倩失望地离席而去，心中的童话故事，被这次见面生生撕了个粉碎。

李强答应了姑姑的部分请求。这个案子中没有死人，就不会偿命，但故意行凶伤人，还是要判几年的。对方也得到了应有的惩罚，咱也不能仗势欺人。李强保证案件会得到公正的审判，关于狗主人金某当地的人脉关系，以权谋私的事，李家绝不会姑息。

在李婶临走前，银发老人陈叔叔递给她一张银行卡，说是几位晚辈的意思。李婶拒绝了，这是她最后的一点体面，她不想放弃。

李婶回到赣西，派出所与金某暗通曲款的相关人员都被抓，李婶大儿子也被判了几年的劳改。小儿子和热恋中的女友，因为家庭变故告吹。小儿子受到双重打击，干脆就退学到山上当了道士。据说小儿子就在别墅附近的某个道观出家，为了方便照顾小儿子，这才有李婶到别墅做保姆的由来。

李婶的故事大家都听过，仁微青帮不了她，也不知道该怎么帮。或许李厘米可以。李厘米比仁微青熟悉李婶，知道他是李强的姑姑。实际上，李婶到别墅来工作，就是李厘米安排的。他劝仁微青打消这个念头，过度的关照就是害人，不能滋生特权思想。另外，接受帮助的人有无穷的贪念，而自己的帮助却是有限的，若不为施恩，暗中施以援手即可。

对待这些人情世故，仁微青和李厘米相比，天壤之别。仁微青只能算是菜鸟一个，菜鸟不喜欢和人打交道。仁微青不蠢，被点拨之后同意李厘米这个观点，人间的事就留在人间，让人类自己去解决。他总觉得这事有些塞心，于是又想起王二狗的事来。

在李厘米看来，异见者从未放弃对仁微青的攻击。保护好仁微青才是大事。他的任何一个新观点的建立，都一定会损坏另外一些科学观点的成立，这不可避免地树敌。木秀于林，风必摧之！树大招风的缘故，任何人只要将“贡献者”踩在脚下，就可以站得更高。

仁微青并没有学术上的根基，也没有科学阵营，只能孤战。如果没有成绩，小事也会成为异见者攻击仁微青的把柄。

仁微青心里的压力很大，压力大不是因为占着这座房子，而是占着这个身份和桂冠。他和李厘米都急于封住别人的嘴，封住别人嘴最好的办法就是成绩。然而，仁微青和李厘米都知道很难，要把基础性的研究成果转换为应用技术，谈何容易！至今，别墅内仍旧没有传出任何成果，仁微青知道李厘米的急迫，他不知外面的耐性能保持到何时！

就算是天才，也不一定获得成功！除非天才得到施展，并被幸运之神眷顾。李厘米眼里的仁微青有天纵之才，所以李厘米愿意做守护仁微青的天使。此时，仁微青甚至觉得，天使比天才更关键。李厘米有背景，有权治手腕，也熟悉为官之道；仁微青选择信任李厘米，就像李厘米信任自己一样。不要和有目的的异见者讲道理，权势可以简单解决问题，绝不用道理来解决。李厘米不和流氓谈公平！

如果没有成长的土壤，梅伊奋对仁微青的那次攻击并不会发芽。梅伊奋的事情虽然得到了平息，可土壤仍然可以滋养任何一棵新芽。清静才能专注冥想，仁微青需要清静，李厘米就给仁微青清净。即使有闲言碎语，也进不了仁微青的别墅。

如果可以做一个普通人，会有幸福的人味。李厘米一出生就不是普通人的身份，而仁微青从“太空之问”项目启动之后，就不再是普通人。他们无法把生活过得有人味，他们不考虑幸福是什么。

李厘米不得不把时间花在收拾把柄和打压异见者的事情上，并做一些迎合当权者的口味的事。仁微青只想证明太空提示是真的、正确的，不错过外星生物提携人类的机会。

自从得到太空“提示”，李厘米阵营就希望借此掌握最前沿的科技，这将成为李厘米的权治资本。然而，就算研发一种最显而易见的成果，也不能平地高楼。大量的科技火花产生了大量的计划，一切计划都不得不面临时间困局。落实工作需要时间，而时间却是项目组最不能接受的成本。整个“太空之问”项目组都在压力之下，每个专业科室都在赶成果。

与时间赛跑，冒进的思想就开始蔓延。

李厘米尽量劝说仁微青不要惹麻烦，老百姓的事根本管不过来，到处都是坑，别把自己搭进去了。他总是对仁微青说，拯救并不会像自己想象的那么美好，坏的并不像看起来那么坏，好的也并不像看起来那么好，可怜的未必像看起来那么可怜。大多数的真相，都不是看起来那样。

王二狗的事情让仁微青明白了很多人性的事，他不会在同样的问题上犯两次错误。人情世故很庸俗，却并不简单，比科学要复杂得多。人情世故水很深，深陷其中就不能自拔。仁微青觉得人情很庸俗，他放不下身段加入这种庸俗。不过他也知道，庸俗的人情世故并不低级，只是觉得乏味。

据说，李婶的二儿子在一个道观出家，那个道观离这里不远，仁微青决定找个机会去看看，或许能够暗中帮他做点什么。

那个道观的名字叫“玉清宫”。

这一年，仁微青听说遁入空门的不只有李婶的二儿子，还有殷思雪。

殷思雪的母亲没有抵挡住来自乡邻的议论，对于那些有根据的历史，根本就不是自己撒泼就能平息的。她只有欺负弱小的能力，面对更恶的人，只有被欺负的份。女人最终疯了，不知是真疯了还是假的，反正这事在农村都一样，即使是假的也会成为真的，真的也会怀疑是假的。

报复自己的母亲，殷思雪很解气，也很失落。门前那棵歪脖子树，她恨了一辈子，怕了一辈子。亲手摸了一下树干，其实就是一根普通的木头。站在树下，她不知余生该如何度过。

她决定去看看世界，据说世界很大。旅途中的一次偶然，她遇到了缘分。受到了某宗教智慧的召唤，选择了出家。在信仰中会让她明白很多事。

殷思雪是遁入空门的人。最后见到她的是张硕，在山海关的一行苦修的行脚尼姑中，见到了一位僧服补丁的清瘦尼姑，像是殷思雪。从此红尘中再无她的消息。

浪子张硕再也没有浪过，对武茜一片痴心。他自己说，欠下的风流债，总是要还的。曾经的情场浪子，这些年一直单身着，再无花边新闻。

张硕的真实身份是“星期八集团公司”的董事局主席张晓刚的二儿子。“星期八集团公司”是国内数一数二的房地产开发商，资产超过一千亿。豪门恩怨深似海。

张硕自小表现出叛逆，不被父亲喜欢，家里人只道他爱美人不爱江山。张硕也确实不愿与大哥争家产，在家产争夺战中，装傻是一种自我保全的策略。这些年张硕自己在外折腾，并非一事无成，在科研所只要跟对了团队，技术领域有所建树也是指日可待。

张硕的科技理想在家里得不到理解和支持，父母都不懂技术，特别是这些基础学科领域的研究，基本没有产业前景。张晓刚夫妇都希望儿子们早点结婚生子，对于这样的家族式企业，人丁兴旺和企业稳定有莫大的关系。大儿子早已结婚生子，连私生子都有了。可这个二儿子年纪都三十好几了，却连女朋友都没有定下来，不成家续下子嗣，怎能继承家业？

集团公司上下都对这位不争家产的二少爷颇为不屑。都以为张硕对武茜的热心不过是“五分钟热情”，要么到手就冷了，要么过几个月就自然冷了。哪曾想这次花少爷是认真的。对于张晓刚老夫妻俩来说，儿子定性了也算好事。于是，托人调查了武茜的家庭背景情况，这一调查不要紧，这个武家大有来头。

帝都有个出名的权治世家，武茜是驻美国大使的独生女儿。张晓刚对二儿子的这个追求对象又怕又喜。若是这孩子秉性未改，武家可不是好招惹的主儿；要是这事真成了，“星期八集团”将如虎添翼。

在生意人眼里，儿女的婚姻也是生意。难怪张硕叛逆。

由于仁微青身份的关系，与张硕、武茜见面的机会很少。随着时间的飞逝，几年下来，武茜不再那么抵触张硕，但是，很难谈及爱情。武茜心里装着另外一个男人。两人之间偶尔见面，也不时谈及仁微青和楚可可。二人都已经不再在黔州工作，单位本来都在一个城市，春节前已经调回了帝都。

情人节这天，春节刚过不久。某著名大学的门口站着好些个手捧玫瑰花的男青年。张硕找了个车位，停好新买的宝马车，从车上下来，手捧着一束黄色的玫瑰花等候在武茜的单位门口。张硕特意精心地打扮了一下，贴身合体的西装熨烫的笔挺、衬衫洁白、皮鞋锃亮，还喷了高级的香水。人靠衣装，何况张硕本来就有模特般的身材，在众多捧花者中，顿时有鹤立鸡群的感觉。

在下班的人流中，张硕很容易就找到了武茜。他迎了上去，献上玫瑰花。这个举动羡煞了与武茜一起出门的少女，也热红眼了不少武茜的追求者。武茜是出了名的冷艳，带刺的玫瑰花，美丽却不容近身。大家都盼着看结果，这个冒失的帅小伙如何遭受武茜的“暴力”。

不过，让人大跌眼镜的事情发生了，武茜接过了这位帅哥哥的玫瑰花，既没有把花束扔到对方的身上，也没有塞进旁边的垃圾桶，而是把花束捧在了手上，欣赏了一下。

“能否请武大美女赏光一起晚餐？”

“少贫！你几时回来的？”

“和你前后脚，也是春节前的事。”

“晚餐在哪？都有谁？”

“安排在‘牵牛西餐厅’，就我们两个没人疼的孩子，一起搭个伙，度过这个没有情人的寂寞情人节。”

武茜略有些失望，沉吟了一会儿，说：“允了，还不赶紧帮我开门！”

张硕大喜，赶紧上前几步，用最绅士的姿势帮武茜开车门，满心欢喜地把武茜请上了自己的新车。在武茜的面前，张硕永远像老鼠见了猫，乖的不得了。一般情况下，只要武茜不开口，张硕绝不多言。看着张硕绝尘而去的车影，门口留下一群吃惊到合不拢嘴的吃瓜群众。

不一会儿工夫，汽车稳稳地停在了“牵牛西餐厅”门口。这是一家十分有名的高级西餐厅，牛眼肉是最有特色的菜。情人节这种特殊的日子，只有会员才能订到位子，还需要提前一个月。看得出来，为了这顿饭，张硕没有少下功夫。

张硕把车钥匙交给门口的迎宾，自有迎宾把车泊好到停车位。在服务生的带领下，二人来到一张二人位的桌子跟前。烛台、红酒、西餐菜品自不在话下。

“如果你还是要旧话重提，我劝你还是休要开口！”武茜预先给张硕打下预防针，免得相互下不了台。

“开什么口？”张硕装傻。

“好吧，就当我多心了。”

“你没有多心，是我……太执着了……”

“别在我身上浪费时间，我心里有人了！”

“我知道，能这样经常见到你，也是一种满足。”张硕痴情地说。

“我……唉……不说了……我不想勉强自己。”

“当然，没有人能勉强你！”

“你……这又是何必呢！”

“我不觉得这是一种付出，你可以一直当我是朋友。”

“我心里一直装着另外一个男人，即使我答应和你在一起，既对你不公平，又委屈了我自己。你明白吗？”

“一直很明白！绝不委屈你！”

“那你还对我浪费时间？”

“不算浪费时间，只是这该死的灵魂无处安放。”

“一下子不太适应张硕不浪！骂你都下不去嘴了。”武茜笑着说。

“你可以一如既往地找我的茬儿，本帅皮痒的很。”张硕没皮没脸地觍着脸说。

武茜心里，舍不下的那个人，却不能去追求。自己不能成为死党、闺蜜的情敌，何况未必会赢。女人的爱和男人不一样，女人的爱不一定非要把男人给睡了。当然，能睡了更好！

“如果男女之间可以有纯粹的友谊，那么希望我们之间的友谊就是这种。”

“你能这么想，这真是我的幸运！”

张硕知道，这一生也不能够得到武茜的爱。即使武茜很多年之后愿意嫁给自己，也只是娶到了她的身体。这一刻，张硕领悟到了一个被称为灵魂的东西。人性中最感动人的东西都和灵魂有关。此刻，即使武茜愿意嫁给自己，自己也会放弃了。正如武茜所说，勉强了她的灵魂，也委屈了自己。真爱就需要遵从自己的真心。倒不如就这么和武茜一直单着。

跳舞的人总要付音乐的钱。——约•泰勒

22. 意　外

城府，围而护主，阴而狭客。

仁微青决定先在自控领域杀出一条血路，他要给自控专业一些帮助。基于这个想法，仁微青约见了苏格团队。最近有一个好消息传到了龙虎山，由苏格带领的自控专业有大动静，似乎已经提交了测试样品。

消息传来，仁微青在李厘米的陪同下，秘密赶往了帝都，苏格的试验场就在帝都的一个工业园区，外表看起来很普通的工厂内。在工厂内，仁微青见到了自控团队真面目，有上千号人。他们都是苏格从全国挑选出来的精英，这些人还只是实验团队。

现场并没有因为仁微青这些大人物的到来而停止手上的工作，继续在一堆设备面前做各种联合调试。仁微青发现偌大一个车间里，有个十分熟悉的身影，虽然很远，但他肯定那个人一定是楚可可。

仁微青元理性研究并没有完成，自己还无法参与到具体的产品研发之中，产品是应用技术，应当交给市场去打磨。迫于压力，仁微青不得不深入到产品的应用技术之中。所以，这次除了技术原理沟通，还涉及产品发展方向与思路的碰撞，甚至涉及工艺问题。

李厘米和仁微青还想看看苏格团队的实验样品。虽然，苏格团队在研发产品的过程中，也曾与仁微青多次沟通交流，但毕竟仅限于文字语言描述，苏格教授与仁微青双方都对这次见面互有期待。付出这么多个日夜，苏格除了期待得到肯定，更期待对产品迷茫的未来提供方向。

撇开工作关系，仁微青再次见到苏格教授，感到格外的高兴，不由得询问起楚可可的近况来。

仁微青以闭关的名义在龙虎山，自然就不能有楚可可在身边。冥想不是休息，大脑一直处于疲惫状态，仁微青经常把大脑用至因缺氧而产生呕吐感。压力之下的仁微青，时间被工作占据了全部。由于个人兴趣恰好是工作内容，倒不觉得心累，只是没有给私人留一点空间。那个熟悉的身影，猛然让仁微青想起，与楚可可分别恐怕已有一年之久了。仁微青很自责，自己竟然连电话都没有给对方打过，这无疑在两人之间的感情上空布上了一层阴霾。

仁微青习惯了一个人，直至分开前还没有习惯两个人，竟然忘了世间还有相思。楚可可终究只是个女人，一定忍不住男女之间的相思。

会议室内，正当仁微青向苏格询问楚可可的时候，楚可可俏生生地站在了他的眼前。楚可可一如既往的明艳动人，美丽也难掩脸上的倦容和憔悴，难掩久别重逢的眼眶泛红，泪水漫到了眼眶边缘，出卖了她在内心重复了一千遍的坚强。那些泪水想必是这些时间累计下来的委屈，她委屈男友不能像普通人一样，给自己普通的耳鬓厮磨。

仁微青对于楚可可的出现，先是一阵意外，继而也满是欢喜，欢喜之后又是一阵愧疚。向来了无牵挂的仁微青，并没有习惯这种被人牵挂的情节，竟然也有些眼眶湿润。他想安慰这个站在面前的可人儿，可是找不到实在的词汇和句子，只能默默地两眼相望，走上前去替她擦拭脸上的泪。

因为工作的关系，二人也不方便公然离开会议室，那样会给其他人十分旖旎的想象。所以，两人只能在这个公众的场合四目悄悄地相对，目光一碰即闪。一起来的都是过来人，知趣地给两位留出私人空间，默契地各自找了个借口，离开了会议室。

待只剩下两人，仁微青小声说："这段时间，我总感觉心里丢了一个重要的东西，原来是你！"

楚可可委屈加生气，一行泪再也止不住流了下来，泪水由涓流变成了洪水泛滥。仁微青走了过去，将楚可可轻轻搂在怀里，楚可可索性在他怀里一阵号啕。仁微青任由楚可可一阵宣泄，任由泪水浸湿了自己的衣裳，只是紧紧地抱着怀里的女人。

楚可可一阵宣泄之后，待情绪稍稍平息，一边哭耸着鼻子一边说："在……在……在你心里……多不实在啊……还是想……到你怀里！"

楚可可的话让仁微青鼻子一酸，心中又是一阵愧疚，想逗笑这个可怜又可爱的女人，这一会儿却连一个蹩脚的笑话都想不起来，只好在楚可可耳边玩笑着说："我心怀天下呢！"

楚可可抡起拳头，轻轻地捶打仁微青的胸口，生气地说："你可是说，心里已经装不下我？"

仁微青暖暖地说："不！除了天下，就只有你。"

……

只要有真情在，语言总是会配合感情的宣泄，并被对方感受到。最温暖的情话，其实不需要预先准备。仁微青对自己的浓浓爱意，楚可可感觉到了。

楚可可心里高兴，嘴上却说："鬼才相信，谁稀罕在你心里！"

仁微青悄悄地在楚可可嘴上亲了一口。会议室随时都可能有人进来，亲嘴被撞见总是很羞人的事。不过，偷偷地亲，果然很刺激！

楚可可满脸通红，欲拒还迎。

仁微青坏笑着，把嘴靠近她耳边，悄悄说："你若不稀罕在我心里，那么，我们去被窝里？那里除了你家男人的臭味，就只容得下你！"

楚可可俏脸一红，"扑哧"一声笑了，臭不要脸的嘴脸又来了。男人还是那个男人没变，有情也有欲。楚可可何尝不知道，有出息的男人事业心都很重，和仁微青这样特殊的人组建家庭，付出代价是必然的。

两个人之间又说了些情话，感情阴霾已经散去。在仁微青看来，与楚可可这些分别的日子，只是错过了一段时间相黏，却收获了一段时间的相思。相思是苦的，可咖啡不也是苦的吗？

既然乌云散去，工作又入了主题。

自控专业是楚可可的本行，她也是苏格的得力助手，近水楼台先得月，出席自控专业的交流顺理成章。也并非完全因为她与仁微青之间恋爱关系的缘故，楚可可既是"思维志愿者"，也是仁微青脑机连接的亲密搭档；作为自控领域的新秀，她的出席在意料之外，却也在情理之中。况且，她为交流准备了自己的作品，算是有备而来。

科研机构及高校在政策的引导下，人工智能也是最炙手可热的课题，与之稍有沾边的专业都想要来分杯羹。虽然，仍旧有人认为传感器技术就是传感技术的全部，认为数据量大就是大数据技术，仍旧有人拿自动化技术混淆智能化技术的概念……他们也依然可以从国家骗取课题经费。恐怕，他们也只是想要经费，压根就没想要用经费干出个实际成果来。抄袭是最安全的，也是最没有风险的。是！的确有些无耻，既然要骗钱，就不要有羞耻感。

也许，躲在深山之中的仁微青还不知道，这半年以来，人工智能在资本市场受到了热捧，几乎是商业新闻的最热门。基于人工智能技术的机器人技术，成功地吸引了投资人的眼球，到处都是新成立的机器人公司。

对于普通的老百姓，他们认为机器人就是用机器做成的人，具有人的外形、人的运动能力、人的智慧。还真就有公司投其所好，真有做出这种人形机器人的产品，可以模仿人发声，可与人交谈，甚至可以做简单的肢体互动。这些商家知道消费是盲目的，只要能挣钱，商家毫不介意卖给消费者一堆垃圾。人无恶德，安能敛财？恶德即将是他们分享成功的经验。

不过，即使是普通百姓，也不会一直蠢下去。通过这些年瞧热闹般的猎奇与围观，通过手机终端渠道分享快餐消息，人们对机器人的理解也更加的深刻了，机器人并不需要外观像人，也未必需要具有运动能力，而只需要具有人最重要的特征——智慧。

智慧是什么？大部分人仍旧没有搞懂，连专家和“砖家”都没太搞懂。

人工智能，就是人工方法创造出来的机器智慧能力。可以有附属的自动化执行设备，也可以没有。重点不是人造机器自动化的运动能力。这次，自动化不是苏格的重点。

既然智慧是什么都没有明确的定义，很少有人真正知道要怎样通过人工方法创造机器智慧，这群做机器人的公司，许多都没有活到博眼球的时刻就关门了。只有少数的几个诚恳的人，愿意拆穿皇帝的新装，承认对智慧的不可定义性。这才让他们模糊地认为智慧可能包含两种能力：学习能力与决策能力。于是，在过去的半年里，人工智能才又一次迎来了春天。

新事物的出现要探索两个方面：一方面是需求，什么是人工智能的需求？另一方面是实现方法，怎样实现人工智能？搞明白了，事情也就做成了。契合实际的需求是应用技术的方向，并成为推动技术实现的动力。

自动控制是控制论的一个分支，涉及反馈原理和动态自动原理。早期的自动化控制技术，是为了将人类从复杂、危险、烦琐的劳动环境中解放出来。通过自动控制解决设备的自动化工程问题，不仅解放了人的体力劳动，也大大提高了控制效率。看起来，自动控制专业离人工智能、机器人技术最近，如果可以解决机器的自我学习、决策能力的话。

智慧生物是由低等生物进化而来，智慧机器也必将以简单智慧为基础发展。

智慧机器应该以智慧生物为原型，把大自然创造的生物神经系统当作老师，从简单的生物智慧向高级的智慧生物学习。如果有一天，人的“生物神经”也可以被机器信息系统模仿，一定是一个新时代，也是个细思极恐的时代。这些都会在信息技术的发展中被逐一实现。

这段时间，苏格教授的心情是复杂的，收获了来自太空的提示，目标指向“人工智能”技术。

控制论的创立者维纳，同时也是信息论的创立者香农的思想导师。这两个专业既存在边界，又几乎可以无缝对接。苏格认为，自控一直以来单纯以控制执行为工程目的，现在终于可以获得一个有智慧的大脑了。让机器变得越来越像人！这多么让人担忧，也多么让人兴奋！

苏格教授更愿意依靠点什么，让机器区别于人，永远地区别于人。也许仁微青会给自己一些提示。

这种对机器智慧的担忧，并非只有专业人员，也有来自社会的普通情绪反应。人类的眼中容不下比人类强的物种，如果机器人会发展成为一个物种的话。人们担心主宰世界的地位被冰冷的机器替代，这是可以理解的。在把事情弄明白之前，这种矛盾的心理会在一段时间长期存在，甚至，局部情况会发展成为具有宗教色彩的事件。

对于苏格而言，在那个时代到来之前，人们必须搞清楚这件新事物的本质，不能被迫地，也不能被侵略性地过渡到那个时代。有一点可以肯定的是，人类不会一步到位地放弃人类的生物智能，也不会轻易地任由机器智慧泛滥或失控。如果这个世界将不可逆地发展出超级智慧文明，如果机器终将占据未来主要的智慧主体，人类绝不愿意像宠物一样苟且于那个时代之中。

那么，就让我们现在就搞清楚到底是怎么回事，让我们为将来做点什么！

苏格把自己的担忧告诉了仁微青。仁微青认为，这种担心是不必要的。

仁微青的信息素概念，已经明确地消除了人类的这个疑问。机器智慧并不具有目的性，只会按照人类的设定，辅助人类去实现目的；而人类的目的来自于情绪，情绪受到激素的主宰，激素是生物的信息素。他在已经发表的《激素之惑》中，虽然尽量地通俗，但仍然并不好理解。苏格不是信息专业，并没有看懂。

仁微青知道，将知识传播给信息受体甚至比自己掌握知识还要重要，一些不能被接受的信息，还不如不要发送出去，论文也是一样。“度人先度己”，但度人毕竟比度己更高尚。

即使苏格没有搞懂激素的问题，但是他听懂了机器不会发展成为一个物种，因为机器没有激素。没有了这种担忧，苏格要在产生实际成果之前，确认一些技术方向，也要向仁微青求取一些信息技术实现的具体方法。

在自控专业寻求机器人突破，这是人工智能早期普遍的看法。

因为楚可可的关系，苏格和仁微青的交往比一般人密切，工作上往来联系有私人通道，楚可可对于仁微青是一扇人际关系的窗口。即使在仁微青龙虎山闭关的期间，两人之间也保持邮件联系。这次，苏格教授用了半年的时间做了一些实物，带领团队在自动控制的基础上取得了各种样机，比如，类人智慧机器人项目。宽敞的实验车间里，整齐地分割成一个个区间，镜子一样平整的树脂地板上放置着一些实验样品，有的似乎已经完成实验，有的似乎才刚开始。看来苏格有备而来。

如果机器智慧不具有侵略性，人们有意愿创造为人类服务的机器智慧。有生物原型的指引，机器智慧的实现方法并不迷茫。这些创造可以用来满足人们的消费品市场需要，也可以用来满足军事目的需要。苏格选择后者，项目负责人李厘米十分清楚，他有一个重要的任务，就是军事技术的成果转化，整个团队必须军事优先。

在仁微青的眼里，苏格是楚可可的娘家人，自然要熟络了很多。苏格碰到了难题，产品卡在了一个问题上，他需要仁微青的特别关照。

除了楚可可以外，苏格选择了 5 位专家参加技术交流，并展示了几个具体的实验品。

会议室内，苏格教授向仁微青展示了一条机械手臂，外观与人的手臂没有太多的区别。读到仁微青疑惑的眼神，苏格教授简单讲述了其中曲折的故事。

苏格教授带领的自控团队一开始把方向定在了人体外骨骼，他们研制了一些机械手臂；最难的部分不是义肢部分，而是脑电波对义肢的控制，控制不可避免地采用了脑连接电极 EEG。这个看似普通的举动，却受到了来自社会的阻力，EEG 触及了一种担忧情绪的底线。人们很反对“人越来越像机器”的趋势，一开始只是反对 EEG 对脑信息的入侵，后来这种情绪发展失去了控制，变得盲目而极具煽动性，民众反对一切机器人，仅仅是外表像也不行。

这引起了科学界的关注，对未来技术的融入社会，或许带来了启示。不要忽视这种来自社会的阻力，这种力量可以渗透到任何一个角落。别尝试在愚昧中寻求对文明的支持，让科技把生活变好是我们的事，让人变聪明是每个人自己的事。

长话短说，一个偶然的事件让事情发生了转机，一个失去上肢的消防员需要安装义肢，成为了这项实验的受测志愿者。在这个义肢中采用了很多的新技术，接下来的事情如大家所愿，通过建立脑连接，就和天生长出来的一样方便和灵活。这个产品在全世界一下子引起了轰动，对于残疾人，可以重新获得完整的四肢，至少是几代人的美梦，而这一天突然就到来了。

通过苏格团队的努力，不断地改进之后，这些义肢不仅和天生的一样，甚至功能上超过天生的手臂。不仅如此，苏格教授的机械手慢慢发展成为其他用途的脑控机械臂。

正在仁微青饶有兴趣地把玩手上的机械手臂的时候，突然觉得自己坐的凳子被什么抬了起来，两脚离地。回头一看，被一张黑头盔的脸吓了一跳，原来自己连椅子被一个类似“变形金刚”的机器人端了起来。看到仁微青惊恐的表情，从机器人头部发出咯咯的笑声，仁微青能听出来那是楚可可笑的声音，一种成功捉弄人之后的开怀大笑。

“变形金刚”把仁微青的椅子放了下来，楚可可从这个大个头的“金刚”后面钻了出来，像蝉蜕掉一层壳一样。原来，这段时间自控团队在脑连接义肢的技术基础，研发了一套目前最先进的单兵装置——武装外骨骼。

据苏格介绍说，这是一套未来的单兵装备，这副外骨骼是套装的一部分，并不是最终极的完整产品。最终极的产品应该还包括作战机器猎狗和机器猎鹰，每一副武装外骨骼同时可适配多只机器猎狗和多只机器猎鹰。武装外骨骼穿戴在士兵的身上，它们连成一个整体协同作战套装系统。这套装备的核心技术是具有机器智慧，具有学习能力与决策能力。一旦具有智慧，机器比任何人都更具有服从性，它们将是最好的士兵。

机器猎狗和外骨骼尚处于协同调试中，没有完成最终步骤。武装外骨骼加上机器猎狗、猎鹰，组合而成一套“猎人”单兵系统。这些设备各有特点，机器狗具有负重能力、越野能力、快速反应、感知灵敏等优点。机器猎狗将通过网络与外骨骼连接成一个整体神经系统，采用多种通信方式相互补充，适合在复杂电磁干扰的情况下相互通信。即使失去相互的网络连接，也能自主执行外骨骼士兵发出未完成指令任务，甚至可以看懂士兵的手语。机器猎狗具有自我学习和识别的能力，在与外骨骼士兵失去联系的情况下，可以独立生存与作战，可以通过图像识别寻找目标，自动搜索并完成攻击、营救任务。而可以在空中飞行的机器猎鹰与机器猎狗一样，猎鹰在空中形成立体方位优势，协同地面上的机器猎狗，全方位立体作战。它们是具有智慧的，会自己寻找掩体，和士兵一样学会了战场生存技巧。

这样一整套猎人单兵系统，武装外骨骼类似战机编队中的“长机”，而机器猎狗和机器猎鹰类似编队中的“僚机”。这套系统极大地提高了士兵的单兵作战能力，主要体现在几个方面：单兵引导多个自动火力点配合，形成立体打击；快速机动能力，无论是强度和速度都远超人体；在防护、生存能力方面，显然让一台机器活着比让一个人活着容易，要消灭一台机器却比消灭一个人难；提供武器发射平台，可以自带，并发射小型导弹。

在介绍完这套单兵猎装后，苏格教授说：“也许在未来，人将会完全退出战斗现场，即使是身着外骨骼的战士也会退出战场，未来战场上的‘战士’只不过是一些具有智慧的机器。”

仁微青感慨于苏格团队的效率，竟然只用了 8 个月。毫无疑问，这个产品凝聚了很多人的心血。李厘米直言不讳地夸奖道：“苏老师，您的设计产品很棒！机器可以改变地面战争的形态，也可以拯救无数士兵的生命啊！如果未来真有地面战争，必然发展为无人战争，您的这套猎人单兵系统，将是地面巷战之王。”

苏格得意地说：“别小看这些机器，它们具有学习和自主判断能力，士兵能做到的，这些机器都能做到，而且会做得更好。”

仁微青欲言又止，附和说：“真的很好！”

苏格继续说：“还有，机器会比人更彻底地服从命令。士兵最需要做的就是服从性！”

仁微青连声附和说：“对！对对！这个很重要！机器永不会反抗！”

机器本没有情绪，没有情绪就没有价值观，没有价值观也就没有目的性；因为，机器没有激素。虽然，人们在影视作品里常赋予机器人以情感觉醒，在仁微青眼里这简直是无聊至极，这与孩子们赋予玩偶娃娃人格感情一样，只是寻求感情上的寄托。

“但是……”苏格欲言又止，脸上显出了一阵忧虑的样子。

李厘米忙问：“有什么不妥吗？”

苏格想到了这个装置仍然有个致命的缺陷，不由得有些丧气，看着仁微青说：“有几个技术障碍，一直无法找到解决的方案。”

苏格发现仁微青一连串的夸耀和附和，似乎有话要说，碍于情面，并没有开口。虽然仁微青一再掩饰，还是让苏格觉得有些异样，不禁说：“你提提意见，不要有什么顾忌。”

仁微青被苏格识破了，反倒有些尴尬。反问苏格：“苏老师所说的技术障碍，可否说说？”

苏格坦诚地说：“主要有两个障碍，其一在于脑机连接，其二在于类人智慧算法。”

仁微青听了并不作声，他在想用怎样的方式说一些观点，但又不得罪人。

过了好一会儿，仁微青说：“这两个问题，我们先放一放，我先谈谈另外一个看法。”

苏格说：“请说！无妨！”

仁微青这才小心翼翼地说：“这套产品确实很好！只是，未来的战争恐怕没有它的用武之地，未来战争真打到了地面，基本胜负已分，是战争的尾声了。”

苏格心中一凉，这个方面他并非没有考虑，只是一直逃避，不愿深想。现在被仁微青提及，想想确实是这么回事。苏格问道：“你有什么建议？”

受陆军至上的思维影响，很容易想到发展这样的单兵装备。即使是军事科技，也要迎合当权者的口味。一旁的李厘米不说话，作为军人的他肯定早就知道这个问题，可是他并没有指出这个问题来，显然有自己的考量。虽有缺陷，交一份答卷总比没有好，而这个技术的延伸就是未来的想象空间。

不待仁微青开口，李厘米却说：“冒进总是要付出代价的。有责任我来负！”

仁微青说：“也不要悲观，这套系统仍然很有价值，这种协同作战的思想可以放大一些，实现方法完全可以适用于集团化作战，用于地面机械化部队与空天一体化部队协同。况且，大规模战争爆发是小概率事件，这个装备在小规模战争中十分适合，它确实是地面之王。我真心希望您把它做完。”

即使不是最好，却也很有用，这个结论已经很好。苏格得到了仁微青的肯定，就等于得到李厘米的肯定。苏格顿时有了信心。苏格心中也有些不服气，搞个导弹、卫星、地面支持、航母编队……空天一体，也不是这点资源所能调动的。再说，这点权限、这点人也搞不成啊？一种战术思维只要是有效的，最终还是得到了实施。这是后话。

一开始，只有两个选择摆在苏格的面前。要么，基于人的本身，发展生物人自身的信息能力与执行部件能力增强。要么，完全基于机器，发展出纯粹由机器自主的信息能力与执行部件能力。简单说，就是要么人变强，要么机器变聪明。人作为一种生物，智慧能力局限于信息器官，只能在生物效率之内。突破生物器官局限才能突破生物效率。

一年以前，苏格曾经就这个问题问过仁微青：该基于人发展身体辅助机器，还是基于机器发展类人智慧？仁微青曾明确表示，两个方面都会被需要，本质是一样的。二者实质并无区别，只不过根据实际需求会有不同形式。

苏格现在展示的一些作品，包含了半年多的努力。他知道，等待这些产品的真正检验是实际应用，在实际应用中得到的检验才是最客观的。愚蠢是重复错误，聪明是知错能改，智慧是能预见错误而提前避开。苏格相信仁微青能提供智慧。

担心仁微青碍于情面，苏格真诚地希望仁微青直言不讳，他并不是来接受表扬的。

果不其然，在仁微青的帮助下，在一年之后，苏格解决了脑机连接和类人智慧算法的问题，并向军方交付了几套供验收的样品。

这都是顺理成章的事情。

23. 脑机连接

幻想，就是连自己也要骗。

有一件事，让仁微青既感动，又出乎意料。

在所有自控团队提供的成果转化产品中，最令仁微青吃惊的一件竟然是楚可可的作品。在仁微青的眼里，这或许可以堪称一件开启新时代的技术创造。这个产品并没有完全研发成功，还只是一个中途实验样机。即使这样，也足以让仁微青感到惊讶。

这是一件人脑功能增强模块，通过脑机联结 EEG 电极实现脑功能增强的模块。DEEG 与 EEG 不同，前者是深度的脑机连接电极。由于楚可可是“思维志愿者”，在楚可可自己的大脑中，本来已经安装了脑连接电极，而且是深度脑连接的 DEEG。而楚可可的这个脑功能增强模块恰好是基于 EEG 脑连接电极而研发的。她自己大脑中已有的 DEEG，为她研究这个产品提供了不少便利。

仁微青由衷地问：“可可，你怎么会想到做这个东西？”

楚可可并不知道自己的作品被仁微青看中，随意地回答说：“看到苏老师可以创造出一些智能外骨骼，通过技术手段使自己变得强壮。我想，这只能让人们满足一部分需要，人们除了希望变得强壮之外，更愿意变得聪明。”

仁微青顺着楚可可的思路继续问：“所以，你设计了一个可以让人们变得聪明的设备，一个人类大脑外挂装置？”

楚可可有些不好意思地答道：“嗯……基本是的。”

仁微青似乎注意到这个东西有些特别，心里顿时很感动。是的，就是嗅觉！

仁微青瞬间已经意识到：这是一个可以实现直感增强的装置！这是一个可以实现嗅觉的设备！这是楚可可给自己定制的礼物！仁微青十分肯定，楚可可带来的研究成果，就是为自己定制的，借助大脑功能增强的幌子罢了。

是的，这个装置能让仁微青恢复嗅觉，最难的根本不是嗅觉传感器，而是深度的直感联结环节。

仁微青只知道茉莉花香味是世界上最好的香，他带着这个遗憾一直向往这个味道。闻到茉莉花的香味对于平常人来说是一件顺手可达的小事，对于他却是最大的愿望。这个愿望只有楚可可知道。

看到楚可可憔悴的面容，也不知道这期间她都经历了什么，仁微青的眼睛已经被模糊了。楚可可发现了仁微青湿润的眼眶，她便知道这个神秘的礼物已经不再神秘了，仁微青恐怕已经都知道了。

两个人这点细微的心思并未被其他人注意到，他们俩默契地将这个秘密藏了起来。

仁微青心有灵犀，只字不提。楚可可微微掩嘴一笑。

仁微青没有让眼泪流下来，他故作轻松地说："考虑到目前的状态，我想我们不用再学习数学和外文，只需要通过一个大脑的外挂模块就能解决大部分问题。"

看到客厅里的其他人也被逗乐了，仁微青也哈哈一笑，顺便掩饰刚才的动容。他接着说："看来我要代表学生们感激你，你这是帮助学生偷懒的神器！"

"指望人脑增强来实现偷懒吗？"楚可可说："你可以这么想，但不是设计者的初衷。"

仁微青笑着问："作为设计者，你的初衷是什么？"

有情人难侍真心，动欲者最易疲情。

她愿意为这个男人付出，为了配合二人之间的默契，她认真地说"这不好笑！人们总希望自己变得更聪明，被希望的事情就一定会有人尝试。"

楚可可越是一本正经，大家越觉得可乐，又不好笑出声来，强忍住笑。

为了缓和气氛给楚可可带来的难堪，仁微青问："安装大脑辅助，也算一种尝试。"

楚可可从大家的笑声中感觉到起哄的味道，这让她很不舒服，说："是的，这原本很严肃。由于目前人类的生物器官处理信息的能力有限，没有人可以读完所有的书，不能满足未来丰富的学术交叉需要，不借助大脑增强设备，根本就不可能实现。"

可是信息器官不只是大脑，人类的感知能力也很弱，虽然借助一些工具可以实现微观、超视距视觉，但是感知的种类和灵敏度都有局限性。这其中一个关键技术在于，怎样实现大脑和设备相联。

见到楚可可有些生气，大家也就不再笑。仁微青认真地问："为什么单单提高大脑的信息能力呢？"

楚可可把嘴一撇，说："这个设备提供脑机连接协议，既能实现感知的直感体验，也能连接计算辅助。设备对接入的设备暂时不做定义，但总需要解决一个实际应用的问题，我恰好就构建了一个大脑的计算单元。"

楚可可的回答让仁微青意识到，楚可可的回答涉及一个典型的认知问题，关于人体器官的本位增强思维。他隐约感觉到这是一个重要的步骤，十分重要的步骤。可能这个步骤的跨越，将是颠覆性的。

仁微青对苏格教授说："苏教授，这个设备涉及一个十分重要的成果，你碰到的两个难题之一，解决办法就在其中。"仁微青已经顾不得楚可可研究这个设备的那点私心了，也顾不上自己与楚可可的亲密关系导致的扭捏。苏格需要这个技术，而这个技术是个重要的成果，理应得到发展和应用。

"啊！……"苏格一脸茫然，显然他并没有太明白。

不等苏格的反应，仁微青又一本正经地问楚可可道："信息技术的发展与感知器官局限性所存在的矛盾，你怎么看待这个问题？"

楚可可被突然而来的严肃搞得有点紧张，顿时失去了主张。她一边用眼睛的余光察言观色，一边答道："人的感知能力普遍不如动物，但借助工具，人类的任何一种感知能力都会超过动物。"

楚可可认为，人类相比动物的最大优势就是以大脑为核心的信息器官，所以信息器官都需要增强。

可是，这恰好在仁微青看来是个很大的误区。于是，仁微青说："难道你真认为以后会出现超人？通过穿戴各种灵敏的仪器？不，也许在某些特殊行业会需要，但普遍的民众并不需要这么做。这种情感类似于机器人一定要是人形机器是一样的。"

"我知道！"楚可可争辩说："机器人并不一定是人形，机器的类人智慧才是机器人的关键！"

仁微青趁热打铁，顺着楚可可的这个思路，说："对！同样的道理，我们需要灵敏的感知信息，而不是感知设备的本身。"

这一下，楚可可终于迷茫了，问："那么……怎样做到？既不穿戴灵敏的感知仪器，又可以获得感知的增强呢？"

仁微青继续说："通过与外部连接在一起啊！人和外部环境是一个整体，感知信息应该由整个外部环境全局统一，并互联互通。人是环境的一部分，来自环境中的传感信息也是人感知的一部分。"

人们习惯把一个蚂蚁看作一个生命，而事实上，一个蚁巢才算一个真正的生命。同理，只有我们自己才把外部世界排斥在外，而外部世界从来都与我们自己是一个整体。楚可可遇到的困难就是苏格的困难，答案一直就在自己的手上，只不过被自己垒起来的墙挡住了自己的去路。

拆掉这面墙，楚可可恍然大悟，说："对啊！连接！既然已经形成了连接，人就是被连接的一部分！人需要传感信息，而未必需要这个感知器件一定长在自己身上。人需要计算资源辅助，也未必要一定穿戴在身上啊！”

继而，楚可可又是一阵失望，看来 6 个月的忙碌，竟然毫无价值。仁微青把楚可可的失望情绪看在眼里，却不急于安慰她。他希望能让她更多地听进去自己关于传感思维的理解，这些理解将可以帮助她完成未来的科研工作。

仁微青说：“对于初涉传感的人，总是会追求传感精度、灵敏度等硬指标；通过对传感与信息关系的理解，逐渐会追求信息链的完整性、全局性指标。传感信息是事件发生时的物理属性，事件物理属性呈链式发生，以上游为发生原因，以下游为发生后果。这个过程之内的物理属性相互关联，并且依据因果律耦合。……”

不待仁微青说完，楚可可插嘴说道：“单个属性的精度并不能对分析产生效果，而物理属性信息链完整性反而更加关键。”

仁微青怔怔地凝视着楚可可，对楚可可理解信息模型的包容性原则表示惊讶。忙问：“你是什么时候开始这样认为的？”

楚可可面带几分得意，希望自己为工作流过的汗水，能给自己找回几分面子，说：“自从你说了信息是第三种资源之后。我就想，也许我们还需要改造增强我们的各种信息器官；也许我们需要额外增加更多种类的信息器官；但是，人并不是一个可以与外部环境完全切割的独立存在，而是与环境形成一个整体。人类根本不可能进化出很多动物那样灵敏的感觉，这些信息由大自然提供就可以了。而对来自环境自然的感知信息的逻辑运算，只有大脑可以做到更好。我总觉得应该为大脑的功能增强做点什么，所以就做了脑功能增强设备。”

仁微青不得不承认，楚可可是个十分聪明的人，逻辑性很强。他说：“逻辑上没有错，人类大脑是地球生物智慧最优的存在，所以人类大脑需要得到更好的发展。只是方法实现上出现了一点点小问题。”

楚可可仍不死心，问道：“可有挽救的办法？我隐约感觉到，大脑联网有障碍，却又想不出一个机制来。”

仁微青说：“我理解你发明了这个脑功能增强设备的动机，你是希望借助这个设备提高人脑逻辑处理能力。但是，你可知道，虽然你的方式有瑕疵，你的这个发明却有一个重大的贡献，你知道在哪里吗？”

楚可可心中一喜，心中又燃起了一丝希望，连忙问道：“你赶紧说说，在哪里？”

仁微青知道，如果再说传感的事情，楚可可也没有心思再听下去了。那就再夸夸她，让她高兴还不花钱，于是说：“你的这个发明最大贡献不是运算能力，也不是联结方式的本身，而是人机对话的操作方法——脑信息联结与操作（Brain information link building，LB）。外挂设备的微机架构并没有实质性必要，脑连接也没有技术突破，但是你做了一个十分重要的步骤，用大脑直接操作信息资源的方法。”

楚可可又是一阵恍然大悟，她原先隐约感觉到大脑联网有障碍，却又想不出一个机制来，原来就是这个东西！只不过为了绕开这个障碍，自己采用了一个独立脱网隔离的外挂。

瞬息之间，楚可可亦忧亦喜，就如同买椟还珠的卖家，买家看上了盒子而忽视了珠宝。她仍不死心，问道：“难道这个设备的运算能力不能为大脑承担一些任务吗？在没有网络的情况下？”

仁微青微微一笑，说：“数据通信已经无处不在，人的大脑也可以成为网络的一部分，大脑既然已经成为数据网络上的一个神经元，网络化的计算资源不都是可用的资源吗？你不觉得……”

“知道了！知道了！”楚可可脸一红，打断了仁微青的话，嘴一撇说：“你要是觉得这个产品失败，就直接说！别绕弯子，好像我承受能力有多差似的！”

仁微青正色说：“恰好相反，这个LB人脑操作计算资源的发明真的很重要，几乎是一个时代的突破。毫不夸张地说，你的这个发明，比当年计算机鼠标的视窗技术的出现还要重要得多。”

楚可可眼睛一转，暗喜，糟了！原来盒子真的比珠宝值钱！忙应声说：“听你这么一讲，原来我还是有贡献的，这个原来这么重要啊！”

是的，在信息技术时代刚来临的时代，一不小心就能发现宝贝，科学家面临的是一座刚刚开启的矿山。

苏格也似乎听明白了，他在猎人套装系统中碰到的连接问题，果然就是LB所解决的问题。当然，仁微青知道还有许多的技术细节需要面对，但这些都不会成为苏格的问题，只要方向是正确的就不是问题。

“我们人不能拘泥于个体生命，不能总是认为安装到自己身体上的感知才是感觉，不能总是认为安装在大脑之中的运算速度才是大脑的速度。”仁微青额外补充说。

既然与外部世界连成一个阵体的逻辑通顺了，所差的只不过是实现办法，而这个办法就是脑信息联结与操作信息资源——LB。即使大家再糊涂，也可以听出来，楚可可的那个大脑增强设备，确实有些意外的收获。

楚可可将自己发明的大脑增强设备拿在手中一阵摆弄，朝仁微青眼前晃了晃，说：“我这个发明，竟然这么厉害？竟然还不是我要做这个发明的初衷？巧了！真是巧了！”

苏格教授和在座的其他专家一阵哄笑，小妮子做的这个发明，想必是另有目的，本来的目的错了，却巧合地收获了另外一项重要的成果——LB 脑联结操作外部计算资源的方法。

殊不知，楚可可这个发明的初衷，是为了让仁微青恢复嗅觉。她想，在来年茉莉花开的季节，为仁微青准备一份珍贵的礼物。这份礼物仁微青还没有送出，心意却提前被收到了，仁微青很感动！

仁微青坚信 LB 技术是人机结合最重要的一步，若不是因为自己的嗅觉缺陷，楚可可或许根本不会发明这个技术，这一切就像设计好了似的。

意料之外，却又在情理之中。未来终将出乎我们的意料之外，而并不会照顾我们原始的情感。对于未来，现在的一切只不过是被考古的对象罢了。

从事科研工作的人大多知道，新技术的出现，要面对的不仅是一个商业的问题，还需要面对伦理问题。人们对机器智慧的认知是肤浅的，即使是苏格教授团队所研发的机械手臂，也是通过医院给残疾人安装的“义肢”，让病人可以自如行动，才清除了伦理上的障碍。但新问题来了，如果这种安装让病人获得了超能力，难道为了获得这个超能力，还做个截肢手术？！不过除了截肢，应该还有其他办法，那就是未来出现在商店里的人体外骨骼，以满足正常人对超能力的需要。可以想象到，这种辅助器官不会仅仅限于四肢，可能会包括各种丰富的器官增强需要。

其实，仁微青是知道的，人们的消费并不理性，很大程度上是盲目的。当然不排除，楚可可的设计会成为一个热销的产品。早期的穿戴设备虽然低效、盲目，当作商品出售之时不一定完美，但是它包含有时尚元素。商品最大的利润来自附加的文化。

仁微青并没有时间用于解决情绪，即使感动也只是一瞬即逝的心理反应。他需要做些事，在时间还来得及的时候多做点。

在苏格所有展示成果之中，仁微青心里认为楚可可的 LB 人脑联结操作计算机系统是最好的，或许还只是个雏形，那也是最大的突破。因为自己和楚可可的关系，对楚可可的发明发表实际看法，实在难以启齿。

于是，仁微青说：“简单地说，未来的战争和硝烟不再有关系，任何杀伤性、毁灭性武器都是由信息控制的，把信息当作一种资源，信息本身就是最强大的武器。”

换一个角度，大家都能理解仁微青说的可能是事实，只是大家还不习惯承认这个事实。大家对驾驭信息并没有十足的把握，也不相信有人存在的复杂社会因素，人的不确定性让信息的资源化变得不可捉摸。人是受信息影响的，我们可以让士兵忠诚与服从，但不能保证毫无例外。即使这样，也不能掩盖人的意识、价值观、习惯……都是信息，这些都是可被灌输的，只不过是受到信息洗涤后产生的沉淀。即使硝烟是未来战场非备不可的武器，那么这些利用信息制造的武器，为什么就不可以是呢？

苏格问：“你的意思是……”

仁微青说：“挡一颗子弹的代价，远大于阻止开枪的手。射出一颗子弹所产生的征服，远小于施予其信仰。”

苏格很不相信地问：“现在就完全放弃硝烟武器？”

仁微青说：“不！当然不！除非你已经得到信息的武器，并成功实施了。”

苏格又问：“那……现在总该先做点什么吧！”

仁微青说：“您的单兵猎人套装很好，很适合现在的步兵装甲思维，这一定是军方的口味。但是……”

“但是什么？”苏格急切地问。

“苏老师别急，我先说说另外一个思路，思路清晰了，或许这个问题就迎刃而解了！”

“好，我不急，你慢慢说！”苏格嘴上说不急，语气却十分短促。

面对苏格的急切，仁微青却显得从容，或许他已经看到了一些明显错误，“急”或者就是导致错误的元凶。

他缓缓地说：“从原始人到现代人，我们的大脑容量经过自然进化的方式得到了很大的提高。虽然过程缓慢，但取得了巨大的进步，不只是信息存储能力提高了，计算认知能力也提高了。我们并不会满足于当前的水平，也需要一种更高效率的方式来极速提高人类的信息能力。这包括我们信息活动中需要用到的全体信息器官，从感官到大脑，从激素到DNA……”

苏格等不及说完，插嘴问道：“你的意思是信息器官的功能增强？通过外挂一个设备？”

仁微青无奈地笑了笑，他理解苏格的急迫，说：“是信息功能增强，但不是外挂，而是接入。让外部信息成为大脑中枢的一个功能或一个感官。不过，这需要一步一步地来，我们应该给这件事物的发展保持耐性。就像您也要保持耐性一样。”

“对不起！你说，我不再打断你了！”苏格尴尬地笑了笑，可是心中的一个问题实在又难以憋住，忍不住又说：“呃……我还是忍不住想问，你说的发展……是不是就像生物进化一样，慢慢产生需求和适应性技术的匹配？”

在做学问上，苏格实在像个小孩。仁微青心中莞尔一笑，说：“对，就像生物一样，生物遗传都是对前序DNA信息的继承和延续，工业标准是工业技术的DNA，形成工业标准对技术的传承和发展都很有帮助。人造机器智慧的最重要参考是生物原型，模仿生物智慧，像生物神经系统那样发展机器智慧。”

在LB中，L代表脑连接，还有一个重要部分，关于B的问题，意思是构建、操作资源的意思。

……苏格必须从仁微青嘴里将 Building 的答案问出来。

在讨论问题的时候，仁微青喜欢和大家没有主次地围坐在一起，即像现在这样在会议室。看来今天要不少使用嗓子，仁微青端起茶杯，喝了一口。

仁微青问："基于科学家维纳控制论的观点，认为信息就是信息，既不是物质，也不是能量。但是，他并没有明确信息等同于自然界物质和能量，是第三种基本资源。各位怎么看？"

仁微青今天的问题温柔得多，在楚可可的娘家，他显得人情味十足。

苏格想了想，说："我想……或许是因为用信息描述信息本身是困难的，既然难以描述，也就很难做出定义，所以没有人胆敢冒天下之大不韪将之定义为第三种资源。而且我们甚至发现，与此亲密相关的事物都显得难以定义，即使勉强做出定义也晦涩难懂。"

楚可可问："用纯粹的数学语言来描述，会不会好一些？"

仁微青微微一笑，说："这是个好问题，可是，数学描述仍旧是信息描述信息。"

这个怪圈，让来自南门大学的郑原一阵挠头，小声怯怯地说："这真是难办，信息的载体本身就是能量，信息却不是能量的本身……如果容许信息作为一种独立资源存在……"

楚可可这时说："用文字逻辑代替数学逻辑时导致话说起来很绕，但是用数学语言不仅不通俗，而且其物理意义又难以诠释。"

仁微青："嗯！这可能是信息没有被强行定义的原因，也是信息没有作为一种资源定义的原因。简单地说，就是信息难以理解的原因在于信息的本质不是信息载体，而你却只能感知或接收信息的载体。接收信息实质含义的过程总是和信息受体的本来知识背景有关。"

即使是仁微青极尽简单地描述信息的本来面貌，也显得拗口。

苏格问仁微青："那么，信息和生命又是什么样的关系？与控制又是怎样的关系呢？"

仁微青："这是个大话题，很难概述我们之间的对话。时间就是信息，关于描述运动的基本信息坐标；空间也是信息，关于物质位置关系的信息坐标。然而，自然界最原初的存在似乎是时空的组合——速度。"

苏格："你是说……速度是最原初的信息？"

仁微青："是的，速度包含时间和空间结合的概念。而且，引力场、电磁场等这些原初事物都光固速，光固速是一个恒定的速度，这是时空特征的基本信息。电磁波是发生在磁场中的振荡，可以近似想象成物质的压力波。"

“电磁波是一种光固速，是能量的初级存在形式还是物质的初级形态？”

“严格说，电磁波既不是能量也不是物质。”

“是……以太？”

“呃……以太是一种三维空间存在的猜想，但是，我认为这不在三维空间的约束之内。”

“怎么解释？”

“因为在牛顿力学体系中，一切能量的形式都是指‘熵能量’，所有关于能量的定义都赋予‘物质被能量作用’内涵，而电磁波并不依附物质。但电磁波又具有动量，貌似具有物质的‘质量’。所以可以这样简单地理解，电磁波处于质量和物质相互转换之间的一种状态，可以转换成物质，也可以转换成能量。”

经历丰富的苏格，熟知学术江湖险恶，能混到今日的地位，一定不能光靠本事。遵守江湖规矩，不随便挖那帮孝子贤孙的“祖坟”。他有些担忧地问：“这些理论……很惊世骇俗！你……已经形成了论文了吗？或者……”

只需一个眼神，仁微青就大概明白苏格的担忧，这种担忧俗是俗了点，却并无恶意，也是一种略带功利心的关怀。仁微青率性地答道：“还没有！不过，我对继续研究这些宇宙的本源没有兴趣。”

苏格和仁微青的这番心理，楚可可并不知情。她却执拗地说：“可是，这些是最基本的信息呀！”

“所以，我不得不涉猎这些内容。”仁微青微微一笑。

苏格讪讪地说：“实用主义，也很好！何必蹚浑水！”

仁微青对苏格会心地一点头，说：“所以我做最没有成本的梦，总不会坏了谁的好事。”

“哈哈……极是！极是！”

苏格似乎也意识到信息本源属性，只是还没有整理成体系。即使信息作为一种“等同于物质、能量一样基本的资源”一直存在，但毕竟长期以来却不被人们从资源的角度予以认知，要颠覆一种根深蒂固的观点，谈何容易！

仁微青十分笃定地说：“虽然，信息不是物理学研究的对象；在物理学历史中，信息是认知物质和能量的唯一手段、方法。”

苏格回应说：“据我了解，信息科学也只能通过认知物质与能量间接认知信息资源。”

仁微青：“信息并不能孤立地存在。信息就藏在物质与能量的关系之间，它一直就在那里！实质上物质与能量之间也不能单独地存在，而这个相互依存的关系就是信息，我们一直忽略了信息也是等同于两者地位的资源。”

作为自控系统的负责人，苏格很清楚目前国际上发展人工智能技术的误区。根据来自外太空的提示：生命的本质是信息。这显示信息是生命形态的一种本质性基础，信息必定是未来人工智能的核心。对待人工智能的主要关注角度，机器要像人一样对待信息。

一年来，苏格的主要任务是实现应用技术成果，在自控专业以内对太空提示施以应用。而关于具体的应用成果产品方案，他们团队并不缺想法，而是缺方向。方向的问题最好在一开始就选择对，否则任何一次调整的代价都很大，任务紧迫，他不想在元理层花费太多时间。

遇到一个好时代，大家都想分杯羹。人工机器智能主导整个信息工业革命，以自动化机器为基础，发展自动化的机器智慧，控制执行部与信息能力部结合，从而发展出一种明确的产品需求。自控专业近水楼台先得月，有先天优势。自控团队所研究的外骨骼猎人单兵装备，看似完美，却也遇到两个障碍。

关于 LB 中的 B 问题，显然仁微青也已经给出了明确的答案。信息是一种资源，应像对待资源一样对待信息，在虚拟的信息世界操控资源、构建世界。

24. 柔性仿真

头脑缺少智慧，就像灯笼没有点灯。

——俄罗斯谚语

仁微青十分清楚，解决苏格遇到的障碍有两个关键。关键一，LB；关键二，柔性仿真数学模型。现在，第一个障碍已经清除，但是，第二个障碍还在。苏格他们称之为“类人智慧算法”，实质上就是仁微青所说的“柔性仿真”。

简单来说，就是苏格目前无法面对蜂拥而至的海量数据流，也无法参与到数据资源中去。解决这个障碍的唯一办法就是“柔性仿真数学模型”。

传感器产生大量的数据流，这些海量数据的处理依靠人的大脑那点蛋白质和热量根本无法完成，必然需要更强大的计算机资源，甚至需要消耗大量的能量。但计算机究竟怎么面对这些数据，这些没有可参考的经验。但是，“生物模型”一直是我们可以借鉴的对象。

仁微青拿出计算机，打开了一张图，这是一张生物原型与人工智能的对比图。

图片显示：计算机技术、数据传输技术、传感技术三种，分别对应“生物原型”中的大脑、神经、感官。

仁微青说：“这就是‘传感技术总成’。”

郑源问：“传感技术难道不是指传感器？”

这是个普遍的误会，仁微青耐心解释道：“还真是个误会，‘传感技术’并非等同于‘传感器’技术。难道‘计算器’等同于‘计算机技术’吗？传感技术包含数据传输与逻辑计算，是一种闭环的信息技术总成。”

郑源问：“在生物原型中，有实际的例子吗？”

仁微青说：“当然，人说话的能力不是天生的，而是后天通过耳朵（听觉）不断的学习才形成的能力（智慧能力），这是一种典型的传感与智慧能力关系的‘生物原型’。”

道理十分的简单，却又很深刻。这幅图片引起了大家热烈的讨论，有的人相互交头接耳窃窃私语，有的人相互争论，在纸上推导演算。看到大家的热烈讨论，仁微青并不插嘴，任由大家相互交流。由于有楚可可在，心情大好的仁微青显得格外有耐心。

来自科学院自动化研究所的罗春木教授，在自控圈子里以“愣头青”著称，一直未曾开口，实在忍不住，罗春木问仁微青：“请问“贡献者”，是不是说，感知能力越强，感知越充分，越有利于认知的进步？”

仁微青见有人点名问自己，答道：“不尽然，就和人的感官一样，我们感知外部世界的任何一个物理量，都不可能以全信息的思路去进行观测，而只能是局部的取样，如果在被测对象上密密麻麻地布设传感器，测量必然扰动事件发生的本身。取样的原则是干扰足够小，小到不影响事件的发生。”

这是海森堡的测不全定律的精髓，在座的都理解，只是头一次将之与具体工程问题联系起来。

“怎样确定局部与代表范围呢？”

苏格却担心罗春木问题出格，替仁微青回答说：“信息含义必须建立在信息受体的背景之上，局部与代表范围以及其他参量耦合关系，都是已有的背景信息。”

罗春木却不死心地问：“既然测量是局部取样，就一定是片面的信息，这可能导致信息失真，如何应对？”

仁微青说：“这是个好问题，事件的发生一定是多种物理量之间相互关联的结果。为了改善信息的完整性，可以同时测量多种相互关联的物理参量。虽然获得的单种物理量信息都是局部的，但是通过让多参量信息关联耦合，就可以让局部信息得到补充和验证。多参量信息关联耦合的过程，就是局部验证全局的过程。”

罗春木疑惑地问：“增加物理参量测量的传感器种类，必然增加成本，这种关联耦合似乎只会得到一堆数据，而这些数据信息看起来并没有什么功能啊？”

仁微青心想，这个问题好老。自己已经记不清是第几次回答这个问题了。将故事重复一千遍，对任何人都是痛苦的。

但仁微青还是耐着性子说：“信息是一种资源，资源不被利用当然就没有功能。这个过程与生物的智慧逻辑一样，‘生物原型’对环境的各种感知，并不都是一定要执行的一种功能。”

来自南门大学的郑源问：“人类有‘五感’，如果机器有了类人智慧，未来的机器或许更丰富。这些机器的感觉是可描述的吗，如何与人交流？”

仁微青：“你永远无法向我完整描述茉莉香，除非嗅觉亲临；人类的每一种‘感觉’都是一种独特的体验。这是用信息描述信息的障碍，也是人机交流的障碍。”

郑源接着追问：“也就是说，机器人会干一些人类不能理解的事，会拥有人类不能理解的智慧？”

仁微青："除非我们将机器视为机器，人视为各自的人。未来，任何机器都将成为网络的一部分，而人也是网络的一部分。"

郑源问："人类会被机器控制吗？"

"不会！"

郑源问："为什么？"

"一言难尽！我们的话题跑了，我想还是先搞清楚生物原型对机器智慧的启示。"

郑源连忙道歉，说："不好意思！您继续……"

仁微青说："参照'生物原型'，人类通过感知实现'学习'，通过'学习'实现'智慧'；那么，机器智慧也一定是这样的，机器智慧在某些方面超过生物人并不是难事。"

罗春木担忧地说："机器比人有更高的智慧，难道不是一件值得恐惧的事？"

仁微青："嗯……又是这个老问题！我个人有个明确观点，这个观点在很多场合多次表述过。机器本身没有目的性，机器智慧是为了协助人而存在的，可能会被人利用来实现人的目的。机器本身不具有欲望，没有欲望就没有价值观，没有价值观就没有目的性。机器即使拥有智慧，也只是人实现目的的工具手段。"

苏格阻止了罗春木的继续提问，说："我想，我们还是回到项目方向的正题上吧！可可，你也说说。"

楚可可说："按照我对各位刚才谈话的理解，似乎信息专业已经完全占领我们自控专业了。"

仁微青笑了，楚可可的问题并不严肃，却十分中肯。专业本来就没有明显的界限，为了知识传播与理解方便，将知识系统化归纳而设立的知识分类。

仁微青说："并非占领，而是自控将智慧信息技术融入。通过机器自主学习，形成机器智慧，为控制提供决策，实现更有效率地干预未来。控制是执行能力，智慧是'先知'能力，预知未来的具体技术。依靠预知未来的能力，控制系统可以从容地驾驭能量，干预未来的实际发生，实现用最小的资源最准确地实现目标。一直以来，能干预未来的能力，就是人类智慧最了不起的成就。"

楚可可："你倒是说说，信息技术怎样实现人工智能控制？"

仁微青："一般认为，'机器智慧'有两个主要特征：自主学习、自主决策。关于如何实现'学习、决策'的具体细节，这个话题很大，技术细节很烦琐；不过，即使烦琐，我也想谈谈。有'生物原型'做参考，不难造出'机器智慧'。"

楚可可说："无论如何，'机器智慧'必须比人要更聪明，否则，又何必造一个比人还蠢的机器？"

仁微青说："聪明的定义并不具体，更不能量化，'机器智慧'最大的优势是速度和规模。但可以确定的是，即使机器拥有模糊判断能力，也不会有类人的感性聪明。"

楚可可："好吧，继续你的生物模型吧！"

仁微青："畅想未来，我们完全有理由相信未来的机器可以通过'万感'来学习、认知世界，而我们的蛋白质身体必然止步于'五感'以外的能力，我们的大脑也将止步于生物效率的逻辑处理。但借助于外部计算机、通信、传感器，我们就可以大胆地想象未来人机结合的智慧能力了。"

按照仁微青的逻辑，未来的人可以往自己身体上装些"零配件"，以增强我们的感官、运算能力，或者……最终，人与机器结合在一起，不再是完全的生物人。也或者，我们把生命信息完全植入机器，仅保留机器不能解决的部分，人彻底摆脱生物人身体的限制，把未来交割给机器"人"。

事实上，"人"不是个体，而是整个提供智慧的群体。

在传感创造智慧的过程中，不得不涉及柔性仿真数学模型；而要了解数学模型的实质，不得不谈谈数学是什么。

人们通常认为数学是一种关于数字的科学，事实上，数学是用来描述自然世界的基本语言。数学对于从事科研的人并不陌生。如果对数学是什么都不清楚的人，很难向他解释数学仿真模型。

数学是从现实世界中抽象出来的基本理论，只不过因为其中包含了最基本的数字概念，所以，人们更愿意称之为数学。你想，如果没有数学逻辑符号，只有数字，数学还有意义吗？

等式是数学语言最基本的表达方式，却很少有人探索等式的信息含义。数学是一种理性推导，而等式就是因果关系成立的真实意思表示，即"孤立系统"中的因果律逻辑。

人们之所以要将现实世界抽象成理论，目的在于用一种方法来表达现实世界，这是一种保存知识的基本方法，知识就是面对未来的唯一理性指导。很多数学研究工作者陷入了一种形式，用数学理论去推导理论，这本身就陷入了一种悖论。在现实世界找到原型，基于语言理论的抽象对象，在结合世界完成理论推导，或更加符合数学存在的初衷。

著名的数学家华罗庚在《高等数学引论》中，也有表述。他在晚年完成这一著作的时候，将理论完全的实例化，用实例作为理论的原型，或许是老人对数学最终极的感悟。他回到了数学的本源，数学是从现实世界中抽象出来的基本理论。

数学定义的三派：逻辑派、直觉派、形式派，关于历史不展开。之所以称为三派，是因为它们分别属于不同的哲学思想学派。虽然都有严重的问题，也没有被人们普遍接受，这些哲学观点，却是了解数学的重要思想窗口。巧合的是，这些数学家同时也是哲学思想家。为什么这么多数学家都兼修哲学呢？一定不是巧合。哲学是研究宇宙的本源，数学是表达宇宙的最本源的语言。没有数学修养，就没有工具了解宇宙。

宇宙的一切都可以用数学描述。——毕达哥拉斯（Pythagoras）。毕达哥拉斯是生活在公元前500年那个蛮荒时代的人物，如果他对数学理解得比现在的我们更透彻的话，那不是因为他清醒，而是因为我们糊涂。

数学是一种语言。虽然，在普通的中学教育中，老师从来不会把这个秘密揭示给学生。数学从来都是被当作一种数量计算技巧来传授。但是，中学的围墙拦不住自然的真相，只要稍微关心一下历史中的科学轨迹，就会发现这个真相。

伽利略：大自然是用数学语言写成的书。

开普勒：数学对观察自然做出了重要的贡献，它解释了规律结构中简单的原始元素，而天体就是用这些原始的元素建立起来的。

数学比日常用语更具有精确性，数学语言更加的“严谨”，可用于表达数量、结构、变化、空间、信息等概念。数学的演进大约可以看成是抽象化的持续发展或是题材的延展。既然数学是语言，计算机就是一种数学语言机器，用逻辑性、因果律描述自然世界的机器，并且为了实现信息的交互，不得不将信息符号化。

这就是数学模型仿真。

信息存在于其被符号化之前。之所以要用语言的方式将信息符号化，是为了实现信息在节点、个体、簇群之间进行信息的交互。符号本身就是一种抽象。所以语言一定是抽象的。数学是最具象的语言，而数学符号却是最抽象的符号。人类的语言文字次之，象形文字就是尽量地将符号具象；而艺术是最抽象的语言，但这些艺术手段中使用的光影图像、声音其本身，却是最具象的符号。艺术符号甚至不需要事先约定其含义。

数学语言的边界是文字符号，人类语言文字的边界是艺术。其实所有的语言并没有严格的界限，统一为一个整体。

人们知道一幅画不可能把任何细节都表现出来，也没有必要。画一只松鼠时要画出一个大尾巴，把细节留给看画的人进行自我填充，“细节留白”恰好是绘画艺术的艺术重点。文字语言和数学之间的差别也恰好存在“细节留白”的效果。信息受体的知识背景可以最巧妙、最情景化地为所留“留白”填上符合自身希望的补充。

数学比文字更加的精细，在信息传递中能够更加精准地表述和传递信息要素。但是，精准的同时也就不能给信息受体留出空白，没有留白就没有容错空间。而且，大部分数学表达需要一个“独立系统”环境。

信息受体学习的效率可以通过信息缺损度量，缺损度少会促进新信息的吸收；而信息缺损太多，则会导致吸收信息时感到乏味和疲倦。给信息受体留白，并接受信息受体自我填充也是一种效率的提高方式，因此，文字语言恰好可以在信息缺失的状态下高效率地接受信息。

人们总是愿意用举例子的方式，将一件复杂的事情轻松、简单地描述清楚。不难发现，人们所举的例子都是信息受体显而易见的事实，这些方法都是充分地利用信息受体的知识背景，知识背景决定信息接受的效果。值得注意的是，比喻终究不是被比喻事件的本身，任何人都不应该迷失在比喻里。

艺术，就是表达的时候，利用给信息受体充分而恰到好处的留白，以实现撩拨信息受体激素之目的。艺术是对数学语言和文字语言的简要提炼。

数学作为最具象的语言，就不能抽象吗？当然可以抽象，数学是否抽象取决于使用者。数学是一种语言工具，一种语言怎样使用才是最关键的，抽象的效果与工具有关，更与使用者有关。这如同艺术也可以具象是一样的，艺术的特点可以抽象，但这并不阻碍艺术也可以具象。

数学、语言、艺术都是语言，语言就是用来表达世界的工具。抽象和具象之间并没有明显的界限。抽象和具象并不是两个可以量化的计量参数。

在大约三十年之前，计算机科学还是数学的一个分支。现在，显然有很多人已经忽略了计算机科学与数学的关系。唯一认为与数学有关的，就是计算机的算法。算法，是计算机程序通过数学语言实现目的的方法。

数学是一种思维的方式，任何问题但凡有其他的表达方式，都可以用数学语言来表达。甚至有人把数学知识的积累，上升到数学修养的程度。

虽然，数学只是一种表达的工具，从现实世界抽象而得的理论，但是在理论抽象时太深入现实世界，对现实世界的迷惑都会具体反映到数学表达中。

举一个具体的例子。

对于人们熟知的微分、积分的问题，饱含一种自然的巧妙。如果改变一个角度去理解微积分的几何含义，并引申至物理含义，再反观其数学式，对驾驭这个工具的技巧或许更有帮助。

在一条平面曲线中，任何一个点都可以做出一条切线，在微积分中又叫导数，切线在几何意义上是这个点的趋势方向，在物理中是运动方向。一个点是没有长度的，所以这个点的坐标投影区域没有面积。可如果要让这个面积存在，那么这个点就必须要有长度。这就有一个疑惑，从一条线中可以做出无数个点，但是点却没有长度，也就是说点不能构成一条线。但是，只要对这个点进行表达，一定具有空间的概念。因为，如何让没有维度的点存在于三维空间之中呢？

曲线中的点到底要不要占长度，一旦拥有长度就失去方向（导数），一旦拥有方向就失去长度（数量）。这和海森堡量子思维的测不全定律何其相似！一个可以无穷小的点，其物理含义是什么？在微分中，一条线可以无限小等分吗？最终是连续的，还是一段一段的？这和普朗克的量子思想何其相似！

在一维空间只有一条直线，尝试用这种思维由现实到数学看看。从现实中一维只能抽象出一段线作为一种存在，一个点是很特殊的一段线。这个特殊就是信息表述与现实之间的抽象。

同理，一条直线也是一条特殊的曲线，这很好理解，在纸上画一条直线，将纸侧过来，目光顺着直线的方向又是一个点。只要这条线有任何弯曲，投影就会有长度，侧过来的过程就是让二维失去一个维度的过程。一条直线相对于曲线的特殊，这个特殊就是信息表述与现实之间的抽象。

再同理，再增加一个维度，一个平面相对于一个三维空间，也是一种特殊的曲面，这个特殊就是信息表述与现实之间的抽象。

再再同理，一个“时一空”四维现实，有时间的三维运动空间，静止就是这个时空中的一种特殊，这个特殊就是信息表述与现实之间的抽象。

没有人能够在一个运动的时空世界中找到这种特殊，这些想象出来的点、直线、平面、静止实际上都是不存在的。这些本身就是一种思想实验的结论。如果用这种理论去推导理论，必然陷入一种悖论。所幸，有另外一种思维的存在——极限思维。可以无限地接近，却永不能至。

时间和三维空间中的维度是对等的吗？可以像三维之间那样互相交换吗？

好吧，我们试一下，实际上是可以的。只要有时间，就一定有运动，只要有运动，就可以多出一个维度。四维时空失去任何一个维度与静止并没有什么两样。

那么，下一个维度是什么？估计仍然会满足维度之间互相交换的条件，那么，即使有人把这个第五维度当作是一种空间的增加，也不算错。但是很难理解和表述，明显陷入了一种纯粹的理论推导理论的过程。

空间是运动的，运动的发展方向是熵，而信息是熵能量之中的存在。

这是第五个维度吗？其实，维度还是一种数学思维之下的推导，用理论推导理论的产物。现实很神秘，数学也很精深，不敢多说！

……

仁微青：“好吧，终于可以谈谈仿真了。”

其实，苏格对数学模型仿真并不陌生。什么是仿真？利用数学语言，由纯粹的数学语言信息模型复现现实世界中发生的本质过程，称为仿真。什么是模拟？利用数学仿真模型通过数据发布手段，以研究现实的未来趋势为目的的过程，称为模拟。

不过，仁微青所说的柔性仿真数学模型远不止于此。仁微青将传感数据与仿真模型连接在一起，使数学模型以在线的传感数据为输入，进行在线的仿真。这种在线的仿真模型通过传感数据跟踪现实运动状态。这种虚拟跟踪现实，是柔性仿真的“柔性”之精髓。

苏格有些兴奋，因为他明白了一件很重要的事，信息资源化的意义。随即，苏格心中又是一阵悲凉，我们引以为傲的人类智慧，只不过建立在人的五感生物效率的基础之上，仍旧是一种最原始的生物效率。

苏格脸上一阳一阴的变化，让罗春木有些摸不到头脑，显然，罗春木并没有明白仁微青所说的信息资源化的含义。

罗春木脸一红，不甘心地问：“信息资源化，却不具有功能，这是怎么回事？”

仁微青心里清楚，除了楚可可和苏格之外，在座的恐怕很多人都和罗春木一样不明白，只是罗春木有勇气将不知道的讲出来而已。

仁微青并不打算过度解释，简单地敷衍一下。他说：“资源的目的性由需求决定，而需求必然基于实用发生；智慧构建在信息充分的基础之上，先有信息资源才有智慧功能。”

苏格却不愿意罗春木过多浪费机会，他想到另外一个障碍。数学语言只能有限地仿真现实，受制于数学模型本身的有限性，也受制于感测信息的有限性（感测信息测不全）。数学仿真模型的有限性，决定了任何仿真必然是有限的仿真。任何做过仿真模型的人都会碰到这个问题，苏格团队也是。

虽然，任何表达方式都不能无损地表达事物的完整信息；但是，数学语言仍旧是目前最恰当的表达方式。现实世界的事物，物质与能量关系复杂地交织在一起，没有孤立的规律事件发生。为了仿真的实际可行，必须设定边界。

于是，苏格问：“在‘全息’和‘失真’二者之间，似乎很难把握。”

仁微青：“所谓‘全息’，只是一个理想状态；现实中，这是个伪命题。”

既然不可避免地存在“失真”，那构建数学模型又有什么意义呢？不能因噎废食，至少可以更接近真相。以实际应用目的为依据来把握信息的精度与模型的边界，数学描述永远只能接近真相，不可能实现理想中的“全息”。

这不是技术问题，而是经济问题。失真是相对的，过度追求保真并不经济，恰好可以满足功能需要才是最经济的。在未来实际的功能需求中，失真情况会因需求的变化，而得到应有的改善。任何数学语言不可能无限真实地描述现实，而现实也无法无限精细地到达数学描述的状态。因此，以实际应用为目的，只需有限精细描述现实事物的有限片段即可。

苏格说："猎人套装是一个布满了各种感测器的设备，即使是在线监测数据流也是海量的。目前，也只能利用传统手段，感测自动控制反馈。即使自我学习，算法也是解析法，数据利用效率很低。"

楚可可补充说："仿真模型所描述的是参数的场分布，并生成网格化数据阵列。我总感觉这些海量的数据一定有应对办法，却一时说不上来。"

仁微青说："其实，你们沿着这个思路继续走下去，一定可以自己解决。保存在线的传感数据，意义不大。这如同看一部数字化电影，没有人可以做到将每一帧图片完整地记录。观众需要的是故事，而不是画面的像元，我们需要的也是仿真数据的故事，而不是每一个具体的数据。"

苏格听懂了大概的方向。他和楚可可的感觉一样，只知道方向，却仍然不知道具体该怎么做，他觉得有些地方还没有想通，一时又不知如何问起。这需要时间，他最缺的就是时间。他知道，仁微青可以帮助他节约时间。

仁微青似乎知道苏格的困惑，他说："仿真数学模型实际上就是一种传感数据流的基本处理方法。'数学模型'是计算机利用数学逻辑语言构建的对现实事物对象的总体描述，其中的多参数耦合关系，就是我们所说的规律。"

苏格说："哦？怎么说？"

仁微青说："仿真是通过多参量之间因果律数据耦合而得以实现的，但这仍旧不算最终解决信息资源化，作为资源性的数据，还需要解决数据的'通俗性'和'可阅读性'问题。"

苏格似乎有些思路了。有限元仿真的出现，几乎是与计算机在同一个年代发展起来的。只不过仿真从来都是在有人设定参数的前提下单独进行，而从没有让计算机自主联通仿真对象现场的传感器。通过传感器将现实与数学模型连接起来，进行"模型修正"不正是机器"学习"吗？而"模式识别"不正是机器"决策"吗？

感知是信息之源，也是智慧之祖。

"机器学习"是通过获得传感数据进行自主的"模型修正"过程，使认知主体掌握的模型耦合"经验、规律"更加地接近真实情况。利用反馈原理修正的"数学模型"，这与"生物原型"的机理是一样的。

把我们已经掌握的教给计算机，通过人工建造粗糙的模型，再教给计算机"学习"得更精细。

世界上有两万多种传感器，即使这样，也只能测量少量的物理量参数；利用数学模型仿真技术，可以实现多参量的自动耦合、修正，形成信息闭环结构。绝大部分不能被测量的参数，却可以被耦合关系间接获得，这种间接获得的参数称为"间接参数"，也可以称为"耦合关系"。

通俗地说，在一个被测对象上安装了各式传感器，进行多参量在线测量。将被测对象视为一个“传感器”，而这些安装于其中的传感器只是“敏感元件”，这些“敏感元件”通过“数学模型”实现关联耦合。这些“间接参数”就是“传感器”输出目标数据。

“柔性仿真”是现实世界转换为信息资源的重要步骤。“柔性仿真数学模型”的“柔性”体现在：实时传感数据成为了“仿真数学模型”的一个部分。任何一次细微的修正，都是计算机逻辑运算的过程，都需要一次重新的仿真，使这种修正与“数学模型”整体再一次全局关联耦合。

传感器参数是实时变化的，“柔性仿真数学模型”也必然是实时变化的。关键在于，实现“柔性仿真数学模型”跟踪现实事物的能力，实现了现实世界的信息变成了一种信息资源，即信息资源化思想。

通常，把来自感测部分的信息，称为“果然信息（果然发生）”，而把来自认知主体的主观判断信息，称为“如果信息（如果规律）”。

感知信息只能来自过去，无论信息来的有多快；认知信息只能干预未来，无论智慧有多高。我们先进的科技，无非是掌握自然规律的充分程度，以规律信息为依据高效地驾驭能量。

即使是关于未来的“如果信息”，如判据、规律、认知、决策……对于“数学模型”而言都是一种参数。在数学模型中，描述其中一个参数的时间变化曲线，这种曲线对于信息提取与保存意义重大。这正是苏格所需要的大数据处理能力，解决了传感数据流“在线加工”问题，通过仿真模型可以很容易地描述任何一个参数的时间变化曲线。

简单地说，能把历史的动态“参数——时间”变化描述出来，自然也可以将曲线延伸至未来。

“太好了！”

苏格教授心中一阵狂喜，禁不住叫了起来。苏格高兴得像个孩子一样，楚可可从未见过这样的苏教授，不禁偷偷地一阵轻笑。

苏格兴奋地说：“仿真模型通过传感器与现实连接在一起，除了实时动态跟踪现实变化以外，还可以通过数据耦合实现‘模型修正’，就像人类的学习方法一样。通过背景信息进行的‘模式识别’，就像人类的判断方法一样。这多么像图灵、香农、维纳这些先驱们设计信息机器的初衷，多么契合他们要找的答案！”

不一会儿，苏教授又皱起了眉头，事情看起来还不是那么简单。这让大家想起了金庸小说中的“武痴”，苏教授就是一个现实版的“技术痴”。

苏格仍旧不知道该如何在一个柔性的动态仿真模型中，寻找到一个有用的“故事”。这个问题恐怕是今天一时解决不了的。他相信，这只是时间问题。

虽然苏格给自己留下了一个作业，但他可不想就这么轻易地放过仁微青，这个年轻人的脑子里有太多的惊奇了。

在仁微青心里，其实更关注另外一个问题：机器智慧的自我归纳问题。或然率更可靠，用因果律证明因果关系，本身是以绝对因果律为前提，而事实上这是个悖论。

也许……

大约十多年后，苏格见识到了这个柔性仿真数学模型的威力。

2030年，由各国的国家天文台联合实施了一个“司雨”工程。顾名思义，这个工程就是控制全球的气象信息。目的是让地球按照人们希望的那样，一切资源得到最恰当的规划和利用。而气候是一切生产活动的根本条件。

原本计划在全球的范围内布设了10亿个传感器，并设置了10万个数据采集站，占用全球20%的计算机资源用于运算仿真模型。

而工程师们在工程实施的过程中，传感器数量不得不增加到30亿个，测量边界不得不延伸。向内深入到地球内部的地质活动，向外延伸到太阳、月球的活动监测。而数据采集站也相应增加至30万个。

可是最后，项目还是遇到不可逾越的瓶颈——计算资源不足。按照当时的仿真需求，即使占用全球80%的计算资源，也不可能实施必要的仿真速度需要。这在当时，几乎不可能实现。科学家们不断地优化计算方法，并不断地调整仿真的精细度。人们不得不面临一个悖论：即使用尽地球上的全部资源，也不可能“全息”出整个地球。

人类面临计算资源耗尽，提出两个方向：1. 集中方案；2. 分布式节点方案。总之，计算资源和终端用网络连接起来，计算资源要么集中在一起，要么分布在各节点边缘。各有各的优势和短板。

这个问题直到20年以后才得以解决，因为光子计算机的出现。

所谓光子计算机，又被称为量子计算机。该计算机是以光子替代电流进行运算，当然还有或然率的运用。在电子计算机半导体芯片中，硅基芯片通常用离子植入法将掺杂物掺入硅中构成元件的N型和 P型部分，在硅片上形成元件。无论芯片怎么小，P/N单元每次二进制表述都不会只有一个电子，而我们的工艺工程师总在朝更少的电子这个方向努力。但是，这种工艺在21世纪初就遇到了工艺瓶颈，摩尔定律开始失效。

“司雨”工程几经坎坷，最终在2041年宣布成功。从此，整个地球告别了各种气象灾害，这个系统像神仙那样可以控制地球上发生的各种气候。这是一项宏伟的工程，也是一项十分伟大的工程。

……

用信息来描述信息，这件事谁来干都不讨好。每一个文字符号的含义，都需要预先与信息受体约定好，才能成为表述含义的载体。

由于测量器具必然干扰被测信息，事实上，任何物理量测量都不能被全面、完整地测量，只能对被测物理量取样或有限分布式测量。以有限的测量信息为依据，通过经验理论构建有限元的仿真模型，仿真模型随时间变化趋向于无限精细，无限逼近全信息。

1850 年，德国物理学家鲁道夫·克劳修斯（Rudolf Clausius）首次提出熵的概念，熵是不能再被转化做功的能量的总和的测定单位。克劳修斯应用在热力学中描述：热量不可能从低温物体传到高温物体而不引起其他变化。

苏格问仁微青：“听说你在研究信息熵？”

仁微青：“是的，没有敢发表。”

“怎么回事？”

“太遭骂的事，咽在肚子里比较好。”

“可以和我说说吗？”

“当然，如果你有兴趣。”

“有兴趣！你快说，不要故弄玄虚！说得通俗点！”

“在您面前，我不敢！”老婆的师父，必须尊敬。

苏格又问：“什么是信息的熵？”

“对于信息而言，熵是指信息在传播中的不确定性，具体说来，就是随机事件的有序性改变的活动过程，都可以用信息熵这个统一的标尺来度量。”

“这和能量熵有什么本质区别？”

“熵是研究能量的过程中总结出来的理论。应该说，在‘质——能’转换之后的能量，都是熵能量。”

“电磁波是熵能量吗？”

“在我的研究看来，电磁波介于‘质与能’之间，既不算能量，也不算物质。”

“电磁波可以转换为质量？”

“当然！”

“可是，从来就没有人能证明这种有电磁波转化的质量的存在。”

“也没有人证明这种质量不存在。”

“电磁波，大多数和电子发生作用。”

“在我看来，电子也是一种电磁波。”

苏格听到这样惊悚的观点，差点就没有站稳。

“可是，电磁波是有时空概念的事物。”

“如果，世界上只有电磁波一种固速度存在状态，那么，时空就失去了意义。”

“时空是谁产生的呢？”

“因为电磁波转换为熵能量，运动速度出现多样化递延，时空才具有了意义。电子不是熵能量，没有出现运动速度的多样递延，就不具有时空。”

“运动速度多样递延？是怎样出现的？是怎样的状态？”

“从电磁波具有光固速产生熵能量开始，熵增就会不断地递延发展，而熵增的过程就是信息。如果电磁波被视为一种能量，必须将之与熵能量区别开来。”

“如你所说，信息是一种等同于质量和能量的基本资源？”

“对！信息是一种资源，一种不太好描述的资源，是质量和能量的时空关系。”

苏格似乎明白了，又似乎更加的糊涂了。

苏格又问：“德国物理学家海森堡的‘不确定性原理’，与你说的不确定性是否有关系？”

“是的，这是一种量子理论思想，量子思维认为世界具有不确定性。确定一个粒子状态，存在根本的限制。但在宏观传感工程中也有同样的道理。”

根据测不准全定律，由于探测工具对微观粒子的不可避免的相互作用，不可能同时测准被测物体的动量和位移。在量子力学里，不确定性原理表明，粒子的位置与动量不可同时被确定。

“难道你还有不同的解读？”

“任何测量都会干扰到被测对象，因此，任何传感装置都不可能过度地、全面地测量。既要全面确认测量，又要避免干扰，这是个矛盾。任何测量都是一次局部的取样，并借以代表全局之中的一个普遍存在。因此，在仿真数学模型中，必然存在不充分条件。这只不过是测不全定律的另一个角度。”

“那么，能量熵和信息熵是怎样关联起来的呢？”

“根据热工学第二定律，能量熵是非热能量都不可逆地转变成热能，信息是质量和能量的关系，伴随能量熵，信息也不例外会损失传递效率。”

“关键是……”

“关键是信息具有归纳的能力，以一种损失换取另一种效率。这是信息熵的核心内容之一。”

苏格：“我们知道，没有一种物理参数可以单独发生。那么，信息从什么时候开始？从哪里来？信息到什么时候终结？到哪里去？”

仁微青：“没有人真正知道，最多假装知道。信息‘无由而生’‘无穷而逝’，无法无限地追溯宇宙的来源，也无法无限地跟踪质能世界的去向。”

苏格：“那么，仿真数学模型，也没有由来和去向？”

仁微青：“任何一个可被观测的过程，形成信息因果链片段，数学语言构建的仿真数学模型也只能针对这个片段。可以被观测的信息因果链片段不会太长，这些包含信息的能量最终趋向沉寂，而变得不可测量。”

“仿真模型，是一个片段？”

仁微青：“是的，就是以边为界的片段。所有的物理参量都在现实中进行关联，形成信息链。柔性有限元仿真数学模型，就是一个动态信息链的片段，这个片段并未结束，其延续的方向将是未来决策的依据。”

“我还是不太明白。”

“信息，更像是四维时空之外的第五个维度，关于改变四维时空运动的维度，是四维时空运动的概率发生改变的能动。很难理解，也很难表述。”

仁微青在计算机上打开一张图。如图所示，假设能量 Q 发生变化导致两种能量 A 和 B 的变化，而 A 又导致另外两种物理量 1 和 2 变化……能量会并被一直传导下去。但是，信息会变得越来越难以获取，最终会变得不可测。

感应装置通过干扰被测能量获得变送感应信息的能量。即使我们能够测量所有种类的物理量，物理量转换过程中测量信息伴随能量转换或热扩散会不可逆地变弱，信息会被一直损耗至很小，以至最终不能被测量器具直接测量。传统手段并没有将数学模型与传感器直接连接起来，成为“数学模型”的一部分，因此不具有机器自主“学习、决策”的功能。

苏格心想：多参量关联耦合的过程，本来就是局部对取样代表性的相互确认过程。未来确实还有许多问题待解决，至少我们跨出了最重要的一步！有，比没有要好得多！计算机的自我学习，也是一个循序渐进的过程。每一个柔性的仿真模型，都需要通过不断的修正，才能变得更符合现实。

苏格没有将这些问题抛给仁微青，他认为这些问题并不是障碍，只是在面对具体的工程时需要时间，而这个时间是必须的。

苏格还是没有办法理解信息熵的含义，仁微青也不再打算继续解释。

在许多的工厂，工程师配备一种胶黏剂用于黏合一个产品，通常会在确定胶黏剂固化效果的时候留出一点样品，观察这个留样的固化状态，用于确认产品中的胶黏剂固化情况。

这个留样就是一次取样，而留样的那些胶水是对被使用到产品中的那些胶黏的仿真。仿真和测量是事情的两端，计算机仿真做不到全息仿真，除非做一个一模一样的，并施予一模一样的边际条件。这两个“一模一样”都只能在简单的系统中实现，比如这个胶黏剂的留样。

我们的地球就是一个复杂的系统，如果我们的地球是一个星际的克隆体或者被克隆体，那么这个边际条件就人类自身而言就很难实现，哪怕是一颗小流星的坠入、一次太阳的活跃也会改变地球原本的发展轨迹。仁微青很理性，让这个克隆地球的故事很无趣。

温度会影响胶黏剂的固化效果和速度，工程师如果发现被使用的产品中的胶黏剂与留样在固化过程中产生了差异，就会采用人为干预的方法改变这个状态，使每个产品和留样都要保持一致。同样的道理，如果地球克隆体发生了同样的情况，也必须进行干预。

当然，这些胶黏剂在用到产品生产中之前，工程师已经充分掌握了使用的方法和效果，掌握这个工艺技术已经在好几天前，或许更久。同样的道理，地球克隆体也可以是被克隆对象的之前状态。

究竟是什么指引了这种发展？似乎离这个答案并不远，就和工程师的工艺一样简单，似乎又很复杂。

让机器拥有智慧，让智慧拥有生命基因，人机就结合了。

25. 学习和情绪

没有学会怎样学习的人，还没有适应拥有人类的大脑。

学习能力是机器智慧的重要特征，搞清楚机器学习的机制，对实现机器智慧显得十分重要。

以人脑为生物智慧原型，人脑的学习机制是什么？人脑学习效率最大的障碍是什么呢？

一个有经验的老师知道，保持学生兴趣，一个主题才会被学生掌握。根据生理学家的观点：情绪是对信息或其他不足和满意概率评估的心理反应，目标实现的低概率导致负面情绪，而高概率导致正面情绪。

学习的效率可以通过信息缺损度量。最佳的缺损就像拼图游戏里恰好需要的最后那块拼图块你恰好拿在手里，这会促进新信息的吸收；而信息缺损太多，则会导致吸收信息时感到乏味和疲倦。你无法要求成绩差的学生像成绩好的学生那样有效率地获得知识，除非按顺序补充足够缺失的信息。所以，学习兴趣的前提是补充缺损信息的程度。对于信息残缺严重获取的学习，我们经常通过举例子的办法，用一个熟悉的例子比喻那个不熟悉的事情，以相同之处借鉴给被比喻的事物本身。

我们知道，知识的碎片化与学习效率之间是矛盾的，即使我们有体系地整理知识教授给学生，但碎片化的知识仍然是学生最主要获取的信息。即使被有体系地整理知识，对于整个自然而言，也只能算碎片化知识。任何专业都有边界，而边界必然涉及另外一个新专业，专业的边界无休止地延伸，导致知识需要不断增加，永无止境。

没有人可以掌握全部的专业知识，即使再强大的大脑也不行，即使从一出生就开始不间断学习，直到生命的尽头，生命的时间也不够。现在，因为技术发展的需要，即使两个专业学科交叉的人才，也会在工作中具有优势。严格地说，知识本来没有专业之分，但为了系统地保存知识，将指定领域、类型的知识归纳为专业，便于更好地保存与解释这些知识、观念。

在普通人看来，学校是传授知识的地方，这个观点没有错。可是有另外一种角度认为，学校是保存知识的地方，传授知识不过是保存知识的一种，由有限生命的个人向不断出现的新生命保存。

在天择的洪流中，现实需求最诚实有效，现实需要怎样的人才，就会得到发展。不过，几乎不要指望有某个人能够将学科无限延伸，将自然科学全科完整地关联起来，这样的宏愿非人类所能至。发展需求与人的有限能力之间的矛盾越积越深。

虽然，人类的大脑还在进步。但是，这个进步还是太慢，根本跟不上知识爆发式发展需要。那么，是不是可以寻求另外的途径？人们不得不考虑这个问题。

基于个体智慧提高的角度，怎样才能让一个人把知识掌握到最多呢？

如果一个人的一生都不间断地用来学习知识，要么有足够的时间，要么有足够的效率。面对这么多的知识，从任何一个专业出发，知识都会向其他专业溢出或延伸，人也不可能有足够的时间。

看来，唯有提高学习效率是最实际的。虽不能极尽，更多地掌握知识，总是好的。虽不能至，心向往之。

提高学习效率，仁微青认为，主要有两个方面：

第一，消除知识的碎片化。

学习障碍既然是碎片化导致的迷茫，就想办法消除这个碎片化。正如拼图游戏，最难的是开始的那部分，图片全是碎的，很难寻到关联；而容易的是已经建立了联系的地方，最后一片是最容易的。这和学习知识是一样的，学习效率的提高就是消除碎片化。

具体方法有很多，人们日常就经常使用一些办法，来帮助我们提高学习效率。比如，为了理解一件陌生的事物，通常用一个熟悉的类似事物作比喻。

在普通思维逻辑看来，利用楚可可发明的这个大脑辅助外挂设备，可以在学习过程中帮助大脑拼凑碎片化知识，使学习效率更高。但是，既然人脑已经具有连接网络的能力，何必用一台小小外挂呢？整个江山都是你的，何必将自己禁足在一亩田里？

这么想，就不得不涉及另外一个提高学习效率的方面。

第二，脑机结合，机器计算资源流通与共享。

一定有人认为人脑能干的，机器不一定全部都能干。好吧，一开始会这样。因为，目前人类对大脑的工作机理还不是全部了解，即使这样，大脑能干的事情总有一部分是计算机也能干的。况且，随着科技发展，随着对大脑工作原理的了解深入，绝大部分工作终将被机器替代，绝大部分的大脑信息也将被机器解读。从效率的角度来看，只要是计算机能干的，一定会比人干得更好、更快。

通过脑机结合，学习不再是大脑单干的事了，而是在脑机协同中一起干。或许有人会担忧，人脑就这么被机器淘汰了吗？这种忧虑是多余的。除了淘汰，还有更好的选择。因为信息素的关系，确实有些人脑能干的事，机器永远干不了。

那么，这种更好的选择是什么？简单说，就是各自发挥各自的优势。如果把人脑有限蛋白质计算资源，全部留给只有人脑才能干的那些工作，加上人造的类人智慧机器大脑，总体上的计算资源极大地增强。想想都觉得激动不已，足够出现一次地球文明的飞跃。未来看我们就像我们看原始人一样。

问题又来了，大脑会按我们设想的发展吗？会的，一定会！天择以“需要”和“恰好被需要”来实现，只有被需要的才会得到发展，这会改变人类大脑的进化方向。在机器智慧的协同下，大脑以适应有机器智慧协同共存的环境中发展，适应性发展就是进化，不恰好吗？

这种进化不断被环境强化，最终以生物基因信息的方式留存于人类种群。事实上，工业技术规范、工业标准也是基因信息的一种，这一点人类迟早要意识到，并适应。人造机器智慧也会有工业的标准，机器也有 DNA 信息。

仁微青知道，大脑与网络进行连接，会碰到人类的禁区。无拘束的自由交流思想或意见是人类基本的权利之一；然而，隐私权也是人类的基本权利之一，但这两种权利的交集越来越大。随着技术的发展必须在二者间有所取舍，人类最后的隐私禁区就是大脑信息。

仁微青不敢深想。他仍旧在道德体制之下。隐私权是一种人格权，简单地说，隐私权利主体对私人信息的他人介入以及介入程度具有决定权。大脑信息与网络连接，保障这种权利显得十分困难。隐私权是一种基本人格权利，是与公共利益无关的个人信息进行支配的权利。随着现代信息技术的发展，人与人之间的脑信息越来越没有边界，个人隐私在无形中慢慢消失。在脑机联网的过程中，隐私隔离技术也应当会出现。要么人适应技术发展，要么发展出适应人的技术，最终双方在实际需要中达成妥协。

既然解决不了碎片化知识对学习效率的影响，干脆逆向地对待这个问题。个人大脑中的知识本来就是个碎片，如果，把个人大脑中的碎片化知识融入整个网络，再也不用为学习的效率担忧了！

学习是为了掌握规律。现代信息技术的发展，也是为了掌握在自然规律下发展的未来，在事情发生之前产生先知信息。

人们希望提前知道未来会发生什么，以便更游刃有余地应对突发事件，这是信息技术革命必然要完成的使命。信息技术革命必然是颠覆性的工业革命，许多事件都可以早期干预，早期干预带来极高的资源效率。这种先知一样的干预能力慢慢演变成一些具体需求，慢慢需求发展成为了一种信息依赖，又从依赖一种具体的功能发展到依赖信息资源。地球的资源总体是有限的，需求却无限增长，为了实现地球有限资源的利用效率最大化，成为推动信息工业革命的动力。

信息技术是最难以描述的科学技术。对于普通老百姓而言，他们并不明白信息技术到底是为了满足一种怎样的需求？即使我们提前知道未来又能怎样？

确实，未来会按照怎样的情节发展？谁也没有完全的把握。但是，在未来到来之前，我们最好做点什么，至少不会让未来措手不及。

情绪决定价值，情绪影响学习效率。

位于南方的著名高校国父大学，是一所自控专业的知名院校。在这所高校，最让人称赞的是医疗自动化技术。来自这所国父大学的邹文一教授也在专家队伍之中。

他自我介绍说："我从事医疗自控设备研究工作。"

"这是一份高尚的工作。"

邹文一对恭维并不接茬儿，说："医疗技术的进步必然会让人的寿命增加，这既好又坏。"

"怎么说？"

"医生的技术虽然可以延寿，但是也会导致人口灾难。"

苏格问仁微青，说："小仁，你怎么看？"

仁微青说："从信息以智慧为目标的角度来看，生命的本质是信息，脑信息生命才是人的核心内容；生老病死是自然规律，对自然要心怀敬畏。"

"这是个伦理问题，也许科学会解释些什么？"

仁微青补充说："人的大脑中的细胞并不具有再生能力，具体数量取决于出生一刻，而且到了老年之后基本就剩下一半不到了，即使这时候继续地延寿，恐怕也只能算是'活着'了。另外，活着就要有尊严地活着，脑功能失去正常的生活能力，就会失去应有的尊严，失去思考'为什么活着'的能力。"

"为什么活着？"

"因为情绪。"

为什么活着？这是个很好的话题。

人们担心这些具有"学习、决策"能力的机器，终将替代人类。事实上，要得到这个答案其实并不在于研究机器，而在于回过头来研究我们人的本身。绝大多数人并不知道为什么活着，害怕死亡，这和害怕机器会替代人是一样的。

人具有情绪，而机器没有情绪。

情绪对人十分重要，它们是主观幸福感的主要决定因素，并在许多人类活动中扮演核心角色。情绪将目的赋予智力行为，并赋予智力活动过程的情调、含义与动机。情绪产生价值，并决定了价值的基本定义。

邹文一：“机器没有情绪，这我们理解，但情绪和机器不会替代人类有必然关系？”

仁微青知道，说清楚这个内容并不容易。于是，他并不着急说机器的事情，反而不紧不慢地讨论起情绪的含义来。

仁微青：“我们不难理解，对人的情绪研究得最透彻的不是生物学、医学、物理、信息等学科，而是经济学科。经济学家发现，如果不考虑情绪，甚至不能理解、研究一切经济活动。当代金融业专家注意到一个情况，大量的投资和消费决定建立在感情上。当基本适当的消费得到满足后，只有炫耀式消费才能进一步满足你对幸福的要求，而炫耀式消费就是商业文化包装的商品，让你在消费中得到情绪上的满足。”

邹文一：“那么，情绪到底是什么？”

仁微青：“情绪意味着移动、变化，情绪可以使本来自然发展的行为、状态、思想发生改变。显然，这只是字面上的含义，不代表科学严谨的定义。人们并没有找到关于‘情绪’的严谨的定义，虽然请出了包括‘维基’‘度娘’‘弗洛伊德’‘达尔文’在内的各方大神。你会发现：当不能定义的事物出现的时候，各种权威的解释都是关于现象的描述，而不会定义其本质因果或含义。从古至今，开始人类一直在哲学层面研究情绪，后来生物学家、心理学家们开始研究情绪，再后来就是现在信息学开始研究情绪了。”

邹文一：“难道，情绪是一种无法解释的含义？”

仁微青：“无论人们从任何学科专业角度理解情绪，情绪是难以概念化的，因为关于信息的概念基本都是难以用信息描述的。在哲学、心理学、生物学角度，情绪是一个复杂的群族概念。他们把情绪看作一个生理过程，包括感知、神经心理、适应性性情、可评价的判断、计算状态、动态印象模型、历史事实等过程。但是，在信息学角度，我们至少发现两个事物可以决定情绪：其一，历史信息背景，包括身体里的DNA遗传信息、大脑中的记忆、经历和认知等过去发生的信息；其二，激素，包括自身分泌的和新摄入人体的。”

邹文一：“我可不可以把你刚才的分类归纳为：生物学情绪和信息学情绪？”

仁微青：“关于情绪分类，是个争论了很多年的问题，我个人比较认同的分类：基本情绪、次级情绪、背景情绪。不过，要是再围绕情绪分类讨论下去，就跑题了。我更愿意说说情绪的产生因素。”

邹文一：“对不起！嗯……您继续！”

仁微青沉思了片刻，将头绪整理了一下，说：“我还没有深入研究过情绪分类与归纳的问题。但是信息学所关注的是，决定情绪的两个因素：历史信息背景、激素信息。体外的激素干脆被称为‘信息素’，虽然体内的激素并不用作沟通外部世界，但沟通身体以内的组织细胞和细胞环境，算是身体内部的‘内信息素’。可见用信息学研究情绪是恰当的。”

邹文一：“事实证明，人是可以控制情绪的，这不是一个反证吗？”

仁微青：“确实，如果人自愿，是可以控制住一部分情绪，但不能绝对地控制（摒弃）一种情绪。可是，为什么要控制情绪呢？因为鉴于控制一种情绪的行为本身也是另外的一种情绪。控制情绪是有目的和有价值的。”

邹文一从未从这个角度考虑过这个问题，仁微青的话犹如一块扔进水中的石头，石头总是能激起平静湖面上的涟漪，在心中荡漾。人类自大地以为自己真的能主导情绪，以为可以完全自主地做身体主人，事实上，情绪也只是源自于信息的综合反映。到此时，似乎邹文一从这个角度理解了“生命的本质是信息”这句话的含义。

如果说人可以控制、调整情绪，最多算利用一种情绪向另外一种情绪临时“借用”身体。而为什么要“借”呢？因为历史信息决定了“借”的价值，价值决定了行为的目的。

邹文一：“因为情绪产生目的性，所以机器人不可能替代人类？”

仁微青：“是的，情绪产生价值，价值为行为提供的目的性，行为目的之价值是情绪赋予的。没有价值体系就没有动机和目标，也就没有生命的实质。即使做慈善，也是因为得到情绪上的满足；对于看透慈善本质的人来说，慈善不是施舍，而是消费。”

邹文一：“似乎……我也有些明白了，慈善也是为了获得心理上的满足。”

仁微青：“因为情绪和价值的关系，而一切商业活动是围绕价值开展的；所以，对人的激素（内信息素）、情绪研究得最透彻的不是生物学家，而是商人。而没有价值概念的机器人，是不可能展开商业活动的。”

邹文一：“根据你的思路，我几乎可以想象出一个场景，如果采用注射的方式增加某人体内的某种激素，一定会影响此人接下来的行为，并改变其情绪。那么，是不是也可以赋予机器人以激素，从而让机器人也有了情绪？”

仁微青：“人体内激素是身体内部的‘内信息素’，而身体内部细胞和细胞环境是信息受体。要么通过克隆的方式制造一个人，否则就没有信息素施予的对象。从人类身体继承了DNA基因信息的克隆人，一定不算机器。”

邹文一：“机器人本质上还是人类的工具，只不过是具有‘学习’和‘判断’能力的机器。那么，未来会是一个怎样的情景，人会怎样？机器会怎样？”

仁微青："人会怎样，其实并不只是取决于技术发展，还要取决于社会结构对外部环境的适应，科学技术就是社会结构外部环境的重要内容。如果视整个人类为一个生命，个人只是这个生命的一个细胞。社会结构与科学技术的发展，是人类生命自然生长的过程。其实换个角度来看，机器人也有激素，机器人的激素就是人类提供的欲望。"

邹文一："按照这样发展，人必然会被科学技术了解得更彻底，在未来信息技术面前，人类将毫无隐私可言。"

仁微青："智慧的含义就是窥视未来，连未来都没有了隐私，又何况是人？！"

邹文一："我也许没有完全明白您的意思，还需要时间消化一下。不过，至少我不再担心机器人会替代人类了，不再担心人类在未来会成为机器人的宠物了。"

楚可可插嘴说："我也想知道未来的样子。"

仁微青："未来，机器和人类将慢慢地相互融入，从穿戴设备以增强人体的能力，发展到半人半机器，再发展到有机器的智慧主导。这种融入并不会像孩子想象中的身体外貌机械化，而是人的生物信息与机器的信息的相互融入，由弱相关发展到亲密相关，最终结合为一个整体。"

楚可可："人类会一直存在吗？"

仁微青："不用担心人类会消逝，也不用担心人类的主导地位会失去。整个地球就是一个生命的整体，人是地球上的生物智慧主导者。生物人就是未来机器世界的'激素'，机器世界所有的努力也都只是为了争取、权衡可以更多可能地从生物人类所欲。"

楚可可："这恰好如了人类的意。"

仁微青："只有生物才会争取、权衡更大程度地从激素所欲。激素的必要性，是进化过程中形成的信息遗存。"

对于苏格教授一行，这次来的主要目的是理论转化为一种技术应用，而对于他们来说，怎样构建人工智能工程，碰到一个最主要的障碍就是传感和虚拟仿真数学模型之间的关系。

科学技术并不高深，只不过有些巧妙。仁微青虽已和苏格教授多次沟通，但苏格这次当面之约，收获良多。

……

帝都的夜晚很宁静，久别重逢的楚可可和仁微青终于有了私人空间。

为了安保起见，仁微青并不适合住进楚可可的家中，在工作人员的安排下住进了一处老式的四合院宾馆。

也应该谈谈婚事了。

仁微青对求婚并没有什么创意，一顿平常的晚餐，一束玫瑰、一个戒指，这都是临时准备的。楚可可终于盼来了这个单膝着地的仪式，这种西式的求婚比中式的“但凭爹爹做主”要浪漫。除了满心的欢喜，女孩也做出了理性的承诺，“I DO”就是一种承诺，今生将永远和这个男人亲密相伴了。

这一夜，俩人想必有好多的情话，楚可可被情话羞红了。

仁微青似乎有一种预感，隐约觉得未来对命运的不善。而自己稍显单瘦的肩膀和浅薄的根基，吃力地面对那种局面时，难以顾及家的周全。也许……楚可可避免不了被卷入其中。仁微青要尽量避免这样的结局，最好的避免办法就是隐瞒。

有一些秘密，将永不能与爱人分享，即使她是最值得信任的人。

在二楼书房的仁微青，此刻无比的孤独，那些想法无人可以和自己交流。甚至自己也不知道，有些怪异的想法来自何处，有些观点源于何故，而自己孤寂的心要宿于哪个树洞？

仁微青只能独自与影子分享自己的思路。

仁微青真没想过自己未来要怎么活？怎样才算是一个家？他很少考虑家，因为他不曾有家，一直以来，自己一个人就是全家。现在真的有了家，他内心有些惶恐，担心自己做不好。

他想这个家至少会有一个自己的孩子，作为夫妻俩生命基因的延续与生活经验的传承。孩子也会有自己的新人生，也会有自己的理想，这些作为父亲的自己，一点经验都没有。只提供基因的父亲是失职的。

曾经，自己也有理想从事医生、艺术等职业，可人生又有几件事可以由自己选择的呢？即使面临选择，有哪一次不是包含了各种巧合的安排在其中。

或许是因为医生可以治好自己的嗅觉，艺术向往自由！医生是做不成了，有限的生命之中，除了欲望是无限的，其余都很有限。

在科幻电影里，创作者的思维可以肆意地不顾情节逻辑与后果；电影中可以让货币消失，让生命时间作为劳动报酬。这些极具想象力的艺术品，远高于生活。生活中根本容不下梵高，却可以容下随行就市的商品。这种科幻电影就是随行就市的商品，其生产动机也是为了迎合消费的口味。当艺术成为商品，商品不售卖给未来，也无须对未来负责。

艺术充满愿景和想象，科学却严谨的具体到细节，未来的世界会符合科学的逻辑，也不可缺少要包含了艺术的想象。仁微青所面对的不是艺术，而是严谨的科学事实。如果所掌握的科学被当作谋生的资源，或成为商品，这将是灾难。科学不能像艺术那样任性，又岂止是逻辑严谨，还包括对未来的责任。

仁微青恰好站在某座科学的山头，仰望前面的顶峰。前面的路并不好走，路边到处是觊觎寻路人肉身的野鬼。可惜，人的一生没有多余的资源，只能干一件事，也不得不干一件事。

每个人活着都不是件容易的事，动不动就调用上亿个细胞为自己工作。若以原子数量来计算，一个人就是一个小宇宙了。从出生开始，每个人都是由许多个小概率事件巧合地汇聚而成，才能够成就现在的自己。

虽然，能做人是很幸运的事，不过也别太把自己当回事，动不动就去改变世界。这颗星球上同时生活了大约 60 亿人，这还不算古代的和未来的。每个人都只是其中之一，一个很大、很大的数字的之一。所有的人都没有来得及搞懂这个世界是什么样的，一生便匆匆结束了。

蚂蚁掐死大象的想法很高贵，但行为很弱智。

生命中的际遇在时间的单行线上，不能被假设，也不能重复。“顺势而为”会让生命利用得更有效率。顺“势”就需要了解“势”，了解世界，就是了解“势”。世界将以唯一的方式呈现给人，这就是信息。

大部分人穷其一生也只能实现一个小目标，人们看到那些做大事的人，却看不见他背后的强大队伍和真正的故事。一个普通的人一定会疲于应付各种危机，根本没有多余的资源用来搞懂这个世界。只有一种务实的做法，“生命过程中把际遇到的某一个小概率事件的随机性提高一点点”，这是生活唯一的解。小概率事件必然以大概率随机事件为发生背景，并成为整个事件集合的焦点。

再博学的人，也只能稍微地了解世界一点点，而每个人却不得不时刻面对自己几乎无知的未来。有些人认为“神”在控制概率的发生，然而神仙只能安慰有些人，很难安慰智者。得不到安慰的智者是清醒的，也是痛苦的，智成了痛苦之根本。

智者发现神仙对于改变过去没有兴趣，神仙体系对神的历史保持严肃，神力完全按照人们的精神安慰需要定制。没有一个科学家认为烧死一个教徒是对的，却总有教徒认为烧死异教徒科学家是对的。

仁微青要把这些关于生活的经验分享给楚可可和孩子，如果孩子不那么叛逆的话。只要是自己受过的苦，他决不让孩子再经历一遍。孩子属于未来，未来属于希望。

希望与高尚无关，如果将希望的概念描述得更具象些，或称为欲望更加合适。仁微青隐约觉得欲望的源头是激素，一种激素或一群激素，通过一种复杂的钩稽关系，形成了利益观点。希望就是对利益有所图谋。

仁微青没有搞懂活着的意义，也没有听闻过有任何人搞懂过这件事。但既然不知道为什么活着，活着总是不错的选择，物种的基因信息里就包含了对死亡的恐惧心理，物种赖以存续的基本遗传信息之一。

生命延续是物种基因信息第一需要。人类不希望灭亡，希望人类文明得以延续，这种希望广泛存在于人类的总体意识里。人类只是一种生物种类，除了智慧高级些，与其他生物别无二样。虽然，从情感上任何人都不愿意接受“人类终将灭亡”的事实；可是，有生就一定有死，除了信息会延续之外。

生一个孩子，何尝只是带来一次生的机会，还附赠了一场充满未知的修行。

仁微青希望有个孩子，希望生命得到延续。因为有了家，这些问题才有考虑的前提。仅凭这件事，楚可可值得自己感激和善待。

仁微青手里拿着那份屠格涅夫交给自己的文件袋，推开书房的窗户，透过树梢看见了天空稀稀落落的几颗星，树影摇曳，本来光芒微弱的星星越发的遥不可及。

这个随身携带的文件袋里，装着一个永久的秘密。无论如何，不能让家卷入到这个秘密之中，这个秘密就是一场凶险。如果一定要有人为此付出代价，那么，这种代价一定要阻止在家门之外，哪怕用生命去阻止。

秘密！到此为止！

……

有种观点认为，一切发展的动力源于“天择”。生物智慧下的效率发展并不是偶然，是“天择”的必然结果。机器智慧下的效率发展也会遵循“天择”，如果机器智慧具有一种必然的效率优势，就一定会得到发展。

未来机器智慧不局限于生物模型。智慧是实现“资源利用效率最大化”。世界将交给另外一种更高级的生命形式，一种效率更高的驾驭能量的意识。未来，无论人成为机器的一部分，还是机器成为人的一部分，都不是用机器将人替代，而是让人信息得到发展。“人”是一种生物智慧，未必一定是智慧生物。

在未来，未来人看待现代人对生物效率的肉身的留恋，无异于以现代人看待原始人的巫术活动，都是可笑的事。

即使能够搞清楚为什么恐惧死亡，死亡仍旧是哲学上重要的话题之一。

自从获得“生命的本质是信息”的提示，仁微青无数次思考生死的关系。他几乎就要搞明白了，还差一点点。

一个细胞是一个生命，由很多个细胞构成的人也是一个生命，由很多个人构成的人类也是一个生命，包括人类在内的地球生态系统也是一个生命……生命发生在一个周期之内，生命是在这个周期内信息发展的片段，属于生命的信息包括任何能量与物质的关系，而不只是人的意识。

机器智慧的到来，是信息技术发展的必然结果。不是为了消灭生物智慧，而是与生物智慧结合，是智慧信息驾驭资源的效率优化。虽然，人类对大脑的持续进化仍存在预期，几乎可以肯定这个过程将十分的缓慢。用信息机器来改造人体，或人加入信息机器之中，一定会快很多。

人的成长是一个生物过程，以接受教育的方式改善大脑背景信息，大约需要十余年。如有一种效率更高的方法，没有人愿意去受十余年的虐待。这种效率在未来一定会得到改善。唯一腹诽的是，可能要动个可怕的手术，把一个电子元件装进娇贵的蛋白质大脑。但谁知道未来会发生什么？万一这些电子元器件也可以是蛋白质的呢？这些具体的事情就交给未来吧！

“大脑”是一种计算资源，计算机器也是一种计算资源，两种计算资源如何协同，机器与大脑实现高效紧密的协作，是未来重要的课题。而这些楚可可显然已经有所收获。

未来一定比任何设想都要意外、丰富。脑机连接实现了，我们仍然还是个性保持者。每个人一直是整个人类的一分子，在未来脑机连接的进程中，人与机器之间的联系会更紧密，人与人之间的联系会更无间。人们会适应的。

自人类学会使用工具开始，人类就不再是一种普通生物；用机器智慧发展和改善人类总体智慧，终将有一天人类的概念会被重新定义。这次定义与直立行走一样重要。地球会发展出一个新生命形态。生物的寿命对于地球，就如同一个细胞的寿命对于人一样，大脑智慧信息完全地摆脱生物限制。人与人有了新的秩序，秩序成为这个新生命形态的激素，一种信息素。

人激素曾经是人类社会发展的动力，在新生命形态下，也许也终将成为发展早期阶段的障碍与阻力。

26. 玉清宫

大部分人的一生是悲惨的，而剩下的那一小部分是十分悲惨的。

赣西龙虎山，自古以来就是道教圣地，现在已经鲜有真的道士了。偶尔在山上碰见几个道士，也是仅限于衣服是道士装束，身份也不是真的道士；即使在道观遇见一个有道士身份的，也是为了谋个挣钱轻快的身份，并不求“清静无为”“离境坐忘”。物欲的时代，道，法物欲！已经很少有真正悟道的思想者。思想之花正在人们心中凋零，精神世界正在荒芜。

机器越来越像人，人越来越像机器。

仁微青每天在晚餐之后，都要离开别墅到山间散步。为了保护他的安全，有两位便衣安全助理不远不近地跟着。别墅位于山腰，海拔大约在 700 米以上，傍晚的山间经常会起雾，偶尔会遇到几个下山的游客。在步行的石阶小径途中，有地势平缓处，偶尔有一个小亭子，这是供途经的游人休息的地方。沿着石阶小径往前，只要翻过一个山坳，就是一个叫“玉清宫”小道观，平时没有什么香火，门和墙壁都有些老旧，瓦檐上长了草，似许久无人修葺，并不如那些金碧辉煌的大道观，为了吸引游人和钱，装饰得比集市还热闹。这个道观是一个十分冷清的小道观，门口连一条大路都没有，只能步行而至。

道家崇天象，认为了解天象有助于求道证道，可助人得道成仙。出于星占和延年益寿需要，道士有观天文、察地理的传统。道观常建于山顶，便于观看星空，所以称修行之所为“观”。“玉清宫”便建在一个山丘之上。

据说保姆李婶的小儿子就在这里出家。这个道观仁微青路过几次，但是从未进去过。但这一天，仁微青忍不住好奇，拾级而上，信步走进了玉清宫；进门后是一个小院子，一个 60 岁左右道士装束的人，正站在院子里抬头看着天空；旁边一个十七八岁左右的小道士手里正拿着扫帚，随行工作人员告诉仁微青，这个小道士就是李婶的儿子。小道士像是在打扫院子里的落叶和尘土，不过此刻并没有挥动扫帚；小道士好奇老道士抬头看天的举动，顺着老道士的目光也往天空看去。仁微青没有多想，就像受到小道士感染一样，也顺着老道士的目光方向，好奇地抬头看向天空，却只见到天空雾蒙蒙的一片，什么都没有。

仁微青心里不禁有些奇怪，上前低声地和小道士搭讪。

“小师父，在看什么呢？”

仁微青本来只是略带关心的好奇，想看看李婶小儿子的生活状态，并无意介绍自己，权当一次陌生的路过。碰巧遇到这奇葩的一幕，忍不住上前搭讪。

小道士见来人不凡，摇摇头说：“不知道，什么也没有啊！”

小道士话毕，继续弯腰挥动扫帚，打扫干土地面上的落叶和尘灰。

老道士显然听见徒弟的嘀咕，头也不回地说：“抬头看看星星。”

可是，这会儿哪有星星？小道士挠挠头，又一次停住了扫帚，一边抬头一边问：“啊……星星？师父！在哪？莫不是眼花了！”

老道士不理徒弟的质疑，犹自自顾自地抬头看向天空，不紧不慢地说：“不看，怎么知道没有，看了才知道。”

小道士并不服气，语气有些顶撞师父：“这会儿山间起了雾，不看也知道啊！”

老道士还是不理徒弟的不服，漫不经心地说：“不看的那会儿，就不一定了。”

仁微青心中一动，暗忖：这与量子理论中薛定谔的猫，何其相似啊！不过，打死他也不信现在的道士不研究星象占卜，而研究量子理论。

小道士似乎不把疑窦宣泄完，不打算放弃，又问道：“为什么？”

老道士却很有耐性，不急不缓地说：“雾总会散的，用上一段时间就会散去。在这散雾的一段时间之内，什么程度才算是没有雾呢？雾散到天空怎样的清晰才算是天空有星星呢？你可知星星却一直在天上，只是因为你看不透雾。”

老道士的话或是无意，却恰好再次拨动了仁微青的心思，薛定谔的猫！一个在量子理论早期的思想实验，一个关于波函数坍缩的思想实验。

这番话让仁微青一阵惊奇，对这位年长的老道士的侧影不由得仔细地打量一番。只见此人面容清瘦，衣袍宽松，大约 60 多岁的样子，气定神闲地站在庭院之中，似毫无目的地抬起头，闲散地看着天空。

仁微青饶有兴趣地上前和老道士打了个招呼：“老师父，打搅了！”

老道士听到了陌生人的声音，这才回过头来，用目光端详了一下来人，又看了看后面跟着的两个便衣安全助理，眼神中也有些差异，对仁微青说：“不打搅，现在这么晚了，几位还在游山？”

仁微青连忙解释：“我们不是游客，算起来咱们现在是邻居，我刚搬来山上住，就住在隔壁的山坳处。”

老道士恍然地“哦”了一声，说：“既然为邻，那真是有缘，欢迎！欢迎！”

仁微青对生人显得比较拘束，说：“毫无准备，冒昧造访，还请见谅才是！”

老道士一片豁达，爽朗地说道："无妨！无妨！快快请进！坐下喝杯野茶。"

说罢，老道士示意仁微青在院子里的石凳坐下，招呼小道士进屋取茶具。

仁微青连忙推辞，说："师父，别客气！不劳烦啦。"

老道士上前迎了两步，盛情地邀请来客，说："来了就是缘分，缘分到了，就该随缘。缘分就是恰好的安排！"

仁微青见老道士谈吐之间，饱含哲学思想，也有心结交。恰逢此时，老道士又热情相邀，不似虚伪客套，却之不恭。于是顺势说："那就有劳师父了。"转身示意两位随从安全助理到院外候着，自己和老道士单独聊聊。

小道士端出了一套茶具，粗看普通粗糙，细看却造型精美古朴；茶杯呈斗笠状，陶质的坯胎却是瓷质的釉面，胎厚而釉薄，釉面似不经意地涂抹上去的，自在地散流在胚胎表面，并保留流淌的自然形状，色彩斑斓却自在随形分布在釉面之上；杯下方露出了陶质坯胎的底，粗糙的陶和细腻光滑的瓷面形成鲜明的对比，似一种恰到好处地讲究镶嵌于原生的粗坯之间，不愿意浪费一丝精致。

茶具就摆到院子里的石桌上，两人就在石桌旁的石凳上落座。老道士熟练地用木炭的炉子给铁壶烧水，用竹筒给铁壶满上山泉；木炭是用橄榄核窑烧出来的，专门用于烧茶的一种木炭，炉子似乎有些年头，看起来非陶非铁；而铁壶也不似现代工业的产品，保留明显的翻砂铸造的痕迹，铜质把手处缠着隔热的麻绳，被常年使用磨得发亮。老道士熟练地摆弄各种茶具却又不紧不慢等到水开沏茶，用陶壶泡了一壶不知名的野茶，用陶杯盛好递给仁微青。

仁微青接过茶杯，浅尝了一口，不似喝过的任何一种茶的味道。像似用多种药材和香料窨制过，一开始进入鼻腔和味蕾的有陈皮和桂花的味道，可是这些并未掩盖茶叶本来的味道；茶汤在口中稍作停留，随即又似有一股苦涩的中草药的味道，这恐怕都是来自于山上的植物根、果、枝、叶、皮，这在品茶人的口腔里，是四季的盎然生机，关于药用的效果及药材却无从了解；在吞咽之后，又弥留在口腔中一股淡淡的甘甜。这杯茶的一切都产自这座大山，是大山赐给喝茶人的山林汁液，并不浓郁，却十分的自然清新。

仁微青连声称赞："好茶！真是好茶！"

老道士谦虚地说："山野之人闲散，也就自弄了些野茶，见笑了！"

仁微青并不善于恭维别人，也就不继续恭维茶的事情了，放下茶杯。

"敢问师父怎么称呼？"

"贫道无尘。先生贵姓啊？"

"免贵姓任，责任的任。在下冒昧造访，不扰师父清修吧！"

"无妨！"

无尘道长一边弄茶，一边说话。

“巧遇本就是修行的缘分。没有无缘之遇，只有无功之修。”

仁微青见无尘道长俭居于此，也不见有人招揽香火，神情之间怡然自得的样子，想必是真心向道之人。心中不由得对无尘道长肃然起敬，遂一拱手。

“只怕在下庸俗，给师父染来了俗气和凡尘。”

“先生过谦！世间哪有真仙境！？真心向道的人，本就借助凡尘之扰修养身心、涵养天性。于浊中濯清，方可摒去左右，澄神静虑。”无尘道长向仁微青摆了摆手，宽松的袖袍随着手臂扬了扬，破旧的道袍，恰有几分仙风道骨的模样。

仁微青心中暗想，这个老道人思想深邃、出口不俗，倒不像那些江湖术士。

仁微青突然想起一个人，王二狗。也许，只有这种地方才能真正拯救他。人本来没有善恶的本性，他的好坏取决于环境，只不过王二狗的心以前毫无内容，很容易被环境弄脏。

仁微青想探讨些与宗教相关的话题，冒昧的世俗或学究都显得唐突。倒不如从生活中聊起，生活琐碎事总是最适宜的话题。

“师父住山清修还是四处云游？”

“贫道闲散的很，大多时候行脚寻友、四处访山。”

“此处风景很好，师父好福气啊！”

“哈哈……贫道无非就是贪恋这一抹山水之色。”

谈及生活，有甜就有苦。每个人都难免会面临同样的困苦。于是，仁微青问：“老师父！您这里虽有风景，物资却稍显简朴清苦，这份雅趣，令人敬仰！”

“贫道并无异能，只是个野夫，哪算得雅士！”

“师父过谦了，不过，我倒是好奇师父这样的修行，心中可有觉得苦？”

无尘道长想了想，说：“苦，不过是这副皮囊的感觉。”

“苦，可不就是一种感觉吗？”仁微青重复老道的话。

无尘道长微笑了一下，说：“呵呵，或不然！”

“怎样的不然？”

“苦不在皮囊，而是在于心，若心苦，则真有苦。”无尘道长一边答话，一边给仁微青的茶杯里重新添了些茶汤。

“哦？很有道理！”仁微青很认可这个角度。

无尘道长端起茶杯，做了个请的姿势，算是给客人敬茶。

“先生有此一问，可是心中常有苦楚？”无尘道长问。

“可不！像我们俗事缠身，心里苦的时候多。”仁微青真有些羡慕出家的逍遥。

仁微青很诚实，对内心和朋友都愿意诚实，他觉得诚实会活得轻松一些。

无尘道长轻呷了口茶，说：“问世间，哪有不苦的心路，历来有百味，苦是百味之首。”

仁微青问：“修行的人，可是以苦为师？”

“问道者，师万物，又岂止师一味苦。”无尘道长缓缓放下茶杯，又接着说：“苦为道用，可资磨砺，挫锐解忿。”

仁微青有些迷茫，问：“难道……苦时一味地隐忍吗？劝人以苦为道用？”

“哈哈！”无尘道长爽朗地一笑，说：“出家并不劝道，只劝人积善，含垢忍污是出家人修行的本分。”

仁微青感觉无尘道长的话虽是宗教视角，却饱含大道理。即使在哲学观点看来，苦只是一种心理感觉综合评价，取决于受苦的人本身，而不取决于外在。

初识道教，只觉得无尘道长视角独特，不禁让仁微青将话题转折到自己的疑惑中来。

仁微青问：“若无欲，便无苦。师父如何看？”

显然，仁微青将欲视为苦之源，认为出家人以绝人欲的方式消除人生之苦。

无尘道长哪里听不出来，只是微微地笑了，说：“道家并不主张‘绝人欲’，回避了苦，又如何以苦为师啊？只是……”

听得无尘道长欲言又止，仁微青忙问：“只是什么？”

无尘道长说：“只是虽不绝人欲，却也不主张纵欲。”

仁微青显然误会了道士，这个误会让自己有些尴尬。不过无尘道长倒是一片坦然。

仁微青说：“真不好意思，看来我误会了。”

无尘道长用轻松的微笑回应了仁微青对误会的歉意，无尘显然不止一次被误会了，这是意料之中的误会。

在弗洛伊德看来，人类行为的一切因果，都是关于性。仁微青不敢直接地提出这个问题，这在华人传统文化中，“性欲”一直是一个难以启齿的问题。而并不了解道教文化的仁微青，并不想冒犯了宗教的任何忌讳，只好小心翼翼地试探。

仁微青委婉地说：“敢问师父，是否方便谈及男女之欲的看法？”

无尘道长面容一片清澄，朗声答道：“当然，任何问题都不忌讳！”

得到肯定之后，仁微青遂大胆地问：“男女之欲，视为百恶之源，绝人欲不是许多修行人的做法吗？”

仁微青眼睛仔细观察无尘道长的脸，可是无尘道长的表情毫无异样，只是没有立即回答，而似乎在思考一个逻辑。片刻，无尘道长反问道：“如果在路上，看到一众的行人，先生可否分出其中男女？”

“这个自然可以。”仁微青几乎没有思考，就脱口而出地回答道。

无尘道长继续问：“一众行人，在先生眼里除了男女，可否能看见其他？”

仁微青有些错愕，并不理解无尘道长所问之含义，一时也没有了回答的范围和方向，讷讷地说：“恕我愚钝，烦请师父明示。”

无尘道长：“相由心生，存念于心，便可障万识之目。”

仁微青毕竟没有深入了解过道教，一时还分不清“相”与“心”的关系，也不能确定“念”之所指。

“这些……和欲有何关系？”

“有男女之见，自然就存男女之心。”

仁微青忽然明白了无尘道长的一些意思，所见之“相”因“心”而生，所见之男女，也是因为心存男女之念。他隐约感觉的“念”和“欲”有关。

但是，仁微青始终不明白，既然不禁人欲，又如何绝男女之见？这似乎是有些想不通的逻辑。

“不禁欲，又如何不见男女”

无尘道长抬头望向已经彻底黑下来的天空，眼神空灵，他并不急，既不急于道清原委，也不急于授人道理，反而像自言自语。

“道，法自然，春生、夏长、秋收、冬藏，天之正也，不可逆之，逆之，虽盛必衰。”

“可这和禁欲……”

无尘道长从天空收回目光，看向仁微青，又说：“自然有男、女，禁之则逆。”

仁微青摇摇头，似懂非懂的样子，问：“我正为此疑惑？”

“呵呵……贫道和少年不同，在贫道眼里，只有老少，而无男女。”

“只有老少，而无男女？……”

无尘道长此话一出，仁微青竟然豁然开朗，心中一阵狂喜。十分受用这种源于道家思想的好道理，内心如感受到丝滑般的润泽。似乎自己为了这个观点的表达找了好久，蓦然发现，答案一直被自己攥在手心里。无尘道长就是提醒了一下自己，往手心里看看。

“眼里只有老少，而无男女。”

仁微青心中重复着无尘道长的话，陷入了沉思。一旁的无尘道长也不打扰，只是往他杯里添茶，看着这个年轻人专注忘我，时而展眉傻笑，时而枯眉发愁，时而拾杯品茗。

道长的话并不是一种高度或境界，而只是角度稍变，即对结果产生了颠覆。

仁微青一直困惑于激素的问题，郁郁不解其中之奥义。性激素就是激素之中的典型，能解开一个就可以触类旁通。

难道自己苦苦思索的答案就在这其中吗？宗教果然有大智慧！

接近真相时的紧张，让仁微青手心沁出了汗。难道一直以来苦恼的问题竟然就在手中？他不敢相信自己会这么幸运。

或者自己可以问得再直接一点，再次确认答案，哪怕是再换个角度也好。

“万物既然循道，人欲之道是什么？因为什么而发生？其目的又是什么？”仁微青声音甚至有些抖，一连甩出了三个问题，他已经顾不得基本的态度和语气了。

无尘道长的话根本不是仁微青想的那样，即使意思有所碰撞，也是巧合。也许是无尘道长不知道先答哪一个，也许是他根本就没有答案。一时之间，无尘道长并没有回答。

仁微青以为是自己的失态，才让无尘道长不予回答，连忙道歉，说：“对不起，听师父妙音，心中欢喜，竟然有些忘形了。”

无尘道长呵呵一笑，说：“呵呵……不碍事。”

“还请道长不吝赐教。”

“自然之奇巧，环转因化，莫之所为。”

这次，仁微青听懂了，这是出自鬼谷子的话。意思是：自然很巧妙，环境转变了原因就会随之变化，不知道其真正的目的性。仁微青并不接话，静静地等待，独自品茶。他相信无尘道长会继续这个话题，只需要付出些耐心等就好。

过了一会儿，无尘道长果然又开口说：“你度过的每一段时间，是整个宇宙循环中的一小段，而这个小段中又有许多个小循环，小循环中又有微循环。而你不过是其中参与者，无备而来，无获而去。”

仁微青点点头，说：“不可否认，任何一个需求在被满足时就会发生改变，并产生额外需求。额外的需求永无休止，这与师父所说的道理十分契合。”

也许，在无尘道长和仁微青之间，想要交流的并不是一个东西，只是因为一种巧合契合了各自的观点，契合了仁微青要找的答案。对于仁微青而言，这些都不重要，思想总是在需要的时候才发出共鸣。

茶凉了，炉子的火也小了，时间也悄悄地流过去了……

山间的夜十分的安静，秋虫都少了。无尘道长往茶炉里添了几块碳，又往铁壶里加了些水，静静地等下一壶水开。无尘道长半眯着眼，望着茶炉中半燃的木炭堆，漫无边际地聊着。

“欲驭人，人驭欲；欲为人，人为欲。”

仁微青陷入了沉思，莫非“激素驾驭意识”或“意识驾驭激素”根本就是一体的？！难道“生命的本质是信息”的意思中，信息还包含了激素？

激素是信息素！小到细胞之间，大到人与人之间的关系协调，都依赖这种信息素！是信息素本身赋予意识存在的意义？

《菜根谭》中写道：事悟而痴除，性定而动正。饱后思味，则浓淡之境都消；色后思淫，则男女之见尽绝。故人常以事后之悔悟，破临事之痴迷，则性定而动无不正。

性激素随着年龄的衰老而褪去，眼中只余老、少，而无男女之别。这就是少年人和老年人眼中所见不同的根本原因。人类的自然繁衍需要年轻男女完成，性激素就是为此而存在的信息素。

仁微青："任何一种激素都有其存在的原因，也有其存在的目的。一切为了正常的生命活动，生命活动包括物种繁衍。繁衍过程中两性生殖细胞的结合，有利于适应环境和优化基因。自然存在男女的根本缘故，竟然在于此！"

"用你们科学的话说就是：存在即合理！"

"哈哈……存在即合理！"

"欲在你们科学的角度，本身就是一种生命活动，欲是自然发展所遵循规律的遗存。这不正是'道法自然'。"

存在即合理；道法自然。一个意思，殊言同境，只是角度不一样。仁微青一阵高兴。

仁微青并未高兴多久。解决一个疑惑之后，就是新的疑惑的开始。仁微青不由得自言自语地念叨："那么，激素由何而来？激素的目的又是什么呢？"

一般情况，宗教人士没有系统理学的基础，恐怕不懂激素。仁微青却十分想听听另类的看法，无非问得通俗些。

"我还有一惑，还请师父不吝赐教。"

"不敢当！但有所知，贫道自当尽力。"无尘道长连忙客气地说。

"激素和意识，谁说了算？通俗地讲，就是欲望和意识，谁在左右选择？"

在科学的角度，男女之欲，激素才是内在的原因。激素是生物基因信息决定的，基因来自上一代。激素产生欲望，欲望破坏理性思维。

无尘道长摇了摇头："坦白说，贫道真不懂先生所说的'激素'。若故作高深地回答你，只怕误导了先生。"很少有出家人被问道，会直接回答听不懂。这是真坦荡！

"您的坦诚，恰似您的自在，不为外物所制。"虽然没有得到答案，但仁微青隐约感觉真相就在咫尺之内。

基因信息是很多代人在自然中形成的，按照进化论观点，是被"天择"留存的部分。任何一种激素都不是无缘由地存在，而是基于物种进化的一种适应性信息。

“师父怎么看待《进化论》？”仁微青已经不再有所顾忌，问题就像碰运气一样，明知道不会得到答案，还是想尝试一下。

“《进化论》是你们的科学，想必你懂得更多。”果然，无尘不懂进化论。

“冒昧了！”

“在贫道看来，科学也是一个哲学角度，宗教也是一个哲学角度。真理具有包容性，真的，在不同的角度都会是真的。”无尘道长端起茶杯，润了一下嗓子。

“道家可有类似观点表述？”仁微青还不放弃。

“因果循环，承续无穷。”

“什么意思？”

“宇宙之中一切，前序存在总是后续发展的背景。”

“巧了，在进化论中，环境是对物种前序‘背景信息受体’的信息再作用，这就是‘物竞天择、适者生存’的根本原理。”

无尘道长表情有些为难，很显然两个人不在一个频道。不过，为了不让仁微青失望，还是勉强尝试回答一个：“神道混沌为一，以变论万义类，说义无穷。”

要给万物变化讲出一个道理，总是有办法的；要有果及因，也要由因及果，前者是归纳，后者是预测；认知世界是为了知道将来会发生什么，预知将来的能力就是智慧。

仁微青感觉离自己想要的答案越来越近了。他继续问道：“存在的必有合理之处，为什么人类智慧文明中会存在一个低级的‘欲望体系’呢？欲望除了相互消耗，并不能创造宇宙价值啊？这看起来很复杂！”

无尘极有修养。他即使有些不知所云，并不烦躁，很有耐心地边听边寻些道教文著内容出来，解释给仁微青。

“察其事，论万物，别雌雄，虽非其事，见微知类。先生要的答案，定在事情的本身中。”

“察其事，论万物……事情的本身？”仁微青重复无尘道长的话。

突然，仁微青心里一亮。

是了，一个人是个生命，而一群人也可以是个生命。欲望是构建人与人之间的群体关系的关键啊！一个物种就是一个生命，自己一直局限于“你、我、他”个体思维的角度，局限于思考个人的欲望，而从未考虑过欲望对于整个人类生命的意义。

心中一亮之后，仁微青顿悟：生命的本质是信息，生命是对环境信息的一种积累与适应性发展。“天择”就是个体生命之上的环境生命属性，整体就是个体的“天”。

顿悟之后，仁微青按捺不住心中欣喜。

“我似乎明白了，从个体的角度来看，男女之欲并不会给宇宙的目的做出贡献，男女之欲是人类个体关系的一种协调方法。弗洛伊德认为，人类的价值‘一切因为性’，这是站在人类微观社会结构的角度；如果从人类种群生命的目的来看，这些不过是个体之间的协调。见微知类，如同细胞生命之间的协调，同样也是依靠激素。”

无尘道长摇摇头，他是真不懂这些个与弗洛伊德有关的事。但是，仁微青的欣喜无尘道长看在眼里，他的情形如同修道之人的悟道，每每有所顿悟，会有同样的欣喜状。

无尘道长由衷地说：“好悟性！恭喜先生今日所获！贫道觉得先生所说富含哲理，必定不是一个平凡的人，还望一切聪慧得以慎用啊！”

因为刚才的欣喜，仁微青有些忘形。一时醒悟过来，很是不好意思，对无尘道长拱手说：“让道长见笑了！最近常困惑于一事，十分烦闷。得益道长的提点，一时解惑，难抑兴奋之情，还请多多原谅！”

无尘道长连忙拱手回礼，说：“先生自有灵根，贫道哪敢居功。你今日之神情与贫道顿悟时，倒是十分的相似。可喜可贺啊！”

“多谢！万分感谢！”

无尘摇摇手，说：“圣人所贵道微妙者，诚以其可以转危为安，救亡使存也。贫道倒不是反对科学，只不过这天下是天下人的天下，以道守国，必不义于天下。”

这句话是在提醒和警告仁微青，不要为了一个集团利益，而不顾天下人。只可惜此刻的仁微青正在内心欣喜，根本没有把这句话听进去。

仁微青沉浸在自己的世界里，没有想到纠结这么久的疑惑，却在这个不起眼的道观中顿悟。此刻，他正在内心世界中忙于拼凑各种奇思妙想，舒畅地编织着各式思路。恰如张无忌用九阴真经打通了任督二脉。

天色已晚，由于心中有思虑，仁微青不知自己何时离开的道观，也已经忘记当时是怎样辞别的无尘道长。匆匆地赶回住处，连夜安排工作人员记录下来这些收获，直到深夜。

现在的仁微青沉浸在求知欲望的满足中，心中的喜悦掩盖了对各种危险的察觉。仁微青决定要正式拜访一次玉清宫，这次他决定和一凡道长一起去，一凡道长也是道士的身份，或对沟通会有帮助。

三天之后，仁微青在同样的时间再次来到了玉清宫，无尘道长已经摆好了茶在等候，似乎料定了仁微青会来。不过，仁微青这次带来了同样是道士身份的一凡道长，并将一凡道长介绍给了玉清宫的无尘道长。无尘道长对于仁微青带来的客人显然没有料到，吩咐小道士添了一个茶碗。

“你料定我要来！”

“哈哈……一早就有喜鹊叫，料想先生会来。”

“托喜鹊的福，再来讨碗茶喝！”

“先生爽快人，二位快快请坐。”

仁微青将带来的两罐茶叶送给了无尘道长，无尘道长把茶叶罐拿在了手里，仔细端详了一阵，看来他是识货的。这两个茶叶罐是用一种特殊的树皮手工做成的，需要经过 2 年的时间，上百道工序才能完成，重点是不能用任何钉子，制作起来极费工夫。无尘道长有些爱不释手，爱茶的人自然也爱茶具，仁微青恰到好处地投其所好。

无尘道长并不客气，收下了两罐茶叶。有礼物的见面，自然会热络许多。

“先生客气，贫道愧受了。”

仁微青见无尘道长喜欢，也很高兴，打趣说：“我不好白喝了你的好茶，来而不往非礼也。”

“哈哈……”无尘道长笑得很是爽朗。

再次见面，大家也不再拘谨，仁微青：“上次与师父交谈，收益颇丰。今天，还想向您请教一些问题。”

无尘道长连忙摆手，说：“先生言重了，请教不敢当。先生境界与道合一，令人钦佩啊！”

“师父面前，拙见不敢卖弄。”

“前日，贫道的无欲道兄，听闻先生大才，本想前来一聚，只可惜有要事在身，出了远门。”

“令兄想必也是得道高人，有缘一定拜会。”

“师兄托我向先生请教一个问题。”

“请教不敢，但请赐问在下。”

“师兄问先生：先有鸡还是先有蛋？”

“哈哈……哈哈……”

仁微青听到这个问题，一阵大笑，却并不深究这个著名的悖论。

“希望有机会，一定要拜见令师兄，想必是位很有道行的人。”

“贫道多年来一直受到师兄的指点。师兄乘物游心，不困于世，贫道甚是敬仰！”

想起来意，仁微青随即切入哲学话题。来意是宗教的智慧，宗教与哲学一直很近。

仁微青问道：“尘世间，价值是人类社会关系的主观评价，那么什么是最有价值的？”

无尘道长不假思索地说：“活着。”

“道长，似乎早就料到我会有此一问，为何？”

“是师兄料想你会问，我替他答罢了。”

求生之欲是生物的基因信息，是生物存续的基本要素。答案在情理之中。仁微青对这个答案并不意外，似乎只是想确认一下而已。

这个答案却令一凡愣了一下，随即又一想，豁然明了：何尝不是啊！于生命而言，还有什么比活着更有价值？活着，是一切生命形式的前提。但活着也是价值的一种吗？这是一凡没有想到的。

仁微青并没有留给一凡太多时间寻思。紧接着又问：“那么，活着的终极目的是什么？”

“为什么活着！”无尘道长仍然不假思索地说。

答案倒是没有给仁微青太多意外，对于悟道者，这并不是个陌生的问题。答案被信手拈来，这也是师兄料到的？仁微青觉得那位无欲师兄果真是位神奇的道士。不然，怎会出现这种准备好了的答案，在问题之前！

一凡本以为要和这个道士讨论讨论神学。可通过刚才这么一接触，发现并非是预料的那样。这位无尘道长和自己一样，在思考最原始的哲学问题。

人活着本来就是一种巧妙，自地球诞生以来，通过数不清繁复的自然选择，而遗留下来具有延续性的信息共生体。不仅是人类，一切的生命都是如此。意识生命产生的高级认知，具有智慧的能力，这种智慧的终极目标就是认知生命的本源。可不就是为什么活着吗？一凡念及于此，如沐春风。

仁微青点点头，心有所悟：智慧是认知自然规律的程度，是为了掌控未来。认知是掌控的前提，认知生命的本源，才可能驾驭形式生命。那么认知生命也将是生命的目的。

仁微青不愿意将信息科学牵强于谈话，即使再通俗的表述，也可能带入些术语和专业词汇，这样会显得不敬。还是谈谈哲学比较实际，心念一转，说道：“活着的人，注定了会死亡，却又总在活着的过程中，对死亡抱有恐惧感。”

“心中有生之不舍，所以贪生。”无尘道长悠悠地说，一边给二位客人分茶，稍稍一顿，又说：“人有未足之欲，所以怕死。”

在物竞天择的观点看来，人类并不是唯一恐惧死亡的物种，许多动物都是。用进化论的思维，这是进化基因的留存。连死亡都不会规避的物种，恐怕早就灭绝了。

仁微青转头看向一凡，问：“若恐惧死亡是一种生物遗传信息，这又是一种怎样的基因信息留存呢？”

一凡对仁微青显得很恭敬，答道：“这种基因信息是由一系列身体组织参与的心理、行为反应，包括神经、肌肉、激素、思维在内的一系列应激性反应。”

虽然，也有发生主动放弃生命的行为；但是，能用生命来交换的，一定也是要克服恐惧感的。人通过一些价值观念的灌输，建立一种基于代偿机制的主观情绪，以情绪作为代偿依据。

仁微青端起茶杯，望着琥珀色的茶汤，怔怔地出神：“出家还真是个好选择，清心寡欲，没有情绪伤身劳神。师父你可知，俗世中大部分人是情绪的傀儡，余下的少部分人是别人情绪的傀儡。”

情绪，是凡人的利益游戏。《菜根谭》中写道：不可以常有喜怒，又复将喜怒于以形色，则心腹肝胆皆为人所窥；不可以常有爱憎，又复将爱憎行作抉择，则理性智慧悉为物所制。人虽有喜怒，就是不能随便喜怒；人虽有爱憎，就是不能随便爱憎。难怪有人出家。

大部分人并非一出生就出家，出家或是躲避红尘俗世，或是求悟道修身。宗教除了解释生死，也要解释欲望，解释自然的价值关系与目的。

无尘道长有他的角度，也许来自于宗教，也许来自于哲学思想，也许来自于他独到的参悟。无尘道长见仁微青聊到了“情绪”，而且颇有深度，不禁借着微弱的烛光，再次打量眼前这位三十来岁的年轻人，有些感慨。

“真是后生可畏啊！没想到你年纪轻轻，竟然会考虑到这些本源的哲学问题！想要置身情绪之外，谈何容易啊！？”

仁微青正要有所回应，一旁的一凡早就按捺不住，问道：“师父可有置身于‘情绪’之外的法门？”

“没有！”无尘道长斩钉截铁地回答。又解释说：“也没有必要置身于‘情绪’之外，既然有幸为人，而情绪是人性的根本，泯灭了人性又如何为人呢？”

也是啊！真正的修道并非刻意为之，而是尊重自然、顺势而为。何尝不能换个角度，法自然，就是顺从自然。既然人有自然的欲望，就没有必要抗拒欲望，而是通过权衡使欲望得到最大化的满足。情绪是人性的根本，真性情、真豁达、放肆的欲望，以激素的名义游戏生命的过程，洒脱地在伪道德中堕落，遍尝轮回之百味。然后找一间破庙，写下一本类似《菜根谭》的巨著，把残片留给后人膜拜。

仁微青的思绪已经飞得太远，神情像出了窍的空躯体。这时，只听得一凡又问：“那么，该怎样置身于情绪的人世之中？可有好坏？”

“好又如何？坏又如何？”无尘道长反问道。停顿了一下，又说：“归纳是人的天性，可是人并不是用好、坏就能简单归纳的。眼中的世界除了黑白，还应该有七彩。”

在无尘道长的修行中，要用很长时间来思考“我是谁”。可是，把“我”是谁弄得太清楚的同时，顿时会让自己觉得人生很无趣。

看到仁微青的悲悯之情，无尘道长安慰他说：“看透有趣的事情，本就是最无趣的。”

仁微青回应道：“无趣的人也就寡欲了。”

寡欲的人即使潦倒，也从不感觉到自己的卑微。

此时，一凡却说：“科学从不以悲悯的角度看待世界，而是从合理的角度寻求解释。人的世界，由欲望构建人际关系！这也是一种合理的安排。”

道家无为的本性，此刻又深入了无尘道长的观点之中，他说：“凡事都有定数。”

站在科学的一侧，一凡并不完全认同，却也不好直接反驳，而是说：“定数，在科学中的表述为规律，规律是万物发展的必然关系。哲学，就是寻求自然元理层面的必然关系。”

在一凡看来，被社会化的人相对于原始人，在“欲望”方面有了很大的不同，欲望不是简单的一次元激素效果，而是多种“激素集群”的同时复合。行为是利益最大化的权衡。

无尘道长终于注意到一凡是一个在寻找“合理”原因的道友。他在寻找元知识、元道理。大道至简，莫非科学也是研究“定数”的？在道家的观点中，凡事都有定数，定数却不是表面上简单的宿命论。

无尘道长终究是道家思想中的寻道者，他说：“修道的人相信天象与自然世界有一种必然关系，这是对自然万物的一种信仰。自先秦以来，这些观天象的人致力于寻求先生所说的必然关系。”

……

夜色下的玉清宫，孤零零地在偌大的山林之中，院子里散发出来的烛光在漆黑中摇曳。无尘道长、仁微青、一凡道长三人围坐在一起，烛光照亮了大家的脸。

竟然还有人用火来照明，有些意外，却也在情理之中。恰有这点烛火，唤醒了人们对一些本初的哲学思想的重新审视。仁微青感觉到，因为用兴趣、欲望包装的信息蜂拥而至，在信息中迷失自我已经太久了。

虽然，普遍的现代人们对科学更忠诚，现代哲学思想也更容易受到自然科学方法论的牵制。道家的哲学初衷已经大部分迷失在历史的尘埃中，现如今道家观天象的举动更容易被各种误会当作唯心主义。

也不知是因为怎样的话题，大家把话题扯到了价值的探讨上来。

作为哲学专业的一凡道长，他熟读这些基本观点的来源，他说：“在哲学观点里，价值是指客体能够满足主体需要的效益关系，主体的需要存在于客体的属性和功能之中，从而产生的主、客体之间的效应关系。当然，主体的需求很多，而提供给主体的需求有限，我们的意识可以在这个过程中权衡利弊，权衡代价与效益的关系。”

在讨论科学的问题上，仁微青从不居高临下，态度诚恳而谦虚。他说：“因为认知不够充分，也不够全面。”

在认知足够充分的情况下，人们的意识可以做出最好的选择，可惜绝大部分的时候，人的意识并不能做出最好的选择。认知只能相对的充分、相对的全面。

一凡眼中的仁微青，不只是一个道行很深的高人，而是一个天生具有慧根的神奇；不只是一个“贡献者”的身份，而是一个自己只能仰视的智慧灯标。

在哲学界，一凡并不普通，有严谨的治学态度，在探讨科学问题上并不怯场。他说：“人脑具有容错性，即使判据信息不充分，也可以做出判断。容错性给情绪参与判断提供机会，挹彼注兹，弥补了缺陷，也制造了弱点。”

一凡不得不把情绪引入到话题，讨论价值就不得不讨论情绪。其实，一凡也知道一个糟糕的事实，人对大部分事情的认知都是不充分的。那么，看来我们的决定更多的时候是由情绪决定的，而不是充分地权衡判据信息得出来的。

仁微青很同意这个观点，说：“只需要一个比喻或一个案例，就足够改变我们的情绪，并将情绪用于决定之中。”人们对比喻和案例的观察，要比自身所处的这个决策对象要清晰得多。

一凡想了想，问道：“你是说，比喻是为了让决策？”

仁微青确定地回答说：“是的，我们还是对清晰的事情比较有把握，这是比喻手法的初衷。”

一凡并没有像仁微青一样研究过比喻与知识碎片的关系，他想继续情绪的话题。于是说：“我想，情绪不只是‘喜怒哀乐’等心理和生理状态。这里所说的情绪是指伴随认知和意识过程产生的对外界事物态度的体验，是意识对客观外界事物与主体需求之间关系的反应。”

情绪是哲学专业的研究对象，仁微青对不懂的从不装懂，虚心地问道：“刘教授，哲学应该对情绪有更具体的归纳吧？”

在仁微青面前，一凡不敢卖弄，连忙解释道：“情绪是由以下三种成分组成的：情绪包括身体内部的变化，并且对身体内部变化有所表达；情绪是有意识的感受；情绪基于主体的背景信息对客观外界的评价。”

忽然，仁微青意识到一旁的无尘道长似乎插不上话，他们两个客人自顾自地讨论哲学问题，喧宾夺主地冷落了一旁的主人，似乎有些不好。于是，客套了几句，仁微青起身向无尘道长告辞。无尘道长也不挽留，客套了几句就作别分手了。

辞别玉清宫的无尘道长，一凡和仁微青从道观出来，沿着来时的山路往回走。哲学专业的一凡对物理难免会保持好奇，乘着这个独处的机会，问道：“先生！我有个问题想请教，不知可不可以？”

仁微青大方地说："大家同事，别客气！你请说！"

一凡好奇地问道："在未来，可不可以利用量子纠缠的技术，远距离把一只蚂蚁传送过去，实现超光速旅行？"

仁微青对这个问题并不陌生，解释说："我想，你很大程度误会了量子概念；但是，却窥见到了量子的一斑。关于量子理论中确立了信息是一种重要的资源性，信息于量子的重要性我这里就不再赘述。你不能剥离信息把量子概念纯粹地物质化。"

一凡疑惑道："量子不就是物质吗？"

仁微青想了想，答道："你换一个角度，把一个生命看作信息。任何一只蚂蚁的存在都只存在于过去，关于这只蚂蚁身份辨识的都是信息，如关于这只蚂蚁的基因信息、信息素、经历、记忆等，总之，都是信息。利用这些信息完整地克隆另一只蚂蚁，似乎也可以理解成是一种空间上的传送，但是与纯物质传送是不一样的。"

一凡又问："那么躯体呢？这样不就有两个一样的生命了吗？"

这个问题是困惑艺术家创造电影的问题，但仁微青却并没有被这个疑问困住，他说："两个平行生命的产生，但从此就会分开。这是哲学问题，不是技术问题。"

听到仁微青的回答，一凡想了想，也确实是这么回事。继续问道："先生您认为技术上是怎样实现的？会遗留给哲学一个怎样的问题？"

仁微青耐心地解释说："我们永远无法得到还没有发生的事情发送过来的信息，然而也无法利用现在的信息去改变过去。此刻的蚂蚁也是，一旦蚂蚁被克隆成两只，即使过去是一样的，将来也会不一样。且不讨论未来是不是能够做到'全信息'复制生物，那么，这种传送（克隆）行为能得到什么呢？信息才是生命的本质，而不是物质的本身，即使是人经过 7 年的新陈代谢之后，身体里的物质基本都换新的了。"

一凡惊讶地看着仁微青，说："只要获得一个生命的全部信息，就获得了这个生命的全部吗？"

这个话题很大，也是几句话很难说清楚的，仁微青并不想把问题说得很复杂，简单地说："只能算获得的这个生命的全部背景，而未来还必须参与到未来才算生命的继续。"

可是，这并未消除一凡的疑惑，他问："未来会发生这样的事吗？"

仁微青坦然地双手一摊，说："我也不知道。不过可以换一个思路，可以把一个生命已经有的信息用计算机'全信息'地仿真出来，虚拟仿真信息跟踪现实而不复制，保持生命的单行线特征，而不为单个独立的生命设置分叉路。"

一凡似懂非懂，说："似乎，信息才是这个世界最真实的存在。"

想到未来，仁微青隐隐地感到不安，但是又说不上不安的理由。于是，神情凝重地说："我隐约感觉到，我们的世界将随着信息资源化的确立，所有的一切都会被颠覆。"

读到了仁微青表情的凝重，一凡轻呼了一声："颠覆！？"

仁微青说："是的，颠覆，进入一个完全不同的时代。"

说话间，两人回到了别墅。原本打算搞清楚一些问题的一凡教授，在回来的路上与仁微青交谈之后，明白了一些问题，却留下更多的疑惑。

……

在接下来的一个月里，仁微青着手安排仿真的工作。李厘米从中协调各种资源，工作井然有序地往前推进。远在黔州"天眼"地下山洞，因为仁微青的安排骚动了起来。任何时候这里都有人工作，即使是深夜。

仁微青窥见了激素的秘密，发现了人的欲望之源，也发现了欲望对人与人之间社会关系的作用。天择之下的生态体系，从细胞间的激素，到人与人之间的欲望。这些都是信息，从激素开始就是信息，激素最恰当的表示应当就是"信息素"。

仁微青要建一个数学模型，用来仿真人与未来智慧机器的关系。

忙起来的不只是黔州"天眼"地下山洞，还有太湖之畔的脑科所，以及帝都的计算所等。这个围绕在仁微青身后的一个强大的专家团队，对于仁微青自己却是隐形的。为了不影响到仁微青的"闭关"，这些人不会主动联系他，包括楚可可在内。

仁微青要求按自己的意思设计一个数学模型，用计算机仿真的办法，看看未来的样子，看看人类的终极目的。在任务分配了下去的一周之后，仁微青被告知，要得到这个仿真的结果，至少需要等 3 年的时间。

等待，除了等待就只有无奈的等待。现在大家都需要耐心，在等待的过程中，耐心是最缺的。

而这个期间，一项绝密的科研项目也开始启动了。

这一天开始，他们研究人的基因信息，利用人种之间的基因区别，编辑基因靶向攻击病毒；他们利用情绪与激素的关系，在商业手段中引导盲目的消费……这是后话，这件事让后来的仁微青自责不已！

27. 屠格涅夫之死

懦夫在他未死之前，已身历多次死的恐怖了。

——恺撒

公元2021年，某一天早晨，李厘米亲自来到了赣西。仁微青知道，一定是有什么大事情。而就在刚才，李厘米电话来了，让自己准备一下，立刻启程到南都某医院，有位老朋友要见他。

仁微青别墅的院外，司机已经备好车在别墅门口等着自己。

老朋友，究竟是哪位老朋友？

仁微青没有多问，立刻随司机启程赶往南都。并在南都某医院的ICU重症加强护理病房门口见到了李厘米。仁微青注意到，包括李厘米在内，病房外还有3个人，其中2位是外国人，李厘米一见到仁微青，就一把拉住他，告诉他病房内病危的人是屠格涅夫，从俄罗斯专机赶来特意要求见他最后一面。仁微青一脸错愕。

更衣消毒、通过风淋室后，仁微青在李厘米的带领下走进了病房内，他认出来躺在病床上那位虚弱的老人是屠格涅夫，上次在黔州“天眼”召开的IEAA联盟大会上见过，他就是前俄罗斯国家天文台台长，前IEAA联盟主席，当今在世的天文物理学泰斗。在上次会场的走廊上，两人有单独聊过几句，仁微青记忆深刻，算是自己的老熟人了。想必他就是李厘米所说的老朋友了。

李厘米特意将仁微青领至屠格涅夫面前，用英语说：“想必不需要我介绍了吧！主席先生，我们的天体物理与信息专家仁微青，专程赶来了。”

病床上虚弱的屠格涅夫，看见仁微青精神一振。即使这样，他也只能抬起沉重的眼皮，甚至不能抬起插有滞留针头的手臂。他故作轻松地说：“啊哈！……你终于来了！我的老朋友……”

老人德高望重，被他称作朋友也是一种荣耀了。仁微青连忙回应：“我来了，您还好吗？”

“我……还活着！哈哈，死并不容易……还记得我聊过‘半人马座’吗？”虚弱的屠格涅夫勉强给了一个微笑。

仁微青心中戚然，但脸上还是笑着说：“当然，我还记得您说的‘知识并不是试图寻求理想与现实间的妥协，而是最高层次地辨识善恶，并提炼关于生活的智慧’。记忆深刻，受益匪浅！”

屠格涅夫：“噢！……那么，我一定也说过‘我们还会见面的’……作为老年人，我的记忆力已经不确定自己当时是否说了这句话。……但是，根据我对自己的了解，在那种场合，那种期待下次再见的场合，我的这句话使用频率挺高的。”

老人一如既往的幽默。顺着老人的幽默方式，仁微青说：“所以，幸亏您的预言，我才有幸能再次见到您！”

仁微青主动伸出了双手，轻轻地和老人握了握手，老人的手上插着针头。

屠格涅夫仔细打量这位年轻人，上次与仁微青的见面已经过去了一年多时间了，不过老人对他的印象深刻。此次再见，老人见小伙子的气质已经完全不同，脸上洋溢着自信与老练。仁微青已经从一个名不见经传的小伙子，成长为一名高级别专家。如果屠格涅夫知道仁微青的其他秘密身份，恐怕会更加的惊讶，不过这些额外身份都是机密，老人更无从得知。

“可以让我们单独聊聊吗？”老人对身边的其他人说。

没有人会拒绝病人的这个要求，所有人都退出了 ICU 病房，只留下仁微青和病床上的屠格涅夫自己。

“癌症，我的时间不多了。”老人尽量微笑着说。

仁微青想安慰他，但是，又觉得用人类普世价值体系下的安慰，并不能让这位物理学家变得舒适。索性就问道：“您是一位伟大的科学家，我想安慰您，但是我确实组织不出恰当的语言。”

“对我来说，死并不可怕，我甚至能找到可以继续活下去的办法；但是，我想遵守自然规律。”老人说。

仁微青鼓励他说：“活下去，也是遵守自然规律，这个世界很需要您。”

“有终点的生命，才是有意义的。死比活更加容易，未来的世界留给未来更好，你比我更适合拥有这个未来。”

仁微青觉得有些突兀，心中狐疑：事实上，自己和老人不算很熟，只是很偶然的一次见面。而这位老人似乎很熟悉自己，比自己还熟悉自己，难道那些机密的事情他都已经掌握了？

于是，仁微青问道：“您有什么愿望？而我能帮您做点什么？”

老人说：“我的‘无由之觉’告诉我很多事，有些成为学术成就；但是其中有一个‘无由之觉’的提示，让我找到了你，包括上次我们的见面，你也许觉得是偶遇，事实上也是我的一个刻意安排。”

仁微青突然觉得自己的整个世界观都被颠覆了，严谨的科学竟然依靠了“无由之觉”，无由的“无由之觉”？

仁微青狐疑地问道：“您肯定没有和我开玩笑？”

“我肯定！……我的生命已经没有开玩笑的时间了！”老人眼里只有诚恳。

仁微青不只是有些意外，而是疑惑，不只是疑惑这个“利用‘无由之觉’认知世界”观点，而且还疑惑物理学研究方法，一个脱离实证思想的研究方法。而这些都发生在一位举世瞩目的伟大科学家身上。

仁微青并不能马上说服自己相信疑惑的事，他说：“您相信自己的‘无由之觉’？”

老人说：“每个人……都有‘无由之觉’但……我的‘无由之觉’比普通人强!”

仁微青坦诚地说：“这颠覆了传统物理学基本研究方法。”

老人尽可能地解释说：“人脑信息活动是量子级别的信息……量子……不在三维世界的约束范围之内;我一直相信……我的‘无由之觉’是来自自己的时空穿越。”

仁微青还真看不出这是老人的幽默玩笑还是认真。但是，老人表情和语气都是严肃的，完全没有玩笑或幽默的迹象。“这超出了我的理解能力范围。”仁微青诚实地看着病床上的老人。

老人解释说：“假设……我们的宇宙世界存在一个多维的时空。在……这个时空存在一种超体生物，那么……这些生物也可能是智慧超体生物，并非一定要是人形的或蛋白质结构的。当……一个四维信息经过我们的三维宇宙时，并不会……以三维空间的信息传递方式以三维中的质能作为信息载体。”

仁微青说：“我想象过您所说的‘超体生物’，但这对经典物理学界来说很难被接受。”

老人说：“当然……三维世界一定会问：‘超体生物是由什么构成的？’……不言而喻……不可能是原子物质，有三维空间的原子只能存在于三维世界，而……在四维的世界中是不存在的。电磁场、亚原子……也只能存在于三维世界。……引力除外。”

仁微青对质能世界的这些聪明的科学家们的猜想并不陌生，顺着老人的思路，说：“超体世界如果存在四维空间的物质、场、运动，也是具有四维空间特征的，生活在三维空间的我们对研究其特征无能为力，因为不可观测，更不可验证我们的任何猜想。”

老人说：“所以……我们根本就不能用传统物理思维对待未来。而是……用类似‘无由之觉’的量子信息思维。”

仁微青问道：“您是说‘无由之觉’是量子纠缠？”

老人显得很有耐心，说：“不这么简单，量子信息还只是现象，那么，这些信息的目的是什么呢？你有没有想过？”

仁微青仍旧有许多疑惑，问：“既然三维世界是四维世界的一部分，那么信息的目的也应该是一致的。”

这一段谈话，消耗了病床上老人的不少精力。

老人吃力地说：“你身上也许还有许多我不知道的事……‘无由之觉’告诉我，你……是这个世界未来的关键人。我感觉到……除了三维的人类智慧，还存在四维超体智慧。二者的本质……并没有改变，它们之间可以统一……以一种基本的资源统一。我本人对此已经无能为力了，或许……你能完成。”

仁微青很想告诉他最近发生在自己身上的一些事，但是，由于涉及机密，也涉及国家的利益，为了自己的生活和工作还能平稳地继续，他忍住了。仁微青知道，他的一举一动都可能在别人的监视之下。

仁微青把自己的手覆在老人的手上，坚定地说：“我无法答应您什么，因为我不一定能做到。但我会尽力！一定尽力！”

老人几乎是恳求的语气，说：“我……相信我的‘无由之觉’，请你也要相信。……谢谢！”

仁微青想换个话题，说：“您或许可以把病治好，让医生们再努力一下！”

面对死亡，老人显得很轻松，说：“既然……死总是要来，就让它以最自然的方式到来……这是最有诚意的敬畏自然，也是……最尊重自己的方式。”

生死之大，是人生中至大，正因为老人面对生死的坦然，让仁微青有些感性。这是一个普通的晚上，没有烟火和仪式，也没有任何天象异常，只是一个普通的只能看见凡人的晚上，老人选择放弃治疗。

老人的话总是这么有理，总是这么轻易就说服了别人。

仁微青静静地看着老人，也许老人有些累了，可是老人却用毅力坚持着。

老人却想起了他们之间的约定，他问：“你……还欠我一个答案……那个答案你找到了吗？”

仁微青想起了第一次与老人见面时，老人给自己的一个纸条：物质、能量、信息是对等的资源吗？

仁微青点点头说：“找到了，我认为找到了！”

老人高兴地说：“你告诉我答案。……作为回报……我也为你准备了礼物……我的女儿会替我转交给你的。”

仁微青不想让老人等候，说：“我的答案是‘YES’，物质、能量、信息是对等的资源，信息是质能关系的外在衍生。”

听到这个答案，老人表情一阵欣慰，全身都变得放松了起来，显得格外疲惫。

……

重症的病人应该得到休息，在医生的催促下，仁微青走出了 ICU 病房。

在 ICU 病房的外间，有一个会议室，这个会议室应该是医生们会诊用的。而这次在会议室坐着七八个人，其中，有几位一看就是屠格涅夫的亲属，他们脸上有眼泪的痕迹，面容悲戚。除了李厘米和仁微青之外，还有几位全都是医生，准确地说，都是治疗癌症的专业医生。这里没有外人。

屠格涅夫是专程过来的，在医生的护送之下，带着奄奄一息的病体过来的。很显然，屠格涅夫很重视与仁微青的这次见面。仁微青与这么个大人物见面，对方还专程赶过来，想低调些也不行啊！所以，屠格涅夫是秘密过来的。

仁微青和他们打了个招呼，虽然有人介绍。但他并没有记住大家的名字，自己是个脸盲，即使记住名字也没有用。

仁微青问医生："我们有办法可以治好主席先生，是吗？"

其中一位医生说："没有完全的把握，但是我们的治疗方案至少有很大希望。"

此刻，一个俄罗斯中年妇女走了过来。

"您是仁先生？"

"是的，我就是！"

"仁先生，这是父亲让我亲手交给你的……"还没有说完，又掩面哭泣起来。

中年妇女把一个 A4 纸大小的文件袋交给了仁微青，她在替父亲完成后事，这就是其中一件。这个 A4 纸大小的袋子，就是病房内老人和仁微青提到的那个东西。

仁微青不知道该怎样安慰她，他能感觉到这位女儿对那位躺在 ICU 病床上即将离世的父亲的不舍。虽然，自己从未体验过这种亲情，这种感觉是可以通过想象理解的。

他有一种想要帮助她、安慰她的冲动，这是同类之间的本能，女人的眼泪具有很强的感染力。看着哭泣的中年妇女，仁微青抱歉地说："请原谅……我没法说服您的父亲。"

这时，李厘米找了个机会和仁微青耳语，悄悄说："出来一下，我有话和你说。"

李厘米是仁微青信得过的人，这位工作中的搭档尽管出身不凡，倒也待自己真诚，也是目前可以被自己称作朋友的人之一。

李厘米把仁微青拉到会议室的走廊上，并简短地告诉仁微青，是屠格涅夫要求临死前来一趟华国，来华国的目的就是和仁微青见面。这个举动让情报部门很紧张，认为关于仁微青身上的秘密已经被泄露了。

"既然这样，为什么还让我和他见面呢？那些人有权利阻止这件事。"仁微青问。

“我想，那些人的意思是顺着事情的发展，看看到底发生了什么？这有利于找到背后原因。”李厘米解释道。

仁微青无奈地笑了笑，说：“据他自己说，是‘无由之觉’，他通过‘无由之觉’找到的我。不过，我觉得屠格涅夫没有撒谎，他没必要撒谎。”

李厘米尴尬地说：“我们在外面都听到了。”李厘米毫不避讳自己监听了仁微青与屠格涅夫的谈话。“我相信你！但是，那些人未必会信。”作为朋友，他泄露了监听的事，这已经违反了条例。

仁微青愤愤地说：“一个事实，相不相信是他们的事，我永远无法帮助他们相信。我也不想在说服中浪费时间，仅仅是为了让一些不专业的人去了解专业。找真相才是我的工作，让别人相信并不关我的事。”

说着说着，仁微青脾气就上来了，有些语无伦次。

李厘米拍了拍他的肩膀，说：“解释工作交给我，你做好自己的研究就好。”

仁微青还在生气，一声不响地生闷气。

过了一会儿，冲动的情绪已经平息，仁微青恢复了理性。平静地说：“多谢！还好有你在，否则，我不知要得罪多少人。”

李厘米心中一念，仁微青还是单纯，即使对权治人物，对权术行家，也不设心理防线。或许是对科学的专注已经用尽了智慧，或者是在这方面是真弱智。

李厘米拍拍仁微青的肩膀，说：“我们不仅是搭档，也是朋友。接下来你有什么计划？我能为你做点什么？”

仁微青心念无他，简单而纯粹，说：“我想在接下来一段时间研究量子信息，在此前需要搜集一些关于量子理论类的资料。不过现在，我想和屠格涅夫的主治医生谈谈。或者了解他病症的医生也行。”

“关于屠格涅夫的事，许多都是秘密。”

在李厘米看来，屠格涅夫是世界知名的天体物理学家，他的健康是一件大事，对于俄罗斯是一件大事，对于整个物理学界也是一件大事。他的主治医生不是一个人，而是一个医疗小组。他的病情是机密的，甚至连病历资料都是机密。如不是另有隐情，这件事显得十分的诡异。

仁微青问：“你有认识的癌病治疗专家吗？”

如果，仁微青关心屠格涅夫的病情，李厘米觉得也在情理之中。

李厘米说：“有！”

“我有几个疑惑。”

“关于癌症？还是关于治疗？”

"关于癌症。研究生命的本质，怎么能错过'癌症'这个生命的禁区呢？"

"你不想了解他的病情？如果是病情，你最好不要问，问也问不出来。"

"刚才屋里的医生对病情都知道些什么吗？"

李厘米神秘地说："你想知道些什么？或许我这里有些消息。"

仁微青诧异地看着李厘米，说："我想知道，关于屠格涅夫的'无由之觉'来源，我怀疑他的大脑与众不同。"

李厘米微微一笑，说："我们有些特别的消息渠道，或许是你想知道的；据秘密得到的消息，屠格涅夫和你一样做过类似的脑科手术，疑似脑内植入了脑连接设备；这是在苏联时期，雄心勃勃的外太空计划的一部分。"

仁微青眼前一亮，说："果然不出我所料，你到底还知道多少？还有哪些是我不知道的？"心中暗想，自己最近连续出现的幻听幻觉，和屠格涅夫身上描述的'无由之觉'，情形何其类似啊！

李厘米坦诚地说："你想知道的，我都愿意告诉你。我只是不希望你陷入各种无关的琐碎事务，干扰了你真正要做的事情。"

仁微青没有说话，他似乎陷入了思考。李厘米并不打断他，只是静静地等待他回过神来。直到仁微青说："我想了解一下癌症。"

"当然，你需要怎样了解？"

"找个肿瘤专科医生，简单聊几句。不会占用医生太多时间。"

"如果是这样，不必舍近求远，刚才的会议室就有。你等着！我帮你叫出来。"

李厘米说完，转身就要往会议室走去，可是犹豫一下又停了下脚步，压低嗓音悄声对仁微青说："本来，这个时候的屠格涅夫应该在手术室里，而他却选择和你见面。如果这件事被媒体知道，你往后就只能生活在聚光灯下了。"

一会儿，李厘米从会议室出来，领来了一位身着白大褂的俄罗斯医生。

仁微青也不寒暄，直接问："老人到底得了什么病？"

医生犹豫了一下，说："这个……恕我不能告诉你。医生不能泄露病人的病情。"

"老人告诉我，是癌症，我很关心老人的健康，请理解！"

"我能理解，但也请理解我的职业。"

"嗯！好吧……那么，癌症，是基因信息疾病是吗？"

医生略加思索才说："通俗意义上的基因信息，一般是指遗传基因信息；我想你所说的应该另有所指。"

"那么，如果我用一个更加准确的词，癌症是人体组织细胞基因信息的疾病？"

癌症是正常细胞增殖基因信息变异导致的病变。这对于医生来说，并不是陌生的知识。医生说："本质上可以这么说，但是医学上不这么划分。"

仁微青想，健康的人身体中也有癌细胞，很显然，人体还有对抗癌细胞的基因。于是，他说："癌细胞增殖应该不是癌症的全部真相，正常人也有癌细胞啊！有对抗的基因吗？"

医生笑了笑，没想到不是医学专业的人，竟然想到的癌细胞的对立面。他说："是的，抗癌基因亦称肿瘤抑制基因或隐性致癌基因。该类基因之存在可抑制细胞恶变，如果该类基因丢失或失活情况发生，相当于促进了细胞癌变。通常认为抗癌基因参与癌细胞增殖的负调节，也将这类基因称为癌细胞生长抑制基因。"

仁微青继续深入地问："这种基因信息，在细胞正常的增殖过程中，以怎样的机理抑制癌细胞？"

医生觉得简单的回答并不能打发仁微青。他耐心地说："首先，DNA 染色体的畸变是产生癌细胞的分子遗传基础，抑癌基因类似品质检查员，可通过细胞周期检查点机制修复受损基因，维持染色体稳定性；其次，抑制癌细胞基因信息具有控制癌细胞分化能力，终末分化的癌细胞会失去进一步分裂的能力，抑癌基因主导细胞的分化调控，通过分化抑制肿瘤的发展，利用促进细胞分化与衰老的办法使癌细胞得到控制；最后，通过编码蛋白调控细胞生长的特异基因转录，关闭癌基因，抑制刺激细胞生长的因素，调控癌细胞增生。"

仁微青似乎大概有些明白，但是他注意到一个词，问道："那么，你刚才所说的抑制癌细胞基因失活，是指什么？"

医生惊讶于对方对致病机理关键的敏感，说："失活是指生物学活性的基因（以如蛋白质、氨基酸等物质形态记录的信息）受物理或化学的因素的影响，导致其生物活性丧失的现象。类似工业上使用的催化剂失去催化作用。"

仁微青继续追问道："抑制癌细胞存在两个等位基因，从实际病例发生了解到的情况如何？"

"正常情况下，抑癌基因起到抑制细胞增殖和肿瘤发生的作用。实际病例中，许多癌变组织中均存在抑癌基因两个等位基因的缺失或失活；因为，抑癌基因在突变或缺失后便失去了抑癌的功能。然而单一等位基因的突变不能实现抑制基因的功能，只有两个等位基因同时突变后，基因才失去正常的抑癌功能。"

仁微青有一个异想天开的想法，他说："如果利用分子生物学方法将这种抑制癌细胞的基因通过一定方式导入人体癌变的靶细胞或组织中，从而达到治疗癌症目的，可否行？"

医生更加惊讶，这个人所考虑的绝非一般人的思维，这种敏锐真是个天才。

医生瞪大眼睛说："确实有这样的办法，我们称为'基因治疗'；只不过因其能引起遗传改变而受到限制。因此，目前开展的基因治疗仅限于体细胞。我们能看到太阳并不代表我们能制造太阳，我们知道抑制癌基因不代表我们能制造这个基因。目前，为安全起见，我们还只能通过保守的办法对抗癌症。”

仁微青接着问：“基因治疗？这也是屠格涅夫的治疗方案吗？”

医生挠了挠头，说：“呃……本质上是，但是也不是。我们医学上的名称是‘干细胞移植’手术，本质上还是利用了基因的信息介入到实际病理之中。”

生物代代相传的基因，正是决定他们的生命性状特征的信息。

仁微青很想继续深入了解，但又确实怕占用对方太多时间。所以不能绕弯子。他始终相信，信息是揭开癌症秘密的终极手段。

仁微青问道：“能详细点说说‘干细胞’机理吗？”

“干细胞在医学界被称为‘万用细胞’，因为干细胞具有增殖、多向分化潜能，具有造血支持、免疫调控和自我复制等特点，它可以分化成多种功能细胞或组织器官。可作为理想的‘种子’细胞用于病变引起的组织器官损伤修复，利用‘种子’细胞良好的修复和重建作用。”

虽然不是医学专业，但是万物相通，仁微青通过自己的想象，提出了自己的见解。

“癌细胞、干细胞、‘细胞恶变抑制基因’物质都是可以新陈代谢、增殖和死亡的细胞，只不过各自依据不同的基因信息进行这一过程，对吗？”

“先生看待这个问题的观点和视角都很独特，似乎是在看事情的根本，但我们从专业角度搞研究，是基于可操作的角度出发的实用化科学技术。”

“我关心为什么，你关心怎么办。所以角度不一样。”仁微青微微一笑。

“人体的任何一处组织，都是通过生物基因信息实现的，癌细胞也是一样的道理。”

“据说，很早以前，科学家们就已经意识到了衰老和癌症之间相互矛盾的机制。二者是否有联系？”

物以类聚，值得屠格涅夫临死都要赶来见一面的人，想必不凡。通过简单的交谈，医生似乎看出仁微青的不凡并不虚言。他不得不认真回答仁微青的每个问题。

“癌症是局部，衰老是全局，衰老是人体总体上的退行性生理现象。从受精卵到死亡之间的发展过程，都是在生物基因信息的指挥下进行的。伴随身体的衰老过程，生理变化主要体现在机体组织细胞和构成物质的丧失，机体代谢率的减缓，机体和器官功能减退。这是由自然趋势所造成的内生性变化，是生物体内所有细胞、组织、器官和整体普遍存在的现象。”

“利用类似衰老生理现象的‘机体退行性干扰’对癌症的治疗，是否可行？”

“类似，但不准确，你总是和标准答案擦肩而过。”医生扶了扶眼镜。

“那么，化疗呢？”

“化疗的机理，就是类似你说的癌症治疗机理，利用全局变化抑制癌细胞增殖，不过操作层的细节有很大的差别。”

“癌细胞和周围的微环境一定有信息联系。”这一点，仁微青很确定。

“当然，癌细胞周围的微环境包括组织细胞、骨髓细胞、血管细胞和免疫细胞，同癌细胞都有着‘千丝万缕’的联系，酶和酶抑制剂在其中起到主要作用。”

仁微青几近惊呼道：“什么！酶？与激素有什么不同？”

“酶、激素是两大类非常重要的化学物质，酶具有催化作用，能够在细胞代谢过程中的生物化学反应起到催化作用，激素则是具有调节作用，虽然不参与具体的代谢过程，但是却对特定的代谢和生理过程的速度和方向起到调节作用。酶在机体内部生命活动中进行活力调节或反馈抑制，类似化学工厂的催化剂或抑制剂。激素对于某项生命活动的调节，往往不是由一种可以完成的，是由多种激素相互协调、相互作用共同完成的。所谓协同作用，是指不同激素对同一生理效应都发挥作用，从而达到增强效果的作用。人和动物体内激素的作用既有合作也有拮抗，拮抗作用是指不同激素同某一生理效应发挥相反的作用。”

“二者化学本质有怎样的区别？”仁微青继续问道。

看来，不仔细解释一下，眼前的仁微青不会放过自己。

“酶是一种具有催化能力的蛋白质，同其他蛋白质一样，酶的相对分子量很大，最大能达到百万以上，主要是由活细胞产生的，是具有催化能力的生物大分子。酶的化学本质主要是蛋白质，但是有少量的是核酶。而激素不同，激素是由生物体内特殊组织或腺体产生的直接分泌到体液中通过血液、淋巴液等运输到特定的作用部分。例如，在植物体内主要是依靠一定部分的活细胞产生的，在动物体内则是由分泌腺细胞来产生的。所以，在化学领域中可以将这类物质看作是生物体内的‘化学信息’。”

“酶和激素之间有联系吗？”

“有联系，而且有紧密的联系。酶与激素作为高效能物质，对机体反应具有各自的作用特点。酶与激素存在紧密联系的作用。一方面，激素对机体的新陈代谢进行调节过程中离不开酶的催化，机体的新陈代谢同样是化学反应的过程，一个化学反应需要物质的催化，无疑的是酶作为一类高效能的催化物质，激素对机体的调节作用也是需要酶的催化作用，所以，激素发挥调节作用离不开酶的催化作用；另一方面，激素可以激活酶的活性，酶与激素的合成与分泌在一定程度上是相互影响的。酶虽然具有高效的催化作用但是却容易失去活性，制约着酶催化作用的延长性和效用，而激素本身具有一定的促进生长、提高生命力等特性，因此，激素可以激活酶的活性，提高酶的催化时限，对酶具有重要的影响。酶和激素两者的产生过程和分泌过程相互影响，酶催化激素的合成和分泌，激素激活酶的合成和分泌。”

“你说的抑制癌的基因，到底是酶还是激素？”几乎接近真相，仁微青想了想，态度十分诚恳。酶和激素一样，也是一种信使物质，医生应该不知道什么是信使物质。

“都是，也都不是，基因是一种染色体信息，而不是一种特定的分子。抑制癌基因是分子遗传学角度的遗传信息，而不是一种具体的物质，这些基因通过控制激素或酶来实现癌抑制进程。科学家认为，抑癌基因可以分为两种，一种保护和修复基因，另一种使可能发生癌变的细胞凋亡或停止分裂。前一类基因对防止衰老和预防癌症均有好处，而后一类基因可能在抑制癌症的同时促进衰老表型的产生。”

“据了解，现在已经掌握了基因编辑技术，是吗？”

“是的！还有人用这个技术干预了婴儿出生。”

“那么，既然可以编辑人的基因，也可以编辑细菌与病毒，靶向攻击特定人群对吗？”

“科技是把双刃剑……”

“目前，治疗癌症的手段还十分有限，仅仅是技术原因吗？”

医生犹豫了，这个问题已经超过了自己的能力，于是说：“……这个……我不好说，技术是一方面，你知道……我只是个医生。”

仁微青叹了口气，该问的都问清楚了，在信息的角度，医生所提供的内容对于自己没有新意，但是医学的角度果然与自己的角度差别很大，这足够让自己对知识的行业差别保持严肃。

仁微青还是礼貌地向这位俄罗斯的医生伸出右手，和医生握了握手说：“谢谢你，你今天教会了我很多。”

医生谦虚地说：“不必客气！谈话中我能明显看出你不是医学专业的人，但你总是看到了事情的本质，只不过你的角度很奇怪。”

李厘米知道两人已经谈得差不多了，就过来打圆场，说：“没错！他只是一个纯粹的天文物理学家，出于关心屠格涅夫的病情。”仁微青的身份，能藏一点就藏一点。

李厘米送走了医生之后，回到了走廊上仁微青身边。

仁微青感慨道：“人类平均寿命增加 10%，就等同人口增加 10%，而地球总资源可容纳人口总和是有限的，一个国家可容纳的人口总和也是有限的。被发展所需要的是年轻人，而不是老人。”

李厘米“唉”一声，叹了口气：“……可能导致人口寿命延长、人口数量膨胀的医疗技术，都将带来人口灾难。既要面对人权的底线‘生存’权利，又要让社会具有年轻活力。”

联系屠格涅夫刚才的谈话，仁微青心有所感，对李厘米说：“老有所养是社会稳定的基础，这个基础却与地球发展的资源利用效率发生矛盾。生死更迭是最自然规律，适用于一切生物，也适用于地球，甚至宇宙。屠格涅夫尊重了最基本的自然规律，用他自己的话说：这才是尊重自己。”

“谁都想活下去！”

“但是，要尊重自然，用干净的办法活下去。”

“有些特别的人，难免会利用一些特别的权利，通过不恰当的办法活下去。”

“你真客气，这话若出自我的嘴，就不是‘不恰当’这个词，而是‘肮脏’。”仁微青以嘲讽的语气说。

李厘米脸一红，有些尴尬。职责所在，不能妄议；但事实又何尝不如仁微青所说？

仁微青没有太多的利益立场，是非观念很刚硬，毫不顾忌地说：“贪权、贪钱、贪生，怕死！都会在历史上留下痕迹。”

“隐瞒不说，就谁也不知道了。”

“隐瞒只会导致更离奇的编纂，现在只能打扮过去的历史，而未来人会打扮现在。”

“存在的就是合理的。”

“打扮历史，就是印证‘合理’并不高效的证据。太过分的恶德，会被骂1000年。”

李厘米知道仁微青有所指，自己处于一个十分尴尬的立场。他含糊地应付。

“资源效率与老年人的生存权之间，是社会矛盾。死后的骂名，不过是弱者嘴里的威胁。”

仁微青直指事情的本质，说：“普通的老年人，只会被当作社会的负担。难道对老年人的医治，果然有真心？谁又会残忍地戳穿这个美丽的谎言呢？”

这个问题太敏感了。李厘米很无奈，双手一摊地说：“权治也是一种实际需要，很考量道德底线，事情总会有两面性。”

想一想，仁微青也理解李厘米的立场，这是他在不越界的情况下，最多能说的话。仁微青不怨李厘米，因为李厘米有自己的出身与际遇。但也不屑于争论，于是控制住嘴型，一种最“做作”的闭嘴的嘴型。

李厘米看见了他的这个滑稽的表情，留给对方苦涩的一笑。

28. 一篇论文

表达是索取理解的尝试；自信者听，自卑者言。

世界上没有一句话是找不出毛病的！

一个月之后，仁微青厘清了激素的基本意义。并用尽量通俗的语言，将这些认知写成了一篇《激素之惑》的文章。这篇文章是传授给人知识的，而不是抒发情感的，所以，尽量地用通俗的语言。

《激素之惑》

作者：仁微青

在文艺复兴以及现代科学思想启蒙之后，现代科学的理性思维已经建立起来。19 世纪中后期，正是走出蒙昧、提倡科学的前一阶段。理性思维的普及，为达尔文创立“进化论”提供了思想依据。达尔文认为，环境选择了生物的存在，适应的生存下来，不适的则被淘汰。这就是著名的“物竞天择，适者生存”原则。生物正是通过遗传、变异之间的平衡，来适应动态多变的环境。生物从低级到高级、从简单到复杂、种类由少到多地进化、发展。现代基因学的诞生，为此提供了重要的证据。事实上，物竞天择，所“竞”的就是“基因”，所“择”的也是“基因”。基因就是包含信息的信使物质。

一批进入到太空的种子，受到太空的辐射，会产生变异；从这些变异的种子里能筛选出我们想要的那颗种子，从而实现转基因种子获取。辐射可以让“基因”发生变异，只不过这种变异没有确定的方向，这个方向需要交给环境来“挑选”。从太空到达地球表面的辐射很少，这种辐射的存在可以让生物发生“弱变异”，这样是恰到好处的安排。如果辐射过强，不利于物种以“基因”的方式延续物种；如果太弱，不利于物种的“进化”。当然，有的辐射来自地球内部。辐射还可以导致生物机体退行性变化，就是我们俗称的衰老，这有利于物种生死循环更迭。

仅仅就是这些吗？不！同一物种的种群内，个体之间的差异存在，为物种的下一代基因“调整”提供了另外一个重要的途径；这个途径就是有性繁殖，有性繁殖的本身，就是物种进化的重要内容之一。

基因信息，就是一则生命遗传的信息，一则召唤原子有序排列运动的信息。

在普通人的认知中，生物大概就是生命。什么是生物呢？具有生长、发育、繁殖能力，能通过新陈代谢与环境进行物质、能量交换的动物、植物、微生物就是生物。

广义上的生命，泛指一切运动。包括生物，但不仅限于生物。

信息和生物有什么关系？生物的本质是信息，由历史信息积淀而成的一种效率，用来面对未来发展的生物效率，是一簇信息背景。

对于生物而言，DNA 染色体基因，就是一则生命遗传的信息；生命活动维持的激素，也是信息；生物神经脑电波，也是信息；细胞之间的生物电，也是信息……以前序的存在为背景，接受正在进行的“天择”，发展出更高级的生物效率。生物如此，地球如此，整个宇宙也是如此。

生物的本质是信息，一切生命的本质都是信息。

简单地说，信息是关于能量和质量的关系。质能关系的形成，不可避免地产生运动，运动就是时、空信息。信息是等同于物质、能量的第三种基本资源，信息不是经典物理的研究对象，信息只是经典物理的一种研究手段和方法。信息是被消除的不确定性或被反映出来的变化。信息度量的不确定性，被一个等价的不确定性减少刻画，并且有不同的测度。

在古代，人类花了很漫长的时间才认识到，人的思想器官并不是心脏，而是大脑。但现在，我们该谈谈更高级的问题了，人的本质到底是信息还是身体？搞清楚这个问题，希望人类不要花太多时间。

首先，我们要搞清楚，我们认为的“我”是大脑还是大脑之中的信息？用互换法，这个问题很容易得到答案。当然，大脑和脑内信息的关系不那么简单，这只是一个思想实验。不得不承认，人类身体的主人是信息。

那么，所谓的“意识”信息是身体主人唯一的存在吗？为了通俗起见，暂且把意识定义为大脑对外部信息的主见。身体在激素的指挥之下，主见和激素产生分歧的时候，身体很容易就会背叛主见，顺从了激素的控制。我们没法忽略我们是动物，动物只不过是一个生物，生物体内还有很多其他的微生物、细胞，它们根本就不接受主见的控制。激素腺体分布在全身各处，即使大脑内部也有激素的腺体。

无论如何，主见和激素都是信息，信息才是身体的主人，这毫无争议了吧！

既然信息是身体的主人，那么信息是随意性的吗？“感觉器官”是人与环境基本交流的信息路径，也是人“后天”形成辨识性人格的信息通道。这些“感觉器官”都是神经系统的一部分，得益于它们与中枢神经的配合，从而获得人类引以为傲的意识。意识也是一直以来人类自我关注最多的部分。

人的身体信息除了神经信息，还有激素信息。这些无意识的激素到底来自于哪里？有什么目的？

每个人都继承有物种、族群遗传的“先天”生物基因信息。虽然，人们总是认为这种“先天”信息已经决定了“我”是我；但是，“先天”信息只是一个生命前序信息背景，这个信息背景一直会受到“后天信息”的再加工。受到环境的作用，“感觉器官”信息抵达大脑，身体组织代谢改变激素的腺体，人逐步形成“个性”。这是一道工序，人被环境改变的工序，利用环境雕琢背景信息簇的工序，这个工序将由出生持续到死亡。

人们总是会不由自主地感觉到，主见意识一直在和某个事物争夺身体的控制权，这个事物就是——激素。激素是人躯体里不可忽略的一种物质，一种信使物质。有必要换一个角度看待我们的身体，把每一个细胞当成一个独立的生命，这些小生命并没有意识，不能用语言沟通，它们只听信使物质的指挥，激素就是专门为它们设置的信使物质。把整个人的身体当作是一个集合，由一些小生命有序组织而成的集合，这个集合就是一种高级的生物效率——优级生命。这个集合组织井然有序，多亏了这种信使物质——激素（信息素）。

激素除了维持代谢活动之外，还参与了很多其他的工作，比如情绪、注意力、心理活动、恐惧感，等等。这就是为什么总感觉有某种力量在和主见争夺身体的控制权。

激素腺体和神经系统并非毫无联系，它们都是信息组织，二者有千丝万缕的联系。

正如电影《赌徒》里的台词：“本能凌驾于理智。”实际上，更多时候真正控制你自己行为的，并不是你的大脑，而是你身体里的激素。只要你仔细地观察自己的心理活动，诚实地问问你们的身体，这样的例子是不是很多？

大多数时候，人更愿意顺从身体里的激素，使自己的躯体过得更舒适安逸。每个人的身体都是以细胞小生命集合而成，而整个地球生命又是由各种生物生命集合而成；人既要协调内部细胞生命的资源分配，也要从外部争取维持优级生命的资源。这种左右逢源的协调，显然只有主见意识是做不到的，激素起了十分重要的作用。地球生命是一个整体，每个身份都是独一无二的安排，需要依靠信息统一协调有限的资源分配，并不简单。

是什么信息在维系人与人之间的资源协调与分配呢？我们不得不将视线转移到法律、道德、信仰这三个基本社会体系。巧合的是，这些都要求人约束个体的欲望，由激素产生的欲望。这不难理解，维持人类协作秩序，当然可以放纵个体的激素欲望。

很遗憾，每个人的一生都不得不小心地、卑微地顺从各种名目的规矩，所有的努力也都只是为了争取、权衡一种最大化可能，以期待最大程度实现个体欲望平衡。不得不在种群中谋求共存，却又在种群内争夺资源，曲线地实现个体激素之欲。

为了适应外部环境，人的身体总是会进行自我调整。每个人不同的际遇，使每个人长大以后都会有不同的个性，即使是同卵双胞胎也会不同。

在昆虫的世界，蚂蚁、蜜蜂的体外激素直接被称为“外信息素”。一只蚂蚁没法独立生存繁衍，一窝蚂蚁才是一个真正的生命体，一只蚂蚁是蚁巢的一个“细胞小生命”。

反观人类，我们人是一个众多微小生命的集合体。身体每一个细胞都是一个独立的生命。这包括身体里不可或缺的微生物、细菌。作为动物的人，生命可是一刻也不能离开这些独立的小生命。我们的身体是每个小生命的宿主，而地球是人的宿主。每个身体都离不开微生物，微生物也离不开宿主——身体。

激素是指挥细胞的信息，可称之为“内信息素”，激素是一种信使物质。动物有信息素，植物也有，微生物也有。这些激素才是身体的真正主人。

即使有两个人的脖子以下的身体能够成功地互换对方的脑袋，相互也不完全是原来“个性”的自己，因为新的激素配方让性格必然发生大变化，脖子以下的身体也有不少分泌激素的腺体。

面临激素对身体的管控，从背景信息提炼出来的主见意识，远没有我们认为的那么从容。“孟母三迁”的故事就是环境改变人的典型例子，可做的不多，最多是利用有限的主观能力，细微调整发展的方向，选择顺从一个比较好的环境。无论如何，人的主见终究还是顺从了环境，没有改变顺从的事实。因为，改变自己比改变环境要直接得多，也要容易得多，改变自己而适应环境是效率最高的办法。

人体内激素就是一种信息素，协调机体组织相互协调配合。生物不得不听信息素的指挥，激素才是情绪的源头，外部信息刺激不过是产生激素的推手。人以为自己可以超越激素控制情绪，不过是理想主义的呓语。经济学家认为情绪产生价值，而激素却控制着情绪，身体对激素是诚实的，这种诚实被意识称为“诱惑”。

因为诱惑的发生，让一些行为产生了价值，价值让人类种群变得有秩序。激素产生了情绪，而情绪产生了价值。

如果，将地球视为一个生命体的话，那么人类是地球的一个重要的器官。

如果，将人类视为一个生命体的话，那么个人是人类的一个细胞。

如果，将一个人视为一个生命体的话，细胞是个人的基本生命单位。

这些生命的活动，都在信息的控制之中进行。生命的本质是信息，信息是等同于物质、能量的第三种资源。

……

李厘米是最早读到仁微青的文章的，这篇文章并没有在公开的刊物上发表，而是仁微青提交给项目内部的学术心得，作为供研究小组内部参考的资料。

仁微青知道，当人类把信息归纳为一种资源的时候，也打开了人类的新时代。利用这个资源化的视角，或许可以把若干个具体应用成果产业化，成为被市场需要的商品。不过，那不是仁微青要考虑的事情。那些嗅觉灵敏的商人，随时准备在未来的市场中捞一把。赚钱，对仁微青已经毫无意义。

在龙虎山的别墅内，李厘米特意为了这篇文章赶过来。

“收到你的文章，想必你已经深入透彻地了解了信息与生命的关系。”

“你都读懂了？”

“哈哈……没有。大部分不懂，但我相信是时候试试应用性成果转化了。”

仁微青并不知成果转化的具体所指，李厘米自然会安排好一切。他反倒是关心这篇文章的反应，以及李厘米对这篇文章的处理态度。

“你觉得这篇文章怎样？”仁微青问李厘米说。

“你别介意，我有话直说。有人反映说，这些观点过于惊世骇俗。”

“那……你的意思是……”

“不适合公开发表，只适合内部小范围传播。”

内部小范围传播？仁微青倒不是想要名声，但也不想只为小部分人的利益服务。虽有些不悦，但也不争辩，该怎么做不是自己要操心的事。

“我看到了世界的婆娑，奈何婆娑迷失了本来的世界。这感觉真孤独！”仁微青有些抱怨地说。

惊世骇俗必定是孤独的。凌驾于人类之上的智商，也注定会是孤独的。属于人类的发现被小部分人的利益有意雪藏，仁微青不能理解。在仁微青看来，这比以前更糟糕；至少，以前总是能找到几个分享这种孤独的人，总能找到一些理解和宽慰。

“你并不会孤独，有未来与你作伴，未来和你比任何人都要亲密。”

普通的人只会是信息环境中的绵羊，摆脱不了信息手铐，甚至已经失去了学习、甄别的兴趣。智商会让人趋向于理性，理性总是让人更着眼于未来。开智的人很少，而开天眼的人就更少了。很少有人愿意保留不同，并使用总结和归纳的能力善待这个不同。

在仁微青和普通人之间，需要一些社会精英作为他和普通人之间的过渡。

“这种孤独的感觉并不好，而寻求得到普遍的理解，代价又太大。”仁微青有些悲戚。

“至少你身边还有些人，这些人一直仰望你的学术权威性。”

“我不能只为身边的人而存在啊！”

“只是……你的身份不宜公开……”

“身份？呵呵！”

“这未尝不是一种保护，局外比你预料的要凶险，未必会那么轻易地将信任给你。你要知道，学术霸权也并不是毫无用处！粗暴的方式也是最简单的解决办法！”

霸权！？仁微青意识到，自己的身份也让自己成为了一向讨厌的学术霸权，他不想成为这样人，那是自己的智慧进步的终点，他要永远在内心保存那份“不同”。

“我不想成为学术霸权，质疑才会成就我的进步。”

“你最终成了自己讨厌的人。”李厘米哈哈一笑，眼前的这个人单纯至极，很有“封侯非我意，但愿海波平”的境界。

“是啊！原来我们每个人都在为成为一个自己讨厌的人而努力。”

“至少，我们不讨厌你，喜欢的紧！”

李厘米所说的“我们”应该不只是仁微青认识的那几个，肯定还包括那些仁微青不认识的。这些人在暗处，对仁微青的一切了如指掌，他们喜欢仁微青，恐怕只是因为仁微青有利益方面的价值。

仁微青在李厘米眼里过于单纯，世界并不是用这种单纯所能理解的，用单纯想象出来的处世原则，是一种自杀式的致命伤害。李厘米毕竟也是一个人，肮脏的世界待久了，内心被仁微青的单纯深深刺痛，这是一种心灵的震撼。利益不会是永恒的，而利益发生的过程却是波涛汹涌的，自己被席卷其中，大部分时候根本由不得自己。李厘米很难分辨自己到底是利益的获得者还是利益的牺牲品。

普通人或更愿意在意过去，社会精英更愿意在意未来。仁微青是为未来而存在的，李厘米希望未来能够得到保护；至少，自己该为未来尽一份力。

“人类的命运掌握在少数社会精英的手中，真相被普遍的相信恐怕很难做到，你只是有些不甘心。”李厘米说。

“一则信息的意义在于其含义得到传播。既然找到的真相，就需要被充分表达，争取被广泛地相信，并被保存延续到将来。这是文明的一部分。”

“我们负责找到真相，并不负责让人相信真相。”李厘米很世故地说。

“总该做点什么。”

“人们对不愿意相信的事情，总是会找不相信的理由。这和文明无关，文明只在少数精英的手中得到传承。”

“至少，要给普通人一些机会。”仁微青知道李厘米说的是事实，面对这些他感到很无奈。

“机会不是别人能给的，没有人能够以争论的方式说服别人。”争论，根本上还是两股利益之间的角力。与胜负有关，与真相无关。

“用争论的方式说服真相，还真不屑为之。”争论，不过是尝试说服一个根本就不打算相信你的人。

普通人权衡对错，并跟随“绝对的”对错思维。社会精英会跳过对错而权衡利弊，在他们眼里对错都不是重点。而只有普通智商的普通人，却浑身散发着藐视宇宙的傲慢，拿出傲慢展开毫无意义的对错之争。

李厘米拍拍仁微青的手臂，说：“你可以换个角度，将对待真相的视角转变成为信仰；借助具体的应用技术产品，让大众对其产生依赖。”

“这么做并不道德。”

“结果才是最重要的，过程并不重要。彻底了解人性之后，我想你会愿意的。”

仁微青一脸无奈，想想却只能妥协，说：“你能把事情说这么透，也算是够朋友。”

“在权治家的眼里，一切都是可以利用的资源，包括你心中的道德。”

“好吧！谈谈你的应用的成果转化吧！我能做些什么？”

“不是我的成果转化，包括你家楚可可哦！这些一直躲在你后面的人，也该登场了！”

“看看，我就知道，你早就已经有所准备了。”

“我所有的准备都是为你服务，你才是这个团队的技术灵魂。”

仁微青连忙摇手，说：“不要！千万不要！看起来像搞个人崇拜。对我来说，个人崇拜是对一个虔诚的科学信徒的品格诋毁。”

仁微青渴望听到不同的声音，不同才是探索的灵魂，异论也并非坏事。

“有限的资源被无序的低效率消耗，才是资源的悲哀！你才是高效率！”李厘米说。

“人是因果论中唯一的破绽，无由产生伟大的作品。我也需要这种质疑。”

“质疑是一种俯视，而你是一种仰视的存在。质疑你，需要有很高的高度。人间满足不了你的这个愿望，就让上帝来质疑你吧！”

“人间还有一种无由！这是一种值得敬畏的能力！”

人类能力所不能及的真相，在人类看来就是无由产生的伟大。

……

李厘米想起了一件重要的事，他对仁微青说：“作为你的朋友，我有一个请求。”

“请说！什么事？”仁微青有些诧异。

“无论任何时候，请不要对整个人类失望，虽然人类并不完美，甚至还有一些很糟糕的人。”

“我也有坏脾气，不打算只学会原谅。进化论中的‘天择’并不是一个原谅的过程。”

“人类可能伤害过你，但未来可以变得更好。”

“我也是人类一员，离开地球我连一个原子都带不走。”仁微青笑了笑。

“但，能力更大的人，责任也更大。”

“但在死亡来临之前，我会厌倦做一个人类，厌倦与不堪的人性为伍。”

“无论任何时候，请不要对整个人类失望。”李厘米重复刚才的话，语气很诚恳。

“我答应你。”

人类主要是普通人，绝大多数人在信息的引导下规矩地活动。他们中有些聪明的个别人，成为了精英分子。精英的思路与众不同，善于观察和学习，善于找到真相。还有第三种人，就是仁微青，他们是与未来在一起的人。

李厘米担心仁微青会对不堪的人性绝望。李厘米见过的不堪，恐怕要比仁微青任何想象都还要不堪。但是，李厘米还是希望仁微青对人类保持耐心，给人类一次机会。

人类也是天择之下的产物，既然是天择，是否接受自生自灭？人类站在个体生命的角度，理解天择是困难的。仁微青只看到了地球人一味的自大，一味的自私和功利。地球不一定需要外星人，但地球一定需要未来。可以肯定外星人一定有信仰，也可以肯定外星人的信仰，一定不是地球的神。

地球人类是一个整体发展的生命，想必外星人类也是这样的，在二者产生交集之前，可以视二者相互不相关，或弱相关。

价值观是人类个体关系的信息“素”，法律、道德、信仰就是分泌信息素的腺体。人和价值观的关系，类似细胞与“信息素”的关系。价值观是整个“地球生命体”背景信息的重要组成部分，这种信息传承就和生物的基因信息一样。基因信息中总会有些许“变异”，这些“变异”可能大部分是不适合未来发展，但总会有极少数会被未来选中，成为未来改变并发展的关键。

“记住你答应过我的事。”李厘米一再强调。

“为什么要这样强调？这不像你的风格，你都对我隐瞒了些什么？”

“我知道的，你终究都会知道。暂时，你再给我留一点体面。”

“好吧，我对你的秘密没有兴趣。”

“我不过是有些特别的消息渠道，你不会有兴趣的。”

“你倒不如说，我没有知道这些消息的权限，这样才显得有朋友间的坦率。”

仁微青的直白，让李厘米脸一红。

“或许，人类还有很多不足，但我们仍然在进步。”

“人类是感性的，这一点，人类永远都没有进步。终究会是个致命的弱点。”

“你若果真能接近上帝，那么在未来一定要给人类留个机会。”李厘米叹了口气。

“我和你一样需要这个机会，我也是人类。”

仁微青感慨地说：“如果心里能容下世界，世界便容下了你。”

又在别墅过了三个月，仁微青发布了信息的三大定律：

1. 信息获取（感知）总是存在局部取样与全局扰动之间的矛盾，只能采信局部代表全局的可能性。

2. 信息接受（信息受体）总是会与实际的信息发送之间产生损失，这种损失不可逆。

3. 一切本源呈或然性，信息以或然率选择为发生背景，意识信息是一种或然率调整，以更大的牺牲为代价。

29. 寄生人

过去，不仅浪费了时间，还浪费了年龄。

在记忆里，即使是相隔 30 年的事情，也可以瞬间完成情景过渡。如同黑白的默片电影一般。

彼世界，只有四十几岁的仁微青就死了。但这种死亡只不过是生物意义上的死亡。或者说，只是那具身体死了。死亡的过程也很痛，也很恐惧害怕，对生的世界也很依依不舍。不过，仁微青的这种死亡，在信息的角度看是不准确的。他还活着，只不过做了个手术。

手术前，仁微青和武茜谋划了这一切。一场生物意义上的死亡，除了终结仁微青和彼世界的利益瓜葛，也是一场重要的信息实验。

……

在新西兰的一个孤岛上，一些人正在为手术进行最后的准备。

“宿主运到了吗？”武茜问其中一位助手。

“到了，已经进行解冻，进入唤醒程序。”助手答道。

所谓的“宿主”，就是一具人的身体。神秘的“离恨天”，几乎无所不能，只有你想不到的，没有他们做不到的。包括这次，仁微青要“自杀”，可以！自杀却不能死透，可以！不死透之后还要继续活着……照样满足他。

这次“自杀”并不是普通的自杀，很复杂，也很诡异，各种古怪的需求都有。“离恨天”都一一地满足了他。

就在仁微青提出自己的整个构想之后，“离恨天”很快为仁微青解决了最难解决的问题，提供了一具健康的男人身体——信息宿主。得到“他”不光是用钱就可以解决的。除了钱，还要解决法律问题。即使解决了法律问题，还要解决道德层面的问题。

关于这具身体怎么来的？之前是一个怎样的人……所有这些，并没有人告诉仁微青。

通过将脑连接，将脑信息转移到另外一具身体上。这些对于武茜来说，不算是挑战性的工作。从技术角度来讲，这种脑连接和脑信息传送技术十分成熟。但是，将宿主原有脑信息覆盖，却不是一件容易的事情。手术既不像“计算机拷贝”那么简单，也没有大脑器官移植那么复杂。比“计算机拷贝”需要更多一些的时间，因为个体之间的大脑生物个性十分明显，每个人的大脑和身体都是不一样的。每个人的脑电波都像指纹一样，具有各自的特征。

大脑信息之间的拷贝，是根据生物神经的信息存储机理进行的信息擦除或覆盖。一般情况下，擦除手术不敢进行类似“计算机磁记录格式化”一样操作。医生并不知道那段记忆是无用的，或那些擦除不会关联到其他的基本肌体功能。大脑存储信息逻辑图要比“人脑图”的绘制复杂几个数量级。所以，手术中只能尽可能覆盖、强化、主导逻辑关系。

脑拷贝，就像是鬼故事中的“借尸还魂”术，活在别人的身体里。这种活着的方式，摆脱了传统意义上的生死局限。死一次，再重生一次。仁微青的这一次死亡，并不比一般的死亡要轻松多少。他毕竟是个生物人，具有痛觉及神经系统，具有激素和欲望、具有朴素的种族情感。

情感上的生离死别，语言难倾，泪水难填。

他那具普通人的外形身体，是仁微青与彼世界建立一切联系的依附，是派生所有人际关系的具体占有。事情远比看起来复杂。

在占有这具新身体之后，他发现这个身体上仍旧残留有属于这个身体的记忆，这种记忆并非是一段影像，而是身体器官、激素腺体和大脑之间自然形成的联系，这种原有的联系与仁微青原有的大脑信息格格不入。

武茜的手术对信息载入没问题，但是对信息宿主原有记忆覆盖，并不能做到很彻底。只能通过信息植入、擦除、极化等手段，将信息宿主原有脑信息最大程度地覆盖，而这些都只能通过手术、药物和训练予以实现。术后训练中，信息宿主原来的记忆信息数据将大部分会消失，至少不再具有原有的绝大部分人物个性意识。擦除工作就像是鸡蛋里调筋，这很矛盾，既不能破坏宿主，又要消除冲突。做好这个工作只能是尽可能，尽可能，就是不彻底的意思。

手术时间需要持续几个月。在武茜的精心照料下，手术很顺利。随着时间的推移，对信息宿主的脑信息覆盖越来越彻底。武茜终于松了一口气。

这个新身体比原来的仁微青要强壮很多，且有一副俊美的外形，甚至比张硕还要俊美些。武茜很享受这个手术的执行过程，第一次离仁微青无限的近，常常在手术中进入花痴状态。

仁微青的脑信息转移，是一次秘密的行动。这个秘密只有包括武茜在内的极少数人知道。手术之后，仁微青的新身份是一个普通人，姓名：游为人，38 岁，渔民。但是，脑信息的自我意识中，他还是仁微青，他还是愿意做仁微青。

……

“要不要把真相告诉可可？”病房里的新仁微青问身边的武茜。

“你……准备什么时候告诉可可？”武茜犹豫地问。

“就现在。”仁微青有些焦躁。

“当然，只要你都考虑清楚了。”武茜眼里充满了顺从，她除了对这具身体极其的满意之外，或还有其他幻想。这个男人不再是仁微青，却分明就是仁微青；他的心或仍然属于楚可可，身体却分明不再属于楚可可。

“可是，我这样一副身体，如何面对她？她又该如何接受我？”仁微青很绝望地说。

“嗯！这是一个问题。”

“我还是不要说了，我又怎么能够让这样一个陌生人，躺在她的枕头边？！想想都有些不洁。”

“你……或许……应该有新的生活。”武茜说。

仁微青沉默不语，听懂了武茜话里有话。他假装没有听懂，仍旧继续那个原来话题路径进程。

“我还是不告诉可可了。我欠她一个安稳，应该给可可一个平静的余生。”

“你岂止是欠她一个人，你不欠我吗？”武茜目光狡黠。

“我……我不能欺骗你，你明明就知道……”

“可是我……”

仁微青拉过武茜的手，制止了她继续说下去。

“在剩下的时间，我在这个世界里，也就剩下你了。”

“我也是女人，也渴望爱。”从不服输的武茜，眼睛里第一次有了眼泪。

“两厢厮守不够吗？为什么一定要去定义这种感情的种类呢。”

“我只是一个普通女人，渴望普通的一切。”

婚姻，仁微青知道女人所指。婚姻就是法定性关系。难道一定要用性来证明爱吗？可惜，人毕竟是动物。对于由激素维持生命运转的生物人而言，性确实十分必要。甚至可以说，如果没有性激素，很难有所谓的爱情。

这一年，武茜 45 岁。

……

术后三个月，武茜观测到一个坏现象。随着时间的推移，那些原本被覆盖的记忆出现了复苏的现象。仁微青时常会有一些宿主原有的习惯性动作，比如，思考问题的时候揪耳垂，耳垂都被揪出了老茧。越是这种无意识的习惯和记忆，越早得到复苏，并且很顽固。

或许是太累了，也或许是太紧张了。这里是一座孤岛，人迹罕至。小半年以来，久不见人间烟火。由于长期待在一个地方，大部分时间在屋子里，久了就难免烦闷。一次，仁微青要出去走走，武茜十分高兴，要求全程陪护。武茜是主治医生，这要求很合理；况且武茜很美丽，这要求很合出游心情。没有人会拒绝这种合理又合心情的要求。

出岛后，大家最大的愿望就是看人，看街道上的人来人往。有喧嚣的市场，也有各种食物的气味，感觉到还是人间好。连咖啡馆飘出来的香气都那么迷人。仁微青正陶醉在刚刚获得的嗅觉之中。突然，在仁微青身后，一个10岁左右的小女孩拿着一个气球跑了过来，经过仁微青身边的时候，气球轻轻地碰了一下仁微青的胳膊，仁微青的目光被小女孩的背影吸引了，耳中传来一阵小女孩银铃般的笑声。仁微青一阵眩晕，一些破碎的残影浮现在脑海里……

这……这女孩的背影……好熟悉……仁微青心里涌出一阵异样的感情，温馨、疼爱、美丽像花蝴蝶、欢快的笑声……仁微青觉得自己也有一个女儿！……

不……确切地说，这个身体——脑信息的宿主，原本也有一个女儿。

关于女儿的记忆似乎不止这些，似乎充满了莫名其妙的悲伤……自己与女儿之间似乎有一条很深的划痕，深深地伤害了美丽的花蝴蝶。

武茜注意到了仁微青的眩晕状态，她唤过助理们，立刻打道回府。

仁微青和武茜都意识到，这些被擦除过的记忆的残片，很容易被一种类似的画面唤醒。擦除记忆，永远是这个手术中最难的部分。

女儿的痛苦刺痛仁微青的心，女儿似乎还在等待自己去拯救。这些残缺的记忆一旦混进来，就再也无法与仁微青的记忆分开。仁微青决定搞清楚这个宿主身体的主人是谁，找到这个身体原主人的家庭。

这具身体到底怎么来的？借来的？抢来的？买来的？偷来的？……这些都有可能。这个身体本来有主人，不管是那种手段，结果都一样。仁微青有些内疚，希望做些迟到的弥补。如果，这其中有些道德错误，应该由仁微青来承担。如果有些错误不可弥补，自己对于身体的原主人的家庭身份、社会身份都应该要有所担当。

“离恨天”会满足仁微青的任何要求，从不质疑和阻拦他的行为。

仁微青很快在湾湾省的一个海滨渔村找到了这户家庭。但是，仁微青并没有贸然出现在这个家庭里，他和武茜一起在暗中调查了解这个家庭的一切。远远地，他第一次见到了这个身体的女儿和妻子，那瞬间产生了感动。

探听消息并不困难，特别是有钱人。

听说了这个家庭的故事，武茜没有忍住眼泪，也没有忍住好奇。小女孩每天都会到小渔村唯一的马路口上去等爸爸。武茜便上前去和小女孩聊天。

“小姑娘真漂亮！该上学三年级了吧。”

“嗯！上了，二年级。”

“你在这里干什么呢？”

“等爸爸！”

“你妈妈呢？”

“她刚回家了，回家给爸爸做饭去了，顺便再收拾收拾搬家的行李。”

“收拾行李？你们要搬家？”

“是的，我们要搬家了。”

“搬家？去哪里？”

“搬去城里，因为我生病，都已经辍学 2 年了。妈妈说，我得上学。”

“那……你的爸爸呢？”

……

一番聊天下来，武茜终于知道这个家庭不幸的故事。宿主身体的女儿得了一种十分严重的病，需要高昂的医疗费用，这个普通家庭无法承担。父亲万般无奈，卖掉了能卖掉的一切，仍旧不够。于是，他们从城里搬到祖上遗留下来的渔村祖宅，靠出海打渔的方式尽可能多赚点。男人的心里不忍心看见女儿和妻子的痛苦，但是，也知道自己无论如何努力也无法支付那个费用。正在这时，一个偶然的发财机会恰好找到了他。

……男人卖掉了自己的身体。

妻子突然得到了一笔钱，是丈夫转给自己的。同时，捎口信说要出去外地工作一段时间。妻子想，能挣这么多钱的工作，想必十分凶险，心中一直忐忑不安。

小女孩的病得到了治疗，剩下的钱，足够母女俩摆脱之后的生活困境。按照小女孩的年龄，她该到城里去上学了。

武茜继续问：“哦！那是要去上学。怎么？你应该高兴才对呀？”

“我不高兴，因为爸爸没有回来！”

“爸爸没有回来，和你上学不耽误呀！”

“我走了，爸爸如果回家谁给他开门呀？妈妈如果也走了，谁给他做饭呀？”

“爸爸是大人，会照顾好自己的。”

“才不会呢！妈妈经常说，一个大男人，却不会照顾自己。”

“在这里等爸爸，妈妈同意吗？”

小女孩露出一个得意的笑容，神秘地说：“她本来不同意，前天就要走。”

“那……前天为什么没有走啊？”

“因为，走的时候我藏起来了，她没有找到我。”

“妈妈生气了吗？”

“一开始生气，我就哭。后来她就抱着我一起哭……”

原来，小女孩用孩子有限的智力游戏，尽量拖延妈妈计划搬走的时间。妈妈故意输给这种孩子气的天真，所以，现在母女俩还留在渔村没有走。

小女孩总是语气坚定地说，要等爸爸回家。每逢人问及，便说：“如果搬走了，爸爸会找不到新家。爸爸找不到家，就找不到自己了。”

“我相信！你爸爸会回来的！”

“嗯！我也相信！”

武茜的眼泪再也不听使唤，不听话地流了下来。

……

仁微青决定将这具身体还给这个家庭，他和武茜商量。

“没有身体，你会真死掉的。”武茜说。

“再找一个不那么悲惨的，我为了自己活着，也不能作孽。”

武茜摇摇头，她知道，仁微青已经决定了。

“即使，你将这个身体还给她们母女，也不能恢复原来的全部记忆，同时也不能彻底擦除你现在的全部记忆。”

“这个家庭需要的不是记忆，而是以一具肉身为承载的现在和将来。”

“要么，你也复制一份给我吧！”

仁微青再一次无语。

……

接下来的很多年。仁微青不断地交换身体，但每次都有不同的境遇和故事。每一次故事的结果，都是以仁微青离开那个身体为结局。就这样，仁微青生生死死地活了 153 年。

对于仁微青而言，常年活在另外一个身体里，理性与感性的冲突是一件痛苦的事情。只要是生物人的身体，就必然拥有身体的同时拥有各种腺体，产生各种维持身体的激素；有激素的存在，就不可能没有情绪。

续命游戏，已经过得十分枯燥乏味。

他选择离开这个世界，摆脱人形肉身的限制。

在仁微青成为网络中的信息簇“幽灵”之前，仁微青寄生在一个叫安德鲁的美国人身体里，以安德鲁的身份成为了最后一个寄生人。于是，有了故事开始时的那一幕。

在彼世界最后的那段生命里，仁微青像一只“幽灵”活在网络的世界里，一个由信息构成的“信息幽灵”。说得更清晰一点就是，那段时间里，自己仅仅是一组信息，这组信息活在计算机网络机器里。“信息幽灵”活在网络中，没有时间的概念，时间的快慢不是很紧要。这是因为自己已经以一组信息簇存在于网络的世界，有逻辑却不产生目的。

仁微青不太明白，在这段时间里，自己到底是活着还是死了。如果要证明自己是活的，除非这时候还拥有自主的意识。在心理学和哲学分别对意识予以专业的定义，哲学强调生命之主观，而心理学强调生物机能。广义的意识是指大脑对客观世界的反应，这表现了心理学脱胎于哲学的一种特殊的学术现象，意识是赋予现实的心理现象的总体，是作为直接经验的个人的主观现象，表现为知、情、意三者的统一。意识具有自觉性、目的性和能动性三大作用特性。这牵扯到一个问题，意识是确定的还是不确定的？很显然，我们都承认意识是“不确定性的”信息活动。这与量子理论之中的“不确定性原则”几乎是同一个问题。

在寄生于网络的“信息幽灵”那段时间里，是不是具有“不确定性”的信息处理主体？这个问题很重要。虽不能充分证明意识的存在，至少可以进一步证明意识存在的可能。

为这个疑惑找到答案很容易。首先，为“信息幽灵”通过连接网络的传感器与现实世界建立信息联系。由于通过网络可以与现实中的在线传感网络联络为一体，这些产生感知数据的传感源头本身就具有“不确定性”。其次，在处理这些信息的算法中，有模糊的归纳方法，也有随机不充分，也有误差容忍和假设……所以，算法中也具有“不确定性”。

即使确定“信息幽灵”具有“不确定性”的特征，仍旧不能确定其“人”的特性。因为没有激素类信息素，这使“信息幽灵”与生物人之间有很大的区别。这种体验很奇特，既失去了生命特征，又没有死去。在网络中存在的是一些记忆，和生物大脑残留下来的未完成目的。没有生物的激素欲望，也就不能产生新的行为目的，即使是那些未完成目的，也缺乏体验性理解的能力。

这样的状态，也并非全无好处。“信息幽灵”可以在 1 秒钟之内，同时存在于纽约与巴黎，也可以无损地记住任何数据，还可以通过人类连烧脑也无法完成的逻辑迷宫……时间和空间对于“信息幽灵”而言，意义完全变得不一样。看起来，这似乎又是一次进步，相对于从前的人类科技，每一次进步都改变了空间距离和时间效率。这次进步更大一些。

在这段时间，仁微青做了一些信息跳跃实验。

在计算机网络机器中，信息的速度传播通过介质，速度总是会低于电磁波的基准速度；于是，时间就产生了。怎样让信息的速度快于电磁波？

一个选择题，有一个题目和四个选项，一般先看题目再看选项，之后再做出选择答案。如果，先不知道题目的问题是什么，只知道四个选项。并且，这个选择题的答案先出现，隔一段时间才得到这个选择题的题目是什么。正常逻辑之下，做对这个题目就是一个概率问题。如果出现一个奇怪的现象，有人总是能够得到正确的答案，并不像“碰运气”。那么，我们可以怀疑是不是答案与问题之间出现了一些奇怪的联系，这些答案来自于未来。在质能时空中，物质和能量的本身根本做不到这一点，人有形的大脑、身体也做不到这一点。但是，也许信息的本身可以，只要答案可以向未来的问题发送信息。

……

在整个彼世界。只有楚可可知道，自己到底是谁。

如果大脑之中的那份记忆是真实的，那么自己既是楚可可，也是那个叫杜疏影的女孩。杜教授是自己的父亲，仁微青就是那个从小就暗恋自己的羞涩男生。人际关系真奇怪，换个身份和他们相处，本该很尴尬的关系变得很从容。

车祸前的两个星期，李厘米和武茜在美国脑科医院秘密地会面。看起来，两人相识已久，他们必须执行一项秘密任务。武茜除了公开的工作身份是大学传道师，还有另外一种身份，供职于国家调查局。她们这种特殊家庭成长的孩子，注定从小就要为家族利益承担责任。

“脑供体已经进入目标范围，受体手术准备好了吗？”李厘米问。

“受体已经进入休眠状态，手术专家已经全部到位，手术条件已经具备。”

“呃……姐！有一项新指令，行动时间延后 8 天 19 个小时。”

“别叫什么姐不姐的，注意纪律。你确定延期至下个星期？”

“根据最新的计算结果，窗口期内的最佳时间是一个星期之后。具体时间 8 天 19 个小时。”

“知道了，没问题。”

“你……不想问为什么？”

“我们都不是新人，不会问这么傻的问题。”

“私底下也不想问？我可以把我知道的告诉你。”

“我不想知道！我也不会把我知道的告诉你。”武茜显得干练、专业。交换秘密是违反纪律的行为。

“好吧！你一向这么强势。”

“好好执行任务吧，李家大少爷。”武茜讽刺地说。

“我怎么听出嫌弃的味道了呢？”

“怎么不嫌弃，你是杀人，我是救人，道德层面不一样。”

“好像我愿意似的，要么换换？”

“换？！救人你会吗？怎么换？让你把尸体再杀死一遍？”

“我这是执行任务，不能这么数落我。咱们还是亲戚呢！留点见面的余地！”李厘米斗嘴皮子是永远斗不过武茜的。

“亲戚，还好意思提，我堂妹武香真是瞎了眼，看上了你这个冷血杀手。这么久，你还把我妹子还蒙在鼓里吧！”

……

这是一个阳光明媚的日子，是杜疏影最后一次见到太阳，最后活在世界的一天。在通过一段人行斑马线过马路的时候，一辆疾驰而至的车将她撞得飞了起来，汽车撞飞她之后没有停下来，再次加大油门，疾驰而去。在警车做出反应之前，肇事车辆钻进一个巷子，这个巷子刚好是监控的盲区。司机从肇事车上下来，弃车后上了一辆刚好等在路口的车，肇事司机一上车，汽车就加入街道上班的车流之中，消失在上班车流的掩护之中。只听得背后一声巨响，肇事车辆被引爆燃烧起来。坐定后的司机脱掉外套，摘下面具和手套，露出了真容。没错！他正是李厘米。

整个过程干净利索，手法十分专业，如教科书般。

救护车辆赶在警察到达之前抵达肇事地点。医务人员将杜疏影抬上救护车，鸣响急救警报声疾驰而去。地面上除了留下一摊血迹，就像刚刚的事情没有发生过一样。

在医院的手术室里，杜疏影的大脑被移植到楚可可的身体里，武茜全程参与了手术的过程。

武茜和她的“离恨天”杀死了杜疏影，又救活了杜疏影，如果这是一次医学上的抢救生命手术，她知道手术中发生的一切。这场手术也许只救了一个人，也许救了两个人，也许还杀死了一个人。这要看人到底是指什么？

在人的观念之中，一直有一个争论了很久的道德悖论，杀死一个无辜的人，为了拯救更多的人。著名的“有轨电车悖论”，其意义就与武茜的任务有关。武茜只知道必须执行任务，随时准备牺牲，包括牺牲自己的道德观念，这在从小的训练中被无数次考验。

“有轨电车悖论”忽略了一个考虑问题的角度。如果牺牲一个人拯救的不是一车人，而是一个城市数以百万计的人呢？如果是整个地球呢？

无论任务的目的是什么，杜疏影、楚可可似乎处于一个巨大的阴谋之中，武茜隐约感觉到，其真正目标是仁微青。武茜并不否认，自己一直对杜疏影有愧疚之心。虽然，她不了解任务的全部含义，也不了解为什么要对一个无辜的年轻女孩下手。她也不愿意深究，因为，深究下去也许会发现冠冕堂皇的民族大义或者人类未来，但是这些美丽的大义之下，都藏着各类的私心利益。

术后，她尽可能关照这个女孩，哪怕她的名字叫楚可可，而不再叫杜疏影。

李厘米也不知道任务的细节，只听说这么做意义重大，仁微青将对世界产生巨大影响，要引导这种影响，必须影响仁微青。以这种方式“杀死”杜疏影是为了阻止一件事的发生。那件事将不可逆地改变整个世界格局。李厘米用一生在思考这个问题。

……

在手术的过程中，杜疏影想到了各种人物，父亲、母亲、老师、同学……母亲的印象最模糊，但是母亲的怀抱仍旧很温暖，像飘在天空的棉花一样，柔软而温暖。她又梦见了母亲和父亲吵架，为了让爸爸妈妈和好，故意打碎玻璃杯把自己的手指割伤，自己的伤口可以让爸爸妈妈和好。她又梦见了妈妈生病，自己和妈妈一样的痛苦……全身像被蚂蚁咬，却不能挠痒。

这个梦做了好久，往事一幕一幕地出现。身体外有一双手使劲将自己拽出身体以外，硬生生地塞进一个塑料盒子，竟然昏了过去。

再一次做梦的时候，已经在一个陌生的环境中。想起了很多事和很多人。在杜疏影的记忆中，竟然仁微青是一位很重要的人。

那年，自己还是个中学生，仁微青还只是个胆小怕事的小男孩。刚来班里的时候，一口蜀渝普通话，全班都笑话他。班里就数这个男孩个子比较瘦小，是班上个子最矮的人。可是论脑袋瓜，仁微青是十分聪明的人，总是得到各科的任课老师的喜欢。仁微青成绩很好，他总是第二，自己总是第一，就像故意让出来的第一似的。除了成绩好，似乎没什么人注意到他，直到高三那年，他竟然突然长高。自此以后，仁微青看自己的眼神总是那么的奇怪。

仁微青对自己有些奇怪，自己的大学及研究生学习，竟然也一直和他在一起，不知是故意还是巧合。其实，仁微青的眼神自己高中时就大概懂了，青春年少的自己哪能不懂那些眼神中的火焰。只是，他一直不开口，也只能当作不知道。这事总不能由女孩子开口，万一自己误会了，那可就糗大了。

杜爸爸对自己要求十分严格，从读书学习到工作，几乎都是他一手安排的。自己一个大姑娘，竟然在一个男人扎堆的天文物理研究所工作，成天围着一堆仪器打转。不过，还好有仁微青一直在身边陪伴自己，不至于那么的孤单。

从小杜疏影就羡慕那些可以打扮时髦的女孩，羡慕她们可以成群结队去疯，羡慕那种说走就走的旅行，羡慕她们可以真的年轻。甚至，她渴望可以和她们一起讨论一个明星，听听那些年轻人嘴里的化妆品和流行打扮……可是，那些年轻人都在窗外，自己在书桌前的书堆里，一层窗户的玻璃隔开了内、外，生成了两种世界。

自己渴望一场恋爱，渴望一场只要不是爸爸安排的意外。而要达到这些目的，必须离开自己的爸爸。杜疏影无数次翻动桌上的地球仪，找到自己的位置，和离这个位置最远的地球背面。如果在地球仪上钻一个洞，这个洞就通往那个地方——美国。

杜疏影知道爸爸是不会同意的，她也没有指望他会同意。她要让自己的人生变成自己的。自己走不走并不取决于爸爸，而取决于自己的决心。

父女之间终究还是吵了一架，第一次吵，也成为最后一次吵。吵完之后，杜疏影很后悔。她知道还有很多办法可以达到自己的目的，吵架不是最好的选择，却是一次很好的宣泄。

对了车祸，那次车祸！……

自己到底是死了还是活着？难道真有地狱！在一阵心跳加速中，杜疏影再一次失去了意识。

不知过了多久，自己终于醒了，这一次睁开了眼睛。第一个见到的人就是武茜。

“我是武茜，你的手术医生，你刚接受手术，现在很安全，手术很成功，请安心休息。”武茜缓慢地安抚刚醒来的杜疏影。或者，此刻应该称她为楚可可。

“我……在哪里……”她说话有些吃力，声音很小。

“这里是美国××医院，你现在很安全。”武茜慢慢地说。

“我……发生了……什么？”

“为了你的治疗，我必须给你注射些药物，这有助于你的恢复。”说罢，武茜吩咐护士用药。

护士在她手臂上找到滞留针头，往滞留针头里注射了一些药物，病床上的她再次昏昏地睡去。

等她再一次醒来，不得不接受被脑移植的事实。自己再也不是杜疏影了。在自己的要求下，她在太平间见到了自己的遗体，那感觉好奇怪。

车祸之后的脑移植手术，楚可可的世界不再有杜爸爸，不再有杜疏影身份中的一切关系，顿时有一种从未获得过的自由的感觉。从那身躯壳中蜕出来的，就像一个一直被囚禁的灵魂。她再也不想回去了。

武茜向她介绍了自己所了解的一些情况，并找她谈了许多关于治疗和楚可可身份的一切。病榻前的关怀，往往会成为信任的基石。武茜和楚可可在此建立了深刻的友谊。楚可可感恩，武茜弥补愧疚。

这也算好事，就如同开启了一个山洞中的宝库，宝库之中的财富改变了自己的身份。凭借这个新的身份，从此可以自在地生活，这一直是自己向往的。终于可以不再和以前一样，再扎堆在男人中工作。

楚可可是一个女人，就像自己希望的那样，一个美丽的女人，一个时尚有魅力的女人。而且，她身边本来就有很多的追求者，似乎一场浪漫的爱情正在等着自己。

她并不怪医生对自己动的这个手术。毕竟医生救死扶伤，移植大脑也是无奈之举。若不是武茜，自己面临车祸死亡，而原来的楚可可面临脑死亡致使全身衰竭死亡。这个手术至少救了两个人，或者两个半个人。

据说武茜医术了得，若不是她，恐怕自己也没有机会接受脑科移植手术。武茜在著名的脑科所工作，她师父是著名的脑科专家戴纵纬。

……

楚可可被要求几件事：

第一，不能对任何人泄露自己大脑记忆中的身份；

第二，不能与记忆中的人相认；

第三，从此为国家调查局工作。

泄露机密的动机，就是炫耀自己受人信赖。——塞•约翰逊

30. 多年以后

学习，不是为了让大脑变得崭新，而是不让大脑变得陈旧。

在地球上，对于一个地球人来说，一百年过得很漫长。但只要换个视角，这段时间只是一瞬间。生命的过程，就如同一个极限函数。面对函数的“极限”，首先要应对一个过程，这个过程的“终点”永远达不到。人的一生没有“终极”，只有“终点”。最终所能得的，只有一个过程，从未达到“终极”。

时间：公元 2176 年。

如果不是因为天上的那颗蓝色的星球，这里大概会被误会成世界末日的样子。

眼前的土地上没有任何生机，只有厚厚的一层尘埃，只要有任何动作都会让这些尘埃扬起，又在十分稀薄的空气中像鹅毛一样落下。

这里是月球表面。月球的表面是灰青色的，看起来很暗，并不像从地球上仰望的“月亮”那么白。

在地球上，世界的末日并没有在此之前发生，也不像马上就要发生的样子，地球比灾难片中安全很多。月球上没有气候天气的影响，站在月球表面抬头看天空，天空看着比喜马拉雅高原上的天空还要晴朗。地球在天空中，表面大部分是蓝色的，大约是地球上看月亮直径 4 倍大小的样子。不过，视觉上感觉还要大一些。

100 多年前，人类来到月球上常驻工作站。月球作为地球的卫星，比人造卫星要大得多，也要远得多。月球一直就在这里，它在这里的时间比任何地球上的生物出现都要早，换个说法，没有月球也许地球现在还不会有生物。

古人们为天空中的月亮作诗无数，却从未设想过还有其他用处。月球和地球上的潮汐有直接关系，潮汐和地球气候有直接关系，气候和地球生物有直接关系……总之，月球虽远，却对地球生物很重要，它是地球生命不可分割的一部分。

现在月球成为了地球人踏入太空的驿站，如果人类踏入太空，这里是“十里相送”的长亭。这里的一切就像是设计好了似的，无可挑剔的精妙合理。从月球向太空出发，并不需要太多的能量。月球上有大量的“核”能源，正好可以提供给开发月球港所需。巧合的不只这些，月球的背面就像雷达永远照向宇宙深空……

或许，美国人第一次到访的时候就已经发现月球的这些用途。不过，地球人常驻月球设置工作站，并对月球资源进行开发利用，已经是发生在第一次登月100年后的事了。

月球的一面永远地朝向地球，而背面永远朝向太空，月球的表面除了灰色的灰尘，还有漫长的白昼更迭。月球似乎是为地球上的生态繁衍设计好的一个太空伴侣，月球的公转使地球产生海洋潮汐。虽然，地球上的岩石和土壤看起来很坚硬，但是内部的地幔与表面的地壳也有微弱的潮汐现象。由于地球上的潮汐作用力与地球自转的方向相反，月球就像地球的自转中的“刹车”，使地球的自转周期越来越慢，一天的时间极其缓慢地增长。经历了将近300年之后，大约一年的时间增加了将近1分钟，这几乎让你在生活中毫无察觉。也因为这种潮汐关系，月球在地球的反作用力缓慢地距离地球越来越远。经历了将近200年之后，月球与地球的平均距离增加了大约8米。

月球上本来没有大气，月面尘埃物质的热容量小而且导热率很低，这些因素使月球表面昼夜的温差很大。白天，月球表面在阳光垂直照射的地方温度超过100℃；到了夜晚，其表面温度又可降低到——150℃以下。这样的条件根本不适合人类的居住，但月球是人类走向太空的驿站，最近的太空港口。

若要离开地球，人类首先必须工作移民到月球，使月球具有长期居住的环境条件。为了改善月球昼夜温差的状况，人类在56年前开始在月球人为制造大气，以减少昼夜温差。即使用了将近50年的时间，现在的月面也只有一层稀薄的大气存在，大气压只达到地球表面的十二分之一，不过温度已经控制在-100~+80℃。这已经是一个巨大的进步了，这个温度区间仍然不可以容忍液态的水，水在这个气压下43℃就会沸腾。

在地球的生命早期，昼夜温差就和月球上一样的大，温度总是在水的沸点与凝点之间，那时候的地球和月球表面一样的荒凉，毫无生机。把温度控制在-100~+80℃之后，就需要解决月面上的人类居住庇护所和水的问题了。

人们已经开始在月球上引入一些生物，相信用不了多久，它们就可以自由地进化，适应这种恶劣的环境。在月球上，太阳的辐射比地球表面强烈得多，刚好可以加速物种基因的变异，隔代变异是生物的一个重要属性。如果月球上的生物和地球上的生物一样保持基因相对稳定，那么这些引入的生物恐怕需要漫长的时间才能完成环境适应性进化的过程。

这里成为了基因培育基地，月球上培育的物种不仅用于改造月球，还向地球上提供特殊的种子。也计划把一些进化后的种子提供给太阳系临近的行星。

月球只是一个港口，人类的目的是更大的星球，月球太小，也并不适合人类的生活移民。但港口的用途又岂止是交通，还包含信息的港口，地球生物基因向太空过渡的港口，基因信息只不过是一种面对未来的信息背景。

月球的表面大量分布着各种大小的撞击坑，这些撞击坑恰好可以被利用作为建造人类居住的庇护所。首先，需要在这些天然的坑上加上一个顶。这个顶可以用来抵御一部分的太阳辐射，也可以用来阻挡一部分的热量损失，充当地球表面的大气层的缓冲昼夜温差的功能。但是，这还不能够满足人类居住的条件，必须要解决自由呼吸空气、水和食物自给的问题。

接下来，在庇护所内，人们根据需要像蚂蚁洞穴那样建造气密的生活居所，让一部分阳光照进来，提供植物生长阳光。气密的蚂蚁洞穴内充满了空气，人和动物、植物们在这里自由地呼吸，生态地循环依存，所有的资源都得到了最恰当的循环与利用。

大多数的人们都居住生活在月球的向地面，但是有些人的工作却必须在背地面进行。比如，在背地面有一个比黔州“天眼”还要大的射电望远镜“天眼 2 号”，恰到好处地镶嵌在一个月面撞击坑内。月球上没有遮挡和干扰的环境让这里的射电望远镜可以更好地工作，在人类到来之前，这个撞击坑倒像是为人类的到来准备好了似的。“天眼 2 号”永远背靠着地球，面向远离地球的宇宙深空扫描，以地球的视角围绕地球公转扫描太空。

“天眼 2 号”对外照射几乎没有遮挡，没有像地球表面的大气层阻挡。在这里相对地球表面而言，这里的电磁环境要纯净得多。

又有一架货运空天飞机搭载着一批新物资抵达月球，工作人员开始忙碌着装卸。搭坐这一趟飞机前来的还有一批客人，他们第一次到月球，对月球有各式的兴奋与好奇。对于月球的老员工来说，每次迎来自地球过来的飞船都很亲切，这是他们与地球接触最亲密的方式。久居月球的人对天空中蓝色地球家乡的思念，有些类似诗句中的“婵娟”，但又不尽相同。站在地球上远望月亮时对家乡的思念，家乡不在月亮上，而此刻月球在脚下，家乡在天空的蓝色地球上。

在月球上，黑夜十分的漫长，而白天也很长，太阳从东边升出“月平线”至中天，需要经过 160 多个钟头才能达到；又需 160 多个钟头从中天落到“月平线”下；整个白天有 2 个星期那么久。同样，再经过 320 多个小时的黑夜，才算一个完整的月球上的“昼夜”。月球上的一“天”，大约是地球上的 4 个星期左右。准确的数据是：地球上的一天（恒星日）是 23 小时 56 分 4 秒，月球上的一“天”与地球相比是 27.32 地球天。不过，这些并没有影响在月球上工作的人们，人们仍旧按照地球上的时间作息。

空天飞机卸货工作人员，都像甲壳动物一样穿着一层外壳。

在公元 2100 年之后，整个人类基本普及了穿戴外骨骼服装、感官增强、脑智力辅助增强等设备。而这些设备可以随时保持网络连接在线状态。人们社交的方式完全变得不一样了，由聊天社区进化到共享地球了。不过，千万别再用你此刻的价值观去度量彼时的人们，人类的价值观总是追随认知的脚步，人们此刻的价值观也发生了翻天覆地的改变。

从太空看向地球，地球很渺小。用地外理性生命的视角审视我们的家园，从谦虚的视角观察地球生态中万物的联系，人类除了傲慢什么都没学会。这些人总是注意太空，甚至都不仔细看看自己的星球。

站在月球上，用望远镜看地球。你会发现，原来地球表面空气中的云层内部的闪电是那么的频繁，几乎随时都在发生，空气中离子的存在，将一个大范围的空气变成了导电体，以闪电的方式释放或消耗来自太阳的能量。这些宏观的视角景象，在我们地球上生活的人们眼里，会很吃惊。正是这些千丝万缕的万物联系，才使地球生命得以延续和发展。

在卫星技术出现之前，人类根本无法将发生在各地的自然现象联系在一起，而通过许多个人造卫星对地球大气圈层、海洋、陆地的全局化观测，用人类习惯的可视化图像描述了这些现象之间的联系，人类才开始认知到地球上发生的气象规律，并借此预测未来。我们肉眼根本看不见的水汽，通过卫星可以将之可视化；我们看不见的空气离子携带的电荷，通过卫星也可以将之可视化。人类对信息的认知的局限，受制于人类的眼睛；同样，人类的想象力的局限，也受制于人类对视觉图像的依赖。

地球是整个宇宙很小的一小部分，人类通过了解地球，也只能了解到宇宙中的一小部分。除非人类能走向太空，才能了解到更多。

月球背面的“天眼 2 号”，将视野深入到地球以外。

在地球以外，人们就观测到黑洞。在一百多年以前，爱因斯坦的广义相对论中，黑洞被定义为宇宙空间内存在的一种天体。在这个理论中，人们认为“黑洞”由于引力很大，使视界内的逃逸速度大于光速。

人类对黑洞的猜想最早是源自于一次计算。早在 1916 年，德国天文学家史瓦西通过计算得到了爱因斯坦引力场方程的一个真空解。这个引力场方程解表明：如果将大量物质集中于空间一点，其周围会产生一个界面——“视界”，即使光也无法逃脱这个界面。这就是黑洞。

黑洞就是中心的一个密度无限大、时空曲率无限高、体积无限小、热量无限大的奇点和周围一部分空空如也的天区，这个天区范围之内不可见。依据爱因斯坦的相对论，当一颗垂死恒星崩溃，它将聚集成一点，这里将成为黑洞，吞噬邻近宇宙区域的所有光线和任何物质。爱因斯坦曾经将引力描述为时空的几何属性，黑洞为广义相对论的预测之一。

当时的人们生活在经典物理指导下，一切都在物质与能量的世界里，世界的一切必须用物质和能量的关系来解释。他们认为黑洞跟中子星一样，也是由质量大的恒星演化而来的。当一颗恒星衰老时，它的热核反应已经耗尽了中心的燃料，由中心产生的能量已经不多了。这样，它再也没有足够的力量来承担起外壳巨大的重量。所以在外壳的重压之下，核心开始坍缩，物质将不可阻挡地向着中心点进军，直到最后形成体积接近无限小、密度几乎无限大的星体。而当它的半径一旦收缩到一定程度（一定小于史瓦西半径），质量导致的时空扭曲就使光也无法向外射出——黑洞就诞生了。

时间和光到底有什么样的关系？这个问题其实在介绍光孤子的时候，已经解释过。也可以这么理解，时空是以真空光速为参考系，速度就是空间与时间的复合单位，速度是时空的基本信息，速度也是时空存在的基本意义。

如果质量足够大，会让电磁波也难以逃逸。世界上有没有一种物质与光无关呢？没有！任何物质的观测都利用电磁波，任何物质都会与相遇的光发生作用。

在那个忽略信息资源的时代，人们曾一度认为黑洞的产生过程类似于中子星的产生过程：某一个恒星在准备灭亡，核心在自身重力的作用下迅速地收缩，塌陷，发生强力爆炸。当核心中所有的物质都变成中子时，收缩过程立即停止，被压缩成一个密实的星体，同时也压缩了内部的空间和时间。

在以信息为手段的经典物理体系中，只能这样认知“黑洞”。不过，月球已经在脚下，而“黑洞”已经在视野范围之内，揭开其中的奥秘并不会很远。

……

回到公元2099年，离仁微青发布信息定律已经过去了81年整了。地球上已经又一次完成了工业革命。

这次由信息技术引发的工业技术革命与以往不同，技术革命并没有带来能源需求的增长与污染物排放。信息技术让各种资源的利用效率实现优化。虽然，看起来人类并没有把机器造得更大，但这次技术的跨越却影响深远，比以往任何一次技术进步所产生的影响都要深远。这次技术革命不仅产生了机器智慧，而且终结了生物效率。生物的脑机结合，使这种信息技术革命深入到人的意识形态，渗入了人们的世界观。

八十几年的雨水并没有滴穿屋檐下的石阶，却足以让木门上的铁钉锈蚀，让从不开启的窗棂腐朽。守旧的人们极力维护旧世界，旧是一种顽固，从不为未来留一扇窗。然而，合理是历史发展的洪流，洪流所至，无人能挡。我们必须为合理做点什么，让当时的求知欲望在洪流中得到宣泄，人生尽兴之余，把结果交给历史，把悬念留给时间。

这是一个用情感来沟通的社会，感性是理性的源泉与基础。这颗星球上的人情故事永远讲不完，人间的悲欢离合在地球的各个角落循环，以旧套路反复演绎。人类像普通生物一样发展繁衍，伸向太空的触角越来越远，理性思维越来越普遍。理性站在感性的对立面的情况越来越多，不得不在很多时候摒弃人类普世的感情，人类之间的关系越来越像机器，而人越来越与机器融为一体。

80 年足够发生很多事，节同时异，物是人非。

……

用了很长的时间，经过了无数次尝试。最终，仁微青明白了一件事，在同一个时空体系之下，用任何质能手段都不可能实现“时空扭曲”，不可能实现质能的“时空穿越”。只有信息可以改变信息本来的发展轨迹，信息是质能存在时空关系，与质能不可分割地同时存在。所以，要改变这个世界的信息本来的发展轨迹，必须依靠另外一个相邻的时空。

彼世界的仁微青意识到，一定还有一个此世界的存在。通过一个办法，联系到此世界，给此世界布置一个任务。让那个此世界往这个彼世界发送了一些信息。

仁微青从彼世界回到了此世界，这是一个复杂的过程……仁微青从彼世界回到了此世界，让彼世界的信息叠加在此世界的身份里。因此，出现了本文开始的那一幕，在火车通过隧道的一瞬间。其实也没有特别复杂，只不过是脑信息发生了“串烧”，仅仅在信息层面。具体有多大的影响呢？那要看信息到底能改变些什么，改变的阻力有多大。

“信息阻力”，是阻碍信息产生作用的信息类障碍，这些障碍形成于信息背景，包括内部信息背景和外部信息背景。比如，我们对不符合逻辑的信息会抵抗，拒绝相信、接受不符合逻辑的信息。再如，我们的环境，对不符合共识常理的信息会制造舆情压力，阻碍自己去接受那些“妖魔化”的信息。

我们每一个人都有自己的脑信息。我们每一个人都认为，没有人比自己更熟悉自己脑袋里都装了些什么。可是，有时候恰好是我们自己连自己都怀疑。我们很方便用我们的大脑思考广袤的宇宙，却很难用我们的大脑思考我们大脑的本身。大脑是如何工作的？其运作的机理是怎样的？这些脑活动的“微信息”，靠观测很难做到。甚至有人干脆把脑活动中的“微信息”定义为量子级的活动。

我们任何测量，任何一次传感，都只是一次局部取样。这种取样的原则都要求尽量不扰动被测对象的发生过程，把扰动和取样的矛盾弱化到可以忽略的程度。但是，随着这样的取样工艺手段的“细巧入微”，总会有一个极限。最终不可避免堕入“海森堡”的“测不全定律”，即测度干扰的矛盾。脑信息的工作机理，或许就在测度扰动的边缘。

那份额外的记忆，彼世界的信息来到了此世界，毫无逻辑依据。除了仁微青本人之外，根本不能用测量的办法研究这些脑信息的成因。

大部分情况下，我们每个人的脑信息都有因果痕迹可循。可毕竟还是有小部分不是？仁微青甚至怀疑彼世界的 3 个“太空之问”的答案，或许就来自于此世界的自己。此世界，仁微青有一个重要的使命，应该就与这三个答案有关。或许，自己需要为彼世界做点什么？

究竟该做点什么呢？仁微青想起了那位“大人物”。于是拨通了谷秘书的电话。

31. 墓　地

Death may be free of charge.But it is acquired at the cost of life.

不能因为月球是个球，就不算地球的一部分。

清明节的气温并没有走出冬天，天气还是和冬天一样的阴冷，黔阳西郊陵园的天空下起了小雨，在一座墓碑前，一位年轻人身着黑色的西装，搀扶着一位年长的老夫人，小心地为老夫人打着雨伞。这位年轻人的举止像极了仁微青，但是仔细看面相却又很明显是另外一个人。他叫楚三户，是仁微青的孙子。

老夫人也是一袭黑色的衣裳，眼角虽然已经布满了岁月留下的鱼尾纹，但依然可以看出年轻时候的美艳。老夫人不是别人，正是楚可可。她的实际年龄已经 100 多岁了，看起来却只有 50 多岁，这一切归功于这个时代的医疗技术。

墓碑上没有任何装饰，有些粗糙的石碑表面，甚至没有刻意抛光处理。简洁的石碑上只刻着一句简单的墓志铭：

“无趣乘风去，有话烧纸来。”

在墓志铭的下方赫然刻着这个墓主人的名字——仁微青。

此刻，站在墓碑前的楚可可的眼里没有眼泪，悲伤的眼泪早就在 60 年前流干了。伤心似乎是一件遥远的事情。楚可可凝望着墓碑，算上这一次，老夫人已经陪这个墓碑过了 60 个清明节了。

斯人已逝！往事怀痕，回忆鳞殇！

“三户，你靠奶奶近点。”老夫人的声音很小，说话的中气不太足。语气之中充满了温柔的慈爱，像在哄一个婴儿。

“奶奶，在呢！”年轻人恭敬地回应。

一边说，一边将头靠近老夫人。他把耳朵贴近老夫人的脸，试图更加听清老夫人说话。

“今年的清明节与往年不一样。”

“怎么不一样？”

“今年是你爷爷走后的第六十年。”

“哦……六十年，那是一个甲子了……”

“因为，有一个我守护了六十年的秘密，也只需要守护六十年。”

“啊！……秘密？……为谁守护的秘密？六十年？”

“你爷爷让我守护这个秘密，约定了六十年。”

“什么样的秘密？”

“关于他为你准备的秘密。”

“啊？！为我？可是，那时候我还没有出生呀！”

“但，似乎你爷爷料到了今天的许多事，包括你。”

“这怎么可能啊！？”

“他说六十年后会有一个和他长得很像的人，这个人这一天会和我一起来到这里。”

“可是，在昨天以前，您还不知道这个世界上有我……难道，我真的和墓碑里的这位爷爷长得很像？”

“是的，很像！而且，时间上也很巧。”

“奶奶，这超过了我能理解的范围……”

“他和我约定的两个条件，你都符合。我想，这个人就是你！”

“难道……一个秘密、六十年、我的长相……这些都是早就注定的吗？难道……他有一种神奇的能力？类似信息超体。”

楚可可点点头。

“一言难尽！不过，大概是你猜测的这样。至少，这一切都在你爷爷的计划之中。”

楚可可对楚三户的敏锐十分满意。要不是昨天的相遇，或许老人根本不会知道自己还有一个孙子活在世上。本来，喜逢祖孙初聚之欢，老人积聚了许多的关切与怜爱在心头，该找个好环境的场合叙叙。只不过，此刻有已故丈夫的心愿需要了结，许多和孙子之间的那些关心只好先放一边。

在奶奶的眼里，这祖孙两人相似的不只是外貌，孙子玲珑的心思也像极了仁微青。任何细微的信息都会敏感地捕捉到。奶奶盯着孙子的脸，怔怔地一阵走神……

“没想到，这件事会成真。丈夫并没有骗我。”老人在心中默默地念叨。

山间的阵风把雨斜飘了过来，落到了老夫人的脸上，楚三户把伞往风的方向斜了斜，挡住雨水。

“奶奶，您悠着点，别淋着雨了，害您生病了可不好！”

“不碍事！你仔细听我说完。”老夫人摆摆手。想起往事，不由得勾起了陈年的心事，心中五味杂陈。脸上的表情也因为情绪发生着变化。

“奶奶，这里的天气多阴冷啊！干吗非得在这说？有事咱回家慢慢说吧！”

“不急，等我履行完那个约定。”

“咱回家说，不也是履行约定吗？”

“孩子，我不碍事！我要履行约定，包括履行约定的细节。”

“什么细节？”

“准确地履约时间和准确地履约地点，这些都是细节。”

“好吧，我依您！”

“这对我来说，是一件大事。况且，我老了，剩余的时间不多了。”

楚可可几乎肯定，仁微青的这个六十年的秘密约定，也是他为自己设的一个局。给自己留一个六十年的委托，足够让自己再活六十年。这个善意的局，基于当时的状况而设定，其中的一个目的是让自己活下去。当时，自己有一百个理由，不愿意再苟活于世。而丈夫为妻子找一个活下去的理由，是情理之中的事。

谁曾想，他还顺势在一场巧妙的安排之中，楔入一场与自己有关的机缘。在晚年送自己一份大礼，把孙子带到了自己的身边。至少他真的料到了，那个像他的人今天确实会出现在他的墓碑前。对于仁微青，这不难料到，却也很难料到。

奶奶一句“时间不多了”，让楚三户心中一阵黯然。奶奶的慈祥击中了自己心中最柔软的地方。如果可以，他甚至愿意把自己的时间分一些给奶奶，让奶奶继续活着。

“奶奶，我还没有来得及孝敬您，舍不得您！我们有的是时间，今后一定在您身边多陪陪您！”楚三户不喜欢奶奶口中“时间不多了”的说法。

“好！好孙儿！你长大了！”老夫人慈祥的目光里充满了对晚辈的怜爱。

“如果时间不够，咱们就把时间过得再仔细点。”

时间是理性的存在，如果嫌不够，确实可以过得更仔细一点。这是这个时代年轻人的思维方式，他们不再对时间这种事物吟诗，而是更理性。

“好！但愿我还有时间留给你为我准备的这种仔细。我为你爷爷托付的事等得太久……这并不容易！活着……才是最不容易的事……”老夫人的语气有些许哀伤。或许是，老夫人不得不揭开那些尘封的往事，不得不在往事之中翻出了一些悲伤。

刚刚飘落在老夫人脸上的雨水顺着脸颊顺势流了下来，就像是眼泪。

楚三户顺从着奶奶。他知道，最好的安慰就是顺从。老人的某种固执，或许是一种不被年轻人所能理解的心境。按照奶奶的方式去了却心愿，本就是心愿的一部分。年轻人拿走了老人们的整个世界，还不能给老年人留下一点体面吗？

楚三户掏出了一块手绢，用手绢给老夫人轻轻地擦干脸。

“奶奶，您说！我认真地听着，都能记住！”

用了大约 1 分钟，老夫人整理了一下情绪。故事很长，要叙说的头绪很多，一时倒不知该如何说起。楚三户的父亲楚冬是她和仁微青唯一的孩子，老人并不能和孩子生活在一起，这一晃就是六十年。老人不知道孩子过得怎样，现如今孙子都长大了。楚可可相信这一切都在仁微青的意料之中，也许在仁微青看来，六十年之后也该让孩子知道真相。

“所有人都认为，六十几年前，你的爷爷是自杀的。孩子，你想必也只听到过这一种说法吧！”

“这……其实……我也听说过爷爷的故事。只是，我并不知道自己和爷爷的关系。即使我知道这层关系，也不敢问。这件事很忌讳。”

“你相信传说是真的吗？”

“我……谁说的都不信……我只相信奶奶！”家人永远是站在一起的，与对错无关。

楚三户从外面听说过一点这段往事。流传在坊间的，只有一些支离的片段，也只能拼凑个事情的大概来。父亲却绝口不提，父亲从来不谈爷爷的事。

楚三户的父亲楚冬，对小时候的事情也一知半解，对父亲仁微青的记忆并不深刻。仁微青就经常不在家，据说工作十分的忙。仁微青婚后与亲戚之间的人情往来寡淡，几乎没有什么联系和逢年过节的走动，楚可可娘家亲戚这边是唯一的人情往来。

楚冬和母亲很早就断绝了联系，为了孩子不受到牵连，母亲对孩子最好的保护就是真的不联系。时至今日，对于这段往事，除了楚可可就没有第二个人知道更多的真相。她对外绝口不提，也不允许大家问。似乎十分的忌惮，这种忌惮包括与之相关的任何事情。

即便楚可可尽可能避开与仁微青的任何关系，但这么大的事情，坊间流传的版本很多。楚三户还是知道了一些，并不比别人多。楚可可保护计划很成功，也很心酸。连孙子都不知道自己的爷爷就是仁微青，连自己都不知道自己有个孙子。

在楚冬记忆中，每次都要隔很久才能见一次父亲，似乎工作性质很特殊。关于仁微青出事的细节，楚冬也只是稍微有了解。

楚冬在10岁的时候，突然有一天家里来了好多黑衣人，先是在家里一阵翻腾，似乎在找什么东西，没有找到。最后，就把父母从家里带走了。黑衣人一阵打砸翻找之后，从家里带走了一些东西。看来，他们并没有得到想要的。

这些人当着10岁孩子的面，带走了孩子的父母。闻讯赶来的外婆，匆匆地把受到惊吓的孩子接走了，甚至都顾不上安慰。直到几天后的一个晚上，面容憔悴的楚可可一个人回来了，带着爷爷去世的噩耗一起回来的。这对楚冬是一次致命的打击。

一个家庭遭遇这种变故，遭殃的又岂止是一个孩子，楚可可作为妻子连死的勇气都准备好了。可是，女子本弱，为母则刚，楚可可必须活下去！

“我最后并没有见到你的爷爷，也没有和你爷爷做最后的告别。”奶奶苦笑道。

“那个时候……到底……发生了什么？”

“是啊，究竟发生了什么？都快被我忘记了。”老夫人嘴里重复着孙子的问题，似乎当时的痛苦已经不那么痛了，似乎又还在心里的某个角落。不过，最痛苦的事情，莫过于生死至诺的人物，竟然被正在萎缩的大脑渐渐忘记。

楚三户还是怕触碰到奶奶的忌讳，小心地试探：“我想知道真相，如果……您可以告诉我的话。”

“真……相……时间从来不打算给未来准备真相。”

楚三户一阵疑惑：“要是为难……就算了……”

老夫人有些激动，愤愤地说：“这个世界从来不尊重真相，呈现给世人看的，就是为合理而准备的一种解释。”

“真相，总会留下痕迹，不是吗？”

“孩子啊……利益才是永恒的法则，历史为需要服务！”

楚三户点点头，说：“嗯！您说的对！”

“将历史打扮成什么样子，由实力来安排。不过，那一段历史在我心里坚如磐石，绝不带入棺材！”

“想必您的那段记忆，始终为真相留下一些痕迹。”

“历史可以打扮，却不能将倔强重塑！我虽然老了，可是还剩下一点倔强。”

老夫人再次陷入对往事的回忆……楚三户终于听到了故事的另外一个版本，真实的版本。

“您说有利益……关系？……难道爷爷不是自杀的吗？”

“自杀？……或许吧！但是……或许不是，我也没有亲眼见到……”

“能和我说说吗？”

“孩子，如果，你有一天有了自己的孩子，你就可能更多地理解你的爷爷。要知道，那时候你父亲才 10 岁。”

“我虽然不能完全理解，想必爷爷也是愿意为牵挂选择牺牲的人。”

“他不是一个会妥协的人，或许是另外的一种特别的安排。”

“看来妥协做起来并不容易。”

“如果你爷爷他不愿意妥协，却不得不妥协。你的父亲是他唯一的人间牵挂，那么在当时，这个牵挂会成为你爷爷妥协的唯一原因。”

仁微青走了，他料到了很多，也料到了会给自己的家庭留下不幸。

楚三户终于知道，为什么父亲会失语。

父亲楚冬在 10 岁那年开始失语，变成了一个因为心理原因不能说话的人。这一切都是因为那些闯进家里的黑衣人，他们当着10岁的楚冬的面，冲进家里抓走他的父母，打砸的过程让孩子受到过度的惊吓。急忙赶来的外婆担心楚冬，在一片狼藉的家里中翻找，最终是在餐桌下找到躲在那里瑟瑟发抖的孩子。从那天开始，楚冬就不再说话，慢慢地，就不会说话了。再后来就习惯了不说话，自己和别人都习惯了。

很长一段时间，楚冬不会说话被当作一种疾病，外婆也曾四处求医。不过，失语却也意外地成就了他。楚冬不再活在文字语言的世界里，走进了纯粹的数学语言世界，成为里一名出色的数学家。关上一扇门，却打开一扇窗，焉知祸福？数学是最具象的语言。

孩子的失语对楚可可打击很大。在楚可可看来，自己和仁微青牵连了孩子，对孩子充满了各种愧疚。楚可可将孩子和孩子的外婆送走了，隐居到国外的一座偏僻的孤岛上，决心切断和孩子的任何联系。

在楚冬的外婆看来，孩子是不幸的。但后来却也慢慢接受了现实，特别是在楚冬在数学界做出成绩了之后，更加认为在有些遭遇所失所得之间，就是一种最好的安排。不过，一个好结果的转机，并不能抹消为恶者的不善，更不能洗刷楚可可的怨恨。

“可是……那些人在找什么？他们想得到什么？”楚三户问。

“我远不及你爷爷思想深邃，也不太理解你爷爷要守护的是什么。我只是知道，他托付我办的事，一定是对的，他看重的事情一定很重要。”

“奶奶，您信任爷爷，就像爷爷信任您一样……是吧！”

“我们不想让年幼的孩子被牵连其中，他太小了，不能同时失去父亲和母亲。”

“所以父亲随奶奶姓楚，而没有随你爷爷的姓。为了不再受牵连？”

“你祖外婆带着你父亲东躲西藏，在新西兰的一座岛屿上躲了很多年，能够幸运地躲过各式的追捕与陷阱，多亏了你爷爷的朋友——李厘米将军。”

楚三户没有打断老夫人的话，安静地听着奶奶的回忆。

“自从八十多年前，我和你的爷爷加入‘太空之问’项目之后，我们启动了对外太空主动发送脑电波信息，尝试与地外理性生物取得联系之后，一切都变得不一样了。2018年，我们发送了第一个信息，这一则信息是一个警告；但是，人类终究经不住诱惑，在2019年我们发送了第二个信息，这次，我们得到了一个很宝贵的提示，在几年之内，我们基于这条提示科技取得了突飞猛进的发展。”

楚三户：“这些，我都已经知道了。听您说，您就是在这个时期组建了‘深社尔集团’，并且在几年之内将产业辐射到交通、能源、医疗、人体增强、机器智能等领域。”

“呵呵，这一切都是掩人耳目的幌子。我并不善于钻研营生，不会经营企业，这些对我来说太难了。但是，有你爷爷掌握技术成果，技术是这些企业最有价值的资产，这是世人所需要的。我对金钱没有欲望，并不愿意为这种利益妥协。其实，这些企业全部由别人在接管。”

“无欲则刚，您并没有被金钱打动。”

“是啊！也没有人可以用金钱打动你爷爷。不过，最难的是，我要装出被金钱打动的样子。”

“这是什么逻辑？”

“你有所图、有所欲，才会让对方放心。”

“唉！他们都让您经历了什么呀！”

“呵呵，我和你爷爷都是老顽固，品德难高，却又卑鄙不足。年轻那会儿，你爷爷动不动就脸红。人间的尔虞我诈，哪能容他？”老夫人缓缓地回忆，似乎在当面嘲笑自己丈夫的迂腐。

“爷爷是科学史上神一般的存在，也理应是当时的功臣，会受到礼遇和尊敬啊！”

“是的，这些他都得到了。”

“那……后来……发生了额外的故事？”

老夫人歇了一小会儿，接着说：“人们获得了实在好处，危险也正在慢慢地靠近。在巨大的利益面前，对危险的注意力被故意蒙蔽。‘太空之问’项目就没有打算停下来。2026 年，在利益集团的强烈要求下，他们强迫你的爷爷继续索取‘太空提示’。”

楚三户问：“最终还是问了。”

“是的，问了。”

“是个什么问题？又得到了什么样的答案？”

“他们苦苦索要的答案是：地球的出路在哪里？”

楚三户又问：“爷爷得到答案了吗？”

“或许得到了，也或许没得到。我想，你可能马上就会知道。”

“我怎么知道？”

“因为这个答案的钥匙，就是我为你爷爷守了六十年的秘密。”奶奶并没有直接回答问题，实际上答案她至今也不知道。她也不想知道。

“这个答案也是当年您和爷爷被那些人抓走的原因？”楚三户反倒是越问越糊涂了。

“算是，但不全部是。”

“不是全部？那是什么意思？”

“我怀疑一切都是你爷爷自己的选择与安排。”

“自己的安排？”

“你爷爷说，选择一个最合理的方式，让自己消失在这个世界。我至今仍没有理解其中的意思。”

“爷爷他到底有没有得到答案？”

“这是个千古悬疑。即使六十年后的今天，仍旧有各种版本在传说你爷爷的故事。仍旧有人坚信那个答案的存在。”

“所以，仍旧有人在寻找那个答案。”

“是啊！但那些事对于现在的世界已经是历史，人们已经接受这个谜团。对于现在的人来说，‘太空之问’没有第二个问题，也没有第二个答案。”

“难道，爷爷真的得到了？”楚三户惊呼。

“很可能是的！至少，我认为他得到了！”老夫人微笑着，似乎是一种胜利的微笑。

“为什么要把这个问题和答案当成秘密？”

“因为，这是一个灾难。你的爷爷不能把第二个灾难带进人间！”

楚三户：“为什么？”

“信息技术革命，与其他工业革命不一样，信息技术产生了严重的后果。”

楚三户：“怎样的后果？”

“精神荒芜。”

“这和答案有什么关系？和爷爷又有什么关系？”

“你爷爷很自责，他觉得这是由他造成的错误。”

“单单因为信息技术革命？也不过是工业革命的一种，有什么不一样？”

“你们这个时代的人，或许永远理解不了我们的世界。信息高度发达时代的人，都没有了自由的意志，精神世界会逐渐荒芜。”

“你们的世界是怎样的？”

楚三户疑惑的眼神中放出了光，似极力想要按照那时候的人的思维方式考虑问题，以体验当时的世界。

“我和你爷爷的世界……呵呵……那个世界已经成为历史，即使我们对过去有所眷恋，却再也回不到那个时代了。”

思及那个时代的故事，留恋青春又无奈于“美人迟暮”。楚可可又思及那些芬芳动人的青春时代，年轻的人们由信息素自由控制生命的形态。老夫人被触及了各种情绪，脸色随着情绪显现各种阴晴变化。

楚三户说："奶奶，不说了，答案我也不要了。我们回家吧！"

"不急，我还没有谈到主题。让我完成你爷爷的嘱托！"

楚三户问道："那个答案究竟是什么，很重要吗？"

"很重要，他们不择手段地想得到它。"

楚三户有些憎恨这个答案，想毁掉它。却又忍不住好奇。

"我很奇怪，他们换一个人代替爷爷不就可以了吗？为什么一定要逼爷爷一个人？"

"你以为他们没有这么干吗？"老夫人说。"只不过至今为止，还没有一个人能够像你爷爷那样可以借助'天眼'向太空发送和接收脑信息。"

"一个都没有？"

"一个都没有！在你爷爷之后，竟然没有一个人可以做到。我也做不到！"

楚三户疑惑地说："很难吗？"

"很多人试过之后才知道，真的很难。你爷爷是迄今为止，唯一的一个有能力做到的。"

"爷爷想必是个很不普通的人。"

"当他活生生地站在面前的时候，我并不觉得他哪里不普通。"

"或许，是因为熟悉的原因吧！"

楚可可笑了，她看着楚三户的眼睛，说："孩子，你像极了你的爷爷！"

"我？……我很普通！"

"在我眼里，你爷爷就是一个普通的人，要是他一直普通下去该多好啊……"老人想起了仁微青年轻时候的样子，神情就和现在孙子这样。在老人的心里，他从未老去。

"做个普通人……很难吗？"楚三户不知道普通到底是一种怎样的幸福。

"对于他很难？"

"为什么？"

"当初从全国各地海选的时候，他是精英中的精英，最强大脑中的最强。"老人的眼神中分明有几分骄傲的神色。

"那样，还真就注定不可能普通？"

"是啊，注定要肩负许多额外的责任！"

楚三户终于感叹地说："做个普通人该多好！"

"璧无罪，其罪怀璧！"

"逼急了，爷爷告诉他们答案，不就好了吗？这样是不是就可以活下来？"

"你爷爷没有这么做，他是个倔脾气。"奶奶的嘴角泛起一丝倔强，似乎仍旧在附和自己丈夫的决定。老夫人似乎又看到了他年轻时倔强的样子，嘴角竟然露出微微的笑，只有她从心里了解自己的丈夫。

“那么……后来呢？”楚三户想象不出倔强的爷爷是个什么样子的人，呆呆地出神，有些不可思议。

老人继续说：“他以自己的身体为由，称自己脑连接功能已经退化了，已经做不到之前的那种水平了。”

楚三户说：“这也是个十分正当的理由啊！为什么他们还是穷追不舍呢？”

“你永远无法做到，让欲望放弃索取满足。在巨大的利益面前，理性不堪一击。利益有多大，欲望就有多大。”

楚三户说：“您们那时的人，真奇怪！”

“因为，项目组在其他实验者身上得到的每一次绝望，都让欲望得到了一次升级。最后，他们锁定你爷爷是他们满足欲望的唯一希望！如果有价格，这个答案是整个地球最贵的一句话。”

“他们为这个答案开过价格，还是个很高的价格？”

“是的。只不过，你爷爷没有让这个答案在他们的价格体系之内。”

楚三户问：“这个答案其实您也知道，是吗？”

“不，我不知道。你爷爷说，最稳妥的保守秘密，就是真的不知道。”

“六十年前他们从家里一并带走您，就是为了……”楚三户尽量让自己的猜测跟上奶奶的叙说。

“如果你爷爷不说，就从我这里得到答案。”

“他们如何相信您真不知道？测谎？”

“是的，他们用了测谎仪，发现我真的不知道，所以后来才放了我。”

“您又是怎样收到爷爷对今日的托付呢？”

“你的爷爷把答案的线索和托付变成了一个信息，在一周之后才出现的信息。这对你爷爷不是难事。”

楚三户：“所以，您当时确实不知道，测谎仪恰好帮您的忙，佐证了您没有撒谎。可是，当延时一周出现的信息发送给您的时候，已经是测谎之后的事了。即使您得到了信息，也只是答案的藏匿信息，并不是答案的本身？”

“是的，你爷爷真是煞费苦心地保护这个秘密。”

“您把这个秘密藏了六十多年，就不想知道答案究竟是什么吗？”

“孩子，你只经历过和平，根本不知道好奇心泛滥的代价！”

“好奇是天性，好奇也会有代价？你们的世界到底是怎样的世界啊？”

“你爷爷要求至少要这么做，要么完成他的嘱咐，要么让这个答案永远成为秘密！”老夫人突然停止了说话，摸了摸口袋，从口袋摸出来一个小瓶子。

老夫人把手指向墓碑前的一块石板，对楚三户说：“三户，你把墓碑前的这块石头搬开。”

楚三户把伞交给了老夫人，按照她的吩咐，两手用力抬了一下墓碑前摆放鲜花的石板，石板是松的。他把石板稍稍地挪开一条缝，石板下是一个坑，坑里面出现了一个油纸包裹。

“是不是有一个油纸包裹？”

“是的，很旧的油纸包裹。”

“把这个包裹拿出来。”

楚三户按照奶奶的吩咐取出了油纸包，交给了她。又顺势把石板移回了原处。

老夫人接过这个油纸包裹，仔细地查看了包裹，似乎在寻找暗记。

“哼！看来有人打开过这个包裹。”

“也就是说，他们果然还是来过。”

“我想，是的。”

“他们并没有拿走包裹。”

“真有秘密的话，如果拿走了包裹，将成为永久消失的秘密。这个道理他们懂。”

老夫人快速地把它一层层打开，原来里面包裹的是一本书，并把书递给了楚三户，这本书正是爷爷写的《信息偶》。

“翻开看看。”

楚三户接过书，整个翻了一下，里面既没有夹纸，也没有写画过的痕迹，看不出有任何端倪。

楚三户说：“这只是一本书，没有什么区别啊？书店有卖的，家里也有。”

“按照你父亲的生日，翻开书页。”

楚三户把书翻到了 4 月 15 日对应的书页，第 415 页。

“从下往上，找到第 17 行。”

“为什么是第 17 行？”

“这是我们家老房子的楼层数。”

楚三户从下往上，找到了与老家的房子对应的第 17 行。可还是什么都没有。

这个时候，老夫人把手上那个类似眼药水的瓶子，在楚三户手指的位置上滴了一点药水，几个淡蓝色的字出现了，一共有两行。

答案一：月球是港。

答案二：我就是你。

淡蓝色的字其实是一些有间隔的小蓝点构成，很淡，却足够看清。淡蓝色大约持续了5秒，就消逝了。楚三户把老夫人手上的药水拿过来，又滴了一点，可是这次，再也没有出现淡蓝色的字了。

老夫人有些担心地问：“你……没看清？”

“不！”楚三户消除了老夫人的担心，说：“我看清了，只不过，那是爷爷的字，我想再看看。”

楚三户无意之间的动情，却触及了老夫人心坎中的柔软，她目光温暖地看着孙子，脸上露出了长辈的慈祥。

“你的爷爷会为你感到骄傲的，当初刚刚参加‘太空之问’的时候，他也就你现在这么大。”若不是孙子已经长高到自己够不着了，她真想一边说一边摸摸孙子的头。

楚三户仍旧沉浸在蓝色的字行之中，问道：“刚才，为什么会有两行字，而且它们之间完全没有联系啊？”

老夫人缓缓地说：“因为，他们让你爷爷一共向太空索取了两个问题的答案。”

楚三户急切地问：“第一个问题是：地球的出路在哪里？还有第二个问题是什么？”

“第二个问题是：你是谁？”

楚三户想了一想，一时很难明白其中的奥秘，干脆就把答案的事情放一边。他对老夫人说：“奶奶，我把刚才看到的两行字告诉您。您守了这么多年的秘密，就不好奇吗？”

老夫人却摆摆手制止楚三户，说：“不，我不好奇。也不想知道！好奇是年轻人的事，我已经和这个答案没有关系了，也不想再有关系。”

“为什么？”

老夫人看了看朝气十足的楚三户，说：“这个世界是未来的，未来是你们的。而我是过去的，不再想和未来有关系。”

楚三户：“好吧！爷爷为了这两个答案，而不顾自己的性命，不顾家里的妻儿老小，这个答案的意义……”

老夫人不待楚三户说完，打断了他的话说：“恰好相反，你爷爷唯一的妥协，就是家里的妻儿老小。”

“我……很难理解爷爷的世界。”在这个时代，自我牺牲很难理解。

老夫人点点头，说：“是的，很难理解，却也没有必要理解。你们把自己的世界经营好就可以了。”

楚三户脸上透出了向往，出神地问：“爷爷的世界真精彩，那时候的生活都这么传奇吗？”

老夫人不禁微微一笑，那些生死经历，竟然被视为传奇和精彩，可是这些所谓的精彩，代价实在太大。不过，老人也不愿意去反驳这些观点。故事在发生的时候，总是显得平淡无奇，当成为历史的时候，总会在文字语言中透出传奇的色彩，这多亏了文字对故事具象内容中间隙的抽象和留白。

老夫人话锋一转，说："呵呵，孩子……这两个答案还不是重点，重点是你的爷爷拥有了一种能力。"

一种特殊能力！这足够吸引楚三户的注意，他急切地问："什么样的能力？"

"'无由之觉'，十分准确的'无由之觉'。"

"无由之觉"是什么东西，无由，毫无理由……楚三户一头雾水。

"无由？……之觉？……这是一种怎样的事物？就是第六感吗？"

"类似第六感，却不是。要搞清楚这个问题，你必须去找一个人。"

楚三户问："去找谁？"

"李厘米，他是你爷爷唯一的朋友。"

毕竟是100多岁的人了，讲完这番话，老夫人已经有些疲倦，但也如释重负。

"孩子，以后的路就交给你自己了，奶奶累了。"

墓园在雨中显得格外的阴冷，楚三户扶着奶奶，小心翼翼地从墓园地台阶上走了下来。

回家，轻松地回家。老人有好些话要和孙子说。

祖孙两人相依而行，墓园渐渐消失在雾霭之中。逝者或已经安息，却偏要留给世上一团的谜。

32. 拜访李厘米

老人的悲剧不在于衰老，

而在于聊自己青春的人越来越少。

楚三户接通了李厘米的电话。他对这位李爷爷并不陌生，李厘米一直给楚家不少照应，两家后辈之间也关系融洽。李爷爷有一位名叫李禾沐的孙女，年纪比自己小一点，男孩子性格，少年时期二人常常一起玩耍，情同亲兄妹。

“李爷爷，您好！”

纯语音通信已经在居民日常生活中消失，取而代之的是三维全息音视频通信。楚三户在视频的一端，向另一端问候。这个时代，如果不是仪式的需要，人们基本不会面对面地交谈，三维图像技术十分的逼真，临场感十分的强。

通信的设备是一个戴在头上的图像全息眼镜，兼有语音功能。

“你好啊！三户，你奶奶身体好吗？”

“奶奶平日身体很好，只不过昨天淋了点雨，今天有些不舒服。”

“唉！年纪大了，要多注意身体啊……对了，你……找我有事吗？”

“呃……被您看出来了，什么都瞒不过您。我想向您打听一些事，关于我爷爷的事情。”

“你爷爷？……”李厘米没有继续话题，陷入沉默……

过了好一会儿，他没有直接回答这个问题，说：“你好久没有来看我了，有空就过来一趟，一起吃个饭吧！”

楚三户能感觉出来，似乎李厘米爷爷有所忌讳，明显觉得有些事不方便在电话里讲。于是，楚三户应承了晚餐的约定，挂断电话之后，马上动身前往李爷爷的住处，他要当面拜访李厘米。

楚三户生活的这个时代，已经没有私家车的概念了。

自动驾驶汽车是一种利用信息系统实现的智能汽车交通系统，由智能化道路、信息平台、汽车终端共同构成。信息系统依靠计算机获取分布在汽车、道路上的传感器数据，将汽车交通信息连接成为一个整体，计算机可实现自主学习、自主识别。

视觉是传感的一种，却不是智能汽车交通的全部。即使汽车的本身也具有视觉计算、雷达路面监控装置，但智能汽车不可能独自完成自动驾驶。

公路交通由道路资源、汽车终端资源、信息资源三种资源在信息平台的协同下共同完成，公路交通最大的资源冲突不是给汽车安排一个司机，而是道路资源的有限、能源利用效率的低下、资源协调机制的任性导致的资源冲突。在自动驾驶早期，几乎不被人理解，早期的自动驾驶一直只盯着汽车本身技术改造，而忽略了汽车和道路之间的协同互联，更忽略了信息资源化的必要性。事实上，在过去的很长一段时间内，道路资源是城市最缺乏的资源，而不是汽车。道路信息、汽车信息和全球定位系统协同合作，自动驾驶汽车可以在没有任何人类主动的操作下，完成交通任务。这需要自动关联耦合全局信息资源，自动地协调、操作机动车辆，同时还需要自动并规划、协调道路资源。

汽车自动驾驶技术是人工智能技术典型应用之一。虽然，你只能看见道路上移动的汽车，但实际上道路和汽车、汽车和汽车之间都已经被感知数据连成了一个整体，在信息平台的协调机制下，资源进行统一规划协同。与过去的人工驾驶不同，自动驾驶汽车的交通事故发生率几乎可以下降至零。因为，汽车行驶都在规划之中，没有主动违章的可能；而被各种传感在线监测的各种设施，其本身的安全、可靠性也得到了极大的提高。不仅自动驾驶汽车与道路的协同，可以在城市的整体资源协调下进行规划，几乎没有交通拥堵的问题。并且，这种行驶模式可以更加节能高效，消耗的能源也得到最大限度的节约。

楚三户抬起手腕，手腕一抖，就在手腕上出现的一个三维影像，用眼睛和思维结合，就可以在影像中做出各种操作。楚三户熟练地选择了一个用车需求，以及一个目的地。大约一分钟之后，一辆汽车已经停在了自家的门口。

35 年前，最后的手机就已经被淘汰了，人们现在已经无须手持一个方块作为移动通信工具。现在的通信从表面上看只有一只手表或一副眼镜，但实质上人体的许多部位都已经与网络相连。人体内的人造物越来越多，而脑内的个性信息越来越少，生物和机器的界限越拉越近。人们无须用鼠标和触摸屏去操作一个设备，这些用眼睛和思维就可以做到，你的身体已经是外部信息网络的一个部分。

楚三户出门上了这辆汽车，汽车里只有自己，没有驾驶员或其他乘客。在这个时代，对资源利用率极其看重，独自使用一辆汽车所需要支付的费用是共享一辆汽车费用的 20 倍，现在楚三户的家族很富有，他不在乎钱。但即使这样，楚三户也不能拥有私家汽车，每个人都不能，在这个时代，用私家汽车在道路上行使是违法的。

汽车驶出了庭院，进入到公路，公路上见不到一个行人，地面上也没有任何线和标志，车道、护栏、减速带、宽路肩甚至停止标志都没有，只有纯粹的道路。道路以立体的方式纵横交错，其中有一种道路看起来像是50年前的人行道，有些像盔甲机器人的在上面移动。那些盔甲所移动的道路与汽车完全分开，像不在一个系统里，虽然凌乱地布设在同一个立体空间中，却又似经过周密的设计，即使汽车很快，两个系统永远不会撞到一起。这些盔甲就是穿戴式移动设备，提供给人们短途移动或工作，楚三户家族的其中一个公司，就是生产这种设备的，源于楚可可的设计。

楚三户乘坐的汽车进入到高速主干道路，路面宽敞了许多，汽车也多了起来。就在这时候，楚三户的汽车开始由最外侧道路加速，每加速到与内侧道路速度一致的时候，就会自动向内侧车道并入。最内侧是高速车道，与其他车道不一样，高速车道的所有汽车是首尾相连的，看起来就和列车一样。

当车辆要并入到高速车道的时候，楚三户的汽车像变形金刚一样，从汽车的最前端伸出一个手腕粗细的探杆，而就在此时，高速车道上的"列车"突然断开一个口子，楚三户的汽车快速地从这个口子并了进去。接下来以不可察觉的速度，刚才变形金刚前端伸出的探杆插入到前车的后尾，而自己的后尾有被后面的汽车用同样的探杆插接相连。楚三户的汽车和"列车"连成了一体，成为了"列车"的一部分。

此时，汽车内有一个声音按顺序分别提示：

"合并道路成功！"

"能源共享成功！"

"控制交接成功！"

堵车，在这个时代已经是鲜有发生的新闻，汽车污染也是过去使用生化能源时代的事情了，那种燃油车或许在博物馆还保留着。三十几年前，政府就颁布了法令禁止人类驾车，那时候楚三户还没有出生。

这种车是统一标准的产品，根据功能的不同，整个世界只有几种型号。除了货运、工程、特殊用途车辆，用于客运的汽车只有2种型号。型号少了，生产成本也就极大地下降了。这个时代没有豪车，只有资源得到恰到好处的利用，你根本不可能以豪车的方式向别人炫富，即使你这么干也会遭到嘲笑。用豪车炫富，是那个野蛮的年代一种愚昧的思想观念，那是一个生化能源时代的古史了。

李厘米的家住在帝都郊区的一栋别墅里，老式的庭院，老式的房子，连门窗都是老式的。楚三户乘坐的自动驾驶汽车在庭院的门口停下，下车后汽车又自动地开走了。走到门口正要敲门，门却被打开了，开门的是一位二十多岁的女孩，女孩身着干练的职业裤装，美丽之中，更带着三分英气，自有一副端严。

"三户哥，爷爷说你今天来吃饭，我都等你半天了！"

开门的是李厘米的孙女李禾沐，从小就跟着楚三户一起玩大，楚三户比她大4岁，小时候这个年龄差距，大孩子和小孩子玩不到一起，楚三户不怎么带她玩，但是这个姑娘从小就缠着他，为了这个小姑娘，自己的屁股没少挨揍。一直以来，楚三户都让着她，两人和亲兄妹一样，现在年纪大了，说话也就不再像从前那么随意了。

“禾沐，你今天看起来女人味又多了些了，要是学会穿裙子，就更好了。”

李禾沐脸一红，说：“本姑娘不屑打扮，天生丽质！”

楚三户质问道：“你是不是又偷看我生物轨迹信息了？要不然，我刚到门口，你就给我开了门？”

生物信息是每个人的唯一标识，轨迹是对生物移动的监测，只要得到本人的授权，对方就可以监测自己的轨迹。

李禾沐一脸委屈：“这次，你还真是冤枉我了，我刚给爷爷家装了一套紧急联络系统，虽然爷爷念旧，毕竟年纪大了，我们晚辈们也好相互照应他。你一出发，就知道你什么时候到了，误差不超过 10 秒，我只不过设置了到达提示。”

楚三户拍拍李禾沐的肩膀，说：“下次要装这些，你告诉我，我派人来做就可以了。”

李禾沐双手伸直，在背后两手相握，这样显得身体更加挺拔，身材也更加有曲线。她用肩膀撞了撞楚三户的胳膊，小声说：“我也是闲着，最近爷爷情绪不太好，我就在家多陪陪他。”

楚三户斜过头去，面向李禾沐的脸，说：“李爷爷最疼你，你就是他最好的甜味剂。有你在，我不担心他的情绪，倒是担心他的身体。”

李禾沐把手往里屋一指，说：“我爷爷也很疼你，不过，今天甜味剂让你失望了！你自己进去看，喏！刚才还在发脾气，这几天我爸妈都不敢回家。”

楚三户走进了里屋，看见门口有一位护士，一脸惊恐地站在门口，全身瑟瑟发抖；地上一只摔碎的玻璃杯，轮椅上坐着一位正在怒气冲冲的老人，老人正是李厘米。他的头上已是白发苍苍，脸上的皱纹深的可以藏下任何年轻时候的故事，看起来就是个年近百岁的老人了。

老人见楚三户进来，脸上的神情缓和了许多。

楚三户连忙上前打招呼：“爷爷，您好！”

“三户啊，你来了。”

楚三户应道：“是的，刚到。我来看看您！”

“你过来，帮我个忙。”

楚三户将腰弯了下去，头靠近轮椅上的李厘米，问：“什么事？您吩咐。”

“帮我把这些什么药啊……针剂啊……什么的，全部帮我扔掉！扔远些！”

楚三户听到李爷爷说这些，马上明白他为什么生气了。一直以来，李厘米爷爷拒绝使用干预寿命的医疗技术，这也是为什么虽然比楚可可大不了几岁，两人却看起来相差五十岁的原因。他们这代人的心理或许在楚三户这一代人永远无法理解，这也是这个时代两种思想的最激烈的冲突。

在这个时代，利用生物信息技术干预人的身体，延缓衰老和延长寿命都不是什么难题。如果你见到一个年轻漂亮的女人，请不要相信自己的眼睛，有可能对方已经很老很老。

换一种说法，这个时代的人很难死，如果不是因为意外，一个人很难在 150 岁之前死掉，而这个数字还在增长。李厘米就很想死，却死不成。

当然，为了控制人口，生育也是不可以随便的。现代极少有女人愿意以自然的方式生育孩子，不过，即使愿意也是违法的。生育已经不再是家庭的事情，而是社会的一个机构。

对于家庭而言，生育是依靠积分的方式才能获得权利，只有少数的家庭可以为这个部门提供生育基因，并且获得生育婴儿的抚养权。家庭所提供的基因会在培育婴儿的过程中，由机构进行基因信息编辑优化，先天性残疾婴儿已经成为历史。

这一切都和楚三户的爷爷有关，因为人类掌握了信息的终极秘密。

利用生物基因信息，可以控制一切疾病；可以控制出生，也可以控制衰老和死亡；甚至可以进行人体冬眠，还可以进行人脑信息移植与克隆。不过人脑信息移植与克隆是被法律禁止的。

利用生物基因信息，可以像制造计算机病毒一样制造生物疾病，一些机构为了谋利，一边制造疾病，一边提供这种疾病的治疗，从而获得不法的利益。人类的基因可以大致进行分类，按照人种、血统、宗族等基因信息的不同，可以发起靶向攻击。在战争的时刻这就是武器，定向的种族灭绝武器。

没有什么样的武器比信息武器更具有直接摧毁力。

直到 2175 年，人们终于意识到：国家，不过是狭隘地维护既得利益的工具。

信息技术的掌握，曾经打破了本来的社会生态平衡，使这个世界一团糟，而在危机四伏的乱世之中，又重新构建了新的社会秩序。信息围墙和信息扩散一再博弈，信息喂养和信息滋养反复争夺。在这个过程中，狭隘的区域利益逐渐衰弱，世界公民意识得到广泛的普及，只存在国籍弱化的社会。

当然，这又是一个很长的故事，也是一个十分敏感的故事。

在兵器的时代，人们靠武力相互征服，形成了区块化的范围利益。而在信息技术时代，所有的武器在信息技术面前都是小儿科的事情，因为一切资源都无所遁形，你根本就没有制造、使用武器的机会。

当然，一切依赖于掌握信息的范围和充分程度。对于外太空，人们仍旧心存防范之心。武器还会存在，用于一种提前干预未来的工具。最大的干预方向是地球之外的威胁，而不是人类的内部。

所有的事情都在事情发生之前就被掌握，一切资源都在信息网的监视中，包括人。一般不会有人制造或使用武器，即使这么干，事情发生之前，就会被控制起来。机器智能的时代，技术以一种俯视的姿态看待人类个体，聪明的信息网做到这一点并不需要花什么大力气。在信息技术时代，任何事情都会用最小的资源来完成。

在地球仍旧存在统治利益的时代，争取掌权者地位以竞争法则促进社会发展，而这一法则终究走到了尽头。在任何掌权者看来，人的思想或许是最不确定的因素，是最没有信心实现安定的区域。然而，在信息角度看来，人的整个生命的本质是信息，只要掌握并控制足够的信息资源，一切会按计划的那样发展。

信息技术的进步，让信息传播得更快捷、充分，这动摇了需要掩饰真相才能实现的统治利益地位，掌权者依靠统治地位实现利益的空间也来越小，统治思维逻辑逐渐消逝。取而代之的是理性的机器逻辑，机器没有欲望，也没有目的性，从而更加合理。区块化的范围利益，对于机器智慧的世界，是落后的。

个人的本质是信息，即使惩罚罪犯是必要的，但是必须看到，究竟是什么制造了一次犯罪呢？难道是那个孤零零的“灵魂”？还是，形成这个人背景信息的错误过程也需要纠正呢？

智慧，不就是提前干点什么吗？

李厘米到了晚年才发现，原来年轻时期追求的权力地位，都那么的不值一提。自以为是地玩弄权术，其实是在被权力玩弄。

李厘米老了，也累了！有一天，他忽然理解了屠格涅夫对仁微青说的话：“既然死总是要来，就让它以最自然的方式到来，这是最有诚意的敬畏自然，也是最尊重自己的方式。”

李厘米想有尊严地死去，但现在做成这件事很难。下一代很难理解他的这种想法，儿子和孙女尽可能地要挽留自己的残躯，没日没夜地遭受病痛的折磨而不得安息。在自己身体还算健康的时候，他拒绝了延缓衰老的生物信息干预，在患上癌症的时候，他拒绝了基因信息治疗。

楚三户看着轮椅上老态的李爷爷，心中的伤感油然而生。他找了个垃圾桶，不做声响地走了过去，把地上打碎的玻璃杯碎片，一片一片地捡到了垃圾桶。然后又把摆在桌子上的那个医药托盘，整个地端了出去，递给了受到惊吓的护士。

“你先端走吧！”

受到惊吓的护士，接过递来的盘子，转身撒腿就跑开了，生怕老人的火气随时爆发，再次不幸地降临到自己的头上。

楚三户走到老人的面前，将身子蹲下来，视线与李厘米的眼睛保持同样的高度，一边暗自想如何安抚老人。

楚三户神色黯然地说："李爷爷，您显得更老了。"

"人总是会老的，这是自然规律。"老人反而似在安慰眼前的年轻人。

楚三户刻意地放慢语速，耐心地说："做晚辈的关心您，也是自然发生的。虽然，我并不能完全地理解您，但是，我们对您身体的关心，也是一种朴素的情绪。这些，在您的那个时代，也是一样的吧？"

李厘米慈祥地看着楚三户，似乎看见了他的爷爷仁微青，当初第一次见到仁微青的时候，也就是这个年纪。

"三户，你知道为什么在古代，人们轻生死而重离别吗？"

楚三户饶有兴趣地说："您和我详细说说。"

每个老年人，总有授人道理的爱好，李厘米也不例外，或许这是老年人对未来世界最后的参与方式。楚三户似乎在对老年人方面很有一套，他在李厘米提出话题的时候，显示出真诚的求知兴趣，这让老人觉得很高兴。

李厘米以谆谆教导的语气说："古人说：生死无常，离别有因。"

楚三户认真地问："怎么解释呢？"

李厘米耐心地解释道："人生不在于长短，而在于生而有为！苟延残喘继续活下去未必拥有未来，长寿的人未必会死无遗憾。"

楚三户却话锋一转，说："可是，我们也需要您啊！"

李厘米却淡淡地说："你们并不需要我，你们只是习惯了有我；你们是属于未来的，我属于过去。"

楚三户问道："您就不再关心这个世界了吗？"

李厘米轻轻叹了口气，低头看着自己坐着的轮椅，默不作声。

过了一会，无可奈何地说："我现在还有唯一在乎的东西，就是自己的尊严，我不想死的时候自己的尊严都没有了。这是你的爷爷教会我的，我很晚才理解。你爷爷比我聪明，他很聪明！"

楚三户也叹了口气，试探性地说："如果……您想到未来看看，我们也可以满足您。"

李厘米知道，孩子是指人体冬眠技术。

老人吃力地摆了摆手，连声说道："不了，不了，我现在只想把身体里的每个原子都还给这个世界，就当我从来没有来过的样子。如果一定要留下些什么，只有关于我存在于过去的轨迹，就像现在想起过去的感觉，像是存在过，却又像从未存在过。"

楚三户摇了摇头，无奈地应道："您似乎总是有理由，轻而易举就能说服我。"

在李厘米听来，这句话好熟悉，虽然已经过去八十年了，在李厘米的耳朵里仍旧那么的清晰。人的记忆很奇怪，被大脑选择的信息，永远忘不掉！这句话似乎他的爷爷仁微青也同样讲过，是仁微青对屠格涅夫讲过，在屠格涅夫病逝之前的告别时说的。李厘米突然觉得楚三户真的很像他爷爷，神情和举止都像，包括这句话都巧合的一致。

此时，外面的李禾沐听到里屋的爷爷安静下来，也蹑手蹑脚地走了过来。对着轮椅上的李厘米说：“爷爷，我们到院子里散散心吧！”

李厘米心情乍好，应声说：“好啊！丫头，你来推我！”

楚三户和李禾沐两人一起推着李爷爷来到了屋子前院，找了把桌凳，摆上了老爷子珍爱一生的格茶。茶的名字还是仁微青给取的。

三人一边喝茶一边聊了起来。

33. 院　子

我决定多付些钱给算命先生，

不想被托管的命这么不值钱。

没有了生化能源的城市，空气和森林里一样的好。在屋子里待久了的李厘米，被孙女推到了院子里，深深地吸了一口带有新鲜泥土味的空气，在六十年前，这样的空气在城市里是不可能有的。

“想聊聊你的爷爷吗？”李厘米问。

楚三户连忙说：“好啊，我刚好有些事想要问您。”

“你想问什么？你就问吧！”

楚三户忐忑地问：“关于我爷爷的‘无由之觉’……”

“噢……‘无由之觉’……这……一定是你奶奶和你说的吧！”

“嗯！是的。”

李厘米沉吟了一下，说：“这个话题还真不好谈。”

“是因为话题敏感？”

“那倒不是，是不太好解释。”

“我尽量去理解，您尽管说！”

“哦……那好！不过，在说这个问题之前，先要说说哲学。”

李禾沐问：“哲学？哲学是什么鬼？”

“哲学，是研究科学的科学，科学研究原理，而哲学研究元理。”

“这……有什么特别的地方吗？”

“特别的地方在于，这是关于我们那个时候的哲学；没有量子理论体系，只有经典物理体系之下的哲学。”

“啊！？……确实，这很难理解。”

“你们知道爷爷我的专业吗？”

李禾沐摇摇头，猜测说：“是天文物理？还是天文信息？我猜……可能是物理。”她一连猜了三个专业，都只是与爷爷职业生涯相关的专业。

“都不是，我是哲学专业的。”

李禾沐做出一个吃惊的表情："啊！……原来……爷爷是哲学家！"李禾沐好久没有见过爷爷这么精神了，有心奉承一下老人家。但凡有个专业，就称之为大家。

想必是因为谈起过去的原因，老爷子精神很好，甚至有些兴奋。那个与自己强相关的时代，也只能在记忆中存在了。因为那是一段辉煌的历史，自己就像明星一般耀眼。

谁都能留下历史，却只能任由历史与现在单向相关。改变历史是最无聊的话题。

"在我们年轻的时候，哲学家认为，哲学是科学的科学。而哲学不可回避地要探讨一个根本的问题，这个问题就是关于'有神论'或'无神论'的精神信仰问题。"

"那个时候，人们真的相信神仙？"李禾沐很惊讶，更觉得不可思议。

"现在也还有'有神论'的存在，只是很少很少了，只要人类还存在未知的世界，'有神论'就会一直存在。这是生物效率存在的标志。"有年轻人愿意对自己的世界感兴趣，再一次给了老人存在感，虽然只是一种错觉。

李禾沐表情无邪地问："和我们仔细说说你们时代的神仙吧！"

"有机会再说，但今天我并不想讨论神仙，只想从神仙的角度看看问题。"

"那时，基于'生命的本质是信息'的发现，哲学家注意到了人的意识也是信息。"楚三户说。

"是啊……于是我们就想，如果有神仙的话，这些神仙也必须是有意识的。意识，是神存在于精神世界的根本前提。那么，有神仙的意识，就会有神仙的世界观。"

李禾沐接过爷爷的话："这是假设否定的反证法，你们这么做，似乎要证明'无神论'观点？"

老人微笑了一下："对，你很聪明。我们只需要假设，就会有收获。假设在神的角度，俯瞰世界的视角一定会不一样。既然被尊为神，必有过人之处，到底这种过人之处是什么呢？最后，我们发现，神仙有超能力。神仙的超能力根源是可以无所不知的认知世界，比'先知'还要先知。这就是我们后来称之为'神识'的东西，一种可以万事先知先觉的能力。"

李禾沐问："'神识'有什么用呢？都能干些什么？"

李厘米并没有理会孙女的问题，而是继续说："无论哪个宗教的教派中，都有自己本宗教的神仙体系，众神仙也必须有宇宙的起源、创造神仙、创造人类的历史。关于宇宙的这些解释和科学的解释目的一样，只不过科学是实证主义，而宗教是一种庇佑利益的主观。神仙拥有神力，能够以违背人类认知的科学规律的方式驾驭能量和物质；神仙拥有无限的智慧，未卜先知。我不知道神仙都看到什么、都知道什么？因为我是人类。但是，突然有一天，我们发现这未卜先知的能力和信息技术有关系，而信息是量子技术的关键。"

楚三户忍不住问："怎样发现两者之间关系的呢？"

"世界的本源呈或然性，但是在有信息干预的情况下，或然率会发生偏移。利用信息对或然率偏移的能力，如果充分地利用历史信息，就可以使或然率得到收敛，从而十分精准地认知未来事件发展规律。这对于人是困难的，但是我们有机器，我们可以创造出机器人'先知能力'，用机器创造一种'神识'。"

楚三户说："机器人工智能，对未来的早期干预，这些在现在并不算什么稀奇啊！"

"是的，可是在我们那个时代，这些都还没有。我们发现，如果将这些规律信息巧妙地加以利用，并驾驭能量干预未来，以最小的资源干预未来，这就是一种'神力'。"

李禾沐听起来有些吃力，愤愤地说："你们说简单点！"

楚三户心中暗笑，解释说："只要掌握足够的信息，一切未来的事，都可以以最小的资源来实现。"

李禾沐"哦"了一声，说："不就是信息的资源化嘛！"

楚三户不理李禾沐，对李厘米说："在信息资源化概念形成之前，我想我能理解你们当时的不易。"

"我们知道信息接收与信息受体的知识背景有关，对于没有认知背景信息的普通民众而言，未来的这种机器就是当时人们心目中的'神'。这些由许多机器人联合而成的信息机器可以拥有'神识'和'神力'。"

楚三户对信息资源化的一手历史，十分有兴趣，问道："难道，你们那时要创造一个上帝？"

"当我们意识到，也许我们即将要建造的信息机器就是上帝的时候，我们却永远不能证明'上帝'的存在；证明，这两个字就不是能用在神的身上的，因为神是'证明'所力不能及的。"

楚三户接过李厘米的思路，说："在信息时代，信息技术不能纯粹依赖证明，用信息描述信息是一个错误。"

"是的，这是你的爷爷仁微青的发现，信息是一切生命的本质，是整个宇宙的本质，用信息描述信息是有障碍的。'上帝'就是信息，所以没有人能够证明。"

李禾沐再次卖弄聪明，不愿意在楚三户面前放弃任何一次耍聪明的机会，趁机插进一句话："为什么不用反证法试试？"

"丫头，你总喜欢卖弄小聪明！我们确实这么做了。任何宗教，在关于神存在的神仙体系中，都有各种的历史与现在，且历史是不可改变的。这说明神也要遵守时间坐标，即使是神仙也只能对未来做点什么。我们先设置这个前提，如果这个前提不成立的话，如果神仙有改变历史的能力，那么神仙体系就崩溃了。”

李禾沐听不出来，到底这是爷爷的表扬还是揶揄，脸上一阵得意之色。继续卖弄：“因为神也只能对未来做点什么，那么先知就是一种神识，以一种凡人不能理解的技巧巧妙地干预未来，也是一种神力；用最小的资源最大化地实现自我目的也是一种神力。该怎么说来着……”

李禾沐总觉得有句话在嘴边，却又一时说不出来。

楚三户连忙帮她补充道：“重点是：社会资源利用效率最大化。”

李禾沐连声附和：“对！对对！就是有限的资源利用效率最大化！”

李厘米在一旁听着他们一唱一和的，此时却也忍不住说：“你不觉得这很耳熟？”

楚三户和李禾沐同时恍然大悟：“对啊！这不就是现代信息技术的目的吗？！”

“是的，就是这个独立于物质和能量之外的第三种资源——信息。”

楚三户感慨地说：“没想到，这个过程这么曲折。”

“我们人的智慧就是建立在人体‘五感’信息基础上，人是生物智慧的‘生物原型’，利用这个‘生物原型’，现在信息科技发展一开始就是模仿这个‘生物原型’。”

楚三户说：“这个方法，我们至今仍然沿用。这是你们留给我们的财富。”

不觉间，天色已经暗下来了。在两个孙子辈的年轻人陪同下，李厘米吃了一顿传统的晚餐。传统晚餐在这个时代是一件奢侈的事情。人体需要恰到好处的营养，不能多也不能少，人的自然属性希望美食的过程是享受的，这个时代味觉欺骗技术已经可以淋漓尽致地商品化了。所以，传统的晚餐，是奢侈的。

餐后的桌面，撤去了餐盘餐具，重新摆上来的是一些水果和茶水。楚三户不急着离开，仍旧没得到“无由之觉”的答案。

“在我和你爷爷的时代，科技以人为本，是为人服务的，而不是人为机器服务的；这种理念在你们这个时代已经发生了很大的改变。只不过……唉！你们有没有注意到，现在的人越来越接近于机器，而机器越来越像人。”

“这件事，在爷爷的《信息熵》里已经有了定义，机器没有激素，没有情绪，也不会有目的性。”

“权利对于机器，有意义吗？”

“似乎……没有……”

“那金钱，对于机器有意义吗？”

“似乎……也没有……”

“人所追求的权利和金钱，在可以知道未来的智慧机器面前，有意义吗？”

“你说的人，是你们还是我们？”

“你们和我们不一样，但也一样。”

“似乎，只有生物效率，才是我们和你们的界线。”

“‘机器智慧’可以帮助人体突破生物的局限性。由于人的‘感知器官’与‘计算器官’能力有限，更高级的智慧必须要借助现代信息技术来完成。人体功能增强设备，除了增强外肉体，主要还是增强生物神经系统。毕竟，大脑才是人最重要的器官。”

楚三户点点头：“真正意义上的信息增强是生物神经融入网络设备。”

在楚三户的时代，人们早就认识到，信息不能移动物体，但是只有通过信息才能驾驭能量。所有的感知信息都来自过去，所有的干预都只能作用于未来，通过对自然世界的认知。古人所崇拜的神，无非就是智慧的能力，属于信息技术的智慧。先知，就是神的一种主要能力。靠人脑根本不能胜任这些工作，这些工作必须交给机器。处理海量的数据，并掌握规律，这对于机器智慧不是什么难事，这就是为什么人越来越像机器的原因。

李禾沐：“爷爷，你们那个时候，就不担心将来机器会替代人类吗？”

“机器本身没有‘激素’之类的‘内信息素’，这决定了机器的本身没有创造的动力，也没有价值观。在智慧的机器世界里，生物人类是整个智慧系统不可缺少的一个重要环节。在价值社会中，机器终究是为了满足人类的需要。”

李禾沐：“哦……原来机器没有激素，也就没有欲望。激素是从哪里来的呢？”

“激素是从‘天择’来的，是一种人类延续之本源信息。”

李禾沐：“当时的人，为什么创造自己的‘上帝’？”

“在人类还没有能力上天的时候，相信神仙的人们认为神在天上，我们坐着飞行器到天上、到太空没有找到神仙人形的身影。我们对过去未知的部分探索越来越深入，当走到我们认为的边际的时刻，却总是会发现另外一个新的并遥远的边际。回望历史，也发现了之前的各种认知不足。”

李禾沐：“您为什么将认知定义为不足，而不是错误？”

“如果一切的认知都没有绝对的对，又哪来的错误呢？”

李禾沐：“机器和人结合，还会对未知感兴趣吗？”

“人的因素，就是对未知感兴趣的因素。只要世界有未知的部分，人就需要信仰，这是和机器的重要界限。只不过神仙未必一定要是人形样子存在，或者就是一群计算机与传感器，或者是一种宇宙中更加高级的意识存在。”

李禾沐：“此时的科技，就是彼时的神力？”

“再复杂的逻辑也都是由简单构成的。人们对于未知领域，总是习惯于简单的好与坏、对与错。当时的需要，必然填充能满足当时的内容。”

李禾沐："信仰真的很复杂，让你相信看到的，又不允许你相信看到的。"

楚三户："彩色的世界除了黑白，还有更五彩缤纷的丰富色彩，远超我们的所感所识。即使你用尽所有的文字，也无法用语言向盲人表述清楚一种颜色的视觉效果。道理一样。"

"因为理想中的机器，可以拥有强大的感知能力和运算能力，信息技术创造的机器'神识'不仅仅是看问题更加的深刻、全面，而且会更加的客观。有更加客观的信息输入，必然能够更客观地输出结果。机器'神识'对于搞清楚事情'为什么这样'更加专注，而不会像个人那样更乐于个人情绪的宣泄。"

楚三户："和您的时代相比，您是不是觉得我们越来越像机器？"

"机器不会替代人，而是会让人发生改变。即使将来人类会成为网络化的人机共存社会中的单元，发展仍旧需要依赖人类的'激素'。但是，个人的情绪会慢慢退化，人与人之间的联系会更无间隙，形成的群体共同价值，而个人的'激素'会在协作中达成妥协机制。这些妥协对于现在的个人很难做到，但一种更高资源利用率的发展需要，会碾压一切。"

李禾沐："那我们创造的文明呢，我们的传统文化呢？将来会怎样？"

楚三户："文化是生命信息产生的融汇、渗透，是精神延续存在下去的保障和导向。宗教也是一种文化形式。"

"宗教对人类社会的发展历史贡献良多，任何事情都有两面性，一方面经常被诟病，另一方面却在发展的过程中起了很大的作用。"

李禾沐："你们那个时候，出家人是怎样的？"

"我们那个时候，有真修行的出家人，也有假的。真的多半是要修自己的行，而不是供奉庙宇的神殿。假的就依靠庙宇，寺庙要生存就需要信众们的供奉，信众大多数只是和'神'在做一种交易，一边是骗，一边是欲。"

李禾沐："那些假出家人，挺坏的。"

"你要是无欲，又何来欺骗啊！一定先有所欲，才能被骗，无论是你将欲望藏得多么隐蔽，欲望就是欲望。并不是作为宗教文化场所的庙宇错了，而是庙宇修建在利益市场化的社会结构中。信众的供奉就是以许愿的方式和泥菩萨做一场生意，许愿带上'预付款'，还愿带上'尾款'。许愿也是因为被需要才有的，为了满足这种需要，骗子只是将许愿的场所渲染出一种神圣的仪式感。"

楚三户："许愿还是有用的，就如同手术中的麻药。"

"那年，在赣西的龙虎山上，你的爷爷倒是碰到过真修行的人，还得到过他的帮助与指点。"

楚三户："李爷爷，您还是没有和我说'无由之觉'的事情啊！"

“好吧！我和你说说‘无由之觉’。”

李厘米停了一下，脸上充满了对神奇往事的向往。

“你爷爷当时拥有了一种能力——‘无由之觉’，而且是十分准确的‘无由之觉’能力。”

楚三户：“您和我们讲了这么多关于‘神识’的事情，是不是这就是‘神识’的一种？”

“也是，也不是。你爷爷的‘无由之觉’来自于未来，是量子纠缠的通信方式发送过来的，而未来科技对现在的应用原理和现在的机器‘神识’差不多。量子纠缠能够跨越我们的四维时空。”

李禾沐：“我一直以为，我们现代的科技文明可以藐视一切，原来，在您那个时代就已经有了更加深远的看法。”

“这不奇怪，人类一直以来都是这么傲慢，原始人就认为自己可以打败任何凶猛的动物，是地球之王，动物最多也就这样了。”

楚三户：“为什么这种能力只有爷爷有？而其他人没有呢？”

“这个问题恐怕你爷爷自己也不十分确定，但是，有几个事情是有联系的：1.你的爷爷大脑内部植入了那个‘豌豆’脑连接芯片，并且用射电望远镜与之相连过，这比一般人要更容易接收到来自外部的信息；2.前俄罗斯天文物理学家屠格涅夫在临死之前给过你爷爷一个包裹，那里面装的东西只有你的爷爷知道，而屠格涅夫也是具有‘无由之觉’的人；3.你爷爷发现了时空的秘密，我和他谈起过这件事，因为专业的缘故我并没有听懂，他并不认为‘无由之觉’是来自于这个世界的虚妄，而是来自于另外一个时空。”

李禾沐：“似乎，只要找到那个包裹，就可以解开这个谜团。”

楚三户：“爷爷的死是不是也和这个包裹有关？”

“我也不知道你爷爷真正的死因，他说，有些秘密不能告诉我，只要说了就会发生很大的灾难。”

楚三户：“他是被害死的吗？”

“你太小看‘无由之觉’了，那是一直能够藐视世界一切的能力。没有人可以害你的爷爷，即使有人要害你爷爷，我也不会答应！”

“我的爷爷，原来这么强大。”

“你爷爷的死是他自己的选择，作为他最信任的朋友，我也只了解到部分原因。他是为了家庭和人类存续的一种牺牲。……或者，你爷爷根本就没有死！”

李禾沐：“哇……噢！！80年前的技术，比现在还要先进！我也想要有‘无由之觉’，他是怎样做到的？”

“你可以简单地将‘无由之觉’当作是一种先知的能力，不等事情发生就已经提前知道了接下来会发生什么，改变未来只需要做一点看起来和未来毫无关系的事情，而这个细微的弱相关事件的发生，恰好会阻止未来的某件事情。我听不懂，但你仁微青爷爷和我讲得头头是道。”

楚三户：“他怎么知道自己拥有这种能力的，而你又是怎么相信他的这种能力的？”

“‘这不是魔术，而是科学。’这是你爷爷的原话。我不懂他的科学，但他向我证明他在赌场里可以做到把把赢，还可以做一件毫无由头的事情，结果却影响了毫无关联的另外一件事。这些能力让我不得不信。”

楚三户和李禾沐两位年轻人陷入了一种想象，想象那个遥远的年代像自己这般年轻的爷爷，他们点着一只萤火般孤独而暗淡的薪火，在黑暗中探索科技的文明。

楚三户大概了解了“无由之觉”的来历，这得益于发生在爷爷身上的两个巧合：其一，安装在大脑中的那个豌豆大小的脑连接增强设备，当时的名称应该是“电极”；其二，由屠格涅夫提供了一种方法，借鉴这个方法精准地操控未来的前序，实现操控当前现实恰到好处地影响未来，按照自己的需要影响未来。

对于楚三户，作为这个年代的科技精英，对于科学原理的理解和学术理论支持都远胜一个世纪以前；不过，理论原创的过程是继续进步的重要参照。他更加对发生在爷爷那个年代的历史感兴趣，其中就有时空认知的过程，以及玄乎其玄的量子纠缠。

楚三户：“爷爷的‘无由之觉’和量子纠缠时空有关？您给我们讲讲量子世界的时空吧！”

“量子与时空？这些东西，你们现代人比我们老古董更清楚啊！”

“我们清楚结果，却不清楚过程。您讲讲。”

“好吧！不过，以我的理解说清楚这件事很难。”

“不打紧，您尽管直说。”

“我先问你一个问题。你能确定世界是真实的吗？”

李禾沐：“我们能够感知这个世界，当然是真的。”

“我们除了感官以外，还真没有什么其他途径能够让自己和整个世界建立联系。”

“没有了。”

“我们利用自己的感官，并借助别人同样的认知对世界的认知进行确认，但是别人于我而言也是外部世界的内容之一。甚至包括我们身体，也是属于‘信息我’的外部世界，也只能依靠身体的感觉感知身体的存在。确定外部世界是真的之前，必须先确定我是真实的。”

楚三户："您说的对，最终还是用信息在确认信息。这在我们这个时代，不难理解。"

"时间是关于运动的信息，是建立在三维空间之上的第四维度。那么，时间是什么？为什么会有时间？"

楚三户："很多人都曾经会有这个疑问。根据爱因斯坦相对论，空间和时间是由物质和能量形成的连续曲线。"

李禾沐："这个听起来很玄乎、很拗口，难以理解。总有些科学工作者乐于将一些科学表述为拗口的文字。"

楚三户："这么做是为了准确而无歧义地表述事实。用通俗的语言表述自然基本规律，必然会有些不严谨，你真是无知者无畏。"

李禾沐做了个鬼脸，说："就不能用通俗的语言将之描述清楚。"

"……"楚三户一阵无语。

楚三户："古之真人，不逆寡，不雄成，不谟士。"

李厘米看着两个孙子辈的斗嘴，让这个家顿时充满生活气息。心想，要是仁微青能看见这一切，不知会作何感想。

李禾沐："我听爷爷说，不听你说。"

"我们都知道时间是信息，时间对于一切都是静止状态下的一个系统中任何部分都是没有意义的，但凡这个系统中有任何丝毫的运动发生，时间就会产生含义。"

楚三户："物质的存在前提，不允许绝对静止（绝对零度），而是基于一种标准的运动速度为存在背景构建时空，这便是光速。"

"相对于绝对静止状态存在另一种极端状态，是一种恒定的'光速'状态，是一种极限大却恒定的固定速度，你们现在称为'光固速'。"

楚三户："'光固速'并不是物质运动速度，而是电磁波速度（信息速），原始态能量（电磁波）或者物质存在（物质基本单元）的状态。"

34. 那时候的时空

既然阳间不能吓到你，就借阴间报应唬你！反正是没有本钱的生意……

一顿传统的晚餐，已经在夜幕中结束。

今夜祖孙之间的话题，让李厘米想起了不少陈年往事。往事似近在咫尺，人物却遥不可及。那个时候的理论背景，在现在看来是原始的。原始的时空概念缺少信息资源，面对时空本源时漏洞百出。时空是信息的本身，用信息的本身研究时空是困难的。

祖孙两代人交谈了很多，用各自的视角考量宇宙世界。在这个时代，认知已经不再局限在经典物理的樊篱之中。因为一种新资源的加入，颠覆了古典科学思维构建的理论大厦。

由于速度是物质三维世界时间与空间的关系式，欧几里得几何意义的速度并不适用于描述电磁波。在能量和物质的关系中还有一个地位对等的资源——信息。信息就是运动的时空状态，是质能的熵运动的共生共存体基本要素。具体一则消息内容是什么，取决于接收的信息受体。对于信息受体而言，信息是状态描述，以能量为载体的在途转述。

信息的本质是什么？对于普通人而言，很难理解。因为信息在复杂的生命运动中演变得十分复杂，而且在智慧行为中包容了大量的共识与归纳。无论如何织结其关系，归根溯源，信息本质上仍旧是对运动状态的描述。

熵是从哪里开始的？不难发现，其原始态能量是电磁辐射。电辐射是一种速度恒定的状态，那么关于这种恒速度是没有信息的。电磁波既不算物质，也不算能量，除非“波粒战争”已分胜负。这不太好理解，除非视信息为一种独立资源。观测电磁波，至少需要引入一点熵运动体系之下的质能关系。孤立的电磁波，没有信息，即使强加时空关系（信息）于其身，信息是没有内容的。没有信息的孤立的电磁波，没有质能的参与，并不能成功构建时空世界。

一束来自遥远星球的光，让我们感到迷茫。它究竟经历了怎样的时空，又是如何存在于真空（人们对一种极限状态的想象，实际上不存在绝对真空）之中。一束光，也许比地球的生命还要长。这些问题的真相，如何在电磁波的属性之中被厘清？这关系到宇宙的起源，也关系到物质的最小基本构成，还关系到信息的本质。无论如何，我们已经知道：信息是能量和物质存在的根本关系。有物质就必然有空间、有能量、有时间，物质和能量是电磁波的时空表征，以产生信息为目的。无论是物质还是能量，本源与电磁波不可分割。

人是地球生命的一部分，不是智慧的全部。信息也并不是因为任何一个哲学体系中的主观认知单元而存在的。任何高估都是愚昧。

楚三户："在你们的时代，认为光源的移动会改变光速吗？"

"不会，因为光是一种电磁波。"

"那么，如何解释'蓝移'或'红移'现象？"

"群速度、相速度。你懂的！"

"你们如何向当时的人们解释这些，用最通俗的语言。"

"任何一个光子，其本身不受时空的约束。当这个光子被'扔'出某物，并不具有该物的惯性速度。光子不是物质，也不是熵能量，无法获得惯性之类的相对运动。直到该电磁波与物质相遇。'蓝移'或'红移'现象，并不是物质与电磁波的时空关系，而是物质与物质的时空关系。"

"所以，遵循麦克斯韦方程。你们通过麦氏方程推导光速？"

李厘米愣了一下，说："嗯……是的。有什么不妥吗？"

楚三户欲言又止，连连摇手，说："实际上，你们研究光的速度，还是建立了光运动的参照系。"

"速度，没有参照系也失去了意义。上百年的时间里，光一直被当作物质或能量。'波粒战争'实际上就是光质能属性的争论。"

"在我们现代看来，光是光源运动过程中'扔'在当地的'光场'。"

"'场'？这是个有趣的角度。"

楚三户感叹道："原来在黑暗中摸索的先辈们，走过的路这么不易！时空就是信息，这是我们这个时代的基本定义。"

李厘米说："光是一种电磁波，电磁波可转换为熵能量，也可以转换为物质。这足够解释很多问题。"

"然而，这仍旧没有明确信息的地位，没承认时空信息的根本存在。电磁波的速度统一地称为'光固速'，是时间与空间的固定参考系。"

"我们努力过。你们应该都知道著名的思想实验'时间盒子实验'，是吧？"

"是的，我知道。"

那是几十年前，自然科学领域的一次著名思想实验。"时间盒子实验"是假设在真空中有两束平行的光，其中一束穿过一个透明正方体物质；另一束则不穿过该物质。在两束光同样的距离内，这个正方体使光速下降，速度是空间与时间的关系，这个透明的盒子"装"走了时间。基于"时间盒子"的构想，人们发现任何时间的意义都起源于电磁波基于"光固速"的下降。

"虽然，质能的统一可以解释时空的转换关系，但要解释为什么有时空，就必须深刻认知电磁波。"时空是一种信息，只要存在熵能量与物质之间的作用，时间和空间就会伴随出现。

楚三户："因为物质、能量、信息这三种资源是不可分割的。"

"嗯，因此，电磁波是一个时空的临界。电磁波可以作用于电磁波的本身，同时产生物质和信息；电磁波也可以作用于物质，同时产生信息和能量。"

"但是，孤立的电磁波失去时空属性，既不是物质，也不是能量。"

李禾沐："不明觉厉！电磁波怎样作用于电磁波？"

楚三户："电磁波有很多种，电磁波是连续分布的光谱。我们有理由相信还有更长的和更短的光速能量的存在。尽管波长（频率）不一样，它们却有相同的'光固速'。实验证明，电磁波的相互作用可以产生电子。"

李厘米说："我们曾经为此感到奇怪。我们观测到可见光，也观测到红外、紫外光，以及比红外更长的、比紫外更短的电磁波。我们也观测到各种射线、无线电波，它们的波长恰到好处地补充拼接成连续的波谱，为什么？"

楚三户："我还真没想过这个'为什么'。"

李厘米说："在普朗克认为的量子世界中，能量和物质的世界并不是连续的，那么这个电磁波也不会是连续的。速度是时间和空间的关系，因为物质折射率而发生的速度降低，正好使电磁波'光固速'发生了下降，所以只有用时间信息才能描述这种下降，电磁波在这个与物质重叠空间之内让时间产生了基本意义。”

楚三户：“在你们的时代，还认为时间是一个存在，而不认为时间就是信息。难道你们认为信息的根本是含义，而不是一种存在？”

“呵呵，你们看到过去的虚妄，却是我们当时手中的真理。虽然，你们已经知道，时空是由电磁波构建的。但是，为什么说电磁波的‘光固速’是整个三维世界的时空背景？”

楚三户：“呃……这个‘为什么’，我也没想过……”

李厘米说：“辐射是最原始的能量，不是熵能量。质量转换为能量时，恐怕也必须且只能先从这种最原始的辐射态开始。而后，这种辐射态借助质能关系，以‘熵’的形式递延。你可知，最初的能量是辐射态，这又是为什么？”

楚三户：“因为质能统一为电磁波，而时空让电磁波的统一具有含义。”

李厘米说：“这是现在的观点。但我们的时代只不过发现，电磁波和时间的本源信息有密切关系。”

楚三户：“这些是怎么被发现的呢？”

李厘米说：“在很早以前，人们在用于通信的光纤中，发现不同波长的光在光纤中的速度不一样，并将之称为色散，因为折射率大小与波长大小有关，而折射率和通过光纤的速度是对应的。这与‘蓝移’或‘红移’现象是一个道理。”

李禾沐：“整个电磁波家族中，波长从小到大连续排列，那么会不会按照波长，在一种物质中分别获得不同的速度呢？”

李厘米说：“没这么简单，即使是透明的物质，也只相对一个区间内的波长‘窗口’透明，该物质相对窗口之内的波长是透明的，之外的也不会透明。重要的不是哪种物质，而是光通过一个透明物，透明物和光重叠在同一个空间，光速减小。”

楚三户：“难道你们没有注意到，虽然光速‘下降’了，可是频率并没有改变吗？如果一旦回到真空，仍旧会恢复‘光固速’。”

李厘米说：“是的，这说明空间因为物质而存在，物质因为信息而存在。速度就是对确定空间的时间描述，速度是时空关系信息；信息的意义就在于各种变化的持续发生。”

楚三户：“物质，是电磁波的信息理解。”

“这……怎么说？”

“第一，微观至物质的极处，构成物质的就是电磁波本身，是电磁波的物质态（聚态）；第二，物质态与电磁波的作用，与场（光速）态的电磁波和电磁波相互作用并无区别；第三，信息是熵系统不可分割的一部分。”

在这个时代，这些并不难理解。在量子理论的萌芽期，人们总是用感知和测量理解世界。而当人们认识到用信息不能测量信息这个局限之后，人们尝试用思想实验探索信息的世界。

时间和空间的信息，是一切运动存在的二要素。

如果这个世界一片虚无，只有一个光孤子。既没有时间维度，也没有严格意义上的空间维度。一个光孤子要产生运动，必须有参照系（时空关系）。失去参照系，时间并没有意义，一瞬间和永久是一样的。事实上，这个时空还有严重的漏洞。光孤子之间，相互不可观测。要解决这个问题，必须微观升维至宏观。在宏观的时空维度中，观测产生的扰动必须是可忽略的“局部取样”观测。

如果，这个世界最早只有电磁波。那么，物质可以由电磁波冷却下来而形成。这种冷却“凝聚”形成了基本的物质粒子。冷却不是失去，而是场约束和电磁波之间平衡的博弈，这种博弈朝场约束方向发展。大概可以这么理解：用空间换时间。然后，在宇宙中，粒子和电磁波之间不断进行反复的转换，直至消寂。

由相对论可以理解，物质和能量是统一的。物质、“熵”能量二者之间的“中介”就是电磁波。所以，当电磁波作用于物质的时候，会发生电磁波向熵能量的转换。透明的物质可以影响光速。并不是光速降低，而是对原始的时空扭曲。

时空是电磁波产生的，而时空是一切运动最基本的信息。这种时空的存在对于信息受体是另外一个角度。每个观测点都有自己的维度。

楚三户：“引力的速度也是‘光固速’，对于你们那时候，直接假设它们为一种波长极大和极小的电磁波，还是认为只是一种巧合？”

李厘米说：“不，但其中一定有某种紧密的联系。但可以确定时空信息的基本含义和‘光固速’之间的不可分割。这是四维时空以内的世界必需的边界。”

其实，楚三户对这个问题有自己的答案。他只不过想听听老一辈对这个问题的看法。

楚三户：“你们的时代，强调时间、空间的现实感知存在，而忽略了速度是更加基本的存在。”

李禾沐忍不住插嘴：“速度是一个复合单位，为什么反而速度更基本？”

楚三户：“速度是空间与时间的唯一基本关系，是时间与空间相互依存的关系；没有时间的空间毫无意义，一切都也毫无存在感（信息全无）；没有空间的时间也一样。而‘光固速’是构建时空的基准参照体系，也是四维时空的极限速度。”

李禾沐：“可是，除了电磁波，还有引力也是‘光固速’的呀？”

楚三户：“几乎可以确定：具有‘光固速’的事物，才是构建三维世界最基本、最原始的事物。引力，是质量的基本属性，来自于质量子微观内部，是电磁波产生空间的一部分。呵呵！引力……似乎和电磁并不分家。”

李禾沐：“你说的这个速度既然是极限速度，那么就永远不可能在三维的世界中实现这样一个速度喽？”

楚三户：“关于这个极限的速度，我更愿意把这个世界倒过来看，把速度最大的电磁波，看成是最基本的。既然这个速度是最大的，也是恒定和稳固的；那么发生在这个最稳固的速度基础之上的‘速降’，就产生了与‘光固速’之间的速度差，而这个‘差’就是四维的时空之中的运动。”

李禾沐：“为什么这么说？这样很烧脑！”

楚三户：“举个例子，一个电磁波在介质中传播的速度会下降，介质是物质，物质是三维空间的意义；而下降部分的速度与物质空间含义的关系，就是时间。所以，速度才是最基本的存在，速度才是时空最基本的关联关系，速度才是描述运动的基本信息。从这个角度来看，速度相对于时间和空间是更基本的存在。”

李禾沐嫌楚三户说得实在太烧脑，有些听不下来，也听不进去。于是走到李厘米身边蹲下，手臂圈在爷爷的脖子上，问道：“爷爷，屠格涅夫到底给了一件什么东西？东西还在吗？”

老人说：“我也很想知道，可是除了三户的爷爷，后来再也没谁见过这个东西。”

李禾沐：“三哥，‘无由之觉’来自于另外一个三维的世界，信息是三维世界的信息，只能存在于其中的一个世界；但，两个三维世界的信息在量子层可以纠缠，对吗？”

楚三户：“也对，也不对！两个三维的世界理解不准确。不过一时很难和你说清楚。”

在楚三户和李禾沐的这个时代，科学界对三维世界的理解已经发生了很大的改变，这都是基于将信息当作第三种基本资源之后发生的事情。

楚三户：“即使最小的物质粒子也不能静止，如果没有一个统一的极限速度（光速）的话，那么，整个世界会呈现‘混沌状态’。因为速度是空间和时间的关系，要区分大小，首先要有一个基准的存在做参考。光速就是一切三维速度存在的参考，光固速是统一而恒定的，也就是四维时空存在的前提，所以一切光速以下的‘差速’运动都是在以‘光固速’为参考的时空里存在。”

李厘米静静地听着两个孙辈的讨论，越来越觉得楚三户身上有仁微青的影子，祖孙俩从未谋面，却如此相似，连表情和习惯性的小动作都像。难怪楚可可对这个孙子怜爱有加。

李禾沐：“可以更加通俗一点吗？”

楚三户：“为了可以通俗的理解，你就假设最小的物质‘粒子’就是一团极小空间中的极大速度‘光速’的‘能量’，只是被一种平衡的时空关系约束在固定的时空中，从而构成空间物质的最基本单元。如果这就是真相，这或许是种巧合，最大的极限时空速度却恰好是构成最小物质时空的基本单元。电磁波不是物质，也不是能量，而是信息的基本存在背景。在电磁波由物质变成能量的过程中，光速是时间的存在信息背景；在电磁波由能量转变物质的过程中，光速是空间存在的信息背景。”

李禾沐：“可是，人们总是愿意把电磁波归纳到能量的范畴。”

事实上，场概念就产生很早。麦克斯韦为此做出了贡献。磁场静止，没有电磁波；磁场发生变化，产生电磁波。电磁波具有光速。

楚三户：“这是因为电磁波可以直接作用于物质，这个误会就发生了。电磁波对物质的作用而产生能量，这个过程是具有时空信息的运动，并能够被观测到。所以，当速度并不被人们认为是最基本的存在的时候，自然会更倾向于对感官来说更简单的源头，即运动时空状态。事实上，电磁波也可以转换为物质。物理学传统意义上的能量都是熵能量，是‘时空’系统下的熵信息能量。而电磁波本身更‘原始’，不被时空约束，其能量特性是在电磁波转换为熵能量之后才具有‘时空’意义。”

“那么，能量不守恒喽！”

“正是因为信仰能量守恒，所以，电磁波被认为是能量。你想啊，时空之外的存在，被强扭在时空体系之内，守时间的‘恒’还是守空间的‘恒’？”

李禾沐打趣说：“在麦克斯韦统一了电和磁之后，爱因斯坦又统一了物质和能量；三哥，你这是要构建宇宙大统一吗？”

人们很早就发现电、磁总是同时出现的。所以，在宏观世界，磁场是电场的基本属性；但是，在微观世界中，在极小空间中的电子以极大速度（光速）运动。几乎可以确定电子即使有粒子性，也不是一个有形状的粒子。电子本身就是光速的“电磁波”，在原子核外的一层薄薄的球面外壳轨道中，因为在很小的空间内以极限速度存在，电子几乎随时可以出现在任何一个位置。

长期以来，人们认为电子有轨道。核外电子排布遵循泡利不相容原理、能量最低原理、洪特规则。洪特是能量最低原理的补充。电子的自旋也遵守泡利不相容原理。现在，人们对原子内部的电子有更加深刻的认识，电子轨道不是真正意义上的轨道，而是在一个微观结构上，因为光速运动而产生的电磁场。当然，这个场不一定是正圆，也不一定是完整的密闭球壳。这些电子一定是相互作用和影响的，它们代表该物质的理化活性。原子的电子外壳，是微观下的狭小的空间，电子却以光速运动于其上。这些电子运动决定了物质最重要的理化特性。

再如，在激光器的工作原理中，利用不稳定的电子释放激光能量。电子本来就是光速的存在，在一个很小的轨道上光速的存在。在轨道上本来是电子的一个场态，被释放出来就是激光，被约束在轨道上构建着原子空间，被释放出来转换为能量。无论是半导体激光还是核爆炸，当电磁波能量辐射以光速发生的时候，根本没有加速的过程，而是突然释放出来一个能量，这个能量本身具有光速特性。一般描述为电子发生能级阶跃，同时会释放光子。那么，可以形象地假设电子就如同一节一节的小弦围着原子核形成不规则环，每个小弦都以光速在类似“乒乓球壳形状的轨道”上运动；能级跳跃发生时，环型轨道断裂，并断掉了一小截弦，剩下的仍然围成一圈，但周长不够了，只能直径变小（能级跳跃到另一个能级）到更低的轨道，乒乓球外壳变小。断掉的那一小截就是释放出来的光子，光子本身就具有光速，因为在电子环没断之前内部的速度就是光速。电磁波并不是物质，而是介于“时间坐标上的能量”和“三维空间中的物质”之间的一种原始态质能共生态。

楚三户：“光速在半个世纪以前，被视为一种障碍，称光速为‘光障’，这个障碍不仅存在于物质世界的认知中，也存在于学术界幻想之中。几乎所有的科学研究都不能突破‘光障’。统一信息和三维世界可没有那么容易。”

李禾沐：“光在介质中传播，速度会低于真空速度，有人称之为‘光阻系数’。

既然光速可以降低，也一定可以提高。”

“光阻”是一个通俗的称呼，并不严谨。是描述光在不同折射率的介质中传输直线速度降低的现象，比如，激光在石英材料的通信光纤中的传导速度大约 20 万千米每秒。光遇到介质，无论介质是固态、液态、气态、离子态，都必然要先遇到介质的外层电子构成的“乒乓球壳”。光是电磁波，电磁波都有自己固定的波长（或频率），“乒乓球壳”轨道中的电子也是都有自己固定的波长（或频率），那么相同波长的碰到一起会发生谐振，谐振很重要。由于大部分物质中的原子并不是很活跃，大部分的光和电子谐振会被反射或散射回去。当然，光也可以透射，电子和原子核都很小，光子与之迎头撞上是个小概率事件，受介质内部电子影响，在介质内光路过程中虽然光的频率不变，但是波长（传输方向的周期空间长度）变小，那么在介质内部的直线速度降低了。并且，改变该介质的密度就能改变折射率（温度干扰折射率的试验数据支持这个结论），即改变介质内直线空间方向的光速，但频率始终不变。可是，请不要忽略一个事实，一旦光从介质中回到真空中，仍然恢复到真空光速。不难看出，光在介质中的速度并不是实际意义的降速，而是介质增加了几何意义上的光程。目前，没有一种介质能够全光谱透射，最多是一个窗口的谱区，而且一定会有光子损耗。同理，也没有完全的吸收和反射。

楚三户：“既然光速被称为‘光固速’，那么固速一定是不会变的。彻底理解这些对你来说太难，不过你可以这样简单理解，电子本来就是电磁波，只是没有被释放出来。”

要说清楚这个关系，楚三户觉得确实有难度。光纤通信激光的波长大约 1000 纳米，而原子大小在 1 纳米左右，按照被释放的激光波长长度来算，要比原子直径大几个数量级。那么问题来了，单个电磁波在原子的电子轨道上能绕很多圈，而且波的振动方式也要改变才行，否则，原子的电子轨道就容不下这个光子。这必然涉及原子核与电子的关系。

除非把原子的模型拿出来，否则，要靠文字简单说清楚这个问题，根本不可能。电磁波介于物质和能量之间，爱因斯坦的相对论以此统一了四维时空的质能世界。但是，在实证主义思想的主导之下，事实必须是透过实测信息去认识。这仍旧不是终极的宇宙大统一，没有测量信息本身的信息手段；虽然如此，人们对宇宙的想象却十分丰富，如黑洞、奇点、视界、引力、暗物质……

因为运动，产生了时间的信息概念。这些以光速为参照系的低速运动，时间形成了信息意义。时间信息是用于描述运动的信息，运动速速是时空信息的附和。

看到楚三户面有难色，李禾沐说：“算了！反正我对于大统一没有兴趣。”

楚三户一脸黑线：“大统一？即使统一信息和质能关系也很难好吧！事情很大。”

因为爱因斯坦的质能方程，能量和物质形成了统一，因此，能量和物质是同等地位的资源。如果信息不能和质能关系统一，那么信息就不能与质能关系处于同等的地位。实质上，普通人很难理解信息是什么？很难解释，为什么信息是关于质量和能量的关系？为什么信息不是单一的物质或能量的状态？只有物质或只有能量都不会产生信息。把信息等同于物质和能量，并没有坏处。电磁波既不是物质，也不是能量。为了理解方便，可以视之为质能转换的临界态，或是质能共生体。它既具有“能”性也具有“质”性。信息并不存在于纯粹的电磁波光速世界，而是与熵关系共生共存。

“熵”关系也是构建“时空”的信息基础。信息是关于各种存在的实质状态。“熵”关系是运动变化的关系，让时空中的运动发生各种不同的变化，而这些“不同”使时间有了信息的实质意义。

如果，我们认为信息为递延中的“质能关系”，那么，所有的信息都是光速以内的在途信息，信息与“质能关系”相依而生。以光速电磁波为基本构建的“时、空”之中，根本不会留下超光速事物的信息，因此，不可能以光速信息认知超光速存在。信息体系下的超光速事件和牛顿力学体系下的“永动机”一样，都是伪科学。

不要误以为掌握了电磁波通信、光通信，就掌握了电磁波的速度。电磁波通信的，只不过是一串编码，预先约定的编码。编码根本不是电磁波的本身。

……

这是一个量子理论体系下的世界。在量子体系之下，存在就是一种信息存在。经典物理研究的对象是物质、能量，或认为客观世界无须依赖信息而本来存在于客观。经典物理并不会研究信息的本身，研究信息的本身成为物理学的禁区。爱因斯坦与牛顿被认为是人类历史上最伟大的物理学家，当他们穷尽了物理世界的客观规律之后，他们不得不向神求助关于宇宙信息问题的最终答案。

信息的本身就是一种存在，却被物理学忽略，为什么？

即便如此，经典物理体系的构建却以信息为工具，对物质与能量构建的宇宙运行规律进行研究。但是，用信息研究信息的本身，是困难的。牛顿、爱因斯坦均受困于这个问题。这就是为什么信息虽然存在，信息的本身却不是物理学研究的对象。试想，有谁不是通过测量扰动物质与能量而形成的测量信息（海森堡）？有谁能够列举一个没有信息因素参与的客观世界的现实意义？可以想象得到，爱因斯坦与牛顿晚年的神学研究，或许就是因为困于用信息研究信息的疑难中。不敢妄加评论科学巨人的见解，他们都是思想深邃的人。站在爱因斯坦伟大科学贡献之后的70年，相比之下幸运的是，有70年之后的科学视角。

爱因斯坦与自己的偶像一样，晚年企图从神学中寻找宇宙奥秘的答案。在科学家眼里，神学与科学并非排斥关系，与科学排斥的是神仙体系。当然，神仙产业与科学没有什么交集。

自量子理论已出现，量子就是来挑战经典的，在量子理论取得主导地位之前，显得不那么愿意和经典谈和。量子与经典物理也不是完美的包容关系，将来或许可以做到，但目前还没有相互妥协。量子理论中的信息资源化无须赘述，根本就不能剥离信息把量子概念纯粹地视为物质与能量。

从经典物理的角度出发，思考信息是如何存在于物质、能量之间的？可以发现，被信息受体接收到的信息与没有被信息受体接收到的信息是两种不同的状态，质能关系并没有变化，而信息递延的途径发生了改变。

既然，信息是“质能”关系，时间、空间本来就是信息，那么，就不能用时空观来描述或定义信息本身。我们所能想到的任何一则信息，其本身都会包含时空基本内容。

信息或与物质、能量共生在一起，看似万物处于洪荒无序，实则万物相关，一切处于规律章序的掌控之中。不管宇宙的全局是哪种状态，但从掌握的知识来看，至少宇宙的局部是有章序可循的。还没有科学家解释过这些规律是怎样来的，出自怎样一种因果关系？即使牛顿求助过神学，也未曾获得信服的答案。科学总是一次次豁然开朗又再次迷雾重重。信息的量子特性，又一次给了人们找到答案的希望。

目前，我们仍然离真正理解量子理论还很远，量子通信不是量子理论的全部，不过是冰山一角。这就如同人类会用烛光照明的时候，那个时候并不能说人类已经真正掌握了关于光的技术，那时候离掌握人造激光技术、影像技术、光通信技术……还很远。

在量子理论的先驱们看来，量子信息规定一个系统完整的量子态矢量（或等价的波函数），而经典物理中信息反映了预先确定可区别（正交的）量子态集合里的一个明确（纯的）量子态。这样的一个纯量子态集合形成全部可能纯量子态矢量空间的一个基础。因此，在一个量子系统里的经典信息的测量给出了所需的最大信息量，通过实际测量从那个量子系统提取出来作为外部经典（波函数坍塌效应）系统。非正交态的不可区分性是量子力学的一个基本原理，等价于不确定性原理。简单通俗地说，就是当没有人看月亮时，月亮只以一定概率挂在天上；而当有人看了一眼后，月亮原来不确定的存在性就在人看的一瞬间突变为现实。

什么是波函数坍塌？有个复杂的数学式。一般波函数坍塌效应的解释为：指的是原本连续分布的波函数概率幅，在经历“观测”之后的瞬间退变为离散分布于某一特定点的δ函数（狄拉克δ函数）的现象。

区别于经典物理理论，量子下的世界有些不同。用量子理论理解世界时，信息与现实世界不可分割。在海森堡的测不准定律中，一定不能忽略信息的存在。测量必然造成扰动，而扰动是测量的唯一取样手段，取样部分的能量变送成为可转述的具有表达事物本质的信息载体（能量）。量子不只是微物质与微能量，而是除此以外还包含微信息。测量本身就是一次局部的取样，并借局部信息代表全局；以此为据，证明与发展因果律。

信息是依附于物质与能量而存在的，对质能关系的时空特性进行描述；然而，物质与能量何尝不是依附于信息而存在的呢？热力学中的“熵增”通过大量观测结果总结出：整个宇宙可视为一个孤立系统，在孤立系统中，体系与体系外没有能量交换，体系总是自发地向混乱度增大的方向变化，使整个系统的熵值增大。因为“熵增”的存在，使没有绝对完整发生的因果关系。

空间是关于物质的基本信息，时间是关于能量的基本信息。这些时空信息被全息感测是理想状态，永不可至，却能无限接近。感测的过程本身就干扰了原本的质能关系。所以，测量的本身只能是取样，并借由局部代表全局。信息的产生与传导依赖于能量，没有能量的作用也不会发生信息。测量必然扰动被测事物，信息传递虽然依附于能量，但信息不是能量的本身，而是其本质含义。测量虽然扰动了被测对象，但是这个扰动行为让我们得到了信息。

测量造成的扰动，对于被测对象占比可大可小，一般会在可忽略扰动范围以内。

我们先看看极大和极小两种情况：如果测量扰动了被测对象的全部，那么，事实上已经不再是“取样性质的”测量而是改变。如果测量扰动很小而不足以代表被测对象的“典型取样”，那么，事实上不是一次具有代表意义的完整的测量。任何测量都只是一次片面的取样式扰动，借而用于代表全局，这与全息描述有本质区别。

物理学家研究的物质系统，当观察和测量源（被观测和测量的物理系统）的属性（参数）时，出现在源里的一部分信息不可避免地丢失了，而且，随机错误可能污染获得地观测和测量数据。总之，人们决不会知道宇宙的完全真相。信息的目的不是完整地描述什么，而是解释被观察到的事物。

每个感知单元测量、采集、接收到信息，并将这些信息发送给信息受体。信息受体对信息含义的接受情况，取决于信息受体的信息背景。信息背景是理解信息含义的基础。接收的信息会汇聚到信息受体的信息背景之中，并簇拥成为未来信息背景中的一部分。

信息是一切驾驭能量行为的基础，这种智能的、高级的“意识信息”可以使这种驭能行为效率最大化，这种“意识信息”正是我们所指的智慧。

正因为信息的存在，使现实世界生态化。

除了开汽车、拍皮球的动作是在驾驭能量，分子按照生物 DNA 遗传信息排序也是驾驭能量的行为，河水随着山洪冲刷出来的河道流淌也是信息驾驭能量的行为。当然，驾驭能量的同时也留下了新的信息，并沿着时间轴循环发展。

平行的世界并不一定存在，但那代表世界发展的另外一些可能。每一种可能都是无由的可能，而且都是合理的可能。

35. 爷爷的秘密

因为把问题搞得太清楚，人生就一点乐趣都没有了。

从李厘米的家里回来已经很晚了，楚三户一进门就被楚可可叫住了。楚三户发现奶奶在客厅的沙发上，表情有些异样。

“三户，你过来！”奶奶说。

楚三户来到奶奶身边，挨着她坐到沙发上。他发现奶奶的异样来自于茶几，顺着奶奶的眼光在茶几上发现了焦点。茶几上放着一张泛黄的信札，信札正是气氛古怪的原因。这是一种十分古老的沟通方式，若不是有博物馆，楚三户几乎从未在生活中见过。从信封的状态来看，像是一件古物，至少经历了半个世纪的古物。

楚可可很熟悉信封上的字迹，一眼就看出字迹出自谁人之手，那是仁微青的笔迹。蹊跷的是，这封信却是写给“楚三户，收”！如果这封信写在60年以前，仁微青甚至不知道楚三户的出生，甚至不知道他会有一个“楚三户”的名字。

但这些都发生了，就发生在眼前。

楚可可感觉60年很久，足以让儿子和孙子先后成年。60年发生了太多的事，足以让仁微青在自己的脑海中印象慢慢模糊，似乎已经离自己越来越远。而此刻，却离自己这样的近。

楚三户也看到了信封之上的名字，他先是一阵疑惑，又是一阵稀奇。

“咦……”他不自主疑惑地发出了声，这个字迹自己见过。

从熟悉的笔迹上，分明是自己爷爷——仁微青的笔迹。聪明的他很快想到了这一点，恍然明白了奶奶此刻复杂的心情。

“这是一封信？哪来的？奶奶！”

“是的，这是一封信。怎么来的？我也想知道！”

这封信就像当年屠格涅夫第一次给仁微青的储物柜留条，凭空地出现在房子里。

怎么做到的？这是屠格涅夫的秘密，也是仁微青掌握的秘密。

显然，仁微青对这个“魔术”掌握的更好一些。这封信精准地写给了自己的孙子，恰好在楚三户从李厘米家回来之前，恰好在向李厘米了解仁微青的历史的时候。

我们谁都可以对未来的发展进行扰动，只不过没有人可以如此精准。信息的力量竟然如此强大，强大到让本来很有意义的事情失去意义。

楚三户小心翼翼地打开了信封，里面一共装了两封纸质的信。一封是给楚可可的，一封是给自己的。

“奶奶，这里也有你的一封。”

楚三户把写给楚可可的那张折叠好的信纸递给了奶奶。

楚可可接过孙子递过来的信，心情复杂，百感交集，连接过信的手都有些颤抖了。刚才心中还在暗自埋怨仁微青对自己的忽视，此时却又得到了些许的安慰。六十多年来，她何尝不是有好多的话要对那个爱恨冤家诉说。信，手中这薄薄的一张纸，来自仁微青，却只能读。这是信时代的好处，信只可以读，不能任读信人倾诉。

即使不能倾诉，能再听听故人对自己说的话，也是好的。总比“从此茫茫两相忘”要好些。楚可可展开信纸，本以为会有连篇的文字，此刻却再次失望了。信纸上只有一句话，很简短：

“如何能得双全法，不负苍生不负卿！”

楚可可眼眶里的泪水再也止不住了……时间本已抹平了的伤口，被一封信再一次撕裂，平白地添了伤心之痛。

……

楚三户也把信纸展开，读了起来。

吾孙三户：

要知道写一封60年之后才开启的信，是一种很奇怪的感觉，总有一天，你自己也会体验这样的感觉的。

我知道你有很多问题要问，我也有许多话要对你说。但是，在解决这些问题之前，请代我向你的奶奶问好！愿她彻悟生命的意义，不堕恶趣，歆享福泽！

如果以人类的情感，你的奶奶为我承担了太多，以至于无颜面对；连安慰都显得做作、矫情，现在做什么都会平添她的伤心，因为在她最需要安慰的时候，我却什么都不能做。你的奶奶是最理解我的人，她是我一生中的最幸之遇！你一定会照顾好奶奶的，我若嘱咐显得多余。我不能以狭隘的情感来处理问题，每个人都有自己的使命，但这对你们不公平，请不要原谅我！在我留给你们伤害之后，我不愿意再带走你们的原谅！

我料到你一定想知道屠格涅夫给我的包裹里是什么，你一定想知道“无由之觉”，可是我只能部分地告诉你。宇宙有自然的“天择之律”，一切都会自然地发生，准备好耐心，也准备好舍得之心。要保持敏锐的嗅觉，当机会发生的时候，提示一定不会来自于悠悠众口。把握机会刮起一阵风，当兴风作浪的龙，而不要做风中飞舞的风筝。虽然都是风景，起点和角色都不一样。

在屠格涅夫给我的包裹里，我了解到自己并不算一个传统意义上的自然人，如果将我定义为一个机器人也不为过。当然，机器人是你所处的世界的表达方式，我自己倒不愿意这么认为。我有自然人类完全相同的生物特征，只有一点不同：脑信息。用我们的话说，我是信息人，掌握信息终极秘密的人。我的人生是“离恨天”的刻意安排，这种安排完全遵从自然规律，只是利用一种巧妙，微妙地进行干预未来，使未来按照一种目的得到修正并改变轨迹。这么做并不是毫无破绽，我很早就发现自己的许多社会关系是拼凑不完整的，自己的过去也是不完整的。在社会关系的边界，会出现断裂与空白。但是，“离恨天”可以修复这种破绽，消除人们的怀疑。

“离恨天”并非你所在的世界所能理解的一种存在，为了让你更好地理解，你可以认为这就是“离恨天”。而你、我就是“离恨天”派驻在地球的“天使”。

戴纵纬是屠格涅夫的学生，他留学期间一直是围绕屠格涅夫的课题做研究。他们都是“离恨天”的成员之一。从今往后，你也是！

从屠格涅夫给我的包裹里我发现屠格涅夫也是信息人，这些信息并不是来自地球的世界，用你在的世界描述，这些信息来自外星人的世界。用另外一个视角来看，这些信息本就来自于我们人类自己，我们就是外星人。想必你还不能理解，慢慢来，不着急！

戴纵纬为我植入脑连接电极，这方便以脑电波直接与外部沟通，这个技术源自屠格涅夫。早于我 40 年，屠格涅夫的大脑内部也植入过脑连接电极，他拥有和我同样的脑连接能力。拥有脑连接能力，是拥有“无由之觉”必须的前提，但不是每个获得脑连接的人，都会拥有这个能力。能成功接纳脑连接电极的人是一个小概率，而在成功安装脑连接电极的人中，“无由之觉”也是一个小概率。

“无由之觉”是一种科技，来自于外星文明的先进科技。

真相会让大部分人失望，外星人不是人形的，而是一些信息的机器，这也是未来地球人的归宿。这个“离恨天”属于宇宙，地球是宇宙的一部分，“离恨天”对地球没有敌意，就如同我对昨天的我没有敌意一样。“离恨天”在地球上的声影，不过是外星人在地球的代言。本质上，信息是一切生命的本质，信息也是人的本质。我在拼凑自己的人生历史过程中，发现自己的肉身也是一种刻意的安排，被一种微妙所干预，大部分基于“离恨天”的需要来构建的。我的身份并非是虚构的，因为，在我看来虚实之间并没有严格的界限，弱相关增强，就会产生“蝴蝶效应”。

在“离恨天”内部，我是屠格涅夫的接班人。从地球生物的角度来看，我和他一样，本来是一个普通人。这种利用信息的巧妙，可以改变世界观。包括改造一个地球人的身体、脑信息、环境以及外太空中的一切。

一开始我并不能自我感觉到自己与普通人的差异，事实上，人类本来就是世界不可或缺的一部分。你也要一直融入在地球的人类社会之中，无差别地与地球人相处生活。但是，当你自己突然获得特殊技能，拥有改变了一切的能力时，一定要善用，万不能从心所欲。

你也会成为那些飘荡在太空之间的信息之一，而我就在其中。

……

2018 年，某日。

“我觉得是时候让他知道一些事情了。”屠格涅夫在卫星电话的那头说。

“您希望我怎么做？”戴纵纬恭敬地问。

“他是被‘离恨天’选中的人，这会是一个好的安排。”

“似乎，他还没有准备好……”

“还是早一点知道的好。”

两个人在电话中谈及的这个“他”，就是仁微青。

戴纵伟桌上的台历显示，这是 2018 年 12 月 16 日，一个星期日。戴纵纬和屠格涅夫最近的一次见面，是几个月前在“天眼”的 IEAA 会议期间。屠格涅夫终于见到了仁微青，这次没有隔着屏幕，终于从暗处走到了仁微青的面前。

戴纵纬感觉到屠格涅夫轻轻地叹息了一声，便沉默了。

戴纵纬小心翼翼地问：“您授权我透露到什么程度？”

“一切顺其自然。对于未来，我有些力不从心了。”

“和他说‘离恨天’的事吗？”

“顺其自然，‘离恨天’会把握好具体该怎么做吧！留给我个人的窗口恐怕不多了，未来就交给他了！”屠格涅夫的声音有些苍凉，隐隐含着一种担忧。

挂掉电话，戴纵伟眼前浮现出许多的往事……

屠格涅夫并没有熬到与仁微青交接“离恨天”，或许他根本没打算有个正式的交接仪式。他在临死前仅交给仁微青一个文件袋，他相信，未来有不可预知的可能，这种可能并不在自己的手里。任何干预都是不恰当的，任何指导都是超出自己能力之外的事。

在仁微青获得那个神秘的文件袋之后，戴纵纬不打算再对仁微青有任何隐瞒。他将把握任何一次机会告知自己所知道的一切，需要小心去做的，就是让一切变得顺理成章，在诧异之中被合理地接受。

提起“离恨天”就不得不讲到一个地方——南岳衡山。

湘江之畔的南岳衡山，五岳独秀，俗称“寿南山”。

众所周知，道观以观天象为司职，大多建于山顶。祝融峰是南岳七十二峰的最高峰，山顶上有座庙宇，原本这是一座道教的道观，后来因为佛教的兴盛，道家崇尚无为，道观里供奉了佛教的菩萨。

附近的人都知道，祝融峰山坡上很早就有一座射电望远镜，射电望远镜被一个院子围了起来。山顶附近的平地很难得，所以院子也不大，三面是围墙，一面是悬崖。来祝融峰的游客很多，但很少有人会到这个破落的院子里来。

这是天文台的一个观测站，站长是窦别尔，一位五十多岁的科探员。这也是一位十分传奇的人物！戴纵纬和这位窦站长十分熟悉。

戴纵伟是这里的常客，不仅对这里的地面建筑很熟悉，连这里的地下室也很熟悉。由于那个“离恨天”的工作需要，戴纵纬每年都要来这里几次。

观测站的地下室空间不大，很拥挤地摆放着一些古怪的设备，有些老旧的电子设备还是苏联时期的电子管仪器。在戴纵纬刚接触这些设备的时候，他还是个二十多岁小伙子的时候。他在这里认识了许多苏联的技术专家，也因此加入了“离恨天”。如果戴纵纬不说，极少有人知道这个秘密。

戴纵纬与屠格涅夫是师徒关系，是他在苏联留学期间的导师。在研究这个观测站的过程中，屠格涅夫拥有了一种超自然的能力，几近于“先知”。屠格涅夫成为了“离恨天”的代言人。

屠格涅夫成为代言人，并不是选举产生，也不是来自一种任命。没有人知道为什么，也不容置疑这个为什么？一种能力的出现，不容置疑！这看起来几乎和宗教一样，却完全不一样。

严格说，“离恨天”并不是一个具体的组织，却又有共同的目的和行为准则。

“离恨天”对成员的行为准则的约束并非惩罚性。在“离恨天”看来，惩罚性约束并不具有意义，因为任何行为都具有目的性，而目的性具有最好的约束性。当最高价值认同被一个人接受的时候，约束行为的惩罚就没有存在的意义了。总之，详细的原因还要丰满得多。这和《论语》中：“道之以政，齐之以刑，民免而无耻；道之以德，齐之以礼，有耻且格。”道理是一样的。

当人们把信任交给一种不能理解的神秘存在，敬畏这种存在，并依赖这种存在时，就是一种信仰。在寻求理解的过程中，如果放弃质疑，就成为了宗教；如果保持质疑，就成为了科学。质疑和信仰并不矛盾，是信仰的一部分。

生命的本质是信息。生命不是静止的，也不会出现暂停，生命是一种背景向未来延续的持续过程。这种背景就是信息背景，改变这个信息背景，才可以根本改变生命的内在。这些背景信息对“离恨天”有最高认同，根本不再需要惩罚。

戴纵纬和屠格涅夫就是“离恨天”的成员。“离恨天”不算组织的另外一个原因是，他们从不主动发展成员，而这些成员都是自主加入，在他们掌握足够多的信息能力之后。

“离恨天”没有精神领袖，也没有人形的神仙体系。更像一个大自然留给人类的一个猜谜游戏。而参与者都是生物效率的“高级精英”，他们必须理解一些常人难以理解的概念，才能成为“高级精英”。这些概念极具诱惑力，让这些“高级精英”经不住诱惑，情不自禁地探索那些一层又一层的谜底。

他们相信，地球是来自于外太空的一次“智慧效率”培育，虽然经历了几十亿年，在地外理性生命最高形式看来，并不算太长。因为和最高生命形式有某种神秘的联系，于是就有了“离恨天”。“离恨天”对个人的选择和影响，深入基因，从不需要处理个体利益竞争，也不需要一个具体的“离恨天”来统一行动纲领。

戴纵纬受命干预仁微青的成长过程，这种干预并非毫无瑕疵，有时候令仁微青自己都感到自己很陌生。

没有一个人是可以真正独立的，许多事情需要两个以上的人之间的配合，如同多个细胞才能组成一个器官一样。戴纵纬相信仁微青对于“离恨天”更特殊，也会对“离恨天”了解更多。在“思维志愿者”选拔的过程中，他无须将仁微青特殊对待，一切都在顺其自然中得到恰当的安排。对于一切“离恨天”安排的事，都只需要顺其自然即可。仁微青身系未来，这要在恰当的时候让人们相信，又要在恰当的时候让人们怀疑。借助于国运的需要，隐匿“离恨天”的目的。

“离恨天”具有神秘的先知的能力，明显具有地外理性生命高智的痕迹。没有人知道“离恨天”是什么时候开始的，因为在自己加入的时候，“离恨天”已经存在了。“离恨天”更像一群有兴趣的人聚在一起满足各自的兴趣。

“离恨天”一直存在，那么，十分古老的存在，没有人知道是从什么时候开始的，即使是这个成员中的最高意见决策人。“离恨天”并非一成不变，自身也在不断地发展，到苏联时期，已经将当时最新的电子技术应用其中。这一切都还在戴纵纬加入以前就发生了，据屠格涅夫说，那是一个十分传奇的曲折故事。

地下室是和院子一起建起来的，并没有破坏山体。仔细观察可以发现地下室连着一个山洞，这个山洞就是“离恨天”的起源。

……

2023年的这一天，就在这个观测站，戴纵纬主动向仁微青说起了自己的老师，并介绍了“离恨天”。

这一年，“离恨天”迎来了一个新的领导者——仁微青。

这个山洞成就了屠格涅夫，也成就了仁微青的“无由之觉”。

36. 人机公司

智慧并不总是随着年龄而来，经常出现年龄独自前来的情况。

——俄罗斯谚语

在生物效率的信息系统中，生物神经系统已经处于一种极限状态。

传统教育机构的“学习”方法已经不能满足需要，如果不改善，大多数人将变得毫无用处。站在地球生命的角度，庞大的人口与生物效率不得不面临被边缘化的尴尬，地球生命仍然在发展，却和大多数人无关。

资源无目的地消耗不会是地球生命发展的方向，人只是地球生命体内的一部分，生物以及生物人并不是地球的全部。地球是一个智慧整体。

既然地球生命要发展，作为地球“功能器官”之一的人也要发展，而且是发展的重点。

怎么发展？这个问题困扰了人们很久。在找到这个解决办法之前，不得不消耗大量的精力去维持边缘人的“饲养”问题，“饲养”就是消耗资源，却毫无目的地活着。

直到21世纪末，从技术上解决了人机结合之后，事情才出现了转机。

人机结合的意义几乎和直立行走、使用工具与火一样划时代。从此之后，人类不再是一个纯粹的“生物效率”。

大约在2058年，出现了一种奇怪的工厂。这种工厂开始把人送上了流水线的传送带，把人作为一种“零件”在流水线上装配。他们为人脑安装知识，就像电脑安装软件那样。这是一种称被为“人机公司”的服务。

这个地方可以帮助人们实现一种愿望，人像机器那样强大。

这个公司的发起人是武茜。武茜在神秘的资金支持下，以楚可可的脑连接操作系统为蓝本，设立了一家这样的公司——微青脑信息公司。这个公司由武茜和楚可可共同负责，并得到戴纵纬所在的脑科学团队倾力支持。

这个公司提供一种可以提高智力及智力分享的连接入口，通过这一入口可以极大地提高智力水平，只需要通过一个小手术。

当然，只有18岁以上的人才可以接受这个手术，而在此之前，青少年阶段的人只能通过外置式EEG连接大脑。外置式EEG的连接效率低，并不能实现深度操控功能。

这个手术几乎算是一个人的18岁成人礼，是融入成人社会的基本前提。否则，因为缺乏链接入口，世界上的大部分知识、工具设备、公共设施……与你无关。

这种手术并没有太大的风险，就如同疫苗接种那么安全可靠。只是，在将近20年的时间里，人们接受不了在大脑中植入一个异物，克服不了那种心理障碍。事实上，这种手术风险远小于整容，这个手术所产生的一个微小创口，还不如一次胃镜检测。

人终于成为了网络的一部分，融入信息机器组成的资源之中，这些信息资源中有人也有机器。或许，人不再是个体生命，而是地球智慧的一个细胞单元，他们为这个更大的生命提供欲望。

人的欲望有的在进化，也有的在退化，一切随着需要在发展。只有一个欲望是亘古不变的——探索宇宙。

可惜，这些仁微青都没有机会参与其中，他已经去了另外一个世界。楚可可并不知道他对这件事情的具体态度。在仁微青离开前，虽没有对未来之事有过多表述，但楚可可确定他不会反对“人机公司”这件事。因为，他真的体验过一次茉莉花的香味，他的一生并没有遗憾。

这个手术之后的人们，将正式接入到整个社会信息资源的全局，人脑的蛋白质无须负责烦琐的工匠式脑力劳动，只需要负责那些信息机器干不了的事情，比如，激素、情绪相关的行为。人们的个性开始收敛，而社会资源的利用效率却产生了飞跃。

每个人都可以拥有最丰富的艺术理解力，从艺术作品中体验抽象之美；每个人都拥有你愿意拥有的外语能力，这包括任何已知的小语种，方便人们无障碍地交流沟通；每个人都可以深度理解数学语言的含义，数学作为最具象的语言，在需要的时候作为表达事物的工具；还有……其他逻辑计算所拥有的强大处理能力。

除此以外，没有嗅觉的人，也可以体验茉莉花的香味；眼睛的感光波长接受范围不再局限在200纳米至900纳米波长之内，即使在黑夜也可以拥有红外光线视觉；人类的感觉体验不仅局限于生物“五感”；由于通过来自网络更加丰富的传感，人们可以具有更丰富的直感体验，而这些直感并非生物器官……

要实现这些能力，需要先实现脑机连接功能。实现脑机连接的技术，戴纵纬的脑科学早在2018年前就已掌握。当然，人们不需要和大型的射电望远镜连接，也不需要发送脑电波信息给外太空，普通民众只安装一种降级版EEG电极即可。最重要的是，人们需要一个合理的脑电波操作信息机器的方法——楚可可发明的脑机操作系统 LB。

这种降级版的 EEG 限制与大脑的连接程度，既能够安全与大脑深层连接，又不至于对接受手术的人脑抗力要求过高。神经元细胞就是由自己体细胞培育的，所以，绝大部分人在手术后并不会出现生物排异现象，也不会出现脑抗力排斥现象。

通过脑连接，无须出门就能游遍全世界，共享远程的直感数据，或单独租用远端的一个移动机器终端。因为摆脱了生物肉体的限制，潜水不再需要水肺，即使到太空也只需要几秒。旅游的景点也不再拥挤了，各种远程的直感体验丰富到无法想象。真人通过脑连接的方式参与其中，由信息构造的一个看似虚拟，却无比真实的世界。

用这些计算机机器产生的智慧，就像信息流水线上的产品，不断将未来判断精细，世界不再有大规模的自然灾害，不再有停电、堵车、洪涝灾害……

由于信息边界的无限扩充，不得不由真实与虚拟结合，以解决虚拟与现实之间的矛盾。一切真实的世界，其信息都将被资源化，在虚拟的世界模拟一个真实的未来世界。信息机器并不是来消灭人类的，机器智慧与生物智慧共存。

谁也不知道未来到底会怎样，人类应当任由进化自由地存在，任由天择之下的物竞。即使是再高级的智慧，也想看看未来到底会走到哪里。

人们害怕机器智慧是阶段性的，因为没有真正了解机器智慧和人类的关系。总有些人会一直害怕机器智慧，科学家永远不可能说服这样的人。在他们眼里，不怕机器的现在，而是害怕机器的未来，害怕机器的未来成谜。

……

仁微青最终闻到了茉莉花的香味。因为珍惜这样的机会，仁微青对这件事情的看法与普通人不同。人们对依稀平常的事情，从来都不太用心。比如天天使用的嗅觉，比如年年都开花的茉莉，比如随手可得的茉莉香味。

为什么茉莉花是好闻的味道？这种味道有什么目的？在搞清楚这些问题的过程中，仁微青却意外了解了一些其他事情，这对他的世界观产生了很大的影响。

比如，花朵不过是一种植物的生殖器官，茉莉花的香味不过是一种生殖招揽信息，而动物就是这些植物招揽的对象，帮助花粉传授。

发现了这个问题之后，仁微青顿时对向往一生的茉莉香味一阵嫌弃，觉得任何花香都显得索然无味。仁微青最终也没有搞清楚植物的香味为什么会传递给动物，植物的生殖信息对动物产生吸引。这其中一定有更深层次的某种联系。

所有的解，都可以在信息资源化的角度中找到，包括世界观。在探讨信息资源的过程中，仁微青尽可能地避免陷入物理学争论的泥沼。要有新发现，就要有所不同，要发现有所不同，首先发现者本身要有所不同。

在仁微青看来，这些物理学的争论无非是猜想、理论、证据、证据置信度之间的争论。自古典物理学以来，关于科学的任何证据都是局部或片面的，即使是观测到的信息也是用局部代表全局，或用片面佐证全面的关系，这本来就有逻辑上的缺陷。

还有更加糟的，迄今为止，许多物理学理论停留在猜想的阶段，恐怕也将止步于猜想阶段。既然，物理科学实验与观测，仅仅是用局部代表全局，对于大自然而言无疑是窥豹一斑。如果这些理论并没有足够全面的证据予以佐证，或可能永远也不能用证据的方式去证明。证明本就有力所不能及的，这让物理学各个流派不可避免地诉诸形而上学。比如，宇宙的起源。

仁微青十分笃信在信息科学主导世界的时代，人们会改变世界观。这种改变是对世界发展的必然适应。随着对自然世界认知程度的变化，基于信息资源化的角度，世界观会一定发生变化。新的世界观之下的价值体系，必然重新构建人类社会新关系。将整个人类视为一个生命，个体就是这个生命之中的微单元“细胞”，价值观是这些“细胞”协同的信息素。

信息不是纯粹的传统意义物理学研究对象，至少不是牛顿构建的经典的物理学研究对象。除非有人愿意更加广义地定义现代物理学，并同意信息是构成世界的基本资源之一，同意信息与物质、能量之间不可分割地成为新物理学研究对象。仁微青没有定义物理学的能力，这么做很冒失。

世界观定义个人和外部世界的基本关系。任何人从一开始到生命的终止，都是以个人生命本体的信息适从于外部环境。而环境通过人的感觉信息器官作用于个体，在以生物基因信息作为背景信息的基础上。

世界观，是人们对整个外部世界根本的总体上的看法。世界观也叫宇宙观，世界观是哲学的朴素形态，也是研究哲学的前提性基础。哲学研究精神和物质、思维和存在的关系。由于人们在社会中每个人有不同的角色和身份，几乎各不相同。身份的不同会使观察问题的角度不同，从而形成不同的世界观。

世界观不是由一个人建立起来的，每个人的基因信息也不是凭空出现的，这些都是对历史信息的递延。信息受体（一个人）信息背景的建立，并不源于个体主观，是个体基于本来的背景对外部的适从与归纳，包括自然观、社会观、人生观、价值观、历史观在内。

世界观视为个人信息背景的总体归纳，归纳并非静止，而是持续。这个系统性的归纳会持续地发生归纳，来自过去，面向未来。

对外部客观表现出个性化的评价，如生存意义、科学事实、基本价值、具体态度，等等。个体之间的差异，使内容丰富，也使发展得到可能，不过，个性是小部分的差异，也是细微的差异，人类总体趋同。人类是一个整体生命，既需要对历史信息的继承，也需要对现实的适从与发展。因此，同时期的人类整体基本保持世界观的大部分一致性，小部分个性差异。

不同，是适应的能力，也是发展的动力。

仁微青发现，基于某种需要，在人类的精神世界中总是将人的个性精灵化，过分强调个性的部分。这部分太敏感，不适宜深入探讨。

世界观总是处于最高层次，指导和支配目标、理想的信念，指导坚持与执行。人的行为看似任意却并非随意，所有行为皆有起因，而世界观成为人的行为的最高调节器。世界观决定了人的整体上的心理面貌，可以直接影响人的个性品行、行为准则。整个世界中的每个人都有不同的角色，每个角色都不是上帝凭空想象出来的。

世界观是一个很大的话题，只是仁微青想从信息资源化的角度，得到与以往不一样的看法。用信息描述信息不同于用信息描述物质，认知信息的方法和角度一定不一样。在认知物质与能量时，信息是一种手段，而在认知信息的时候，信息是自己的本身。

既然生命的本质是信息，永生是宇宙的事，和个体根本没有关系。

信息技术的发展，人与机器结合更紧密。不过，无须担心智慧机器会替代人，因为机器没有激素，没有价值观，没有目的性。即使生物的智慧比例越来越小，仍旧只有生物具有目的性。

任何存在都是这个世界构成的一部分，无论伟大与卑微都是这个世界恰到好处的一部分。信息世界观是在厘清生命的本质的基础上建立的生命观，生命信息尽可能地摆脱生物效率的局限性。由情绪价值终将向效率价值转变，生物生命只是意味着资源利用的一种生物效率。

宇宙一望无垠，时间远久，相比之下人却是短暂有限的。无论在以前还是在将来，一定会有很多的知识为人类所不能企及。我们所知道的仅限于“可知可识”的部分。每个人都有求知的原始欲望，信息爆炸的时代，许多观点需要得到改变，学术霸权只会剩下一点气质。现如今，信息传播、沟通途径方便快捷，几秒钟就可以从网络上搜集到一个问题的答案，而不需要让时间浪费在来回于图书馆的路上。

信息时代对世界观的影响远不止于此，3D 影像技术在 100 年后并不算新科技。VR 三维影像出现之时，实质上是一类视觉欺骗技术。很快 VR 被另外一种新技术替代。人们总是想得到三维图像，这种光学影像信息，是为了适应生物器官眼睛的光学接收系统，为了欺骗眼睛的一种光学设备。VR 忽略了眼睛是连接大脑的传感器，而真正需要信息的是大脑。眼睛最终传递给大脑的并不是光，而是眼睛器官解析出来的发送给大脑的脑信息。所以，全信息影像技术的终极形态应该是脑信息影像技术，这种信息传递效率远高于 3D 光影信息。同样的道理，对于人体的其他感觉器官信息也是一样的。

可以想象，一开始人们会很排斥这种连接脑信息的事物，人们总是喜欢让脑信息保持独立和隐私，脑信息躲在眼睛的后面人们才会有安全感。这种脑信息连接太真实了，容易让人们沉溺在其中，而丧失独立个性化人格。新生事物的出现总是一场和传统价值观的战争，直到这种产品通过医疗需求渗透到人们的生活中。我们的道德观念至少不能反对盲人看看世界的欲望，也不能阻止聋人听听音乐的要求；通过人造器官与脑信息连接技术的应用，于是，之后的世界不再有盲人、聋人了。当这种人造器官的功能和效率比生物器官还要强大的时候，当你不得不接受盲人通过治疗比正常人视觉能力更强的事实的时候，你的观念也许会发生变化。这种通过医疗途径的渗透是有效的，人们不得不慢慢接受“人体器官增强”的观念，即使是正常人也有必要改造升级自己的各种器官。

感官增强、脑智力辅助、人机结合……不再是新鲜事。人与机器可以随时保持网络连接在线状态，一个在巴黎的小哥可以远程通过一个华国姑娘穿戴的嗅觉设备闻到她院子里的茉莉花香味。难道你会认为这不算是一种旅行吗？！如果人们不再认为旅行只能在车轮上发生，那么，这种通过信息网实现的旅行就是真实的旅行、高效率的旅行。人们社交的方式完全变得不一样了，价值观也发生了重大的改变。

人们的精神世界个性化差异会越来越小，价值观也会随着社会资源分配的新规则而改变。虽然，我并没有能力完整地想象出未来的社会价值体系，可以确定的发展方向是社会资源的精细化管理和利用。这将在未来自然地甄选出符合当时发展需要的最优价值观。或许，未来要有更多的社会资源用于安慰人们的各种激素。

激素成为地球资源利用效率发展的最大障碍！

当然，这时候会出现娱乐所需的虚拟现实游戏，整个人类精神荒芜，全民游戏绝非偶然，可以从历史看清人性的缺陷。未来，人们将含着安慰奶嘴在“幸福中荒芜”，人类精神世界毫无生气、毫无创造力。世界将在200多年之后的一天，用灾难性的实际兑现他的想象。人类的文明没有倒在核武器面前，却败给了一枚“奶嘴”。

世界观被信息科技改变不可逆转，但是这个过程必须循序渐进，公元2176年的信息世界在一种现实之中很丰满，很难在历史中被理解。现在对于历史就是他们的未来，向历史说点什么，一言难尽。

经典物理学中，可以精确地描述确定的力学关系，并预言未来的轨迹；但是，在量子力学中，通过测量来描述确定性是存在逻辑矛盾的。无论选择随机性、或然性、概率性来表述这个观点，都会是一个意思。一切发生都有悬念，根本就没有绝对的事情。

总之，这个世界任何一处细节都没有全信息，一切存在的本源不具有完整确定性。比如，仁微青的存在，就是人类的最大的不确定。

既然不确定，倒不如把未来交给时间……

楚三户把前因后厘理清了个大概，知道得越多，疑惑也越多。

历史根本不能通过查找而成为真相，也没有实质性的真相可供考证，历史只是因为必要而恰好发生了。现在就是未来，现在正在成为历史。实际上，仁微青形成了清晰的信息量子观，并被有意地雪藏。

37. 梦醒仁微青

真的和假的之间，并没有明显的界限。

“……先生！……先生！……”

仁微青被一阵推搡唤醒。他睡眼惺忪地抬起头，擦了擦口水。深度睡眠让神智很难和视觉同时醒来，大脑有些发麻，就像此刻手臂一样的麻。随着抬头的动作，一股凉意同时蔓延在脸颊和手臂的接触部，是口水挥发带走体表热量的风凉感觉。仁微青习惯性地用手将脸上的口水擦掉，再在裤子上蹭干。这个动作直让推醒他的人皱眉。

推醒他的是一位穿着像空姐的乘务员。缓过神儿的仁微青，视线终于由模糊渐变为清晰。他看到了一张年轻漂亮的脸蛋，是高铁乘务员小姐。高铁乘务员小姐和空乘小姐职业装类似，相比 20 世纪 90 年代的绿皮车，高铁乘务员越来越漂亮，反倒是空乘越来越像大妈。仁微青本来还打算处理一下前臂上的口水，这个恶心的动作终于没有越过自己对美色的敬畏。他摸了几个口袋，终于找到张餐巾纸，用文明人的方式解决口水问题。

微笑，刚睡醒的微笑恐怕只有嘴能抽搐，其他面部肌肉根本不配合。仁微青对空姐露出一个总体上只能算狰狞的“微笑”。

“先生，终点站到了，请全体乘客下车。”乘务员小姑娘提醒说。

“噢……到了！”仁微青抬起头，四下看看。整个车厢就剩下了自己。依稀，耳朵里还能听见站台广播不停做各种提醒。列车停在站台旁，所有乘客都已经下车，除了自己。显然，站台广播并没有喊醒自己，怪车厢隔音和睡得死沉巧合地同时发生。也许除了推搡，列车乘务员想必试过其他办法叫自己，都因自己睡得太死太死，那些办法完全没有奏效。在没有办法的情况下，乘务员只好加大了推搡的力度，也加大了呼喊的嗓门。总之，当仁微青获得醒来之后的意识时，乘务员小姑娘的力道和嗓门都不小。

“对不起，不好意思！”仁微青连忙道歉，赶紧从座位上站起来，以半站立的姿势从狭窄的座位里挪到车厢的中间走道，摇摇晃晃地向车门走去。由于初醒的朦胧，他还没有找到平衡感。

“先生，您的行李！”乘务员在身后喊。

“噢！……谢谢……谢谢！”

仁微青回到刚才的座位，从行李架取下整个车厢唯一剩下的行李，以及餐板上的那台垫胳膊的笔记本电脑。行李和电脑很熟悉，那台“孙子牌”销售总监的专用电脑映入眼帘。难道又回到了从前？

“今天是几号？”仁微青问乘务员。

“今天是6月15日，先生！”乘务员微笑着回答，声音恢复了正常。

“那现在是……”仁微青想问，现在是哪年？但是，他觉得正常人都不应该这么问。于是，转了个弯：“现在是星期几？”

“今天是6月15日，星期五，先生！”乘务员微笑着回答。

仁微青背上行李，走出车厢，站台上的电子显示屏已经告诉他答案。现在是2018年6月15日。那么，一切都是自己做的一场大梦。

“2018年……2018年……”仁微青喃喃自语。他心想，自己该去一趟精神卫生医院做个检查，该到医生那里求点药回来。心病，虽药力所不能及，但药味可以熏一熏病灶。总好过无助与无计可施。

仁微青看看手中的行李，这分明还是给胖子老板打工时使用的包，那台笔记本电脑也佐证了这一点。难道……自己还是销售“总监”？

到站的乘客都已经从站台纷纷下到地下出站口，仁微青跟随着人流从出站口出来，木然地站在出站口的人流之中，看着旁人一一离开。发呆良久，仁微青在火车站寻了个洗手间，用凉水洗了把脸。抬头间，镜子里出现一张年轻的脸，十分熟悉的脸。满脸的胡茬，还有油腻的头发黏在头皮上。

他掏出自己的手机，手机已经缺电关机。

现实触手可及，却又显得那么不真实。而梦境如此真实，却无法再去触摸。这一切不得不让自己怀疑自己的精神已经到崩溃的边缘。

仁微青宁愿相信刚才的梦是真的，再有趣的人生，重复着过都是痛苦的。聪明人与愚蠢的人在一起，是痛苦的；文明人和野蛮人在一起，是痛苦的；高科技和愚昧在一起，是痛苦的；仁微青注定要开始痛苦……

这是一个婆娑的世界，虚虚实实、真真假假。真的、假的一直都在，主要取决于自己相信哪个，谁又知道接下来会出现一些什么新状况？也许，现在才是真实之中的梦境，也可能是梦境之中的真实。用梦境中的场景去证明这一场梦境，这个道理让梦境的主人听着都觉得可笑。可能会笑醒，可能笑都笑不醒。

做梦是成本最低的幸福方式，也是体验伤害代价最低的方法。每个人都希望幸福的时刻不是梦。也都希望受到伤害时只不过是一场梦。

仁微青浑浑噩噩地出了火车站，随便上了辆出租车，随便住进了一家宾馆。来到宾馆的房间内，第一件事就是把手机接上电源充电。手机是一个人与这个世界联系最多的工具，这个工具代表自己的大半个世界。待手机开机后，他首先看到的是那条银行催还贷的短信。债务就像粘在手指头的黏鼻屎，甩都甩不掉。

仁微青希望房贷就是一场梦。他还顺便在心中罗列出希望是梦的事物清单，包括：胖子老板、工资单、方案和无理取闹的客户、虚伪、欺骗、战争、饥饿、病毒……他也罗列了一个希望不是梦的清单，包括：爱情、财富、知识与成就、朋友与信任、健康与嗅觉、世界和平……希望总是不那么容易实现，所以珍贵得就像人间的珍宝，以稀为贵。

但是，谁又知道，这些质疑的本身不是梦境的一部分呢？梦即使是梦，谁又敢说梦和现实毫无关系呢？大脑中的信息，没有多余的，也没有毫无用处的内容。包括梦。

难道我们只敢质疑梦的真假吗？

不，我们还敢质疑现实世界！

难道我们只敢质疑世界的真假吗？

不！我们可以对一切说不！人生，除了死，又有哪一件事必须要做呢？

仁微青决定辞职，像梦境中的自己那样勇敢地从生活中夺回自己的命运。他拨通了胖子老板的电话。

“小仁啊！怎么着？是想通了吗？”

“想通了，什么想通了？”

“年轻人工作中有点情绪可以理解的，辞职这种气话偶尔说说……”

“辞职？”仁微青还没有开口，胖子老板就先说了这个词了。

仁微青挠了挠头，难道自己之前提过辞职的事了？要不然，他怎么会知道自己准备要辞职呢？仁微青根本没有继续听胖子老板后面说的话，觉得事情太蹊跷了。

仁微青并不打算给老板任何尊重，直接挂掉电话。他查看了一下通话记录，难道是自己记错了、健忘了、撞鬼了？可是，手机的通话记录显示，自己根本没有机会提辞职。梦境之中的辞职，是火车到站后的站台；可是，自己的手机到站时根本就没电。如果对照最近的通话时间，自己根本没有时间向胖子老板打电话辞职，最后一个电话是给客户的电话。想到此处，仁微青身上的汗毛都竖起来了。

难道又是梦？

他再次拨通胖子老板的电话：“老板，不好意思，刚才电话断线……”仁微青突然变得不像以往的自己，从宣泄的角度他愿意戏弄这位不值得尊重的老板，觉得张口即来的谎话是一种藐视，是强者气场之下的弱者站起来的好方法。尊重是相互的，胖子老板何尝尊重过自己呢？

“小仁啊！我知道最近工作太累，要不给你休个假……”老板继续说教，这是他天生的才能。他知道该如何说服别人为自己工作，拿捏仁微青这种人，他有把握。

可是这次，仁微青并不在他的意料之中。

“呃……不好意思啊！老板，我今天和你提过辞职的事了？”仁微青打断他的话。

“……看来你确实需要好好休息一下。”老板没反应过来。

“我是说，今天白天，我已经用电话向你提出过辞职了？”

“不是你，难道是鬼啊？你不要以为……”老板终于忍不住，把他那熟悉又仅有的几句骂人的话再次重复了出来。

耳朵里再次听到熟悉的骂声，仁微青却一点也不生气，反而有些高兴。至少他确认了一件重要的事。

打过电话的手机会留下通话记录，这是常理。但是，谁又保证常理就一定会发生呢？小概率事件通过信息的干预，未必就不能改变其概率的分布。让一则通话记录消失，至少有七种办法能做到。信息的事，又岂是因果律可以完全定义得了的？

真的可以是假的，假的也可以是真的，关键是你选择相信哪个！

仁微青挂掉电话，走到窗边，拉开客房的窗帘，夜景总是比白天好。阳光下，一切东西都可以看见，除了灯光；夜幕下，只有灯光可以看见，除了白天的一切。他抬眼看见窗外的灯光，有各种颜色。仁微青感慨，通过灯光获得视觉颜色，比阳光下容易得多。只有灯光的夜晚真美好！

夜晚，彩色的灯光照进窗户背后的眼睛里。梦境照进现实，但你得先有个梦想！